本丛书由海南师范大学资助出版

本书为海南省社科联资助课题，项目编号：JD09－04；海南省南海区域文化研究基地规划项目，项目编号：NH0908

南海研究丛书
主编：张一平

东南亚琼属华侨华人

唐若玲　著

暨南大学出版社
JINAN UNIVERSITY PRESS

中国·广州

图书在版编目（CIP）数据

东南亚琼属华侨华人/唐若玲著. —广州：暨南大学出版社，2012.8
ISBN 978-7-5668-0219-4

Ⅰ.①东… Ⅱ.①唐… Ⅲ.①华侨—研究—东南亚 ②华人—研究—东南亚 Ⅳ.①D634.333

中国版本图书馆 CIP 数据核字（2012）第 104518 号

出版发行：暨南大学出版社

地　址：中国广州暨南大学
电　话：总编室（8620）85221601
营销部（8620）85225284　85228291　85228292（邮购）
传　真：（8620）85221583（办公室）　85223774（营销部）
邮　编：510630
网　址：http：//www.jnupress.com　http：//press.jnu.edu.cn

排　版：广州市天河星辰文化发展部照排中心
印　刷：佛山市浩文彩色印刷有限公司

开　本：787mm×960mm　1/16
印　张：24
字　数：397 千
版　次：2012 年 8 月第 1 版
印　次：2012 年 8 月第 1 次
印　数：1—2000 册

定　价：58.00 元

总 序

当今世界，海洋问题已经成为资源分配、空间争夺和国家战略的重要问题。在此背景下，南海问题变得日趋复杂、日益突出，不仅成为一个区域热点，而且正在上升为全球热点。这一切都使得南海区域在地缘、政治、经济、外交格局中的地位日益上升。南海问题的复杂性，决定了解决南海问题方法上的多样性，但无论如何，这都要求我们重视对南海的整体研究。既要研究南海区域内各国家、地区、民族间的相互关系，也要研究南海区域与其外部环境中各种因素的相互联系。

众所周知，传统的东南亚研究、南洋研究等，都不包括对中国的研究，都不能把南海周边国家作为一个有机联系的整体来研究，这当然不能反映历史的真实面貌。正是基于这种考虑，我主张使用“南海区域”这个概念，即把南海海域及其周边国家和地区作为一个有机整体，主要包括中国南部和东南亚地区。通过对区域内各民族之间的关系进行历史的考察，使人们了解南海区域是一个不可分割的整体，以期对处理当今区域内的各种相互关系和共同构建和谐的区域社会，提供一些有益的借鉴。

南海海域自古以来就是海上丝绸之路的重要航线，也是南海周边各族人民的生命线。这条航线犹如无形的纽带，把南海周边各族人民的经济生活、社会文化紧密地联系起来。自秦汉始，南海周边的国家和人民就在相互影响与相互联系中共同生存、发展，具有共同的命运和利益，南海海域也成为沟通东西方的桥梁要道。进入近代，南海周边的国家和人民同样遭受着西方殖民者的侵略，共同开展了反殖民、反侵略、争取民族解放的革命斗争。第二次世界大战后，这些国家先后走上独立的道路，迎来了全球化发展的新时代。但是，南海周边国家的这种历史联系性，并未受到学术界的足够重视。

历史上，南海区域各民族在地缘、血缘、经济、文化等方面存在着千丝万缕、无法割断的联系，其历史演变有着惊人的相似。从地理上看，南海区域是一个以海洋、岛屿、江河、山脉为纽带连接成一体的地理单元，区域内各民族之间很早以前就相互往来，共谋生存。早在汉代，中国就与马来半岛国家有了贸易关系和文化交流，马来半岛成了东西方贸易的交会地点。明朝以郑和下西洋为代表的朝贡贸易和文化交流，使中国与南海周边的联系达到鼎盛。南海区域由若干小经济圈不断发展成为一个整体区域经济圈，并通过马六甲海峡和太平洋与世界其他地区联系起来，成为全球经济圈的重要组成部分。区域内各民族之间经过长期的迁移、融合，逐渐形成了共同的血缘关系、文化心理、风俗习惯和宗教信仰。在当今世界全球化和区域一体化的进程中，区域内各地区、各国家的政治制度、经济模式、文化传统日益表现出高度相似性，这从东盟“10+3”机制和博鳌亚洲论坛的成功举办可见一斑。

在进行南海研究时，有些学者倾向于用“西方冲击论”来解释亚洲近代历史的演变，这当然有它的合理性。但是，这种以欧洲的眼光看待亚洲的分析方法，往往忽略了对亚洲社会赖以生存的、长期形成的原有体系的深入研究，割断了该区域历史的联系性和整体性。也有学者主张从亚洲的视角看待亚洲近代历史的变化以及与欧洲的关系，以寻求亚洲史内在的联结纽带，推导出亚洲发展的内在原动力，认为亚洲近代发展并非单纯地、被动地接受欧洲冲击—反应的结果，历史上的亚洲存在着以中国为中心的朝贡关系和朝贡贸易关系，并以这种关系为基础形成了“亚洲经济圈”，即“前近代亚洲市场”。但是，对亚洲历史文化的研究，如果脱离了与世界其他地区的相互联系，也是无法看清楚的。

在我看来，南海研究应当在世界历史和人类文化发展演变的大背景下，以历史上中国传统文化的对外传播为经，以南海区域各个国家的社会发展为纬，将整个南海区域当作一个整体看待，在泛南海的区域范围内，既研究文化历史的同中之异，也研究历史文化的异中之同，从而存异求同，以便能更准确地反映南海区域各个国家、民族的风土民情和社会变迁。在具体的研究过程中，可以海南岛及南海诸岛为中心、以南海海域为视野、以东南亚诸国为系带、以环太平洋为辐射，深入、全面地发掘、整理、保护、宣传南海区域的历史与文化，研究海岛、海湾、海峡、海礁、海洋和南海周边国家的诸多社会、历史、文化问题，以服务于中国的和平崛起、南海的开发和南海周边国家的合作发展，构建南海区域的和谐社会。

在当今世界全球化和区域一体化不断加快的进程中，在南海问题日益复杂化之际，加强南海研究已是刻不容缓。当前急需研究的问题应当从历史文化着手，这是因为对区域内各国人民的历史文化进行透彻的研究，对于推动区域内各民族之间的友好往来、合作共赢、和平发展有着重要的意义，对于南海问题的和平解决也将有所帮助。在和平与发展已经成为当今世界主题的情况下，中国要实现和平崛起的国家发展战略目标，自然就包括了要维护南海区域的和平、稳定与可持续发展，这也将是中国为维护世界和平作出的一个实际贡献。而且，南海问题的最终解决，不能仅依靠政治、经济，更不能全然依靠武力，因为无论问题怎样解决，最终都离不开各方的合作，从长远意义上来说，合作共赢才是最好的结局。合作的前提条件是相互理解，而理解的前提则是对彼此历史文化背景的了解和认同。因此，从国家利益的高度来看，对南海区域历史文化展开相应的研究就具有十分重要的战略意义。

海南省位于南海区域的中心地带，对南海研究负有不可推卸的责任。2008 年 7 月，海南师范大学成立了南海区域文化研究中心，2009 年 10 月升格为海南省南海区域文化研究基地，现已拥有专兼职研究人员 30 余人，海外特约研究员 10 余人。目前基地的主要研究方向包括：

第一，南海区域民间口头与非物质文化遗产研究，包括南海区域的文学艺术、民歌民谣、民俗礼仪、手工技能、方言戏曲、音乐舞蹈以及传统技艺与技能等研究。

第二，南海区域物质文化与自然遗产研究，包括南海区域史前文化遗迹、历史建筑、海洋文物、古物古籍、传统医药、自然景观、海洋地理、生态环境以及有保护价值的自然区域、地形、植物、矿物等自然景观研究。

第三，南海区域社会发展研究，具体包括南海区域历史发展中的社会、政治、军事、经济、制度、生态、民族、宗教、地理、文学、艺术等问题的专题研究和综合研究以及移民开发、侨乡侨务、海上旅游等研究。

第四，南海区域历史沿革及文化交往研究，具体包括文化交流史、海上交通史、丝绸之路、民族史、典章制度、海洋经济、宗教信仰、商业贸易、华侨华人、国际关系、跨文化合作等研究。

这套丛书大部分是该基地的研究成果。在这套丛书中，既有个人著作，也有集体著作；既有专著、编著，也有译著。丛书的总体规模暂不限定，计划先用几年时间，陆续推出十余种著作。目前选题以历史文化为主，今后逐渐扩大研究范围。丛书的宗旨是以南海历史和文化作为研究的起点，逐步对南海的自然、环境、社会、政治、经济、外交等方面展开全方位的研究，为国家在新世纪的海洋开发战略服务，为中国的和平崛起乃至全人类的和平与发展作出积极贡献。

应当特别感谢的是暨南大学出版社的领导和编辑们，他们从新世纪学术著作出版和图书市场走向的战略眼光出发，克服了学术著作出版的种种困难，对本丛书的选题高度重视并给予大力支持，在每一本书的编辑、出版、发行的各个环节中，他们都表现出精益求精的出版风格和一丝不苟的学术精神，使本丛书得以顺利出版问世。

是为序。

张一平

2012 年春于海南岛

前　言

海南人出洋的历史应该与自古形成的海上贸易有密切的关系。到明清后，特别是在西方列强的逼迫下，海口被迫开埠，海南以契约劳工方式出洋的人大为增加。这样的出洋趋势与我国东南沿海，尤其是闽粤民众出洋的情形是一致的，也与当时世界性的海洋移民高潮相当。换句话说，海南人出洋是当时世界海洋移民活动的一个组成部分。在世界性海洋移民的视野中，在闽粤民众的大规模出洋范围中，海南人出洋扮演了什么样的角色？哪些具体因素促使海南人大规模出洋？在中国民众出洋的历史过程中，海南人具有哪些特点？出洋的海南人与故乡保持着怎样的关系？海南人出洋活动对故乡的社会发展产生了哪些影响？这些问题不但令人感兴趣，而且对这些问题的研究还具有重要的现实意义和学术意义。

在研究这些问题前，有必要明确与此相关的一些名词的定义和时空界限。比如在本书中，时有“海南人”、“海南华侨”、“海南华侨华人”、“海外海南人”、“海南华裔”、“琼侨”、“乡侨”等字眼出现，这些在本书中都为海外海南人之意。因为从概念的定义而言，“华侨”是指移居海外的具有中国国籍的人，“华人”是指在海外定居并取得外国国籍的中国人，而“华裔”则一般指华侨在侨居国所生的而又加入或取得了所在国国籍的子女或具有中国血统的外籍人。故此，“海南华侨”是指移居海外的海南籍人士，而加入了其他国家国籍或出生在侨居国并取得相应国家国籍的海南人，应称为“海南华人”或“海南华裔”。本书主要是从历史因素和约定俗成的角度，使用“海南人”或“海南华侨”的概念，其“海南人”是指原籍为海南的人们，不管其生活在何处；而“海南华侨”指居住在海外的原籍为海南的人们，其中包括加入了其他国家国籍的或出生在侨居国并取得相应国家国籍的人们，因为不管其身份如何改变，他们的根在海南，在故乡父老乡亲们心中，外出游子及他们的子子孙孙永远是“海南人”。

海南历史上被称为“琼州”或“琼崖”，因此，海南华侨也简称为“琼侨”。而“乡侨”是指“故乡的华侨”，表示对故乡华侨的亲情，它与“琼侨”可视为同义词。

还比如“南洋”、“番”与“南洋客”、“番客”与“移民”的意义。本书所指的“南洋”是指今天的东南亚地区。海南人大规模出洋时的东南亚，历史上大致可以分为缅甸、海峡殖民地（今新加坡、马六甲和槟榔屿）、马来亚（今马来西亚一部分）、暹罗（今泰国）、法属印度支那（今越南、老挝、柬埔寨）、荷属东印度（今印度尼西亚）、菲律宾等七个地区。

历史上，中国通称外族为“番”。因此，人们把到海外谋生的举动称为“去番”；相应地，把从事这一活动者称为“番客”。海南人到海外谋生地主要集中于南洋地区，故也有人把他们称为“南洋客”。在民间，凡与海外有关的物件，都加“番”字而称呼，从海外寄回乡的钱，称“番钱”；从海外寄回乡的信，称“番信”；从海外邮寄或带回的饼干点心，称“番饼”，等等。

在本书中，“下南洋”与“移民”有时是通用的，有时却有差别，这主要与海南人下南洋的特点相关。“移民”的定义，国内外的工具书和专门的著作中的解释并未完全一致。西方学者站在欧美国家的立场上，往往强调移民的国际特点，甚至以是否具备国际移民性质作为移民的标准。葛剑雄教授等人根据中国历史上人口迁移的特点，把移民界定为：具有一定数量、一定距离，在迁入地居住了一定时间的迁移人口。① 曾少聪则认为移民的定义是：指从甲地迁到乙地，或指从甲国迁到乙国，并且定居的人或人群。② 林德荣也认可这样的观点。③ 本书认为此观点在某种程度上符合

---

① 葛剑雄、曹树基、吴松弟：《简明中国移民史》，福建人民出版社，1993 年，第 1 ~ 6 页。

② 曾少聪：《明清海洋移民台湾与菲律宾的比较研究 · 致读者》，江西高校出版社，1998 年，第 2 ~ 3 页。

③ 林德荣：《西洋航路移民 · 致读者》，江西高校出版社，2006 年，第 2 页。

下南洋之海南人的情形，但它与海南人下南洋的具体情况又有所不同。因为在下南洋的海南人中，从海南迁入居住国并且定居下来的人并不多，起码不是下南洋之海南人的主流。历史上，海南人下南洋最大的特点是双向性，即到南洋谋生，有所积蓄后便回家与亲人团聚，此后再决定去留。因为当年下南洋的海南人全是男性，家眷都留在故乡；女性不允许出洋，是出洋海南人所默认的所谓“乡规”，是不能被打破的。

目录

总　序　/ 1

前　言　/ 1

第一章　海南人出洋的历史轨迹　/ 1
　第一节　海南华侨的出现　/ 2
　第二节　海南华侨的发展　/ 14
　第三节　海南华侨出洋的原因　/ 32
　第四节　海南华侨的分布　/ 45

第二章　琼侨社会　/ 51
　第一节　社会职业　/ 52
　第二节　寺庙奉祀　/ 63
　第三节　琼侨社团组织　/ 67

第三章　贡献居住国　/ 91
　第一节　对居住国的经济贡献　/ 92
　第二节　对居住国的政治贡献　/ 109
　第三节　重视教育　/ 122

第四章　造福桑梓　/ 139
第一节　投身国内的政治变革　/ 140
第二节　支持家乡的经济建设　/ 153
第三节　资助家乡的公益事业　/ 179

第五章　闻名遐迩的海南出洋人　/ 226
第一节　杰出个人　/ 227
第二节　杰出群体　/ 255

第六章　侨乡风情　/ 273
第一节　民风乡俗　/ 274
第二节　侨乡文化　/ 284

附录　文昌海外乡亲、港澳同胞捐建校舍情况表　/ 298

参考文献/ 368

后　记/ 373

第一章

【海南人出洋的历史轨迹】

海南人何时迈出移居国外的脚步，至今尚未发现可靠的史籍记录，虽然无史可考，但可以肯定的是其历史悠久。据南海诸岛、东南亚和印度洋等地考古发掘出来的大量自南朝、隋、唐、宋、元、明、清至近代的陶瓷、铁器、沉船等文物显示，西沙群岛等南海诸岛自古以来就是中国与东南沿海通往东南亚、印度洋及世界各地的海上必经之路，这条必经之路也称为海上丝绸之路。由此可推测，这一历史活动必将对位于这条航路上的海南岛产生重大影响。据史书记载，唐及五代时期，海南岛的海上贸易开始兴起。海南参与海上贸易的集中地，主要位于东北部。宋代以后，由于人口增加、“田不足耕”等原因，福建漳州、泉州和内陆其他地方的民众，纷纷离开居住地，向外迁移。这其中，有不少人迁入海南境内居住。今天的海南话与福建话同属闽南语系，便是这一大量移民现象的历史印迹。在海南居住的这些移民，其中一部分人随着海上贸易航路的开通而南下通商，到南洋一带活动，成为早期华侨。按海南华侨的历史发展脉络，可划分为三个历史发展阶段来认识：第一阶段为鸦片战争前，这是海南华侨开始出现，并在侨居国站稳脚跟时期；第二阶段为鸦片战争后，海口被辟为通商口岸到1950年海南解放，这是海南华侨大量涌现，并在侨居国确立其经济、政治地位时期；第三阶段为海南解放至今，这是海南华侨在侨居国融入当地社会，成为当地民族之一，也就是华侨社会转变为华人社会时期。

第一节　海南华侨的出现

海南因琼州海峡而与祖国大陆隔水相望，不宽的琼州海峡使得海南呈孤悬海外之势。特殊的地理条件，使得海南的历史发展充满了传奇与神秘，出现了一系列不同于内陆发展的独特历史现象。比如人口流动方面，有学者指出，历史上海南就是一个移民社会。从汉代开始，中原人口就沿着西部迁移路径和东线迁移通道，不断向海南移民。但由于大量外来人口涌入，加上瘴疠盛行的恶劣气候和生产力的低下，有限的土地无法承载大量人口，于是岛内人口又开始向两个方向迁徙：一是黎族人放弃平原祖居地向岛的腹地退却；二是汉人开始海外移民。[①]

海南人最早外迁的地方应是交趾（今越南北部），因为历史上海南与交趾曾有行政上的隶属关系。“琼州府本古雕题、离耳二国，……唐虞为南交，三代为扬越之南裔，秦为象郡之外徼，汉元封元年（前110），置珠崖、儋耳二郡，属交趾部刺史。”[②] 此后，历经东汉、三国、两晋及南北朝，琼州一直断断续续地隶属于交趾。唐天宝年间所设的安南都护府治交州，琼郡五州仍皆属之。琼州与交趾间亦可相互调任官吏。东汉永平十八年（75），以儋耳太守僮尹“为交趾刺史”[③]。唐“天宝十四年（755），以杨清为琼州刺史（杨清乃安南人）”[④]。如此密切的行政关系，民众之间相互往来自然亦密切，但却不好说这是海南最早的海外移民，因为交趾于宋开宝元年（968）建立“大瞿越国”，才开始脱离中国版籍而独立建国，在此之前一直属于中国版图的一部分。

海南人真正意义上的出洋历史，应是从唐代开始的。这仍然与海上交通线相关。据《新唐书》卷四三下《地理志》载：

广州东南海行二百里至屯门山，乃帆风西行，二日至九州石。又南二日至象石。又西南三日行，至占不劳山，山在环王国东二里海中。又南二日，行至陵山。又一日，行至门毒国。又一日，行至古宣国。又半日，行至奔陀浪洲。又两日，行到军突弄山。又五日，行至海峡……北岸则罗越国。南岸则佛逝国。佛逝国东北行四五日，至诃陵国，南中洲之最大者。又西出硖，三日至葛葛僧祇，四五日，行至胜邓洲。又西五日，行至婆露国。又六日，行至婆国伽蓝洲。又北四日，行至师（狮）子国，其北海岸距南天竺大岸百里。又西四日，行经没来国，南天竺之最南境。又西北经十余小国，至婆罗门西境。又西北二日，行至拔国。又十日，行经天竺西境小国五，至提国。其国有弥兰大河，自北渤昆山来，西流至提国北入于海。又自提国西二十日，行经小国二十余，至提罗卢和国，一曰罗和异

① 詹长智、张逆人：《中国古代海南人口迁移路径与地区开发》，《华中科技大学学报》2007年第2期。

② 《琼州府志》卷一《舆地志》一《沿革》。

③ 《琼州府志》卷二九《宙帅宦绩》上。

④ 《琼州府志》卷四二《杂志、事纪》。

国。国人于海中立华表，夜则置炬其上，使舶人夜行不迷。又西一日，么至乌剌国，乃大食国之弗得剌河，南入于海。小舟泝流，二日至末罗国，大食重镇也。又西北陆行千里，至茂门王年都缚达城。自婆罗门南境，从没来国至乌剌国，皆缘海东岸行。至西岸之西，皆大食国。其西最南谓之三兰国。自三兰国正北二十日行，经小国十余，至设国。又十日行，经小国六七，至萨伊瞿和竭国，当海西岸。又西六七日行，经小国六七，至没剌国。又西北十日行，经小国十余，至拨离诃磨难国。又一日行，至乌剌国，与东岸路合。

这段文献所记述的航线大致从广州起航，向南航行到珠江口的屯门港，尔后折向西南，经海南岛附近之七洲洋，到达越南东南部的海面，再南行到马来半岛湄公河口，过新加坡海峡到苏门答腊，由此东南往爪哇，西北穿过马六甲海峡，越印度洋抵斯里兰卡和印度半岛之南端，沿印度西海岸而上入波斯湾，溯幼发拉底河而上至今天的巴格达城。

由此可见，在这条航线上，海南的七洲洋是一个重要的结点。据《南洋记》记载："七洲洋在琼岛万州之东南，凡往南洋者，必经之所。"①

到了宋代，海南的对外贸易较前朝更为发达，其时的琼山、临高、文昌、乐会等各贸易港都设立市舶司，征收科钱。而白沙律（神应港，今海口市白沙门附近）已成为商船进出的重要港口之一，外国船舶常停泊于此，"琼州白沙律，蕃舶所聚之地，其港自海岸屈曲，不通大舟，而大舟泊海岸"②。

当时海南进岛的商品有盐、铁、鱼、米，尤以粮食为主；出岛的商品以土特产为主，有香料、槟榔、椰子、吉贝（棉花）、苎麻、赤白藤、花缦、黎幕、青桂木、花梨木、海梅脂、琼枝菜、海漆、荜拨、高良姜、鱼鳔、黄蜡、石蟹等，尤其以香料、槟榔、吉贝最为有名。

海南米粮向来不能自给。在宋代，海南四郡凡十一县"地多荒田，所种粳稌，不足于食，乃以薯芋杂米作粥糜以取饱，故俗以贸香为业"③。在

① （清）陈伦炯：《海国见闻录》，《中国南海诸岛文献汇编之三》，台湾学生书局，1984年，第119页。

② 《舆地纪胜》卷一二四《神应港》。

③ （宋）赵汝适：《诸蕃志·海南》，第221页。

生产力水平不可能大幅提高的古代，海南必须依靠从外部输入，才能解决粮食不足的问题。因此，向海南输入粮食就成为古代海南贸易中一个重要的内容。

在海南所输出的商品中，以香料、槟榔、吉贝最为出名，主要是因为其质量上乘。关于海南香料，宋人范成大有过十分生动的描述：

世皆云二广出香，然广东香乃自舶上来，广右香产海北者亦凡品，惟海南最胜。人士未尝落南者，未必尽知。……沉水香，上品出海南黎峒，亦名土沉香，少大块。其次如茧栗角，如附子，如芝菌，如茅竹叶者，皆佳。至轻薄如纸者，入水亦沉。环岛四郡界皆有之，悉冠诸番所出，又以出万安者为最胜。说者谓万安山在岛正东，钟朝阳之气，香尤蕴藉丰美。大抵海南香气皆清淑，如莲花、梅英、鹅梨、蜜脾之类，焚一博投许，氛翳弥室。翻之四面悉香，至煤烬气亦不焦，此海南香之辨也。北人多不甚识，盖海上亦自难得。……中州人士但用广州舶上占城、真腊等香，近年又贵丁流眉来者。予试之，乃不及海南中、下品，舶香往往腥烈，不甚腥者，意味又短，带木性，尾烟必焦。其出海北者，生交趾，及交人得之海外蕃舶而聚于钦州，谓之钦香。质重实，多大块，气尤酷烈，不复风味，惟可入药，南人贱之。①

赵汝适对海南香料也给予了很高评价，他说："海南土产，诸番皆有之，顾有优劣耳。笺、沉等香，味清且长，琼出诸番之右，虽占城、真腊亦居其次。"②

此外，海南的槟榔也是当时畅销商品之一。"槟榔产诸番国及海南四州，交趾亦有之。三佛齐取其汁为酒，商舶兴贩，泉广税务岁收数万缗，惟海南最多。鲜槟榔、盐槟榔皆出海南。"③

当时在海南从事对外贸易活动的主要是位于东北部的今文昌、琼海、琼山、万宁一带的居民。究其原因，一是这一地方的民众大部分为从福建

① （宋）范成大：《桂海虞衡志·南香》，转引自寒冬：《海南华侨华人史》，海南出版社、南方出版社，2008 年，第 38 页。

② （宋）赵汝适：《诸蕃志·海南》，第 221 页。

③ （宋）赵汝适：《诸蕃志·槟榔》，第 186 页。

漳州、泉州迁移过来的移民，善于驾舟航海，有开展海上贸易的能力；二是当时生产力水平低下，“地多荒田，所种粳稌，不足于食，乃以薯芋杂米作粥糜以取饱，故俗以贸香为业”。

海上贸易的兴盛，促使一部分从事这一活动的海南人“住番”久滞不归而成为华侨。其实“住番”者还并不是真正意义上的华侨，因为“住番”一般是指中国古代沿海地区从事海上贸易的商人到东南亚经商时，由于当时航海技术的关系，去时贸易帆船要乘阴历10月到来年2月左右的东北风前往，返程时要等待6月到8月的西南季风兴起时才能回返。在此期间，船上商人要在当地等待一段时日，这一行为称为“住番”，而只有久逾不归者方可称为华侨。

海南人出洋的时间，由于年代久远，无史可考，因此说法不一。

据《琼海县志》记载：“邑人出洋始于唐代。其时，从福建漳州、泉州、莆田和广东等地移居于邑境的一部分商人和渔民，因受不起天灾兵祸之苦，再乘舟楫，远渡重洋，移居于南洋群岛，为本县最早的出国华侨之一。”①

学界对文昌人向海外移民的时间有不同的看法。1999年出版的《海南百科全书》称：“文昌人移民海外始于明朝。”②《文昌县志》则认为：文昌人出洋时间为宋末元初。③

总之，海南人出洋历史悠久。到了明清两代，海南人出洋的步伐大大加快了，主要是由于当时国际国内大背景所致。从国际方面而言，这个时期世界格局发生着巨大的变化。地理大发现改变了人们各自为政的历史。以葡萄牙、西班牙为代表的早期殖民者，为了扩大资本原始积累，开拓海外市场，都热衷于海外殖民。15世纪中叶至16世纪初期，葡萄牙和西班牙的贸易势力纷纷向东扩张，终于使东西海上贸易势力在中国沿海及南洋各地发生了直接的接触和碰撞。17世纪初，荷兰人也踏上了征服东方的征程。1602年成立的“荷兰东印度联合公司”，取得了整个印度洋区域的航运和贸易特权。东印度联合公司成立后，立即在印度洋和南洋各地建立各

---

① 王桢华主编：《琼海市华侨志》，中国文联出版社，2007年，第3页。

② 海南百科全书编纂委员会编：《海南百科全书》，中国大百科全书出版社，1999年，第708页。

③ 文昌市地方志编纂委员会编：《文昌县志》，方志出版社，2000年，第490页。

种贸易站与堡垒，以强化其势力范围。与此同时，英国也于1600年成立东印度公司。在英国政府的支持下，东印度公司在集中力量侵略印度的同时，不断向东发展，并与葡萄牙、荷兰争夺马来半岛和群岛的商业据点。

荷兰、英国殖民者在侵占马来半岛和群岛的过程中，使用的是早期殖民者常用的赤裸裸的血腥战争手段，用武力劫掠当地民众的财物，屠杀反抗之土人。这种野蛮的殖民行为，导致当地人口锐减，以致当地的社会经济发展出现了巨大的劳动力缺口。这种情况，为中国东南沿海民众移居荷属东印度提供了机会。因此，西方殖民者的到来，造成了中国东南沿海民众下南洋谋生的外部拉力。

而从国内形势来说，明朝中叶以后，海洋社会经济的兴起和社会动荡，是形成海外移民的内部推力。

到了明代中叶以后，随着中国造船技术和航海技术的提高，整个中国包括海南的对外贸易活动更加频繁，“每年造船出海贸易者极多，数达千余只”①。这些海船包括船员和客商，每船多可载百余人，少亦可载六七十人，此外还可搭载大量货物。② 日本学者指出：“使大量民众移居海外成为可能的最大因素，不可不注意到中国帆船的存在，……一船可载百余人渡海，这是在西欧大型帆船进入中国海域之前，除了中国之外，其他国家所未见的情形。”③

这种大型海洋帆船的出现，在从18世纪中叶到19世纪后期的百余年间，搭载了大量物资和人员横渡大洋，不仅往来于中国大陆沿海各岛屿，还进出于日本、菲律宾、印度尼西亚群岛、印度支那半岛、马来半岛的各港口。“往海外贸易之所，东为琉球、日本、朝鲜，西南为安南、吕宋、噶喇吧（即今印度尼西亚雅加达——笔者注）、苏禄、暹罗、马辰、六坤、宋居等国。”④ 在这样的海外贸易中，南洋一带占有更大的比重。乾隆后

---

① 《清圣祖实录》卷二七〇。

② 道光《厦门志》卷五《洋船》。

③ 转引自王翔：《海南人移民东南亚的历史过程》，《海南师范学院学报》2001年第6期。

④ 福建按察使王丕烈奏折（乾隆六年九月二十七日），《明清史料》（庚编第八本），台北故宫博物院，1975年，第707页。

期，广东官员在奏报中称：“商人中去东洋者十分之一，去南洋者十分之九。”① 18世纪中叶的乾隆十六年到二十一年（1751—1756）的六年间，从福建出海的中国商船每年达60～70艘；乾隆十七年（1752），由广东出海的中国商船为20～30艘。这些商船频繁的贸易活动，不仅使中国与东南亚各国间贸易往来密切，同时也提供了使中国与相关贸易地区的过剩人口向海外移民的机会。

明朝后期，中国私人海外贸易发展迅速。据统计，明末清初，我国商船每年在东南亚的进出口货物总量为24 800万斤，年贸易总额计1 430万两白银，年利润为787万两白银左右，货物的贸易利润率高达100%～200%。大规模的海外贸易，一方面使为数众多的商人到海外经商而成为移民，另一方面也为国内因各种原因而导致生活困难者为谋生而搭船出洋提供了条件。

到了明末清初，由于出洋商船活动频繁造成的交通便利，东南沿海形成了海外移民潮流。

此外，明清时期，东南沿海特别是福建、广东等地人口与土地的尖锐矛盾，是造成大量移民出现的最主要原因。以福建为例，明洪武二十六年（1393），福建耕地面积为146 259顷。但到了明万历六年（1578），朝廷统计的数字为134 226顷。② 经过近两个世纪的发展，福建的耕地面积没有增加反而减少。这其中部分原因是由于沿海倭寇肆虐造成耕地荒芜，但主要原因还是大量农田被权贵和豪强以“僧田”、“官田”等名目兼并，不列入朝廷的统计之列。

一方面是耕地面积的减少，另一方面却是人口的增加。明洪武二十六年（1393），福建人口为3 916 806人，比元代的2 935 014人增加30%以上。到明后期，福建实际人口约为520万。③ 过快的人口增长与不断减少的耕地面积形成强烈反差，解决问题的有效办法就是向外移民。移民的方向之一是福建本省其他地区，但福建内地多崇山峻岭，移民的余地不大；方向之二是向国内的其他地区，如海南岛就有大量移民来自福建，尤其是

① 乾隆《皇朝文献通考》卷二九七《广东监察御史李清芳奏文》。
② 《明史》卷七七《食货志一》，第1882～1883页。
③ 林德荣：《西洋航路移民》，江西高校出版社，2006年，第20～21页。

福建人多地少矛盾最突出的漳州和泉州地区；方向之三是出洋。万历年间，福建巡抚许孚远主张开放海禁，允许民众出洋，其理由即为沿海土地不足以谋生。他说：“闽之福、兴、漳，襟山带海，田不足耕，非市舶无以助衣食，其民恬波涛而轻生死，亦其习使然，而漳尤甚……远近豪黠，潜往海滨，日夜思逞，佣夫贩子，千百为群，谋生无路，滃滃讹讹，其势将有所叵测。”①

到了清朝，历史又出现了一个轮回。清顺治末年（1661），战乱初定，当时全国人口还不足 1 亿。经过近一个半世纪的休养生息，到乾隆末年（1795）已增至3 亿；到道光二十年（1840）增至4.12 亿。

乾隆末年，福建人口约 1 300 万，比明后期增加近一倍半；到道光二十年（1840），又增至 1 872 万。广东省的人口增幅更大，顺治末年约 500 万，乾隆末年增至 1 600 万；至道光二十年，更增达 2 570 万，比清初增加 4 倍。根据专家的估计，按照明清时期的农村生产力发展水平，人均应有 3 ~ 4亩耕地面积才能维持基本生计。罗尔纲认为：“每人要有三亩地才可维持生活。”研究中国经济史的美国人贝克（De Baker）的估计与罗尔纲相当。顺治末年，福建耕地面积为 103 458 顷（1 顷 =100 亩），道光二十年时约 140 000 顷，仅增加 40%。清初广东耕地面积为 250 840 顷，道光二十年约 320 000 顷，仅增加 35% 左右。而两省人口在同时期分别增长 2.5 倍和 4 倍。明后期福建人均耕地约为 2.2 亩，沿海地区还不足此数，远低于维持生计的标准。经过战乱，清朝初期福建人均耕地数量可能略高于明末，但由于人口繁衍过快，到乾隆末年，人均耕地减少为 1.05 亩；到道光二十年，仅剩下 0.8 亩。广东清朝初年人均耕地约 7 亩，仅过了 130 年，到乾隆末年，人均耕地只剩 2 亩，到道光二十年仅有 1.3 亩。②

可见，人多地少、“田不足耕”是福建、广东民众向外大量移民的重要原因。

除此之外，由于王朝更替所导致的战乱和政局动荡，也是部分民众移民出洋的原因之一。

明末，随着清兵的大举入关，满人的铁骑踏碎了朱明王朝江山，建立

① （明）许孚远：《通海禁疏》，见《明经世文编》卷四〇〇。

② 林德荣：《西洋航路移民》，江西高校出版社，2006 年，第 22 ~ 23 页。

了清王朝。一部分不甘降清的明代忠臣，在坚持数年的反清失败，复明无望的情况下，分别移居南洋地区。康熙十八年（1679）正月，原明将龙门总兵杨彦迪、副将黄进，高、雷、廉总兵陈上川、副将陈安平，率兵3 000余人及战船50余艘，到达越南南圻，“自称为明之逋臣，义不仕清”[1]。

康熙八年（1669），南明永历帝被清兵追击，退入缅甸境内，随行到达缅甸者有1 478人。[2]

清朝统一台湾后，忠于南明政权的一部分人乘船转往爪哇、马六甲等地。耶稣会神甫塔卡德（Guy Tachard）曾于1685年路过吧城，据他估计，吧城及近郊的华侨约在4 000人至5 000人之间，“其中多数是当鞑靼人统治中国后因不愿向其臣服而在吧达维亚定居下来的”[3]。

由于上述诸原因，明清时期大量中国人，特别是福建、广东沿海地区民众，纷纷下南洋谋生。

明万历二十年至二十二年（1592—1594）的福建巡抚许孚远在《通海禁疏》中说：“东西二洋商人，因风涛险恶，有经冬不归国者，吕宋尤多。漳（州）人于该地交易，父兄长期居住，子弟时常往来。如今留居吕宋者不下数千人。”入清以后，“华工仍多私自出洋者”。康熙五十五年（1716）的上谕中说：“海外吕宋、噶喇吧等处，常有汉人留居。”雍正五年（1727），广东、福建的地方官员曾经受命调查前往噶喇吧、菲律宾等地船员的情况，闽浙总督高其倬奏报商船夹带华工出洋情形说：“每船实皆秘密搭载二、三百人，到达彼地后，乘船名簿上未载姓名者皆留居于此，不再归国。遂使嗜利船户只装些须货物，竟将游手好闲之人，偷运四、五百人之多，每人收银八两或十余两，即将彼等载往彼地”，而且“到彼即行留住”。（《东华录》卷一二，页三）据说当时的噶喇吧已“有万余人，或称有数万人者”。雍正九年（1731），“有石详瑞一船，雍正九年二月内为吕宋贸易密载铁器，又查有偷出国境者百余名乘船”。雍正十年（1732）十二月，福建南部的官员发现：“商船户姚锦春一船前往吕宋贸易，有船

① （明）郑怀德：《嘉定通志·城池志》。

② 李长缚：《中国殖民史》，商务印书馆，1937年，第173页。

③ 林德荣：《西洋航路移民》，江西高校出版社，2006年，第25页。

员二十四名，商人二十名，此外还有未以许可之偷出国境者一百五十七人。"[1]

在日本的史料中，也有对中国早期移民的记载。江户时代（1603—1867），长崎贸易的商人报告中，就有关于中国移民的记录。在马六甲，日本贞享四年（康熙二十六年，1687），厦门商船报告："马六甲的住宅唐人为数甚多。"[2] 这里所说的"住宅唐人"，是江户时代日本人对留居海外的华侨的称呼。

在马来半岛东岸中部的港口大泥，贞享四年的大泥商船报告："大泥为四季温暖的热带国家……住宅唐人有四十余名。"[3] 元禄三年（康熙二十九年，1690），大泥商船再次报告说："居住于大泥的住宅唐人有数百名之多。"[4] 短短三年之间，居留的华侨人数由四十余人增至数百人，比康熙十九年（1680）增加了10倍以上。

在泰国，据延宝八年（康熙十九年，1680）来自暹罗的商船报告，也有"住宅唐人"在此居留。[5]

在柬埔寨，元禄四年（康熙三十年，1691），柬埔寨商船报告："当地住宅唐人共有千余人"，连该国行政官员中也有"唐人共勤役"。

在雅加达，元禄三年（康熙二十九年，1690）噶喇吧商船报告，当地有"大小二十余艘中国商船不绝往来，住宅唐人有数万名"[6]。享保三年（康熙五十七年，1718），由噶喇吧前往长崎贸易的船主叫郑孔典，自称"本为福建漳州人士，已在噶喇吧居住二十余年"[7]。

19世纪前期涉足印度支那的英国人约翰·库劳福特（John Crawfurd）在英国议会听证会上的报告中说：在菲律宾、布里南、爪哇、新加坡、马六甲、马来半岛、暹罗、交趾支那等地居住的中国移民，总数约为734 000

① 转引自王翔：《海南人移民东南亚的历史过程》，《海南师范学院学报》2001年第6期。

② ［日］《华夷变态》（上册），（东京）东洋文库，1958年，第721页。

③ ［日］《华夷变态》（上册），（东京）东洋文库，1958年，第798页。

④ ［日］《华夷变态》（中册），（东京）东洋文库，1958年，第1270页。

⑤ ［日］《华夷变态》（上册），（东京）东洋文库，1958年，第309页。

⑥ ［日］《华夷变态》（中册），（东京）东洋文库，1958年，第1268页。

⑦ ［日］《华夷变态》（下册），（东京）东洋文库，1958年，第2833页。

人。①

早期的海外移民中，以福建、广东两省的人士居多。雍正五年（1727）九月九日，闽、粤地方官员在奏折中称："前往噶喇吧、吕宋等处贸易居住者，福建省为十之六、七，广东与江苏、浙江等省为十之三、四。"而福建的移民中，又以"漳（州）、泉（州）等地民众留居噶喇吧、吕宋者为尤多"。海南当时隶属广东，在广东的对外移民人数中，当也包含从海南前去的人士。②

海南人大量出洋就是在这样的历史背景下发生的。海南人最早出洋的地方，应该是与海南地理相距最近的越南以及邻近越南的今泰国等地。因为在海南人开辟的到东南亚的航线中，最早出现的是前往越南的航线。"从1695年冬开始，两艘200担的帆船队，从琼山演海乡开往泰国，到1735年，这支船队发展到73艘，常年川走于东南亚各国之间，这便是琼山最早的帆船队。"③ 后来海南人开辟的航线，也基本上经越南而继续前行。如后来开辟的航线之一是："由海口及文昌之铺前港，取道海峡往西，再南下走西贡、曼谷与星洲等处。"之二是："由清澜、博鳌、藤桥、三亚、海头等港直接南下赴上述目的地。每年一次，于阴历冬至前后乘东北季风南下，至翌年夏间南风时返航。每年出南洋大型帆船总数约百余艘。其中，赴暹罗者40艘，赴交趾北部者50艘，南部者25艘。至赴星洲者，早期仅十余艘，盛时四十余艘。每船载重千余至一万担（合一百至六百吨），除货物外，每船附载乘客廿余人至百人。顺风时，数日可抵西贡，12日可抵星洲，半月可抵曼谷。"④

据《琼海县志》载："境内草塘一带渔民，常运载西沙、南沙群岛捕捞的海鲜品和贝壳到南洋销售，有少数人随船散居于东南亚各地谋生。"⑤

---

① 王翔：《海南人移民东南亚的历史过程》，《海南师范学院学报》2001年第6期。

② 王翔：《海南人移民东南亚的历史过程》，《海南师范学院学报》2001年第6期。

③ 潘干：《琼山县最早出洋帆船的兴衰史》，《琼山文史资料》1980年第5期。

④ 苏云峰：《东南亚琼侨移民史》，《海南历史论文集》，海南出版社，2002年，第196页。

⑤ 王桢华主编：《琼海市华侨志》，中国文联出版社，2007年，第4页。

明代以后，中国政府虽然实行严厉的“海禁”政策，但海上贸易始终没有中断。到了清代，由于下南洋的规模不断扩大，影响到了国内社会的稳定，于是清政府在康熙五十六年（1717）颁布南洋禁航令。据《琼州府志》记载：“康熙五十六年（1717），甲严洋禁商船，不许私造往南洋贸易，有偷往潜留外国之人，督抚大使通知外国，令解回正法，再奉旨五十六年以前出洋之人，准其载回原籍。”① 这说明，在1717年以前，已有不少海南人于南洋谋生。南洋禁航令仅行10年，至雍正五年（1727）以后，陆续在沿海各省解除。虽然禁止移民海外的政策直到鸦片战争前都不曾松动，但海禁的松动使海南的海外贸易有所恢复。而海外贸易的恢复，使一批又一批的冒险者有机会从文昌的铺前港、清澜港和琼海的潭门港或博鳌港等地搭帆船或渔船到南洋谋生。据史料记载，清乾隆年间，已有不少海南人到暹罗、安南和马六甲谋生。又据《新加坡琼州会馆/天后宫史略》载：“考我琼同乡南来侨居，当在新加坡开埠前1819年（注：根据地契文件记载）。其时当地乃一未僻之渔村，人烟稀少，同乡居此者亦不多，且散居乡村隅角，而无组织。”② 据南洋著名考古学家韩槐准先生考证，在道光元年（1821），就有帆船自海南运载陶瓷器、铺地之砖、雨伞、鞋、纸、神香、干果及药材等到新加坡销售。③ 1830年，琼州帆船也已经到达槟城。在海南自宋代以来形成的移民潮中，移民主要来自福建漳州、泉州两地。漳、泉人因生活所迫产生的冒险精神，使其先人从福建来到海南。出于同样的原因（海南部分地区土地贫瘠，在生产力低下的情况下，大量人口的涌入，造成新的生存压力），部分海南人秉承了先辈冒险闯海的精神，利用海南海上交通便利的条件，下南洋谋生。这种现象在海南的东北部尤为突出，因此“海南共分16县，但移居南洋的海南人乃以文昌、琼山、乐会、琼东四县为多”④。

---

① 《琼州府志》卷四二，第989页。

② 新加坡琼州会馆秘书处：《新加坡琼州会馆/天后宫史略》，《新加坡琼州会馆庆祝成立一百三十五周年纪念特刊》，新加坡琼州会馆，1989年，第101页。

③ 韩槐准：《琼州南洋交通考》，《琼州会馆联合会报》第1卷第1期。

④ 吴华：《星洲琼籍人士之今与昔》，《新加坡琼州会馆庆祝成立一百三十五周年纪念特刊》，新加坡琼州会馆，1989年，第265~270页。

第二节　海南华侨的发展

对于民众出洋谋生，历代中国政府并不认可。明、清政府严申海禁，视海外华侨为化外之民，采取“人已出洋，已非我民，我亦不管”的态度。清代中叶以后，清政府继承了明朝对华侨的政策，其法律是严禁臣民移居海外，视华侨为“弃民”。顺治四年（1647），清政府颁布《大清律》，规定：“凡官员兵民私自出海贸易，及迁移海岛居住耕种者，俱以通贼论，处斩。”① 清朝初年海禁政策主要是针对海外反清活动，但反清复明活动被镇压后，清政府对居留在海外的华侨始终持怀疑的态度。直至康熙五十六年（1717），康熙皇帝仍有上谕：“凡出洋久留者，该督行文外国，将留下之人，令其解回立斩。”② 可见清政府对民众出洋之严厉态度。此后，此态度虽有所缓和，但也好不到哪里去。雍正五年（1727），雍正皇帝上谕说：“朕思此等贸易外洋者多系不安本分之人，若听其去来任意，不论年月久远，伊等益无顾忌，轻去其乡而飘流外国者益众矣，嗣后应定限期，若逾期不回，是其人甘心流移外方，无可悯惜，朕意不许令其复回内地。”③ 对漂泊在外的民众采取不闻不问的态度。因此，当乾隆五年（1740），荷印发生荷兰殖民者肆意屠杀华侨惨案时，乾隆在复福建总督关于此事奏折时称“天朝弃民，背弃祖宗庐墓，觅利海外，朝廷概不闻问”④

---

① 沈云龙主编：《大清律例会通新纂》卷一九，文海出版社，1987 年。转引自夏诚华：《近代广东省侨汇研究（1862—1949）——以广、潮、梅、琼地区为例》，新加坡南洋学会，1992 年，第 76 页。

② 王云五总编纂：《清朝通典》卷八〇，商务印书馆，1920 年。转引自夏诚华：《近代广东省侨汇研究（1862—1949）——以广、潮、梅、琼地区为例》，新加坡南洋学会，1992 年，第 76 页。

③ 转引自夏诚华：《近代广东省侨汇研究（1862—1949）——以广、潮、梅、琼地区为例》，新加坡南洋学会，1992 年，第 76 页。

④ 黄福銮：《华侨与中国革命》，（香港）商务印书馆，1955 年，第 33 页。转引自夏诚华：《近代广东省侨汇研究（1862—1949）——以广、潮、梅、琼地区为例》，新加坡南洋学会，1992 年，第 77 页。

就不足为奇了。

1840 年鸦片战争爆发，中国社会面临着几千年未有之大变局。一方面是自乾隆以来人口高速增长的压力持续加大，另一方面是西方资本主义的入侵。西方列强凭借坚船利炮，强迫清政府签订一系列不平等条约，攫取中国巨大利益，使中国面临着严重的民族危机和社会危机。这些不平等条约，对中国社会产生了深远的影响。恩格斯说："对华战争给了古老的中国以致命的打击，国家的闭关自守已不可能。铁道之敷设，蒸汽机和电气之使用以及大工业之创办，即为着军事防御的目的已成为必要的了。于是旧有的小农经济制度也随之而日益瓦解（在旧有的小农经济制度中，农家自己制造必要的工业品），同时，可以安插比较稠密的人口的那一切陈旧的社会制度，亦随之崩坏。千百万人将无事可做，将不得不移往外国。"[①] 鸦片战争打开中国大门后，西方列强开始大肆在中国贩卖劳工，清政府慑于列强之淫威，无力干涉或不愿干涉，甚至默许这种贩卖活动。咸丰八年（1858），清政府被迫与英、美、法、俄等列强签订《天津条约》，将海口列为对外通商口岸。咸丰九年（1859），在英法殖民者的压力下，广东巡抚柏贵及其继任者劳崇光明令，允许人民"任便与外人立约出洋"[②]。而清政府正式允许华工出洋，始于咸丰十年（1860）。这一年，英法联军攻陷北京后，强迫清政府签订《中英北京条约》、《中法北京条约》。《中英北京条约》第五条规定："凡有华民情甘出口，或在英国所属各处，或在外洋别地承工，俱准与英民立约为凭，无论单身，或愿携带家属，一并赴通商各口，下英国船只，毫无禁阻。"[③]《中法北京条约》第九条也有相似之内容。《北京条约》的签订标志着中国传统海禁政策终结，从此华工出洋合法化。1876 年，海口正式开埠设立海关。于是，在国内解除海禁，东南亚缺乏大量劳动力的情况下，大量为生活所迫的海南人纷纷南下，到南洋各地出卖苦力，以求生计。

---

① 《1894 年 11 月 10 日恩格斯致佐尔格的信》，《马克思恩格斯论中国》，中国人民大学出版社，1950 年，第 153 页。

② 陈翰笙主编：《华工出国史料汇编》（第 2 辑），中华书局，1985 年，第 179 页。

③ 王铁崖：《中外旧约章汇编》（第 1 册），生活·读书·新知三联书店，1957 年，第 144 页。

西方殖民势力东侵，是在自由竞争资本主义向帝国主义过渡的历史背景下进行的。在东侵过程中，他们已不满足于在沿海地区开辟商埠、建立贸易网络，而是用武力侵入内陆地区，扩大占领范围，表现出对土地的浓厚兴趣。他们掠夺矿产，开辟种植园，设立工厂，修建铁路、公路，建立包括现代化的原料生产基地和商品倾销市场在内的殖民经济体系，以满足世界资本主义扩张的需要。这一切使荷印与海峡殖民地等东南亚地区的劳动力需求达到空前的规模。如从19世纪下半叶到20世纪初，荷兰殖民者迅速从爪哇向外岛扩张，苏门答腊、婆罗洲等地的内陆苏丹国相继沦陷，荷兰人将殖民统治推进到群岛腹地。紧接着领土扩张而来的是大规模的经济开发，1870年以后，荷属东印度公司的经济有了惊人的发展，椰子、棕榈油、纤维、木薯、木棉、茶叶等都是在世界市场销售的荷印重要出口产品。19世纪60年代，荷印政府开始兴建三宝垅至梭罗、从吧城到茂物的铁路；1875年又建了泗水蔗糖产区的铁路；1883年，为了适应烟草业的发展，苏门答腊东岸也开始修建铁路。到20世纪初，铁路总长度达3 500公里。苏伊士运河的通航和糖业的迅速发展刺激了荷兰航运业的发展，1870年创办的荷兰轮船公司享有群岛内的运输垄断权。而轮船运输业的发展又刺激了港口的建设。19世纪后期，荷印地区的丹戎不碌、泗水、望加锡、爱姆、沙璜等地都陆续修建了港口。邦加、勿里洞的锡矿也在19世纪中叶进行了全面的勘探和开采。19世纪70年代以后，随着英国殖民势力侵入马来西亚，马来西亚丰富的锡矿和经济作物资源得到大规模开发，所有这一切，都使得劳动力的使用出现巨大的缺口。就世界范围来说，19世纪中叶，非洲奴隶贸易停止，各国劳动力不足的问题十分尖锐。在这样的历史背景下，西方殖民者把注视的目光投向了紧邻东南亚的中国。在其看来，华人劳工是他们开发东南亚殖民地最合适的群体。因此，不论是荷印政府还是英国殖民者，都非常重视华工的作用，采取各种手段，引进华工加入开发殖民地的行列。

在19世纪中叶以降出现的大规模移民潮中，随着海南移民的增加，南洋各地逐渐形成了“琼州帮”群体。在越南，阮氏王朝对华侨“1807年嘉隆王准允按籍贯、语言分帮管理。七府（漳、泉、潮、广、惠、琼、徽）五帮（福建、广肇、潮州、客家、海南）由此产生。1843年又准允每帮设正副帮长”，管理华侨事务。[①] 张荫桓也说：越南“西贡华人分为五帮，曰广肇、曰潮、曰漳泉、曰客家、曰海南。五原之中各有正副帮长”。[②] 由此可见，在华侨群体中，海南华侨占有一席之地。除越南外，暹罗也是海南人出洋的主要目的地之一。张荫桓说：“寓暹华民，潮为最、闽次之、广肇次之、海南次之、惠州、嘉应又其次也。”[③] 日本学者小叶田淳在其所著之《海南岛史》中引用欧洲人的话说，1830 年左右“广东省海南岛人使用的语言与福建话只是有转讹的差别，我在暹罗，和海南岛人有多次的交谈机会，大体上用福建话可以了解彼此之间的意思”[④]。可见当时海南人在暹罗已有不小规模。海南人在暹罗，比较集中在曼谷北部之三清、中部之哒叻仔、南部之馋叻三地区。

这一时期，海南人大量出洋也和交通状况的改善有较大关系。此前，海南人出洋之交通工具为木帆船，一般为乘船从海南启程向西，沿北部湾南下，到越南后，或沿海岸南下到暹罗，或转程到马来半岛的新加坡、槟城、马六甲及印尼廖内、苏门答腊等地，或续程直航到婆罗洲加里曼丹、印尼东爪哇诸岛。木帆船一般利用东北季风，行程约两个星期泊港，若遇上天气恶劣则需要半个多月。不但行程时间长，而且在海上随风漂泊，生死难料，船沉人亡之事时有发生。因此每艘船都安置“天后圣母”，以求保佑平安抵岸。1890 年，乐会县华侨何达启在海口开设森堡船务公司，破天荒第一次驾驶轮船载客出洋，开辟海口至东南亚的新航线，大大缩短了海南与东南亚各地的航程。随着交通状况的改善，出洋的海南人数量大增。据相关资料统计，从 1876 年至 1898 年的 23 年间，通过客运出洋的琼侨人数达 24.47 万人次左右，平均每年 1 万余人次出洋。[⑤]

就移民形式而言，近代海南人下南洋主要有三种形式：自由移民、客头招募和洋行招募。自由移民是指传统经商移民和非契约劳工移民，一般

① 徐善福：《十七—十九世纪的越南南方华侨》，《华侨史论文集》（第 1 集），暨南大学华侨研究所，1981 年，第 95 页。

② （清）张荫桓：《三洲日记》。

③ （清）张荫桓：《三洲日记》。

④ ［日］小叶田淳：《海南岛史》（日文版），（台北）东都书籍株式会社，1943 年，第 303 ~ 304 页。转引自张兴吉：《鸦片战争后海南华侨出国潮研究》。

⑤ 王桢华主编：《琼海市华侨志》，中国文联出版社，2007 年，第 7 页。

由自己负担交通、住宿等旅途费用；客头招募的移民一般是由客头先行垫付移民途中的交通、住宿等各项费用，到达目的地后经客头牵引，与雇主签订务工契约；洋行招募的移民一般是在移出地由移民和洋行签订契约，洋行支付移民途中的各种费用，到目的地后转让给雇主。客头和洋行招募的移民大多为猪仔移民，由于其签订契约的共同特点，因此常被合称为契约移民。一般而言，19 世纪上半叶和 20 世纪上半叶，自由移民是海南人下南洋的主要形式；19 世纪下半叶（即鸦片战争至民国初年废除劳工出洋规定止）则以客头招募和洋行招募为主要形式。

“契约劳工”当时的俗称为“猪仔”[①]，但也有学者认为两者之间有一定的区别[②]，其主要区别包括：

	苦力贸易	猪仔贩运
性质	契约工（Contract labor）	债奴（Indentured labor）
契约	出国前强迫签约	到达目的地出售时同雇主签约
契约期限	5~8 年	1/2~3 年
去向	拉丁美洲、加勒比地区、大洋洲各岛	东南亚各地
掠贩者	西方人口贩子、投机商及代理人	华人猪仔头、“客贩”
成本	100~150 元	20~40 元
售价	400~500 元	100 元
工资	每月 4 元	每月 5 元
扣还欠债	不扣款	分期扣还身价

海南籍台湾学者苏云峰认为，海南的“猪仔”贸易开始于 1876 年，一直到 1913 年结束。[③] 主持此类活动的是德国商行“森宝洋行”，自 1886

① “猪仔”的含义：一种说法是顾名思义，把人比作畜类，象征华工的奴隶地位；另一说法是人口贩子把大量华工塞进拥挤不堪的底层统舱，同运猪一样，所以形象地称之。

② 王翔：《海南人移民东南亚的历史过程》，《海南师范学院学报》2001 年第 6 期。

③ 苏云峰：《海南历史论文集》，海南出版社，2002 年，第 199 页。

年起在海口设立“招工馆”[1] 11 间。法国商行“哩哩洋行”与“几利幺洋行”，共设“招工馆”8 间。海口港成为近代贩运“猪仔”的主要口岸之一。文昌、琼海、琼山、万宁等地有许多“客头”活动，并张贴广告，引诱穷苦农民出洋。到 1913 年琼崖绥靖处长邓铿枪毙猪仔头（名阿二，雷州人）后，贩运猪仔的活动才告结束。

据光绪三十三年（1907）一月十七日琼海关代理税务司统计，自光绪二十三年（1897）起的十年中，从海口出洋的华工情况为：

光绪二十三年（1897）17 203 人；光绪二十四年（1898）20 356 人；
光绪二十五年（1899）21 836 人；光绪二十六年（1900）15 254 人；
光绪二十七年（1901）1 686 人；光绪二十八年（1902）26 560 人；
光绪二十九年（1903）22 285 人；光绪三十年（1904）23 772 人；
光绪三十一年（1905）20 396 人；光绪三十二年（1906）22 163 人。

综上十年，总数共达 206 811 人，平均每年在两万人以上。[2]

但这一数字统计的并非全是海南人或全部出洋的海南人。因为琼海关代理税务司在统计这一数字时，特别声明：“以上所开十年中出口华人数目，均系本关亲知灼见。此外，每年尚有出口者不少，因未据商报明，无从查悉，所以未开在内，合并陈明。”[3] 也就是说，这组数字表达的未必全是海南人或全部出洋的海南人，因为这组数字中有两方面的信息是必须弄清楚的：第一，这组数字虽是从海口出洋的华工数字，但其中还应包括雷州半岛一带的出洋华工；第二，历史上，海南东北部文昌的清澜港、铺前港，琼海的潭门港、博鳌港等港口都是海南民间自发到南洋谋生的主要出

① 当时人称之为“猪仔栏”。外在的形式像小客栈，用以囤积“猪仔”，等待运送“猪仔”船只的到来。见张燮宇、周荣解：《镇守使邓铿严惩狗腿子阿六》，《海口文史资料》（第 1 辑）。

② 朱荣基：《光绪末期海口贩运华工出洋若干史实》，《历史档案》1984 年第 4 期。

③ 《光绪三十三年一月十七日琼海关代理税务司致琼崖道复函》，钞字第 3140 号，转引自朱荣基：《光绪末期海口贩运华工出洋若干史实》，《历史档案》1984 年第 4 期。

发地。这一时期，虽然以“契约劳工”的方式被拐卖、贩运到荷印和海峡殖民地等东南亚地区充当“苦力”的华工比重上升，但民间自发式移民活动从来没有停止过。因此，这一时期，有一部分海南人出洋是没有经过海口海关的。

被贩卖的华工命运是非常悲惨的。如被贩到新加坡的“猪仔”，被关在猪仔馆内待售，售价一般为90～100元，要在契约期内，由华工微薄的工资中加上利息（月息4%）扣还。成交以后，由猪仔头以暴力胁迫华工到华民政务司问话，当场同买主订立契约，期限从半年到一至三年不等。契约期内，华工无人身自由，一切任凭雇主摆布，忍受雇主或工头的鞭打，并可能被转卖。契约期满，如债务尚未偿清，契约即无限延长。光绪三十三年（1907）七月十四日琼海关代理税务司申呈两广总督兼关务之道字第1008号文记载，据当时对从文岛回国的被掠华工之调查，称：

该岛所有之公司，均系洋人所设。工作分为两项，一系开锡矿，一系种胡椒。开矿工金稍优，每日可得铜汇三十六枚，以一月计之，所得工金约合华银七元四角上下。工头按日扣除铜汇十二枚，以为饭食之费。种胡椒工金较贱，且无定价，每日工金视工人做工之勤惰分别多少，然亦不过自二十四枚铜汇发至三十四枚铜汇为止。是至多之数，亦较诸开矿工金少去二枚铜汇。每日亦须由工头扣除铜汇十二枚为饭食费。

至于两项工做（作）之时刻，均归工头定限。每日自晨早六点钟起工，至下午五点钟始得散工。不逢年节之期，即礼拜亦不放假休息。

各工应做之工程，一经工头派定，无论强弱胜任与否，均须一日做完，方有工金发给。否则，不罚全工即罚半工。或工做（作）稍有不力，则鞭挞从事，痛楚难堪。

若值天阴不能上场工做（作），或工人患病之时，非特不发予本日之工金，仍须照扣饭食之费。工人住所亦极卑陋不堪。每日饭食固属粗粝，菜亦只有咸鱼野蔬两种，且并不多。敬然自行破钞添买菜蔬，则必不能卒食。

倘有华工在彼病故，则由工头市一薄棺，草草装殓，埋于旷野。死者若有遗资，不拘多寡，咸归工头承受，无敢议其非者。①

由此可见，被贩华工受尽磨难。

"据估计，至二十世纪初，出口的海南华工约30万人，其中大部分属被掠之华工，而这些华工中出自文昌、琼山、琼海、万宁居多。"②

"契约劳工"的非人遭遇，引起了社会公愤。中华民国建立后，孙中山颁布了《大总统令外交部妥筹禁绝贩卖猪仔及保护华侨办法文》和《大总统令广东都督严行禁止贩卖猪仔文》，"猪仔"贸易逐渐式微。

自由移民是在以血缘、亲缘、乡缘、情缘等感情因素为主要纽带的一系列人际关系组合基础上运作的移民形式。新移民一般在国内自己付费或已有人垫付旅费，然后乘船到东南亚目的地。这些人一般在目的地都有自己的亲戚、同乡或朋友等关系较亲近的人，可以依靠他们的照顾、帮助，如在他们经营的店铺里当学徒、店员，或经由他们的介绍找到一份工作，由此克服初来乍到之不适。若干年后，他们适应了环境，有了稳定的工作，或自己成了店主后，又会尽量把亲朋好友或熟悉的人接到东南亚来，有时还会替这些人先垫付旅费，接过来后在自己家里慢慢找事做，等到有钱了再还。如此反复，形成一条"移民链"。

在海南人下南洋过程中，香港是一个重要的中转站。许多海南人会先到香港集合，由此换定期船前往南洋。而到南洋后，新加坡是一个重要的集散地。许多海南人先到新加坡，再转乘其他船到苏门答腊、婆罗洲、爪哇、缅甸、马来半岛或暹罗、安南等地，或在新加坡熟悉东南亚环境后，再散居各地。

20世纪初，"猪仔"贸易结束后，由于海南连年天灾，加上社会动荡等原因，海南人的出洋活动并没有停止。由台湾琼籍学者苏云峰据中英文本《中国海关历年报告》统计，1897年至1928年海南出洋的人数分别为：

① 转引自朱荣基：《光绪末期海口贩运华工出洋若干史实》，《历史档案》1984年第4期。

② 林日举、李琼兴：《外国资本主义侵琼及岛内人民的抗争》，《琼州大学学报》1998年第4期。

历年从海口出洋琼人统计，1897—1928①

年份	赴香港	赴新加坡	赴曼谷等地	合计
1897				17 203
1898				20 356
1899				21 836
1900				15 254
1901				16 986
1902	3 821	16 252	6 576	26 649
1903	3 117	15 385	3 927	22 429
1904	2 794	14 633	6 484	23 911
1905	2 528	10 622	7 322	20 472
1906	3 200	11 878	7 182	22 260
1907	5 542	26 229	9 830	41 601
1908	3 650	11 948	9 948	25 546
1909	3 917	14 438	9 658	28 013
1910	3 701	27 990	12 732	44 423
1911	3 509	32 432	9 890	45 831
1912	3 736	24 085	11 248	39 069
1913	273	16 858	10 997	28 128
1914		11 297	6 940	18 237
1915		6 536	9 545	16 081
1916		8 166	7 922	16 088
1917				
1918	7 035		5 830	12 865
1919	4 791	2 462	8 996	16 249
1920	4 698	3 278	8 636	16 612
1921	6 208	2 420	9 135	17 763
1922	4 751	7 069	9 995	21 815
1923	4 378	8 894	22 917	36 189

① 苏云峰：《海南历史论文集》，海南出版社，2002 年，第 203 ~ 204 页。

（续上表）

年份	赴香港	赴新加坡	赴曼谷等地	合计
1924	4 807	17 400	28 134	50 341
1925	5 490	28 678	20 907	55 075
1926	1 710	20 411	19 190	41 311
1927	12 213	10 329	26 202	48 744
1928	18 462	537	25 253	44 252

当然，不可以认为以上数字是海南人出洋数的累计。因为海南人出洋与其他地方不一样的一个明显特点，是其他地方的人出洋多为单向移民，而海南人则表现出较强的双向性，即到南洋打拼一段时间，有了一定积蓄后返回家乡。这是因为当时出洋之人均为男性，尚未结婚，到南洋打工有了一定积蓄后，便回乡完成终身大事。结婚后，有的男人选择留在家乡生活，有的男人为了养家糊口，选择重返南洋找工作，把妻子留在家乡。重返南洋的一部分人，几十年甚至一辈子都未能再回家乡，留下妻子独守空房。因此，“留守新娘”成为海南侨乡社会的一大现象。据1953年文昌县一个有关华侨婚姻的调查，文昌有丈夫在国外的侨眷约占65%。如一区南新乡山桥村，全村有13户已结婚的侨眷，其中丈夫出洋的有10户，在家的只有3户。① 据笔者做的一个粗略的田野调查，在文昌，几乎在有出洋人群的村庄，都有数目不等的“留守新娘”。结了婚的男性，由于生活所迫出洋谋生，因为眷属在家乡，他们在南洋打工，只要条件许可，都会返乡与亲人团聚。因此，在海南侨乡流传了不少描述夫妻因丈夫下南洋而分居的民谣：

送郎送到码头分，郎你去番侬心闷。眼汁滴到土落窟，日头看路夜看船。

送夫送到万泉河，河水倒映影双双；夫妻都如鱼和水，鱼水分离几凄凉。

夫郎离家南洋去，一去十年无回书；坐在石上望夫回，泪流成河浸

① 据海南档案馆资料。

石浮。

鸡啼一阵又一阵，夫妻二人将离分；卧在床上不舍起，双双枕头添泪痕。

心中悲痛一阵阵，亲家不久就离分；站在床前嘱一句，十年才回诉天伦。

无奈卖身当猪仔，离乡别妻泪涟涟；何日归来未有期，相见只在梦中眠。

离妻别子去南洋，频频回头望故乡；睡到夜半又醒起，梦里团圆割肚肠。

书寄星洲太平港，姓陈秀金你糟糠；自小槟榔定良缘，良辰吉日成对双。夫你自小家清贫，欠人钱债走去番；安说要回家清还，谁料一去不复返。

忆起那夜在洞房，枕上嘱话鸡啼当；嘱女在家守鸾房，勤劳耕作莫生端。

侬照你话句句办，起早摸黑把家当；双亲想你倚门望，牵肠挂肚知多惨。

捧起饭碗心头塞，眼汁滴滴出眼眶；更深夜静睡不甜，只听城楼更鼓响。

安说花开随蜂恋，又怕臭名千里传；亏你七尺男子汉，狠心让侬守空房。

稻熟不割要过冬，日后香炉谁来捧；三纲五常古传下，还做乜人在世间。

红颜薄命难度日，迟回只怕床空空；泪珠成行细思量，盼夫赶快把家还。

含泪送夫去南洋，送过椰林送过坡；从今南北海相隔，乐日味短闷日长。

我去南洋苦奔波，定不忘记俆家乡；等我发财带银回，共享天伦叙短长。

今旦送夫到亭边，含泪分别夫和妻；夫你去番欠顾体，勿做风流后怨迟。妻你送我到亭边，把话嘱一又嘱二；话忆胸头不忘记，望妻放心勿多疑。

我种丛花根不深，此去南洋不放心；就怕花枝鸟来栖，就怕花果鸟来寻。

你种丛花根已深，你去南洋请放心；花枝单等你回弄，花果单等你回寻。

去番发财回家乡，金银衣布几十箱；闩起门来慢慢数，夫妻团圆乐心肠。

八月十五月光光，抬头看月侪心乱，当初郎君去番日，十八相送泪垂垂，临行种椰相订约，椰树结子郎才回，只是咧——月缺月圆今又光，树大树高果累累；天天携子依树望，不见郎君回家门。去年椰熟娶媳妇，今年孙儿吃椰水，年年盼郎心切切，盼到何时郎才回？

至于海南男性为何不带眷属出洋，其原因主要有：

第一，经济的原因。当时的出洋人，大部分是迫于生活压力而漂洋过海的，出洋的目的非常明确，那就是到南洋发财，回乡养家糊口、光宗耀祖。因此，很多人根本没有长住南洋不回乡的打算。而且这些人到南洋后的角色基本上是劳工阶层，收入有限，无力携眷同行。

第二，社会的原因。海南东北部的文昌、琼海、琼山等移民较多的地区，基本上是一个由内陆移民构成的移民社会，封建社会的传统观念在人们头脑中根深蒂固，即男人出洋谋生，妻子留在家中孝敬父母以尽妇道。

第三，习俗的原因。由于文昌、琼海、琼山等地移民后裔“故家大半来中土”[①]，社会上男重礼俗、女守闺阁的风气影响较重，据此认为在外抛头露面者，一定是不良女性，这种观念也影响了海南女性随男性出洋谋生。

第四，性妒忌心理，即一群单身汉中，难以容忍其中一人携眷同行。“不准海南妇女出洋”，成为海南出洋人的不成文的口头约定。这种有别于其他地域移民的观念，使得有条件携眷的绅商人士，亦不敢犯众怒。[②]

“据传第一位琼籍女性是在一九〇四年‘偷渡’到新加坡来。这位琼籍女性的胆量过人，她首先到香港，学会了广府话，而打扮为广东妇女，

① 文昌市地方志编纂委员会编：《文昌县志》，方志出版社，2000年，第41~42页。

② 苏云峰：《海南历史论文集》，海南出版社，2002年，第209~230页。

由香港辗转到新加坡。这位勇敢的琼籍女性抵星时，住在一家客栈内，曾引起了一场‘震动’。”① 可见当时出洋的琼籍男性是多么不能容忍在家女性的漂洋过海，后经有识之士的呼吁，情况有所改观，但妇女出洋仍然困难重重。正因为如此，1923 年 4 月间，文昌人陈时新秘密携带妻室出洋，秘居在星洲山村。后被发现，在琼侨中闹起风波，幸得开通商家相助，请当地华民政务司出面干涉，方得平息。陈序经在《珠崖篇》中也讲道："我记得少年在新加坡，曾看到有人从海南乡间带妻女到新加坡，一上岸就被一些新加坡海南青年殴打，结果是不得不乘原船回去。"在泰国，侨贤林树兰第一个响应贤达号召，致函故里妻室，附轮赴泰。林妻甫抵码头，还受到一些人侮辱。②

因为这些原因，从南洋各地返乡者不在少数。

历年从南洋等地经海口返乡人数③

年份	香港	新加坡	曼谷（其他）	合计
1902	8 335	5 030	4 420	17 785
1903	9 213	6 029	4 202	19 444
1904	8 068	6 279	4 041	18 388
1905	6 818	6 725	5 002	18 545
1906	8 907	2 947	7 374	19 228
1907	9 064	3 473	7 187	19 724
1908	8 710	2 543	8 599	19 852
1909	8 338	2 071	9 041	19 450
1910	7 810	5 155	10 211	23 176
1911	6 530	9 053	10 735	26 318
1912	7 296	9 021	9 666	25 983
1913				26 108
1914				25 977
1921				18 950

① 吴华：《星洲琼籍人士之今与昔》，《新加坡琼州会馆庆祝成立一百三十五周年纪念特刊》，新加坡琼州会馆，1989 年，第 265 页。

② 文昌市地方志编纂委员会编：《文昌县志》，方志出版社，2000 年，第 491 页。

③ 苏云峰：《海南历史论文集》，海南出版社，2002 年，第 206 页。

（续上表）

年份	香港	新加坡	曼谷（其他）	合计
1922				11 532
1923				14 247
1926				30 000
1927	6 347	21 085	9 259	36 691
1928	7 435	18 821	13 915	4 0171

由海口关出洋琼侨净额①

年份	实际出洋人数
1902	8 864
1903	2 985
1904	5 523
1905	1 927
1906	3 032
1907	20 977
1908	5 694
1909	8 563
1910	21 247
1911	19 513
1912	13 086
1913	2 020
1914	－7 740
1921	－1 169
1922	10 283
1923	21 942
1926	11 911
1927	12 053
1928	4 081

① 苏云峰：《海南历史论文集》，海南出版社，2002 年，第 207 ~208 页。

（续上表）

年份	实际出洋人数
19 年合计	164 792
19 年平均	8 673

由上述两表可以统计出，19 年间，海南净出洋人数为 16 万余人，平均每年出洋净数为 8 673 人。

从以上数字我们可以看到，海南出洋人数的增减，总是与海南和南洋社会的变化紧密相关。比如 1910 年和 1911 年，海南发生鼠疫，米粮昂贵，加上此时为新加坡和马来西亚树胶种植的高峰期，由于推力和拉力的共同作用，1910 年和 1911 年海南出洋人数分别达到前所未有的 44 423 人和 45 831 人。而从 1912 年到 1916 年的五年间，出洋人数仅为 117 630 人，平均一年只有 23 526 人，只相当于 1910 年的一半左右。1914 年甚至出现返乡比出洋多出 7 740 人的状况。究其原因，应该与海南粮食丰收，社会经济相对稳定有关，而且 1914 年爆发的第一次世界大战也可能影响到海南人出洋的意愿。此外，1913 年琼崖绥靖处长邓铿枪毙“猪仔”头雷州人阿二，捣毁海口“猪仔”馆，取缔“猪仔”贸易，应该也是海南人出洋减少的原因之一。

另一方面，海峡殖民地和英属马来亚的移民政策，亦为限制华工大量移入的因素之一。1914 年殖民者废除 19 世纪后半叶颁布的与“猪仔”贸易相关的劳工契约，改由劳工法替代，制定了包括卫生和居住条例等在内的比劳工契约更严厉的条款。1916 年契约劳工废止，华工出洋趋于制度化，如此因素，亦导致海南人出洋减少。

1922 年至 1925 年间，海南人出洋人数又呈现增加的状况，这一轮的出洋原因，既与海南社会因为军阀统治而秩序混乱有关，更与南洋橡胶业复苏相关。广东军阀邓本殷横行海南，致使海南社会秩序受到严重破坏，民不聊生。民众生活困苦，被迫出洋谋生。此外，1922 年史蒂文生橡胶限产条例奏效，1925 年橡胶价格回升，也是海南出洋人数增加的原因之一。

1927 年，由于国共关系交恶，社会动荡，又逢英国在新加坡三巴旺兴建远东最大军事基地，需要大批劳工，于是海南出洋人数创历史新高。

但 1929 年蔓延世界的经济危机，导致世界经济陷入低谷。为了应对经济危机的冲击，1930 年马来亚英殖民政府实施“移民限制法令”（Immigration Restriction Ordinance）。此法令实施四年，移民限额介于每年 1 000 ~ 2 500人。并且，由于世界经济整体的不景气，导致生活在马来亚社会底层的大量海南人难以寻找到适合自己的工作机会，处于失业状态。英殖民政府为处置马来亚联邦劳工过剩问题，曾权宜性拨出数百万元费用，将数千华工遣返中国。①

英殖民政府的这种遣返政策，表现在海南移民中则如陈献荣在《琼崖》一书中所述的那样：“近年南洋经济衰落的影响，星加坡政府因胶、锡两项价格暴跌，取缔华工入口；且安南（今越南）、爪哇土人常和华工冲突，华工受其排斥，故都纷纷相率回国，而琼人回琼，也实繁有徒。”②

马来亚移民限制法令实施四年后，1933 年改由“外侨法令”（Aliens Ordinance）取代。“外侨法令”规定，新至移民必须拥有登岸字，并以此准字于登岸处换取入口证，或缴纳手续费五元。持有入口证者，即指领人未有违反限额条例。由于限制政策过多，且船费涨价，贫苦人家不易移民马来亚。但相对于家乡恶劣的生活环境而言，移民马来亚还是有吸引力的。因此，尽管英殖民政府限制颇多，但偷渡马来亚现象还是时有发生。1938 年，一批为数一百余的海南人乘帆船企图偷渡马来亚，在柔佛丰盛港被拘捕即为一例。事发后，丰盛港琼州会馆虽极力奔走营救，但事关移民律例，不得通融，海南偷渡者遭判监禁一个月，然后被遣送返琼。③

1937 年抗日战争爆发，中国社会秩序遭到破坏，特别是 1939 年日本侵略铁蹄踏上海南，海南面临战火煎熬。为避战祸，大批侨眷及普通民众拖家带口，冒着生命危险，从海口、清澜、铺前、宝陵、冯家、五龙等港口乘帆船，冲破日军封锁线，险渡琼州海峡，至当时还是法国租界的湛江避难，然后乘轮船到南洋各地投靠亲人。也有从陆路经广西进入越南，或经云南到缅甸。据琼海关统计，1936 年出洋人数为 33 000 多人，1937 年

① 转引自安焕然、吴华：《远观沧海阔——海南历史综述（海南岛·马来西亚·柔佛）》，南方学院出版社，2009 年，第 68 页。

② 转引自安焕然、吴华：《远观沧海阔——海南历史综述（海南岛·马来西亚·柔佛）》，南方学院出版社，2009 年，第 68 页。

③ 转引自安焕然、吴华：《远观沧海阔——海南历史综述（海南岛·马来西亚·柔佛）》，南方学院出版社，2009 年，第 69 页。

为 44 000 多人，到 1939 年，仅逃到湛江的就达 50 000 人，后经由琼侨总会的救济帮助，绝大部分转向星、马、泰等地。

当然，这个时期海南出洋人数增加，与海南出洋人口结构的变化有直接关系。如前所述，由于诸多原因，海南女性未曾出洋，但 1904 年，第一位琼籍女性成功“偷渡”到新加坡后①，大批琼籍女性纷纷效仿南下，与亲人团聚或嫁到南洋，成为“过番新娘”。大量海南妇女南下，使琼州人在新、马人数大增。如新加坡，1881 年只有琼州人 8 319 人，1911 年增至 10 504 人，到 1931 年发展到 19 896 人，1947 年这一数字上升为 52 000 多人。到 1931 年，新加坡琼籍人口男女两性的比例为 1 000∶151。从这些数字可以看出，传统的回家娶亲，把妻子留在家乡，自己再出洋，之后有条件再申请妻子入境仍占主流。1947 年这一比例上升到 1 000∶554，加上环境的变迁和观念的改变，在第二次世界大战后，琼籍男性大都在本地成家立室，且也打破以往的惯例，与其他籍贯人士通婚，这一传统的婚姻形式才发生根本的改变。② 其他地方情况基本类似。

这些数字虽然与其他一些学者的统计数字有出入③，但基本上能反映海南人出洋的全貌。各方面资料反映，文昌人是构成这些数字的主体。④

抗战胜利后，海南结束战争状态，社会秩序有所恢复，海南人出洋速度有所放缓。据南洋英属琼州会馆联合会《会报》称，琼人出洋，1946 年为 1 800 人，但随着国共内战爆发，战争烽烟再起，为躲避战火，海南人又开始大量出洋，1947 年出洋人数猛增到 8 000 人，1948 年又增至上万

① 1995 年出版的《琼海县志》记载，早在 1859 年，海南地方戏团在东南亚演出，名旦李凤兰与赴东南亚献演的首批名伶卢彩文结为夫妇，后留居南洋，带班传艺，成为海南最早的出洋女性。

② 吴华：《星洲琼籍人士之今与昔》，韩山元：《琼州人南来沧桑史》，《新加坡琼州会馆庆祝成立一百三十五周年纪念特刊》，新加坡琼州会馆，1989 年，第 264 ~ 266 页。

③ 詹长智认为 1902 至 1911 年间，从海南迁往新加坡和泰国的人口，平均每年达 2.7 万人。詹长智：《中国人口》（海南分册），中国财政经济出版社，1993 年，第 85 页。

④ 苏云峰称“移出地集中于海南东北部人口稠密区，而尤以文昌一县为最多”。见苏云峰：《海南历史论文集》，海南出版社，2002 年，第 209 页。陈铭枢总纂的《海南岛志》称“各县在外侨民最多者当首推文昌，约 9 万人”。见陈铭枢总纂：《海南岛志》，海南出版社，2004 年，第 135 页。

人。因出洋人数增多，海口至东南亚各地的船票一票难求，黑市上一张船票被炒至100光洋，许多人卖田典牛逃“去番”。这些出洋人，一部分是为逃避国民党抓壮丁，一部分是国民党军政要员及地方上一些与国民党关系密切人士，目睹国民政府节节败退，对前途失去信心，携眷出逃。

解放后，由于国内外形势发生了变化，国内生活比较安定，出洋人数锐减。20世纪50年代的出洋者中，除了一部分是归侨重返侨居国，其他是因夫妻、子女家庭团聚或结婚或继承财产或求学或谋生等原因而出洋，总的来说，规模不大。且海南解放后，经过了清匪反霸、土地改革、农业合作化等政治运动和经济改革，社会安定，人民安居乐业。而1951年马来亚政府实施“人力动员令”，致使当地华侨难以谋生，部分人选择了回国。于是出现回国定居人数多于出国人数的情况。①

时间	出国人数	回国定居
1950年6月至月底	2 176	4 616
1951年	4 527	9 144
1952年	1 274	2 558
1953年	827	974

20世纪60至70年代，由于当时国内外的政治环境原因，出国者甚少。改革开放后，东南亚及西方各国与中国的外交关系有明显改善，允许中国私人探亲、旅游、留学，甚至移民，于是海南出国人数又呈现上升态势。

如果说，改革开放前，海南人移民的主要目的地是东南亚各国和港澳地区的话，那么，改革开放后，海南人移民对象则呈现多样化的特点。除一部分因为亲情关系，移居东南亚和港澳地区以外，有一些是以技术移民、投资移民和留学的方式移居美国、加拿大，澳大利亚、新西兰、欧洲及南美等地；有一些是以劳务输出的方式，到日本等国，在结束劳务合同后，以不同的理由定居下来；有一些是以婚姻的方式，将自己嫁到世界各

① 潘干：《海南侨乡社会的形成、特点及其发展》，海南省政协文史资料委员会编：《海外琼人》专辑之一，南海出版公司，1999年，第75页。

地。此外，这一时期移民中具有此前移民不曾有的特点，那就是有一部分移民文化素质高，经济实力雄厚。他们并非生活所迫远走他乡，而是为了谋求更好的个人发展空间，移居国外。

据侨务部门的估计，目前旅居海外的海南人，超过300万人，分布在全世界五大洲60多个国家和地区，被称为“凡是有海水的地方，都有海南人”。

第三节　海南华侨出洋的原因

千百年来，数以万计的海南人不畏艰难，背井离乡，远渡重洋谋生，究其原因，主要有：

一、经济原因

中华民族是一个非常眷恋家园的民族，背井离乡常被看成是无奈和痛苦的代名词。历代海南人出洋，具体原因纵使有许多，经济压力是最为主要的原因。地处海南东北部的文昌，农业自然条件甚为恶劣，并因“地近海滨，最称硗瘠”而著名，“枕山带海，山多荒林，海多斥卤。岁无三熟之稻，家无八登之蚕，邑故名贝而实无贝，犹郡名琼而无玉，崖名珠而无珠也”。“环疆多白壤，腴田稀罕。民力农，野无旷土，土无旷时。五谷而外，常种薯芋杂粮”[①]（白壤者，土瘠且咸卤也），且自然灾害频繁。由于土壤含砂量大，养分缺乏，比例失调，土壤偏酸，地下水位偏低，易干旱[②]，故苦旱较多于苦雨。又由于地处滨海，常苦飓风，“秋有飓风，或一岁数发，或间岁一发；或起东北而转西南，或起西北而转东南，皆必南转而后息。其将作也，飞鸟群投黎山，海吼如雷，有晕气如断虹，俗呼为‘破蓬’，此飓之先驱也。飓作，暴雨随之，拔木拆屋，海水飘溢，数十里

① 《咸丰文昌县志》，海南出版社，2004年，第49~51页。

② 文昌市地方志编纂委员会编：《文昌县志》，方志出版社，2000年，第115页。

外，田禾立枯，咸积田中，有连年失耕者。邑之东、南、北皆近海，故地瘠民贫，视他邑为甚云”[①]。因此，在汉人大规模迁入前，虽土地肥力有限，但由于人口少，土地多，广种薄收，生活压力并不大。然而在汉人大规模南迁后，由于人口的增加，土地相对减少，而粮食产量却没有任何增加，水稻年亩产最高不过200斤，少则几十斤，遇上灾年，甚至颗粒无收。文昌土地面积为6 852.950 2平方里，占全岛面积的7.05%，但1928年的人口却达440 189，占全岛总人口2 195 645的20%[②]，于是人口与粮食的矛盾日益突出。不仅如此，文昌还是一个自然灾害频发之地。据《咸丰文昌县志》记载，自明代以来，文昌发生的有记载的自然灾害分别为：飓风10次，涝灾4次，潮溢4次，阴雨6次，旱灾7次，蝗灾2次，寒灾4次，这些自然灾害，使得民众生活在水深火热之中。因为每次天灾的后果，要么“岁饥”，要么“米昂贵”。在生活的重压下，一些民众以“文昌人冒险而骛新”[③]之品质，秉承先人闯海精神，漂洋过海，到异国他乡谋求生路。南阳镇新合乡乐城村是一个农业耕作条件尚可的普通村庄，在19世纪就有人因生活压力到南洋谋生，到20世纪上半叶，全村46户中，有出洋人家36户，占总户数的78%；相邻的新村园村全村有20户人家，有出洋的人家13户，占总户数的65%；全新合乡有26个自然村，每村都有数目不等的人家出洋谋生。[④]在“土瘠且咸卤”的沿海地区，这个比例数字更高。如会文镇龙家村靠近海边，遍地红粉沙土，难长庄稼，“三月东风（带有盐分的海风）晒死草”，连椰子叶都被吹黄。为生活所迫，几乎家家都有人去南洋谋生。许多人离开家乡时，只带“一张草席，一个小包袱，外加身上穿的单衣服”，情景甚为凄凉。由于大量民众出洋，如今，会文全镇人口中，有海外关系的占80%；会文全镇人口为3.2万人，而海外乡亲和港澳台同胞却超过5万人，海外亲人分居在世界30多个国家和地区。

由乐会和琼东两县合并而成的琼海，情况也有所类似。汉唐以前，乐会县境以黎峒人聚居为主，地广人稀，虽刀耕火种，但需求量不大，尚能度日。宋元以后，内陆民众移民海南的数量剧增，加上人口自然增长，导

① 《康熙文昌县志》，海南出版社，2004年，第23页。
② 陈铭枢总纂：《海南岛志》，海南出版社，2004年，第44～45页。
③ 陈铭枢总纂：《海南岛志》，海南出版社，2004年，第125页。
④ 笔者之田野调查。

致人口压力加大。据史料记载，历代从中原因避乱迁移的人口，宋代约3 000人，元代又增至5 000人，明代已增至6 000人，清代中期剧增至1万人以上。沿海地区的乡村，田地贫瘠，水源缺乏，农业生产条件尤其恶劣，粮食产量一直很低，年亩产量高的不过200斤，少则几十斤。遇上灾年，甚至颗粒无收。清顺治十二年（1655）、乾隆五十三年（1788）、嘉庆二十一年（1816），乐会、会同县①发生过三次大饥荒，大量人口死亡或逃荒。至嘉庆二十三年（1818），会同县仅有人口1 948人，乐会县31 566人。且沿海地区自然灾害频发。明正德三年（1508）七月，乐会县刮大风，海溢数十里。嘉靖四十五年（1566），会同县飓风折尽树木。万历十二年（1584），会同县发大水，崩陷城池。万历四十年（1612）七月二十日，飓风大作，会同、乐会县毁屋折树。清康熙七年（1668）十月，会同县飓风大作，房屋倾毁，压死多人。乾隆三十七年（1772）十月初六、初七，会同县淫雨大作，洪水冲决，近嘉积大溪圯者，人畜漂流几尽。乾隆四十三年（1778）七月十六日，自日至夜，飓风大作，村庄城市屋宇倾圮甚多。嘉庆十五年（1810）四月，会同县大雨淋漓，连日不止，平地水深数尺。自双发岭到县西门一派波涛，倒流入县厅堂，浸塌民房无数，田洋沙涨成堆，几乎不能耕作，民众非常贫苦。嘉庆二十三年（1818）八月，乐会、会同县飓风连作，民房俱倒。光绪二十年（1894）四月二十七日，飓风大作，会同、乐会县民房倾倒不计其数，八月又遭淫雨为灾，晚稻仅收二成，是年大荒。宣统元年（1909）八月二十一日，乐会、会同县飓风大作，民舍倒塌无数。秋季遭淫雨涨溢，高低田仅收二成，米价腾贵，连续数月，每升米价竟涨至七十文左右。民国二十二年（1933）秋，琼东、乐会县遭飓风袭击，农作物及房屋受害颇大。民国三十七年（1948）八月二十二日，琼东、乐会县连降暴雨，万泉河水位从3.23米上升到11.99米，洪峰流量为11 700立方米每秒，沿岸农田、房屋被浸没，人畜伤亡甚多。

在生活的重压下，贫苦农民只有背井离乡，到异国他乡谋生。潭门镇

---

① 会同县设置于元世祖至元二十八年（1291），建治于大路镇，隶属于广东省。元仁宗皇庆元年（1312），会同县迁治于潭门镇。元顺帝至正年间，会同县迁治于塔洋镇。民国三年（1914），因隶属广东省的会同县与隶属于湖南省的会同县同名，故易名琼东县。

墨香村是东部沿海一个半渔半农的小村庄，20 世纪 30 年代有 34 户人家，近 200 口人。该村经济生产完全受自然条件制约，耕地沙质贫瘠，风调雨顺时，粮食亩产只有 200 斤左右，若遇上灾年则歉收或失收，加上人多地少，须驾小船闯海捕鱼，遇上台风、暴雨，随时都有生命之虞。因此，墨香村出洋者众。全村 34 户中，有出洋者达 28 户，占总户数的 82%。其中，直接因贫苦、生活困难出洋者有 10 户，其他原因出洋的户数中，或多或少都与经济困难相关。九曲江是琼海的重点侨乡之一，4 000 多户人家中，有海外关系的占 65%。该地华侨出洋的主要原因是经济移民。新加坡著名琼籍商人王绍经，系嘉积镇温泉村人，也是由于家境贫寒，生活所迫，于 1894 年在其 24 岁时，辞别妻儿老小，带着仅有的 4 块光洋，出洋谋生。[①]

琼山、万宁的情况也基本如此。

从 1420 年至 1860 年间，海南发生的台风与水灾，仅有史可查的就约有 136 次；1884 年至 1947 年间，台风总次数更高达 244 次，最多的一年达到 22 次。同时，地震、病役、蝗虫、旱涝等自然灾害经年不断，给民众生命财产造成严重破坏。明嘉靖二十八年（1549）九月，“琼州大风，宫室圮坏，草木摧折殆尽，是岁大饥。明年如期，而作岁复饥”。万历三十三年（1605）五月八日，琼北大地震，“官民房舍塌倒殆尽，郡城内死者数千人，地裂沙水涌出，田地陷没者不可胜纪，调塘等都田沉成海千顷”。康熙二十一年（1682），“琼山、文昌、儋州、感恩等各州县饥疫并行，列者载道”。道光四年（1824）四月，旱、虫灾、大饥“饿莩载道”。[②]

此外，历代封建统治阶级以赋役形式对民众巧取豪夺，民众不堪重负，也是出洋原因之一。明初沿袭元朝两税法，耕田交纳田赋，其他纳地租，夏粮不得超过八月，秋粮不超过次年二月。田赋征收 21 色（项目），分别是官 11 色：抄没公职、屯田、学院、僧寺、拔赐、备边、叛贼、献官、民租、张天、出园；民 10 色：田、桑丝、芝麻、黑豆、苎麻、棉花（木棉）、蓝靛、粮塘、泥沟、车池。官田科则（税率）分 17 级，民田科则分 5 级，官比民的科则一般都较高。官田科米，分本色、折色，纳米为

① 王桢华主编：《琼海市华侨志》，中国文联出版社，2007 年，第 12 ~ 15 页。

② 冯子平编著：《走向世界的海南人》，中国华侨出版社，1992 年，第 98 页。

本色，其他的桑丝、苎麻等则根据各地所产，折色纳缴。一座泥沟岁纳一石二升，车池一座纳税米一石五升。官府为加强剥削，强迫农民纳正色之外，还要加纳消耗额，每升米科耗七勺。清初，沿用明"一条鞭"法，力役、田赋和丁银并征。田赋分夏税、秋粮征收，夏税于二至五月征收，秋粮于八月至十二月征收。粮、塘、钱三者兼收，以征银为主。田赋有土田与屯田之分。土田包括官民田、园、池、塘、山等，税率分三等九则。田赋之外，还纳丁银。清代规定民年满16至60岁为丁。清初，丁赋合一。康熙五十五年（1716）起，推行丁银制度，将"一条鞭"法中丁赋分开，不派征在田赋之内。丁赋征收依据贫富分上、中、下三等。民国时期，除征收田赋外，还征收附加课税。房屋以梁计税，每支梁抽一元八角；户口每人抽银五角；劳动力每个抽银一元；水牛每头抽银一元；椰子树每株抽银四角；田地每亩抽银七元；锅灶每个抽银五元，还有结婚税、女子出阁捐、上市护证款、道路捐、祠堂捐等，共有两百余种。统治者以强制手段征收苛捐杂税，规定不交房屋捐者，立即将房屋充公；不交结婚税者不准同居，如有违就以伤风败俗论罪。残酷的剥削，使老百姓负担沉重。许多人迫于无奈，只好出洋谋生。

当然，不可否认，也有一部分海南人是"受到率先移民者取得成功事例的激励"而到南洋实现发财梦的，"既往之移民海外者，数年后或有携回巨额财产，夸示于乡党者；或有在海外拥资巨万，跻身豪商行列者。如此之所见所闻，刺激助长了乡间民众的功名逐利之心"①。因为希望总比现实会给人们更多的憧憬，虽然到南洋没有实现发财梦的大有人在，但有人发财的例子，还是给生活在水深火热之中的人们提供了一个改变苦难的机会。据日本人对南洋华侨的调查，"该等移民多数均为下层劳动者，但是经年力作勤俭，结果积蓄相当财产，成为殷商者亦有不少，即便不能获得意外之成功，他们在海外劳作若干年后回国，亦易于依靠劳动以外之生业，积存安度余生之资财。于是，既往之成功者诱招家乡之亲戚故旧，乡里无业者亦藉熟悉在外移民者之便而思移民海外，故海外移民人数遂呈连

① 转引自王翔：《海南人移民东南亚的历史过程》，《海南师范学院学报》2001年第6期。

年增加之势”[1]。

即便如此，但“一般地说，琼州人南来的主要原因是在家乡生活太贫困，被天灾人祸（特别是战祸）迫得走投无路，不得不离乡背井”[2]。

二、政治原因

海南人出洋谋生，除了经济原因以外，逃避战火、匪患和动荡政局也是重要原因之一。南宋末年，元军进攻中原，南宋朝廷土崩瓦解，琼州是元军进攻的最后一站，元军大将阿尔哈雅率大军攻伐招顺，但琼州安抚使赵与珞率琼州军民坚守不降，宁死不屈，部分人被迫避难于南洋。明末清初情形大致类似。据《海外华人百科全书》记载：“十七世纪末，满清政府统治中国。为了逃避异族统治阶级，明末遗老率领了两股移民潮，带来了一批广府人和海南人，移居金边。”[3]

此外，历史上，海南匪患严重，海寇抢劫财物，掳掠人口勒索，不能赎者，就被卖到国外充当奴隶干苦力。由此被掳之人留居当地，成为早期华侨。据史料记载，南宋乾道七年（1171），占城人曾到琼州买马。“乾道八年（1172），占城复来买马，人徒甚盛，琼州不受。（占城人）怒归，肆行劫掠。淳熙二年（1175），诏帅臣张栻草书付琼筦司，谕以中国马自来不许出外界，令还所掠人口，自今不得生事。三拉，占城发回所掠人口，见（现）存 83 人……”[4] 从此史料可知，海南人被占城人劫掠，并在那里生活了四年之久。后经中国方面谕令警告，占城才送还 83 人。这些人是否为全部劫掠之人，令人生疑。南宋咸淳年间（1265—1274），海盗陈明甫、陈公发以崖州为基地，肆行于闽广及南洋一带，劫掠商旅，抢夺民财，

① 转引自王翔：《海南人移民东南亚的历史过程》，《海南师范学院学报》2001 年第 6 期。

② 韩山元：《琼州人南来沧桑史》，《新加坡琼州会馆庆祝成立一百三十五周年纪念特刊》，新加坡琼州会馆，1989 年，第 263 ~ 264 页。

③ 潘翎主编：《海外华人百科全书》，三联书店（香港）有限公司，1998 年，第 144 页。

④ 《正德琼台志》卷四一，海南出版社，2004 年。

“岁掠数百人入外番交易”①。这些被掳卖到外番之人，成为早期华侨。其中，有相当一部分为海南人。

到了明清两代，海南匪患依然猖獗。据《康熙文昌县志》记载，“明宣德八年，倭据清澜”；“弘靖十八年，琉球贼蔡伯乌等出没东路”；“嘉靖十八年，贼掠白延诸村。八月，贼掠铺前”；“四十一年，贼入清澜港。四十三年，贼入铺前港。佛朗机番船二只泊港口，海贼攻之。番船桅折，内避。和（遂）深入，旁掠（符离）等村。四十五年，贼苏大犯深泥港。杀生员，掳其子材，大掠抱虎等处，掳数十八往外番”；“隆庆元年，贼曾一本、何乔等掠罗顿、云楼等村，掳百余人。二年冬十月，贼犯木栏诸村。三年九月，贼林凤入清澜。时贼船十八艘。五年正月，贼掠木栏，掳百余人。二月，贼大至，掠铺前，掳百余人。三月，倭窃下场船遁去”；“万历元年夏四月，海北道许孚远抚贼李茂。茂，琼山小林人也。幼被贼掳，鬻外番。后归海贼林容，为四奥主。与容掠东岸、涌潭等村，杀指挥陈曰然，容列，茂收余党，肆掠各州、县，势甚猖獗。后为高卓所挫，有降意，杀入清澜之倭而归”；“二年，贼林凤大掠清澜。五月，凤驾百二十大船来入港，被害二千二百余人。六年八月，贼入清澜港，贼林道乾驾大舶归自番，欲攻李茂”；“顺治十七年春，贼掠海傍，龙门海邓耀余党入铺前港，顺风入清澜，劫去六舟。转掠坡琉、三家、舍（木庶）、沙港、迈陈、磨瓮、白峙等村，掳生员符建、符光东并王应鼎等家”；“康熙元年，贼掠铺前港，海寇杨三数十艘至，掠五百余人。二年，贼入清澜港，二月，杨三复驾五巨舶入港劫米船。十二年，贼入铺前港。海寇杨二掠地蔡村，掳生员韩亨时全家及居民百余人。十九年，贼杨二、谢昌巢据铺前港。贼连艘百余，势甚猖獗，焚劫数百里，旁掠琼、澄、文三县”②。又据《民国文昌县志》记载，“嘉庆二年夏，贼张保仔寇铺前、清澜两港，抢劫村庄、商船，掳人勒赎。七年，海寇乌石二犯清澜。十年、十二年、十四年，乌石二犯铜鼓、抱陵港、铺前港等地”；“道光二十八年四月初六，海寇张十五驾船三十余只，肆掠清澜东岸。二十九年闰四月初四，海寇张十五、杨天等入铺前，劫炮台大炮十二位。初十，寇海口。五月十一，贼船九十余

① 《正德琼台志》卷二一，海南出版社，2004 年。
② 《康熙文昌县志》，海南出版社，2004 年，第 187 ~ 190 页。

只复犯铺前，毁巡检司署，杀村民一、市民一，商船皆被劫。……惟近海一带，北至新埠，南至后港，被害极惨。六月，贼复寇清澜东岸，掠港头等村，焚民房数所”；“同治十年，海匪两（舟娄）入清澜，劫东郊墟联昌。同治二年，贼入清澜，劫新造在坞之船”；“光绪二十六年，海寇入抱陵港。光绪三十三年夏，贼艘数只泊冯家港，焚掠墟村，势甚猖獗。光绪二十四年三月，贼舰入抱陵港，劫文教市”①。据《崖州志》载，明嘉靖四十五年（1566）十二月，“贼何乔、林容等复犯崖州，突出大疍港，远近骚动。复攻抢驾村，杀伤甚众，掳数十人去”。又据《琼山县志》载，隆庆元年（1567）十二月，“海贼曾一本驾巨舰突入白沙，劫推官郑廷璋家及颜卢、颜浓等村，掳千余人，50 里内，焚掠无遗”；隆庆三年（1569）闰六月，“贼林容、曾一本等在劫东岸涌潭村，……遂掠教官谢忠、生员林成、谢有坦等涌潭、陈村男妇 200 余人去”。被掳掠之人，大部分为穷人，家里无钱赎人，只有被卖到国外当苦力，被迫留居国外。

鸦片战争后，西方列强出于开发东南亚各地的需要，强迫腐败无能的清政府允许其在中国大量组织劳工出口。在早期，还有堂而皇之的招募形式，但很快就演化为“苦力贸易”。当时在海口就有十多间招工馆，专门从事“贩工出洋”之事。由于“苦力贸易”的惨无人道和契约华工在殖民地备受虐待，引起社会不满，但招工馆还是以花言巧语诱骗。“有的被招者家属，一旦发觉亲人将要远离，即到招工馆索人。但是被招者已为招工馆奸商‘深藏密处，不使见面’。有的家属申诉于地方衙门，即使‘禀准地方官照会领事，与之理论，辗转迟延，早被奸商将人逼送上船，驶去香港，转赴外洋，其奈之何’。被招者是不知道出洋的真实去处的，因为招工馆‘各奸商未经贩工出洋之先，必探听何埠人价为最优，始定工人去向，其地方之甘苦则不问也。故从无预将实在去向泄漏于人’。就这样，一批又一批的华工被诓骗贩运到国外。”②

近代以来，由于帝国主义侵略加剧，引发中国社会日益严重的民族危机和社会危机，祖国山河被列强蹂躏而支离破碎，广大人民被剥削而日益贫困。面对苦难，英勇的中国人民奋起反抗，与列强及其代理人进行不屈

① 《民国文昌县志》，海南出版社，2004 年，第 289 ~ 293 页。

② 朱荣基：《光绪末期海口贩运华工出洋若干史实》，《历史档案》1984 年第 4 期。

不挠的斗争，如太平天国起义、辛亥革命等。海南人民也加入这一斗争行列，清末出现的“三点会”便是这样的一个反清组织。因反清受到迫害，许多“三点会”成员只好出洋避难。

民国初期，军阀混战，政局动荡，民不聊生。1913 年，袁世凯任命龙济光为广东都督兼民政署长。龙济光以当时任琼崖镇守使邓铿（同盟会骨干）为革命重要分子为名，悬赏两万光洋缉拿，迫使邓铿弃职逃难日本。1914 年 3 月 29 日，龙济光爪牙、琼崖绥靖督办陈世华秘密逮捕宣传革命之《琼岛日报》主编林文英和海口总商会会长陈家富，并于 4 月 2 日夜间将林文英杀害于府城。海南的革命力量处于袁世凯封建势力的迫害之中。1920 年，广东军阀邓本殷任琼崖善后处处长，率领两个团驻琼；1922 年任高雷钦廉罗阳琼崖八属联军总指挥。据《儋县志》记载，1923 年，邓军在马井南岸村一次就枪杀 28 名民众。1924 年 6 月，嘉积镇美国传教士冯卓支被民军所杀，美国政府以保护侨民为借口，派出 3 艘军舰于海口港外游弋威吓，要求惩治凶手，邓以清乡为名惨杀 180 多名无辜民众。

军阀龙济光、沈鸿英（驻琼仅 1 年）、邓本殷治琼期间（1913—1926），海南反动势力猖獗，匪患严重，社会动荡。不少革命志士和普通民众，为避其锋芒，纷纷下南洋逃难。

曾任琼崖讨袁军总司令的文昌新桥山柚脚村的陈侠农，因愤于清廷统治，国势凌夷，百姓生活水深火热，非推翻清政府不足以图存，于是积极参加孙中山领导的辛亥革命。袁世凯篡夺革命胜利果实后，他又义无反顾地投身其中，被任命为琼崖讨袁军总司令。讨袁军奉命解散后，他应召北上赴京参加国会活动，1917 年农历 4 月，被段祺瑞军阀政府以莫须有的“内乱械斗罪”残害。陈侠农被害后，白延地区的保皇势力勾结文昌县知事，逮捕了支持陈侠农讨袁军的地方开明绅士文昌中学国文教员文焕章先生，并以“暗设机关，为匪参谋”之罪加以杀害。保皇势力还引来龙济光部队围剿讨袁军余部，捕杀革命青年，致使白延地区的反清讨袁志士离乡背井，四方逃难。一部分人逃往南洋，或转入云南讲武堂，继续参加孙中山领导的民主革命。

陈侠农遇害后，两个儿子被昔日的革命战友安排，带到马来亚抚养。长子从星洲师范学校毕业后，在南洋定居，现孙辈分别散居马来西亚、英国、澳大利亚等国。次子于 1925 年回广州读书，不幸病故。

文焕章被害后，全家满门逃难南洋。为报国仇家恨，堂弟文朝籍和长子文鸿恩从新加坡回国，入云南讲武堂十二期；三子文华庙入黄埔海军学校，后赴法国陆军大学攻读。后来，叔侄三人均成为国民党的高级将领。文朝籍是集团军中将副司令，文鸿恩是中将师长，文华庙是少将副师长。①

1927 年，国共合作破裂。在海南，国民党琼崖当局制造"四·二二"事变，疯狂屠杀共产党人和革命志士，也祸及许多一般百姓。当时驻海南的国民党第四军十一师三十三团黄镇球部，在参谋长叶肇的指挥下，大肆实行白色恐怖，除了共产党人和革命志士外，还把大批十多岁的学生及教师当做"过激分子"抓捕。据时任该团二营营长的李洁之回忆："……我然后往海口市去访问一些朋友，听取社会舆论，多数认为黄司令（黄镇球时任琼崖警备司令——笔者注）对清党运动操之过急，没有经过调查，偏信一面之词，就乱拿人，受冤受屈的很多，并说那些共产党主要人物早就闻风逃遁了。"在李洁之接手审讯工作后，发现大部分被拘的人都有无辜之疑，经他之手将"男女二百一十多名于五天内陆续交保释放恢复自由了，那是五月十二日左右的事"②。在"四·二二"事变中，全琼被捕之共产党员和革命志士达 2 000 余人，被杀的有 500 余人。③ 在如此的白色恐怖背景下，大量民众出洋逃难，当年单从琼海关出洋的人数就达到历史最高纪录，48 744 人。

1937 年，日本侵略者发动罪恶的侵华战争，尤其是 8 月 13 日日军向上海发起进攻，引起中国东南沿海居民的被迫内迁、南下，造成海南社会的恐慌和紧张，出洋以避战乱的人数迅速增加，由 1936 年的 33 000 多人增至 44 000 多人。1939 年，日本侵略者的铁蹄踏上海南的土地。日军所到之处，奸淫掳掠，杀人放火，无恶不作，海南民众逃难达到高潮。有的搭乘帆船，直接逃往东南亚；有的经广州湾的西营赤坎等地，由琼侨总会救济帮助，逃到新加坡、马来亚、泰国等国家，光后者就达到"五万之众"。

---

① 范运晰：《琼崖讨袁军总司令陈侠农》，《海南文史资料》（第 4 辑），三环出版社，1991 年，第 40 ~ 51 页。

② 李洁之：《琼崖地区"清党"的经过》，《广东文史资料》（第 40 辑），第 281 页。

③ 中共海南省委党史研究室编：《琼崖大革命史料选编》（内部资料），第 583 页。

抗战胜利后，海南人民与全国人民一样仍不能过上安宁的日子。因为国民党政府为了打内战，采取“抽壮丁”和“抓壮丁”的办法扩充兵源，迫使不少海南青壮年逃往南洋。早在1933年，国民政府就颁布“兵役法”，规定18~35岁的壮丁为常备兵役，35~45岁的壮丁为国民兵役。常备兵役采取“三丁抽一”、“五丁抽二”的办法，当众设筒抽签，抽中者即为应征入伍，俗称“抽壮丁”。有钱人家抽中签者可出钱雇人去当兵，应征入伍者多为生活无着的穷苦民众。1946年6月，国民政府为了扩充兵源与共产党领导的武装力量打内战，由军政部颁布《兵役法修正案》，将原来“三丁抽一”、“五丁抽二”改为“三丁抽二”、“五丁抽三”，加上国民党军队连续打败仗，死伤者众，谁都不想当兵成炮灰。许多贫苦人家拿不出钱雇人当兵，只好背井离乡，逃往南洋。

三、经商原因

海南与南洋的交通贸易，已有上千年的历史。最早迁居外国者，一部分就是因出洋经商而留居的。据南洋著名考古学家韩槐准先生考证，在道光元年（1821），就有帆船自海南运载陶瓷器、铺地之砖、雨伞、鞋、纸、神香、干果及药材等到新加坡销售。[①] 在近代开辟的海南至南洋的帆船航线中，港口众多。“由本岛铺前、清澜、博鳌、藤桥、三亚、海头等港往来于安南、暹罗及南洋群岛之帆船。顺风十余日可至，逆风或一二月。容量由千余担至1万担，每年出入口船平均约百余艘。冬季北风期时由海南出发，翌年夏季南风期时驶回原港。此等帆船除载各种货物外，并附搭人客，取费数元，乘客亦夥。”铺前港“东岸水较深，西岸水较浅。深处约二三十尺，浅处约五六尺。二三千担之帆船可驶入，然货物起落仍须驳载。昔时航业颇盛，近则渐趋于清澜，现仅有二三艘约1 000余担之帆船往来于暹罗、安南、江门、澳门及陵水各处”。而清澜港则“港向东南，前临大海。……有大帆船数十艘往来于本岛各埠，以及香港、澳门、江门、北海、安南、新加坡、暹罗等处。……且本港当东亚与欧洲及南洋航线之旁，经过轮船不必渡木兰头急水门之事。顺途寄泊，其势甚便，往往

① 韩槐准：《琼州南洋交通考》，《琼州会馆联合会报》第1卷第1期。

有停泊港外运取淡水之事”。因此，“清澜一口为琼北两属最优之口，文昌等属来往南洋帆船每年不下300余艘，每艘约税百元有奇，合计每年税银总在四五万元以上”①。海南人出洋经商的情况由此可见一斑。许多海南人就在经商贸易过程中，留居南洋，成为华侨。

大量海南人出洋经商，给家乡汇回大批侨汇，对海南经济社会发展起到了良好作用，“本岛人士往南洋经商者年均有千万之汇入”②。

四、连带关系

通过血缘、宗亲、乡谊等结成的各种连带关系，也是海南人出洋的原因之一。像近代中国传奇家族第一人的宋耀如就是在其9岁的时候，与哥哥韩政准一道，远渡重洋，到印度尼西亚的爪哇岛投靠一个远房亲戚当学徒谋生。有些早期出洋人，经年奋斗，稍有积蓄，站稳脚跟后，就回家乡将亲戚、乡里带出谋生。1679年前后，“一个名叫莫玖的年轻爱国者，从海南岛到柬埔寨来。他在军中迅速窜起，做了沿岸地区的行政长官，招引了许多海南人南来，建立了沿海重镇的河仙商港”③。文昌县南阳办事处新合乡乐城村的36户出洋人家中，通过此种关系出洋者占了绝大部分。他们首先到了新加坡，在乡里、亲戚的帮助下，适应南洋社会生活后，再散居到其他地方。马来亚吉隆坡火车站的饮食业“非白延林姓不得经营”，就带有明显的宗亲因素。而泰国的火锯、火砻多为文昌人经营，亦为如此。据美籍华人学者韩铣丰对沙巴（北婆罗洲）琼侨所作的调查，在回答为何选择沙巴而非其他地区的问题时，被访问的114名海南乡亲中，有80%认为是由于“亲属关系”。可见，出洋华侨聚居于某地的集中现象，主要是基于血缘关系和地缘关系的基础形成的。④

① 陈铭枢总纂：《海南岛志》，海南出版社，2004年，第79～80页、第277页、第468页。

② 陈铭枢总纂：《海南岛志》，海南出版社，2004年，第476页。

③ 潘翎主编：《海外华人百科全书》，三联书店（香港）有限公司，1998年，第145页。

④ 王桢华主编：《琼海市华侨志》，中国文联出版社，2007年，第17页。

五、留学原因

历史上，海南东北部就是一个重视教育，崇尚文化之地，“乡里数十家便有学塾，弦诵之声相闻”①。靠读书改变命运是社会贤达的一个基本共识，多少家庭勒紧裤腰带，省吃俭用也要供子女读书，以求改变家庭命运；多少少年克服重重困难，凿壁偷光也要读书识字，以求改变自己的命运，读书蔚成风气。不少人由留学而留居海外，成为华侨。这种情况在解放后，尤其是改革开放后，更是普遍。他们通过公费或自费的方式出国留学，学成后，一部分人就留在外国就业，从事科技、文化教育等具有相当知识含量的工作。他们有的在当地成家立业，有的携带眷属同行。而侨居在世界各地的海南华侨，秉承其先辈崇尚文化的传统，重视子女的教育，使许多后代得到了良好的受教育机会。他们或在本国接受高等教育，或到其他国家接受高等教育，学有一技之长后，为了寻找更好的个人发展空间，散居到世界各地。有的华侨一家几口，就生活在几个国家，甚至拥有不同国家的国籍。海南的华侨华人能分布于世界60多个国家和地区，与通过留学方式形成的移民现象密切相关。

六、其他原因

除上述几个原因导致大量海南人出洋谋生外，还有一部分人特别是女性是通过婚姻关系出洋的。在20世纪20年代以前，海南很少有女性出洋。出洋的海南人基本上沿袭着出洋赚钱，回乡成亲，再出洋谋生的传统模式。此后，女性出洋人数逐渐增加。男人们成亲后，返回侨居国，只要条件许可，一般都会申请妻子前往与之团聚，有的男性甚至本人不回国，而是以相片与家乡女子成亲，本人在侨居国申请新婚妻子前往与之团聚。解放后，这一现象逐渐趋少。改革开放后，又有不少海南女性通过婚姻关系旅居在世界各地。此外还有通过劳务输出的方式，到外国打工，有小部分人留居当地；或通过投资移民的方式，侨居不同国家；或通过出国探亲、

---

① 《咸丰文昌县志》，海南出版社，2004年，第51页。

旅游方式转为定居等。

第四节　海南华侨的分布

第二次世界大战前，海外海南人主要侨居在东南亚各国（即南洋地区）。战后由于各种原因，大批海南人以不同的方式流向世界各地。原因之一是一批海南籍海员在第二次世界大战期间沦落到欧洲、美洲和澳洲等地，战后成为当地居民。原因之二是20世纪50至70年代，先后受马来西亚、印度尼西亚、越南、柬埔寨反华排华浪潮的冲击，广大侨胞为求生路，不得不冒险出逃到其他国家，其中主要是西方发达国家。原因之三是受西方发达国家科学技术和物质生活水平的吸引，不少东南亚各国和港澳台地区的海南籍人士主动向西方国家进行技术移民，谋求自己的发展空间。

目前，海南华侨已达300万以上。从侨居国人口看，泰国是海外海南人最多的国家。据泰国海南会馆20世纪80年代末的统计，当时侨居泰国的海南人约有70万。在泰国的73个府中，每个府都有海南人的踪影，但主要还是居住在曼谷、合艾、彭世洛、同邦等地，以泰南居多。这既与泰国是海南人最早出洋的目的地有关，也与历任泰国政府温和的对华政策相联系。

在马来西亚，据雪隆海南会馆的资料，马来西亚人口为1 800万，华人占1/3，海南人有60万，主要居住在吉隆坡、槟城、柔佛、马六甲、森美兰、居銮和怡保等地，少部分侨居北婆罗洲的沙巴、古晋等地，但其实马来西亚每个州、县都有海南人居住。

新加坡也是海南人侨居较多的地方。在新加坡280万人口中，华人占78%，海南人占华人的10%～15%。“海南人士在开埠以后才来，一看大坡已为闽粤潮三帮所占，已无插足之地，只好在小坡打天下，他们因为是为英人工作，于是便在美芝律附近居住下来，他们最先的居住地为密驼律，因此俗称海南街，后来海南人愈来愈多，向旁扩展，于是又有海南二街、海南三街出来。”①

在越南大约有20万海南人，他们大多都居住在西贡（今胡志明市）及以南的文庄、芽庄、平顺、顺海、富安等省。20世纪70年代中期，越南出现排华事件，大量海南人逃出越南，成为难民。

柬埔寨有4万左右海南人，大都是从越南、泰国再移居过去的，以居住在金边一带为主，分布在全国大小城镇，特别是在逢咋叻县。逢咋叻县是海南人（主要是文昌人）聚居最多的地方，有“小海南”之称。不仅海南人讲海南话（文昌话），而且广东人、福建人甚至当地柬埔寨人，也会讲海南话，海南话成为当地最流行的语言之一。20世纪70年代，柬埔寨发生战乱后，经济实力稍强的海南人几乎都移居法国。

老挝有5 000多海南人，主要居住在万象及一些市镇。

在印度尼西亚，约有10万海南人，主要聚居在望加锡和苏门答腊的棉兰一带，其次为爪哇、加里曼丹等地，其他各岛也有一些，就连最南端的帝汶岛也有海南人的后裔。

文莱有2 000多名海南人，以小商人为主。

菲律宾有1万左右的海南人。

在日本，20世纪前半叶只有少数留学生侨居其间。后来，开始有从港澳台和东南亚各地到日本谋职、做生意的海南人侨居，近年也有从祖国大陆到日本留学和谋生的，现有5 000多人侨居其中。

在欧洲，法国是海南人侨居最多的国家，有1万多人。主要是从越南、柬埔寨、缅甸、老挝等地以难民身份而侨居的，其次是从各国移民过去的高级知识分子或留学生。在英国，海南人有数千人。在欧洲的其他一些国家，如丹麦、荷兰、德国、卢森堡、挪威、意大利等地，也散居着一些海南人，他们或者是因海员身份漂泊而居，或者为东南亚、港澳台、内地的留学生、移民。

在澳洲，海南人有三四万人，其中澳大利亚有两三万人，新西兰有一万多人。侨居澳大利亚的文昌人，大部分是逃难的越南海南人，其次是香港、新加坡、马来西亚等地的移居者，再有就是从国内去留学而定居者或

① 吴华：《星洲琼籍人士之今与昔》，《新加坡琼州会馆庆祝成立一百三十五周年纪念特刊》，新加坡琼州会馆，1989年，第266页。

以技术移民、投资移民方式移居者，多聚居于墨尔本、悉尼等城市。新西兰的海南人，其来源构成与澳大利亚海南人情况相差无几。

在美国，海南人有4万以上，主要聚居于纽约、洛杉矶、旧金山等地。纽约的琼侨社会形成于第二次世界大战时期，当时因海员身份而沦落纽约的海南海员约有300人，其中半数以上是文昌人，经过几十年的繁衍，现已增至2 000多人。洛杉矶、旧金山的文昌人，大多数是越南难民，祖籍铺前的居多。在美国的海南人中，东南亚各国及港澳台的移民占三分之一以上（不包括越南难民）。改革开放后，从国内流入的知识分子、侨眷也在逐渐增加。

在加拿大，有2万左右海南人，多侨居多伦多、温哥华等地。他们当中，一部分是从东南亚各地移居的各种身份之侨民（包括留学生、技术移民、投资移民和难民），一部分是改革开放后，从国内去的留学生、技术移民和投资移民。

在南美，总的来讲，海南人侨居的情况并不普遍，只是少数人散居于个别国家。20世纪70年代后，到巴西的海南人才逐渐增多。1990年，文昌市翁田镇人韩穗群经香港到苏里南创业后，迄今从文昌移居苏里南已有200多人。

部分海南华侨华人、港澳同胞分布世界各地情况：

文昌华侨华人、港澳同胞世界分布情况[①]

单位：万人　　　　2006年9月

序号	国家/地区	人数	序号	国家/地区	人数
1	泰国	50	2	马来西亚	35
3	新加坡	11	4	越南	10
5	柬埔寨	1	6	老挝	0.2
7	印度尼西亚	3	8	文莱	0.5
9	缅甸	0.2	10	日本/韩国	0.5
11	美国	4	12	加拿大	0.5

① 此表部分数字来自文昌市外事侨务办公室。

（续上表）

序号	国家/地区	人数	序号	国家/地区	人数
13	巴西/苏里南/巴巴多斯	0.2	14	澳大利亚	1
15	新西兰	0.2	16	法国	1
17	德国/英国/丹麦/挪威/瑞典/西班牙/意大利/卢森堡等	1	18	香港	10
			19	澳门	0.5
合计	129.8		其中	港澳同胞	10.5

琼海华侨华人世界分布情况[①]

单位：万人

国家	人数	国家	人数
泰国	3.6	马来西亚	17.8
新加坡	16.7	越南	1.85
柬埔寨	0.68	老挝	0.35
印度尼西亚	6.5	文莱	0.085
缅甸	0.75	日本	0.056
美国	0.55	加拿大	1.35
丹麦	0.02	澳大利亚	1.5
匈牙利	0.026	英国	0.45
新西兰	1.2	法国	0.43
德国	0.015	捷克	0.018
挪威	0.058	菲律宾	0.95
荷兰	0.035	瑞士	0.014
俄罗斯	0.01	南非	0.003

① 此表转引自王桢华主编：《琼海市华侨志》，中国文联出版社，2007年，第21页。

万宁华侨华人、港澳同胞世界分布情况①

单位：万人　　　　2008 年 10 月

序号	国家/地区	人数	序号	国家/地区	人数
1	新加坡	8.92	2	马来西亚	9.45
3	印度尼西亚	4.1	4	泰国	0.42
5	越南	0.3	6	美国	0.03
7	加拿大	0.1	8	法国	0.07
9	英国	0.05	10	日本	0.31
11	澳大利亚	0.15	12	韩国	0.15
13	文莱	0.23	14	老挝	0.12
15	德国	0.07	16	巴西	0.02
17	缅甸	0.15	18	印度	0.03
19	西班牙	0.04	20	瑞士	0.02
21	俄罗斯	0.02	22	荷兰	0.03
23	新西兰	0.06	24	菲律宾	0.09
25	朝鲜	0.04	26	香港	2.16
27	澳门	0.72	28	台湾	3.5
合计	31.35				

1956 年、1996 年海口市旅居中国港澳台地区及各国人数表②

单位：人

国家/地区	1956 年	1996 年	国家/地区	1956 年	1996 年
新加坡	1 426	11 960	日本		16
泰国	1 433	20 884	加拿大		108
印度尼西亚	118	8 924	墨西哥		4
马来西亚	506	12 788	奥地利		3
香港	70	1 500	英国	18	37

① 此表由万宁市外事侨务办公室提供。

② 此表转引自海口市地方志史志编纂委员会编：《海口市志》（下册），方志出版社，2004 年，第 1584 页。

（续上表）

国家/地区	1956 年	1996 年	国家/地区	1956 年	1996 年
澳门		5 056	法国	10	368
台湾		4 784	德国		8
美国	33	6 992	荷兰		3
澳大利亚	2	552	葡萄牙		1
越南	814	736	文莱		10
柬埔寨	7	70	丹麦		12
孟加拉	20		韩国		2
其他	38	3 956	合计	4 495	78 774

注：因海口人多为到海口经商的祖籍文昌、琼山、琼东、乐会、万宁等县人，故祖籍海口的华侨华人并不多，只占海口华侨华人的 12.7%。

第二章 琼侨社会

近代以来，特别是海口被强行开放为通商口岸后，随着大量海南人下南洋谋生，南洋社会逐渐留下海南人的生活轨迹，琼侨社会逐步形成。

第一节　社会职业

相对于国内沿海其他地区下南洋谋生的人群而言，海南人下南洋谋生的时间是较晚的。加上到南洋谋生之海南人多为生活所迫而背井离乡的穷苦人，除了一身力气外，别无其他特长。因此，他们刚到南洋时，为了生活，不得不做其他籍贯群体不太愿意做的社会最底层的职业：在劳动力市场上出售自己的劳动力，充当苦力。在新加坡谋生的海南人，或受雇于咖啡店、小饭店、小商店当店员，或打“红毛工”（即打洋工），到洋人家里当佣人、厨师，或当海员，或当只需很小成本的“挑货郎”；在泰国，海南人主要当火砻工人、火锯工人，也有靠“三把刀”为生的（一把菜刀当厨师，一把剪刀当裁缝，一把剃刀当理发匠）；在马六甲、槟城等地，大多数琼侨受雇于热作园和锡矿作劳工或上山伐木；在缅甸、越南、柬埔寨等地，海南人从事胡椒种植业或当餐馆酒店服务员、洋行雇员、百货公司雇员；在印度尼西亚的海南人多从事甘蔗、咖啡、椰子、水稻的种植等。

华侨大量出洋谋生之时，正值南洋大规模开发之际，遍布各地的烟草、可可、蔗糖、肉豆蔻、橡胶、菠萝、胡椒等种植园，都留有华侨辛勤劳作的足迹。他们用自己的汗水与心血乃至生命，为南洋的种植业发展作出了贡献。在马来亚，“橡胶种植的先驱者是中国人，虽后来逐渐为英国垄断资本所吞并，但其中工人，特别是技术工人、小商人、种植菜蔬的人、养猪的人以及其他商品作物的种植者几乎全是中国人”①。“1860 年初，柔佛已有一万二千个甘蜜胡椒园和一万五千名‘猪仔’，多数是潮州和海南岛来的‘新客’（即从中国各地刚到东南亚的劳工——作者注）。”马六甲“有大批由海南岛帆船载来的赊单客人入境转往附近各地的西米和

① 郭威白：《马来亚中国人在发展当地经济中的地位》，《中山大学学报》1959 年第 4 期。

甘蔗种植园去做工”，从1888年到1890年，马六甲的海南赊单客人将近1万人。“在农业方面，中国契约劳工——即‘新客’劳工——实际上是限于霹雳和威士利省的种甘蔗业，以及马六甲的种木薯农园所雇用订契约的海南人。”①

而作为自主移居马来半岛的海南人，到目的地后第一件大事就是找地种植，诸如胡椒、橡胶、椰子、菠萝等热带作物。当时该地地广人稀，很容易申请到土地，只要跟居住地乡村村长入禀申请，就能马上获得耕地。地处热带的马来亚，气候温和，土地肥沃，雨水充沛，很适宜农作物的生长，很多人也乐于在此安居乐业。而后来南渡者，投亲靠友站稳脚跟后，怀着对未来生活的梦想，到新地方开垦属于自己的园地。于是，随着岁月的流逝，在马来亚广阔的土地上，成片成片的种植园拔地而起。在人们居住密集的地方，小集市也发展成小型山城小镇，海南人聚居的地方，则形成“海南村”。在马来亚各地，都有不少“海南村”。

到20世纪初期，“住在马来联邦的海南人，差不多一半都是在橡胶园工作。海南人约有一万，其次为广东人（即广府人），再其次为客家人，福建人和潮州人又次之。在农园中华侨的总人口约有四万”。

如被誉为“南洋奇人”的韩槐准刚到新加坡不久，经族亲介绍，到毗邻新加坡的印尼属井里汶岛武叻胶园当书记员兼割胶工人。后来成为琼侨殷商的郭巨川，刚到马六甲时也是到一个福建人开辟的木薯园里劳作，在种植园的摸爬滚打中，逐渐掌握了热带作物的生长规律，积累了管理种植园的经验。正是凭借这样的积淀，在第一次世界大战期间，他在受战争创伤而陷于低迷的橡胶业中看到了商机，并想尽办法紧紧抓住，终于成为马来亚著名的大种植家。符宏昌也是因在吉兰丹领地种植橡胶成功，得英、马政府封为甲必丹，加增土地，增开县份，其中有瓜拉吉赖一县，全是由符姓人开发的。②

在印支三国，大量海南人从事胡椒种植，“胡椒种植方面，几乎全部为他们（指华侨）所垄断。在暹罗湾的河仙及贡石附近的胡椒园，除一个

① 陈翰笙主编：《华工出国史料汇编》（第5辑），转引自冯子平编著：《走向世界的海南人》，中国华侨出版社，1992年，第108页。

② 苏云峰：《海南历史论文集》，海南出版社，2002年，第217页。

法国胡椒公司而外，其余全属中国人所有。这些华侨皆是海南人”[1]。在1679年前后，柬埔寨“一个名叫莫玖的年轻爱国者，从海南岛到柬埔寨。他在军中迅速窜起，做了沿岸地区的行政长官，招引了许多海南人南来，建立了沿海重镇的河仙商港。当十八世纪末西贡政权的势力伸向河仙时，海南人只得弃商从农，种植胡椒”[2]。因此，“胡椒的种植是由中国海南岛传入气候适宜的贡布省的，耕作方法是中国式的——在田畦上插枝、压枝、除草、灌水、施肥、培土等，熟练的工人都是海南人”[3]。在贡布省，种胡椒者“以海南人为主”[4]。

越南是海南人移居最早也较多的东南亚国家，在清朝后期已形成海南人社会。经过多年的沧桑，至今还有十万以上海南人生活其间。大量华侨到来前，越南的许多地方虽“沃壤肥田，泽江卤海，鱼鳖谷菽，地利之最”，但“地虽广，人民未众”，大都是“多薮泽林莽”的未开垦的沼泽地。正是包括海南人在内的广大华侨在这块土地上披荆斩棘、兴修水利，与当地人民一起把荒原开辟成了鱼米之乡。在《嘉定城通志》中，关于华侨开垦荒地从事农业生产的记载，比比皆是。而在众多的开发者中，“其出力垦地者，惟唐人为勤，而海网、江簦、行商、居贾亦唐人主其事矣”[5]。这说明，华侨在越南的农业开发等方面，都发挥了重要作用。海南人聚居的文庄、牙庄、平顺、顺海、富安等地，处于湄公河下游，是越南农业较为发达的地区，海南人对其的贡献是显而易见的。

海南人到东南亚谋生的拉力之一就是因当地发现锡矿，而矿山的开采需要大量劳动力，于是从海南来的“这些移民到海外从事的工作，主要是为外国老板支配的锡矿山的矿工，或为橡胶、胡椒种植园里的农夫。这两

---

① 陈翰笙主编：《华工出国史料汇编》（第5辑），转引自冯子平编著：《走向世界的海南人》，中国华侨出版社，1992年，第108页。

② 潘翎主编：《海外华人百科全书》，三联书店（香港）有限公司，1998年，第145页。

③ ［法］让·德耳维：《柬埔寨概况》，转引自冯子平编著：《走向世界的海南人》，中国华侨出版社，1992年，第108～109页。

④ 赵和曼：《柬埔寨华侨的历史功绩》，转引自冯子平编著：《走向世界的海南人》，中国华侨出版社，1992年，第109页。

⑤ 《嘉定城通志·城池志》。

种工作均为从早晨六时开始到傍晚五时为止的酷重劳役”①。

在新加坡，除了受雇于洋人、靠“三把刀”谋生外，也有人从小商小贩做起。如海南商业奇才王绍经1874年到新加坡谋生，最初靠走街串巷，收购蒌叶卖给当地人，逐渐有了一些积蓄后，以200元为资本与他人合伙经营雨伞生意。稍有一些实力后，又到马来亚的柔佛州和印尼的山区开设杂货店，收购各种山货，运回新加坡和海南销售，生意越做越大。

进入20世纪后，一方面，由于东南亚各殖民地政府相继废除限制华人经济活动的部分政策，承认华人有自由从事经济活动的权利；另一方面，随着东南亚各国的经济发展和社会进步，职业选择的面渐渐宽阔，就业机会也有所增多，华侨在锡矿山和橡胶种植园里做苦力的逐渐减少，而陆续向商业、服务业转移。1930年的调查，就反映了这种变化。

东南亚华侨的职业构成与人口比率（%）

国别	农业	工矿业	商业	其他	小计
英属马来亚	39	23	25	13	100
法属印度支那	16	28	56		100
泰国	10	20	70		100
荷属东印度	21	30	37	12	100
菲律宾		25	75		100

注：其中从事农业的华侨有861 000人，占华侨人口的16.4%；从事工矿业的华侨有1 268 000人，占华侨人口的24.2%；从事商业的华侨有2 760 000人，占华侨人口的52.7%；从事其他职业的华侨有407 000人，占华侨人口的7.7%。

这种情况，在东南亚的琼籍华侨中表现得也很明显。② 但是，相对于福建、广东等移民地区而言，海南人移居东南亚的脚步要慢一些，与此相关的是，海南人在商业上的起步要困难一些，步子也相对小一些。如在新加坡，“海南人士在开埠以后才来，一看大坡已为闽粤潮三帮所占，已无

① 东亚探究所：《海南岛の民族と卫生の概况》，转引自王翔：《近代南洋琼侨的职业类型与经济机能》，《海南大学学报》2002年第1期。

② 王翔：《近代南洋琼侨的职业类型与经济机能》，《海南大学学报》2002年第1期。

插足之地，只好在小坡打天下。他们因为是最早为英人工作，于是便在美芝律附近居住下来。他们最先的居住地为密陀律（Middle Road），因此俗称海南街，后来海南人愈来愈多，向旁扩展，于是又有海南二街（Purvis Street）和海南三街（Seah Street）出来”①。由于“后来者”的原因，海南人“战前基本上是生活在社会的底层，只有极少数能攀上中上层，一般上经济地位很低，多半从事服务业，如理发匠、咖啡店店员、杂货店店员、做洋工（当洋人的厨师及家庭服务员）。琼州商人的生意也做得很小（小店面、小资本），不外是开杂货店、裁缝店、药材店、小客栈及汇兑公司（民信局）”②。

据1929年的调查，在新加坡的约两万名琼侨中，商人及知识分子只占10%左右，工人占90%以上，工人行业和比率分别为：

职　业	百分比（%）
店伙工	42
海员工	14
洋务工	12
树胶、黄梨工	9
机器工	5
小贩工	4.5
住户工	2.8
艇业工	2.5
割胶工	2.2
裁缝工	1.2
理发及其他工	4.8

资料来源：《新加坡琼侨概况》，转引自苏云峰：《海南历史论文集》，海南出版社，1992年，第219页。

① 吴华：《星洲琼籍人士之今与昔》，《新加坡琼州会馆庆祝成立一百三十五周年纪念特刊》，新加坡琼州会馆，1989年，第266页。

② 韩山元：《琼州人南来沧桑史》，《新加坡琼州会馆庆祝成立一百三十五周年纪念特刊》，新加坡琼州会馆，1989年，第264页。

而在商业方面，据对当时513家琼侨商店的调查，其分布情况为：

商店类别	家数
杂货店	29
九八（贸易）行	51
咖啡店	174
中西餐咖啡店	21
旅店	20
沽酒店、饭店	46
汇兑民信局	63
面包、水果、杂食店	43
汽水、制冰店	11
五金、木工厂	4
中西药材店	6
裁缝店	16
鞋店	7
理发店	11
其他	11
合计	513

资料来源：《新加坡琼侨概况》，转引自苏云峰：《海南历史论文集》，海南出版社，1992年，第220页。

这样的职业格局也是后来海南人在新加坡执咖啡业牛耳的原因所在。因为大量海南人在洋人家中当佣人、厨师，当海员、餐馆酒店服务员，这样的工作角色，使得他们较早地接触到西方人的社会文化与生活习惯，懂得与西方人沟通，为其日后发展奠定了基础。同时也从洋人家庭生活中学习到西方文化与技艺，于是海南人制作的面包西果、改良的西餐料理，更能迎合当地人的口味，海南咖啡店因此闻名遐迩。

在泰国，大量的海南人也是充当“小贩和渔夫”的角色，他们“开设碾米厂、小型锯木厂或经营橡胶种植业，少数人经营各种有限公司，大多数还是由几个人，几家合资经营小本生意，如餐馆、咖啡馆、小商贩、瓜菜、凉水、杂货等等”[①]。因此，“曼谷中区以北之繁盛商业地带，则甚少琼侨人迹，故知其来曼谷的时间比潮、客两属为晚，势力也弱，无法在此占一席之地”。但琼侨也有在某一行业独占鳌头的情况，如在泰国中北部山区沿昭披耶河流之各小城镇，从事木材运输与火锯业的琼侨占当地华侨人数的25%至30%。此一行业也非他属所能竞争。[②]

在马来亚，在英国殖民统治时期，海南人绝大多数是打工仔，以洋工、胶工、杂工为主，极少数开咖啡店、小食店、小杂货店。在马来亚，大部分的中小型商店为中国人所开，就是大街小巷摆摊设点的小贩，也是华人居多。[③] 但由于相同的原因，海南人的经济社会地位不及他帮。南洋其他地区的情况大致相当。由此，海南人所涉足的商业活动，主要也还是以小型商业为主。

海南人所从事的这些职业类型，有学者[④]认为：

其一，是与海南人南移较晚相关。与闽南帮、潮州帮及广惠肇帮人士相比，海南人属于“后来者”，很难超越或取代其他帮的势力，挤入其他帮已经占据并相对稳定的职业领域，所以大多只能从事一些“边缘性”的职业。

其二，早期闯南洋的中国移民大多是呼朋引类、结伴而行，这使得他们到一个陌生地方后，容易形成一种职业上的地缘分野，即来自同一地方或同操一种方言的人群，多从事一种或多种相同的行业，比如闽南人的行业是树胶工场、装卸货物、驳船、采石、烧砖、木匠、泥水匠、火锯及搬

---

① 《琼侨在泰国》，《中国广东琼剧团访泰演出纪念特刊》，第B14页，转引自冯子平编著：《走向世界的海南人》，中国华侨出版社，1992年，第109页。

② 苏云峰：《海南历史论文集》，海南出版社，2002年，第212页。

③ 马来亚的商业发展与中国移民活动密切相关。19世纪的最后20余年，在马来亚锡矿的开发过程中，大量的中国人来到矿区，为了供应这些工人的日常开销，一些中国人就在矿区开设商店，这是马来亚商业的起步。后来随着雇佣劳动的日益推广，商业活动逐渐进入马来亚的农村地区，中国人的商店也就很快在马来亚的农村出现了。在马来亚全部商店中，属于中国人的占绝大部分。在1954年注册的45 974间商业企业中，中国人拥有33 682间，占73%以上。但主要是中小型商店，最大的商业企业属于西方垄断资本所有。因此，在马来亚独立前，经济命脉是控制在殖民者手中的。

④ 王翔：《近代南洋琼侨的职业类型与经济机能》，《海南大学学报》2002年第1期。

运夫等；广府人多从事机器、木匠、树胶工场、藤工、打金及制革、开酒楼等；潮汕人则从事制鞋、渔夫、藤器、火锯及驳船等行业；客家人则从事制鞋、藤器及洋铁用具、当铺业、药材店等；宁波、温州、江西及上海人多从事家具、帷帘、椅垫、装修及革制品等；兴化、福州、福清人则多从事海员、修理脚踏车及车胎翻新等；海南人形成相应集中的职业门类，亦为情理之中。

其三，在中华民族的社会生活和观念意识的传统中，地缘关系是人们区别身份和确认归属感的重要标志之一。在家乡如此，在异国他乡更是这样。例如在越南，“中国商人不仅在对外贸易上，而且在交趾支那区域内的商品流通上也处于实质上的支配地位，他们各以出身地为别组成地缘集团，相互协作，形成内部和外部的联系网络。这些中国商人的出身地为广东、福建、潮州、海南岛及其客家人。出身于同一地区的人们，团结的力量和相互扶助的意识甚为强烈，新移民到达之际，同乡者不仅给予当前生活上的照顾，在就业上也会给予帮助”[①]，从而在职业选择和经济活动中形成一个个地缘性集团。

其四，这种职业分类也与海南移民的经济实力相关。在南洋一带，闽、潮、粤、琼、客各籍华侨中，以琼籍人士经济实力最为薄弱。海南人戏称自己做生意“本钱如鹿尾”（意为一点点，因为鹿的尾巴又小又短）。比如在新加坡，海南人以开咖啡店而著名，一个重要原因是“开咖啡店这一行所需资本不多，琼州人由于经济的薄弱，不能从事其他的行业，所以大都干这一行”[②]。其实，经营咖啡店是非常辛苦的：一是“营业时间长，工作繁重，缺乏刻苦耐劳精神的人，很难在这个行业长久待下去”；二是“营业成本不高，但是利润也非常微薄，没有暴发的机会，这是一种以劳力去换取生活费用的工作”；三是“老板也要亲自动手做工，老板一个人应付不来，太太、孩子也要出来当帮手，即使雇人做工，所雇的多半是自己的亲戚，所以，劳资关系往往跟亲属关系混合在一起，难分难解”。至于咖啡店店员的工作和生活，则“清贫而艰苦，他们每天凌晨 5 时起身，

---

① 转引自王翔：《近代南洋琼侨的职业类型与经济机能》，《海南大学学报》2002 年第 1 期。

② 吴华：《星洲琼籍人士之今与昔》，《新加坡琼州会馆庆祝成立一百三十五周年纪念特刊》，新加坡琼州会馆，1989 年，第 266 页。

就要起火煮水，切面包，收拾各种茶具，一直忙到晚上8、9时收市。收市后又得打扫、洗地、洗杯、抹桌椅等等，搞到午夜11时过后才能真正休息。有些店开到晚上10时的，老板与店员要忙到凌晨才能安睡”①。

此外，在新加坡，还有一种带有海南地域特色的职业，“琼州人也以‘海南鸡饭’脍炙人口，除了海南街一带有著名的海南鸡饭店之外，全星各处各咖啡店中的鸡摊，亦以琼州人经营为最多”②。

由于海南人在南洋社会主要从事社会底层的工作且是人数较小的群体，不论从工作性质（基层服务业必须听懂、会说各属群方言）还是从生存环境来说，他们都必须不断地与南洋社会各属群搞好关系，左右逢源，方能生存。因此，在南洋的海南人一般都能通晓侨居国官方语言、当地语言、闽南话、广府话（白话）、潮州话、客家话等。这种被逼出来的“语言天赋”，不但让海南人在残酷的现实中顽强生存，而且在关键时刻还能救命。如日军占领新加坡后，对华人社会进行“大检证”，在日本人列举的九条屠杀华人标准中，其中一条就是海南人。因为日本人认为海南人都是抗日分子，必须除之而后快。在排队等待检证时，其他属群人们看到日本人有对海南人不利的意图后，好心地悄悄向队伍后面传话，告诫后面的人不要承认自己是海南人。于是后来的海南人以各种方言坦然应对，使自己逃过一劫。

对于侨居国而言，小商小贩是其经济活动不可或缺的组成部分。一大批走乡串户的挑货郎的存在，对于活跃城乡物资交流来说，显然是有积极的意义。大批小商店、小餐馆等服务行业的存在，对于繁荣当地社会经济、方便民众生活，也是功不可没的。新加坡是一个以商业繁荣著称的地方，据新加坡1938年对华商进行的一个调查显示，华商从事的类别达111种，6 765家。其中什货商583家，咖啡店545家，土产商383家，家私店293家，洋服店263家，理发店225家，洗衣店163家，酒店160家，等

① 韩山元：《人情咖啡一样浓——琼州人与战前新加坡咖啡店》，（新加坡）《联合早报》1985年12月28日。

② 王振春：《海南鸡饭业的先驱》，《新加坡琼州会馆庆祝成立一百三十五周年纪念特刊》，新加坡琼州会馆，1989年，第300～304页。

等。[①] 众所周知，海南人经营的咖啡店是执东南亚牛耳的，新加坡的咖啡店也多为海南人所开。从上述数据中可以看出，海南人经营的咖啡店在新加坡社会经济生活中占有重要地位。其实，除了咖啡店外，海南人在其他行业也有所作为，只是影响不如咖啡店那样集中和著名罢了。

第二次世界大战，特别是太平洋战争的爆发，使南洋海南人的经济遭受巨大损失。战后，随着对战争创伤的治疗和侨居国经济的复苏与发展，海南人经济也呈现同步恢复和发展的态势。且与战前相比，战后海南人所从事的经济活动，无论行业还是规模，都发生了质的转变。从行业而言，突破了以往只偏重于某一行业的现象，向多方位转移，在工业、商业、纺织业、金融业、旅游业、饮食业、林业、汽车业、信托业、保险业、地产业、机器制造业等诸多领域，都活跃着海南人奋斗的身影，出现了"无行不有，无业不在"的景象。从规模来说，涌现出了一批在当地富有声望和地位的商业巨子，这是其前辈做梦都想不到的。而且由于海南人重视子女教育的原因，大量的琼侨后代接受了良好教育，使得他们的择业从父辈的靠体力、低收入向智力化、科技化和高收入行业转变，不少人成为社会的专业人士，如律师、工程师、医生、教师、会计师等。以马纳闽为例，1970 年此地海南人只占该岛华人的 4.6%，但在该埠三间英文学校执教的 41 位华籍教师中，海南籍有 8 位，占全体华籍教师的 19.5%；另，62 名华籍公务员中，有 10 名是海南人，占总数的 16%。[②]

在新加坡，海南人所经营的商业也发生了明显的变化，据《新加坡琼州人工商业概况》，1975 年新加坡琼商分类为：

① 石黛、宗亚：《南洋华侨经济事业概况》，转引自冯子平编著：《走向世界的海南人》，中国华侨出版社，1992 年，第 111 ~ 112 页。

② 韩铣丰：《沙巴海南人职业型式之演变》，《南洋学报》1973 年第 28 卷第 1、2 期。转引自安焕然、吴华：《远观沧海阔——海南历史综述（海南岛·马来西亚·柔佛）》，南方学院出版社，2009 年，第 112 ~ 113 页。

商业类别	家数
建筑、家私（新）	七
五金、机器、玻璃（新）	六
船厂、海上机械（新）	数十
电器工程（新）	百余
冷器工程、雪柜业（新）	数十
广告印刷业（新）	一二
出入口贸易（新）	数十
食品制造厂（旧）	百余
金庄、钟表、鞋店（旧）	七
裁缝（旧）	数十
摄影（新）	百余
旅馆业（旧）	数十
酒楼夜总会等餐饮（新）	百余
西果店（旧）	百余
理发业（旧）	几十
汽车销售、修理、汽油业（新）	数十
咖啡茶业（旧）	三五百
律师、工程师、医生、经理、教授、校长、教师、会计师、绘测师等专业（新）	共约千人

资料来源：《新加坡共和国琼人工商业志》（辑2，1976），第51～52页。①

在泰国和南越，琼侨经济状况的改善得益于20世纪60年代中期以美国为首的“联合国军”发动的越南战争。美国大兵在北越作战，在泰国和南越休假。琼侨抓住难得的机遇，向酒店业、休闲娱乐业、旅游观光业发展，造就了一批商家巨贾。

也由于战后大量琼侨改变以往“落叶归根”的作客心态，顺应局势发展，积极融入当地社会，大量海南人后代积极投身居住国的政界和军界，并取得相当成绩，不少人成为当地社会名流，为居住国的社会发展，为争取华人应有的社会地位作出了自己的贡献。

① 转引自苏云峰：《海南历史论文集》，海南出版社，2002年，第221～222页。

第二节　寺庙奉祀

出洋海南人奉祀的神祇，既与海南的历史传统相关，也与他们闯海谋生的经历相关。他们奉祀的神祇主要有天后圣母、水尾圣娘及昭烈一零八兄弟诸神。

在南洋，天后圣母并不是海南人独自奉祀的神祇，各方言群都有奉祀，只不过称呼不同而已。福建人称天后圣母为“妈祖”，客家人称其为“水母娘”，海南人则称之为“婆祖”。因此，天后圣母在南洋各地华侨华人的善男信女心目中是一位知名度很高的神祇。

据考证，古代称天后圣母为圣妃或天妃。传天妃确有其人，叫林默，福建莆田人氏。据“林氏宗谱”记载：晋安郡卫禄公廿二世孙，林愿第六女。祖孚山，曾祖总管保吉公，高祖州牧圉公，世居莆田（福建兴化）之湄洲屿。母王乐，后生于宋太祖建隆元年庚申三月廿三日酉时。诞时，地变紫色，满色异香，邻里咸异。始生至弥月，不闻啼声，因曰默。幼而聪颖，不类诸女。窥井，神授符咒，逐灵通变化，驱邪救世，屡显神异，常乘席渡海，驾云游岛屿，众号曰通元灵女。而至宋太宗雍熙四年丁亥九月初九日，白日飞升，年廿八岁，是后常着朱衣“飞翔海上，安定波澜”，里人祀之，威灵屡显，护佑民众。

海南人奉祀妈祖，既与海南的地理条件有关，也与海南的移民史有关。海南四周环海，俗话说：“靠山吃山，靠海吃海”，海南人常与海打交道，又驾驭不了大海的狂风怒吼、兴风作浪，因此祈求这位“飞翔海上，安定波澜”的神灵保佑，也是情理之中的事情。其实，这种情况在其他临海地区都有。古代大量福建人南迁海南，也把他们所奉祀的神灵带到海南来，让这位祖籍福建的神灵也保佑他们在新居地平安谋生。而乘船到南洋各地谋生的海南人供奉之，是因为自南宋起，妈祖一直就是航海人所奉祀的神祇。

妈祖起初只是被民间视为护航女神予以崇奉，后来经过历代统治者的敕封和民间的神化，妈祖信仰逐步由一般海神演变成求子求福、求风调雨顺、求国泰民安，被官民合祀的多职能神祇。这种变化在明清以后尤为明显。到了清代末期，随着资本主义生产方式传入，中国社会的商品经济得到快速发展，中国商人在经商活动中奉祀的神灵亦为妈祖。18 世纪末 19 世纪初，随着大量信仰妈祖的闽粤民众下南洋谋生，妈祖神祇也被带到了移民们的新居地。到 19 世纪中叶以后，妈祖信仰在马来亚华人社会已颇为盛行。如闽籍人士创建的新加坡天福宫（福建会馆的前身）、福州会馆天后宫、南洋莆田会馆天后宫、新加坡林氏大宗祠九龙堂家族自治会天后宫，潮籍人士创建的粤海清庙、新加坡潮州西河公会天后宫、西河旧家天后宫，广府人士创建的宁阳会馆天后宫、云峰天后庙、金榜山亭天后宫，客籍人士创建的三和会馆和琼籍人士创建的琼州会馆，都供奉妈祖。

之所以不同方言群分别建庙供奉妈祖，主要与早期南洋华侨华人社会以方言作为彼此凝聚和融合的力量相关。早期出洋华侨只知有家（家乡），不知有国，相同的语言、相近的乡情是彼此联系的唯一纽带，是守望相助的依据。因此，虽各方言群都信仰妈祖，却是各自在本方言群的庙宇或会馆中供奉。

南洋华人社会供奉的妈祖职司，与故乡大抵相同，即有求必应的多职能神祇。除护佑航海外，南洋华人祈求妈祖护佑之最大愿望为财富。沿海民众背井离乡下南洋，追逐的正是财富。它与趋义尚仁、追求功名仕途的以士农工商为社会排名的传统文化有明显的差异。在南洋华人社会，拥有财富的多寡是一个人是否成功的重要标杆。因此，企盼拥有财富，成为华侨华人的人生追求。在马六甲琼州会馆立于清同治十年（1871）的海国观光碑中就记有："今夫会馆众而管事也，亦所以安圣娘之位，祈求平安出入亨通者也。自古以来，即宗邦而经商，犹且必立其馆以敬祀，而况此过都越国？可乎？故庚午年间集众以造此馆。"

其次是祈求妈祖护佑开拓顺利。早年到南洋谋生的华侨，在开拓热带荒地时，面临着毒蛇猛兽的威胁。人们信奉妈祖，是希望妈祖能显灵吓走毒蛇猛兽，保佑开拓的顺利进行。.

当然，妈祖之所以能被不同的方言群所接受且顶礼膜拜，与妈祖信仰所体现的华人文化精神分不开。妈祖信仰体现了哪些华人文化精神？徐晓望教授认为主要体现为：其一是华人勇于航海的探险精神，其二是华人吃苦耐劳的文化精神，其三是华人互相帮助的文化精神，其四是华人与人为善的文化精神。[1]

如果说妈祖是全体南洋华侨华人供奉的神祇，那么，南天水尾圣娘和一零八兄弟诸神是只被海南人供奉的主要神祇，因为这两个神祇的诞生都与海南社会密切相关。

南天水尾圣娘来自一则动人的传说。据传，文昌东郊北港村有个潘姓村民，向来以捕鱼为生。有一天，他在海边正拉网时，觉得很沉，以为这回该有大收获了。不想捞起来的是一块木头，便将它掷回大海。不久再拉网，又是那块木头。渔人便许愿说："如果给我捕到鱼，就把这木头雕塑成神像膜拜。"此话一说，非常灵验。这回把渔网一拉，果然是大有收获。于是，他便把该木头带回家，但并未将它雕刻为神像，而是置之户外，任由风吹雨打，而后又将它移塞猪舍门口，结果所养的猪，非病即死；亵渎它的人，则身体感到不适。此种怪现象发生之后，潘某始悟起那神奇的木头，怀疑一定是此物在作怪，便烧香祈祷，遂告无事。而每当黄昏时分，在其门外的龙眼树上，常坐着一位容貌慈祥的姑娘。乡人知为神明，便催促潘某发动募缘雕像建庙以供奉，而后乩童指点，便择地在坡尾村庄滨水处建一所神庙，供奉水尾圣娘。

一零八兄弟诸神的来由，则有不同的版本。

一个版本是：早期有一零八位离乡背井的先驱者，从海南岛乘坐帆船，乘风破浪，向南洋进发。不幸，该艘帆船在途中遇到狂风巨浪，整只船被大海吞噬，一零八位先驱者都沉没海中。此后，南洋各地的海南人为了纪念这一零八位先驱者的冒险精神，所以供奉一零八兄弟诸神。

另一个版本是：文昌一零八位闯南洋的先人，在马六甲遇海盗，全船人不屈搏斗，最后惨死。

还有一个版本说的是：清朝的咸丰年间，一艘载有 109 个下南洋谋生的文昌人的船只，从文昌铺前港开出，在农历九月十五日那天，途中风浪覆舟，漂泊到某岛。他们之中，除了一名厨师逃脱外，其余 108 位均被误为"海盗"而遭杀害。后来，这 108 位兄弟变成了海神，扶弱救急，显圣海上。

总之，一零八兄弟被人封为"昭应英烈一零八忠魂"，建庙祭祀，称

---

① 徐晓望：《华人的妈祖信仰与环南海经济圈》，《妈祖研究学报》（第 1 辑）。

为"昭应祠"或"孤魂庙"、"兄弟公庙"。

在泰国，海南人的神庙，主要供奉水尾圣娘、正顺圣娘、泰华圣娘、玄天上帝、天后圣母、木头公爷、关圣帝君、昭英烈百有八灵圣、观音菩萨等。其中，以水尾圣娘为最盛。海南人最早建造的庙宇是清道光二十一年（1841）筹资创建的三清水尾圣娘庙，后经数次修葺扩建，使之更加宏伟、完善，至今仍香火旺盛。之后几十年间，又相继建起十多个圣娘庙和昭应祠。而今泰国72府，凡是有琼侨的县、市必有水尾圣娘庙。在泰国，历史悠久的海南人庙宇有：呵叻府水尾圣娘庙（1857年），蒙叻昭应庙（1871年），北榄坡水尾圣娘庙（1870年），南邦水尾圣娘庙（同治年间），披猜水尾圣娘庙（1874年），他罗水尾圣娘庙（1878年），色梗港水尾圣娘庙（光绪年间），罗勇府水尾圣娘庙（光绪年间），泰可泰府奇玛水尾圣娘庙（光绪年间），北大年府昭应祠、昭祖善堂（光绪年间），宋加洛三圣古庙（光绪年间）。①

在马来西亚，几乎每一间琼州会馆内都设神坛，供奉天后圣母。有的会馆创立之前，是先有天后庙，后才建会馆，如槟城的海南人在1870年前创立天后宫，奉祀天后圣母，而后1925年才将天后宫正名为琼州会馆。每间琼州会馆都设有天后宫，所膜拜的神祇，除主神天后圣母外，还有南天水尾圣娘，昭烈一零八兄弟诸神。据1993年海南联会进行的一项调查，全马68间海南会馆中，有51间供奉神明。其中35间设有天后宫，供奉天后圣母最多，有46间；水尾圣娘42间；一零八兄弟公28间。各会馆内供奉的神明，尚有冼太夫人、华光大帝、关帝、观音、三圣娘娘、李英娘娘、李府五爷、福德正神、财神、天神、土地公、拿督公、天公、洪仙大帝等，可说是多种神祇。但是，海南人最普遍膜拜的神明是天后圣母、水尾圣娘和一零八兄弟公诸神。②

在新加坡，海南人信仰的神祇有天后圣母、南天水尾圣娘和昭烈一零八兄弟公。1854年（一说1875年）海南先贤创建的琼州会馆，供奉天后圣母、水尾圣娘和昭烈一零八兄弟公。琼州会馆与琼州天后宫本来是一而二、二而一的组织，但自1932年起，当地政府下令规定，除神庙和宗教团

① 冯子平编著：《走向世界的海南人》，中国华侨出版社，1992年，第130页。
② 王桢华主编：《琼海市华侨志》，中国文联出版社，2007年，第33～34页。

体外，会馆须申请注册。此后，两个组织便行分立。[①] 每逢神诞之期，人们就会在密驼律民众联络广场处搭戏台公演酬神戏。

海南人供奉的不管是天后圣母，还是南天水尾圣娘、一零八兄弟诸神，或其他神衹，虽然名称各有不同，但其反映的精神内涵是一致的，即保佑平安、发财致富、人生诸事顺利。在远离故土的异国他乡，供奉的神衹是琼侨们重要的精神寄托。

第三节　琼侨社团组织

早期华侨社团是在神庙、宗祠的基础上形成的。19 世纪中叶，海南人出洋人数大量增加，逐渐在越南、泰国、星马、印尼等地形成琼侨社会，开始创办起自己的社团组织。这些社团的类别有：①地缘性的乡谊团体，如神庙、会馆、公会、公所、同乡会、联谊会、联合会等；②血缘性的宗亲团体，即各姓氏公会、宗祠等；③业缘性的工商团体，即行业组织；④慈善机构；⑤兼有性的文体团体，包括俱乐部、剧社、业余体协等。各国琼侨情况不同，其社团的历史、形式也有所不同。

一、各居住国和地区的琼侨社团组织

在泰国，据《泰国海南会馆 50 周年纪念特刊》的统计，泰国现有海南族群组织共有 103 个。其中庙宇 54 个，乡团 35 个，宗亲会 13 个，商团 1 个。

① 吴华编著：《世界海南组织资料汇编》，马来西亚海南会馆联合会出版，2009 年，第 3 页。

泰国现今各地的海南会馆①

泰国海南会馆	北部海南同乡会	碧瑶海南会馆—碧瑶水尾圣娘庙
清迈海南同乡会	披集府海南会馆	南邦海南会馆
宋加洛海南乡亲联谊会	素可泰府海南联谊会	南奔府海南同乡会
程逸府海南同乡会	帕府海南同乡会	叻丕府万磅海南会馆
大城海南会馆	猜纳府海南联谊会	泰南海南会馆
宋卡海南会馆	素叻府海南会馆	泰南洛坤海南会馆
北汶浪海南会馆	泰南拉农海南会馆	董里琼州公所
宋艾歌乐海南会馆	高巴琼州会馆	素叻呈坎公所
苏梅岛琼州公所	普吉海南会馆	弄宜琼州公所
春蓬琼州公所	江东琼州会馆	塞缴府海南会馆
呵叻府海南同乡	四球海南同乡会	北冲海南同乡会
坤敬府海南同乡联谊会	春彭县海南同乡联谊会	色拉康海南同乡联谊会

在这些海南会馆中，超过百年历史的有：苏梅岛那屯埠海南公所（1876 年）、琼州公所（1873 年）、北汶浪琼州会馆（1860 年）、普吉琼州会馆（1886 年）、宋卡琼州公所（1898 年）、春蓬琼州公所（1906 年）、弄宜港口琼州公所（1907 年）、拉农琼州会馆（1910 年）。而泰国海南会馆是泰国海南同乡组织中最高的机构，其是由原清末建的琼州公所、琼岛会所和战后组织的工商联合队协商统一后，于 1946 年 2 月组建的，发起人有云竹亭、吕先溪、符福临、林鸿高、周成兴、沈明吉、韩琼丰、林天隆、杨金益、韩振丰、云策臣、吴世珩、廖葆珊、林达三、韩超南、符福开、韩协准、陈泰初、符子炯、林鸿义、冯凤琼、符定成、叶用泰、张德兴、吕宝溪、王魁文、冯尔和、韩拔丰、陈嘉顺、黄有鸾、韩运丰、林树森、林猷道、吴世辉、张学宾等。海南会馆成立后，由云竹亭担任首届理事长，他连任七届，其后由云逢椿接任，继任者有陈来琼、符大应、符绍登、陈唱耀、云昌任、潘子明、欧宗清、郑有英等。在历届理事会各位乡贤的领导下，海南会馆既承接和壮大了育民公学，经营好越堆山庄，还先后创办幼稚园、医务所、金牛岭海南山庄、海南养老院、海南公祠，设立

① 吴华编著：《世界海南组织资料汇编》，马来西亚海南会馆联合会出版，2009 年，第 118 页。

奖助学基金和互助会等，为广大琼侨谋利益。

泰国是海外海南人侨居最多的国家，除了以上地缘组织外，还先后成立林氏宗亲会、云氏大宗祠、韩氏祖祠、符氏祖祠、冯氏祖祠、何氏宗亲会、陈家社、吴氏宗亲会、王氏宗亲会、张氏宗亲会、邢武经社、梁家社、李氏宗亲联谊社等琼籍十三姓宗亲组织。

泰国琼籍工商界人士于1990年4月在曼谷成立泰国海南商会。

在马来西亚，1984年注册的华侨社团，包括商会、地缘性、血缘性、业缘性、校友会、慈善及宗教等团体共1 894个，其中琼侨社团163个。[①]如今共有104个海南同乡组织，是东南亚海南同乡组织最多的国家，其中地缘组织89个，血缘性宗亲会11个，庙宇4个。

"马来西亚海南会馆联合会"是马来西亚各地海南会馆的总机构。1933年11月15日，在新加坡召开的新马各地琼侨代表联席会议上，代表们一致赞成组织"南洋琼州总会"。其后将原名改为"南洋英属琼州会馆联合会"，并于1934年5月间获得注册官核准备案。迄至1967年，始更称为"马来西亚新加坡琼州会馆联合会"；而在1973年，新加坡琼州会馆退出后，易名为"马来西亚琼州会馆联合会"；1990年又易名为"马来西亚海南会馆联合会"。

联合会于1933年创立时，会址设在新加坡，1940年迁至马六甲。日本统治期间，会务一度停顿。1945年新马光复后，再恢复会务活动，遂将办事处迁回新加坡琼州会馆内。1965年7月10日，又迁入雪兰莪琼州会馆六楼办公。2001年购置并迁入吉隆坡富都律的七层112—124号M楼中旅大厅新会所，2003年10月12日举行新会所开幕典礼。

联合会由郭巨川、郭镜川、王谟仁、王兆松等首先发起组织。历届主席（会长）为：陈开国（1~3届），林照英、郭新（4~5届），张星垣、符致逢（8~9届），朱运兴（10~12届），林熙鸿（13~14届），朱运兴（15~18届），祝清坤（19~25届），郭全强（26~28届），张文强（29~31届），张裕民（32~34届），冯秋苹（35届）。

联合会成立之时，属会共有24个单位，目前会员单位为71个，会员约有3万人，其中以雪兰莪海南会馆的会员为最多，共计9 609人。（2007

① 苏云峰：《海南历史论文集》，海南出版社，2002年，第218页。

年数字）

在71个属会中，有百年历史的海南会馆有：马六甲海南会馆（1869年）、太平琼州会馆（1869年）、槟城海南会馆（1870年）、陈厝港琼州会馆（1880年）、新山海南会馆（1881年）、麻坡海南会馆（1882年）、古晋海南会馆（1885年）、雪隆海南会馆（1889年）、纳闽海南会馆（1890年）、巴生海南会馆（1894年）、安顺海南会馆（1895年）、吉玻海南会馆（光绪年间）、永平海南会馆（1900年）、宜力琼州会馆（1900年）、纳闽琼州会馆（1890年）、淡边柔河琼州会馆（1902年）、山打根琼州会馆（1902年）、古来海南会馆（1904年）、东甲海南会馆（据老人口述推测应有上百年历史）、关丹海南会馆、甘马仕琼州会馆（1906年）、吉兰丹海南会馆（1906年）、丁加奴琼州会馆、森美国兰琼州会馆（1903年）、吉胆海南会馆（1908年）、高乌仁丹琼州会馆（清宣统年间）。

其他的有峇株海南会馆（1901年）、林明海南会馆（1910年）、此加琼州会馆（1910年）、浮罗交怡琼州会馆（1910年前后）、丰盛港海南会馆（1911年）、雪邦琼州会馆（1912年）、霹雳海南会馆（1912年）、双溪大年琼州会馆（1912年）、令金海南会馆（1912年）、笨珍海南会馆（1916年）、新文龙琼州会馆（1916年）、美里海南会馆（1924年）、天定琼州会馆（1929年）、甘马挽琼州会馆（1934年）、诗巫琼州会馆（1935年）、居銮海南会馆（1935年）、昔属海南会馆（1936年）、金宝琼州会馆（1936年）、龙运海南会馆（1936年）、江沙琼州会馆（1938年）、野新海南会馆（1938年）、庇劳琼崖公会（1940年）、北海海南公会（1946年）、波德早琼州公会（1955年）、邦咯岛海南公会（1956年）、华都牙也海南会馆（1957年）、吉南琼州同乡会（1957年）、文冬琼州会馆（1961年）、马六甲双溪峇路琼州公会（1963年）、金马仑琼州会馆（1966年）、立卑琼州公会（1959年）、威省琼崖同乡会（1947年）、淡马鲁海南会馆（1924年）、巴登马六甲琼州会馆、淡边海南会馆（1953年）①、亚庇海南会馆（1925年）、丹绒马林琼州公会（1967年）、三合洪琼州会馆（1929年）、乌鲁地南海南会馆（1975年）、哥打丁宜琼州会馆（1931年）、万里

① 安焕然、吴华：《远观沧海阔——海南历史综述（海南岛·马来西亚·柔佛）》，南方学院出版社，2009年，第133～151页。

茂琼州会馆（1975 年重建）、仁保县海南会馆（1987 年）、瓜拉冷岳海南会馆（1982 年）、马登巴冷琼州会馆（不祥）、斗湖琼州会馆（1927 年）、拿笃海南会馆（1988 年）、古达海南会馆（1981 年）。

此外，还有万宁同乡会（1972 年）、琼乐会馆联合会（1988 年）、雪隆海南文昌同乡会（2006 年）三个地方性同乡组织。

全马只有符、林、陈、周、李五姓成立宗亲会。符氏总会成立于 1991 年，琼崖林氏公会成立于 1960 年，琼崖周氏公会成立于 1970 年。此外，还有雪隆海南陈氏宗亲会、槟城琼崖李氏公会。

在新加坡，自琼州会馆创建以来，海南籍人士建立过 60 多个各类组织。其中地缘性组织有 20 个，血缘性宗亲会 24 个，其他组织 25 个。① 1857 年（也有 1854 年一说）创建的琼州会馆是东南亚琼侨建立最早的社团组织。1854 年由韩旺彝（亚二）、王志德等先贤倡议组织琼籍同乡会，得到同乡们的积极响应，共筹集 2 700 元，向英国东印度公司购买小坡吗拉咨街屋宇三间，作为琼籍人士聚会之所。此为琼州会馆的前身。继后，由王永祥、周德炽、郑志禄、吴志裕、郑大纶、杨家润、龙士章、韩誉准、黄可辉、吴学龙、韩清甫、文进炯、林鸿儒、林之钊、郑志明、周缵隆、邢祖谟、吴时裕、冯辉昌、韩惠封、王业楼、郑光聪、卢毓章、陈昌禄等筹建馆宇，之后在美芝律购地兴建馆宇。1880 年会馆因陈旧而重修，至 1948 年又准备重修，重建工程于 1962 年完成，并于 1963 年举行开幕典礼（1933 年琼联会成立时，新加坡琼州公馆为琼联会的成员，虽新马于 1965 年分家，但新马的民间团体仍为一体，但 1973 年马来西亚政府着令新马总会的团体必须分家，新加坡琼州公馆才脱离“琼联会”）。琼州会馆的主要领导人：第二次世界大战前为王绍经、陈开国、符气浩、郭新等；“二战”后，1947 年至 1962 年为符致逢，1963 年至 1992 年为王先德，1993 年至 1996 年为赵锡盛，1997 年至 1998 年为陈传序，1999 年至 2004 年为王业裕，2005 年至 2008 年为符永平。

1902 年成立的“乐善居”，是琼州会馆管理下的一个慈善医疗机构，专门收留与照顾孤苦伶仃、老弱病残、晚景凄凉的同乡。到 20 世纪 30 年

---

① 吴华编著：《新加坡海南族群组织》，武吉知马琼崖联谊会海南作家作品研究室，2009 年，第 7 页。

代，随着南来海南人的逐渐增多，陆续出现了以一乡一村的人士组织而成的同乡会团体，如沙港同乡会（1936年）、泰家南旅同乡会（1937年）、孟里南同乡会（1939年）、南壁同乡会（1939年）、重兴同乡会（1940年）、琼崖溪北同乡会（1941年）、琼崖存信同乡会（1941年）、琼崖南梅同乡会（1948年）、琼海同乡会（1948年）、琼崖南湖同乡会（1949年）、新合盛同乡会（1957年）、仙林同乡会（1958年）。在这些团体中，只有琼海同乡会组成人员祖籍地范围以县为主。而琼崖溪北同乡会、琼崖南梅同乡会、琼崖南湖同乡会、南壁同乡会、新合盛同乡会和仙林同乡会已停止活动。

在早期移民过程中，有过一种未注册的结社——公司楼。公司楼是以上一乡一会或一村一会的前身。早年海南移民皆为单身，他们多以一村或一乡为单位聚集而居，公司楼是他们同租的共同栖身之处，这类公司楼多分布于美芝律、密驼律、巴米士街、佘街、荷罗卫港、马拉峇街、海南街、小坡二马路、大马路、启信街、猛街等，有名的有振益、联前、连城街15号、琼合盛、宝敦公司等。这些公司楼到20世纪30年代后大部分随着形势的变迁而解散，也有的经注册成为合法团体，如新合盛和有益宗亲会等。

"二战"后，新加坡还出现以居住地命名之同乡组织，如军港琼侨同乡会（1955年）、樟宜琼侨同乡会（1956年）、后港琼崖同乡会（1958年）、武吉知马琼崖联谊会（1958年）、森巴旺琼崖同乡会（1958年）、东陵琼崖同乡会（1960年）、杨厝港琼崖同乡会（1963年）。这类组织与一村一乡为发展成员的乡团组织不同，是以居住地的海南人为发展对象的乡团组织。

据《琼南八九行》资料显示，该行是经营由海口入口土产的组织，成立于19世纪90年代，这说明琼籍业缘性组织早于19世纪末已出现。[①] 琼侨咖啡公会于1934年成立，由黄才源、梁定仁、吴可仕等发起组织，最初会员店只有61家，1935年至1940年会员店由109家增至221家，1950年达到505家。日军占领新加坡期间，公会奉命改名为"昭南岛咖啡食品商

① 吴华编著：《新加坡海南族群组织》，武吉知马琼崖联谊会海南作家作品研究室，2009年，第4页。

协会”。战后，公会于1954年9月11日宣布复兴，1952年为适应同业增加酒餐之业务，公会更名为“琼侨咖啡酒餐商公会”。除开咖啡店外，经营酒楼餐馆的业者也可以参加。1983年，公会从职工会注册转为社团注册。

早年出洋谋生的海南人汇回故乡之款项和家书，主要是通过私人经营的民信局办理的。据统计，1887年，全星的民信局只有49家，战后初期发展为77家，到1946年增至一百多家。这些民信局分别由福建帮、潮州帮、琼州帮、广东帮和客家帮经营，其中海南人经营的汇兑信局为40多家。1939年3月，“琼侨汇兑公会”注册成立，公会以韩鸿丰、黄正本、卢宁为主要领导人。20世纪60年代初，该会停止活动。

在“琼侨汇兑公会”成立不久，琼籍经营服务业者又发起成立“琼南客栈行”（现已停止活动）。

虽然海南的地缘性、业缘性的团体发展缓慢，不甚发达，但血缘性的宗亲会组织则出现甚早，且发展迅猛。在新加坡的海南人中，“最早的宗亲会乃是符氏社，该社于一八八七年由符愈贵倡组”①。符氏社是华人侨民在新加坡最早成立的13家宗亲会之一。其后，韩氏祠于1900年，龙氏公会于1903年，琼崖黄氏公会于1910年相继成立。20世纪20年代后，各种宗亲组织纷纷出现，达20余家，分别是：琼州梁氏公会（1924年）、琼崖朱氏社（1926年）、琼崖王氏祠（1926年）、琼崖陈氏公会（1935年）、云氏公会（1935年）、琼崖周氏公会（1935年）、琼崖吴氏公会（1936年）、琼崖郑氏公会（1936年）、琼崖许氏公会（1936年）、琼崖林氏公会（1937年）、琼崖翁氏公会（1938年）、琼侨邢氏公会（1939年）、琼崖谢氏公会（1939年）、琼崖李氏公会（1940年）、琼崖杨氏公会（1941年）、詹氏公会（1947年）、卢氏公会（1948年）、琼崖何氏公会（1948年）、琼崖潘氏社（1956年）、庄严氏宗亲会（1963年）。在这些血亲组织中，邢氏公会和谢氏公会已停止活动。

除了这些地缘、业缘和血缘性社团组织外，20世纪20年代后，又出现了一些社交性的团体，如剧社类：琼联声剧社（1958年注册）、新兴港

① 吴华：《星洲琼籍人士之今与昔》，《新加坡琼州会馆庆祝成立一百三十五周年纪念特刊》，新加坡琼州会馆，1989年，第265~270页。

琼南剧社（1957年）、琼联友剧社（1962年注册）、琼南音乐剧社（1957年）、银河音乐会（1961年注册，现已解散）、光艺剧社（1964年成立，现已停止活动）、二南剧社（已停止活动）、明天琼剧社（已停止活动）、琼州舞台戏剧公会（1971年注册）；联谊类：镇南俱乐部（1920年成立，为琼籍海员组织）、星华培进公会（1938年成立，打洋工的琼籍同乡组织，现已解散）、知行俱乐部（1947年成立，为从事华文教育工作者的组织）、华友社（1962年成立，琼籍从事英文教育工作者的组织）、同怀俱乐部（为琼籍海员组织，现已停止活动）；福利性类：乐善居（1902年）、勤益社（前身为行船馆，1934年成立，现已解散）、善志社（1955年）、德侨社（1957年）、琼州青年会（1956年）；学会：海南文化学会；武术团体：光武国术团（1936年）；庙宇：琼州天后宫（1854年）、锦福庙、万仙庙、大芭窑昭应祠（1940年）、风水庙（巴爷里峇）、万天主帅庙（巴爷里峇湾）、冼太夫人庙（樟宜）。

新加坡海南族群组织活动大事记①

（1854—2008）

年　份	大　事
1854	由韩旺彝、王志德倡组琼州会馆天后宫。
1857	韩旺彝、王志德等先贤集资2 700元向英国东印度公司购得小坡马拉峇街6号相连屋宇以作为琼州会馆天后宫会所。
1878	海南同乡先贤合资购置美芝律47号地段面积8 925平方尺作为琼州会馆天后宫的会址。
1879	由王永祥、周道炽、黄可辉、郑志聪、吴明裕等号召同乡兴建美芝律琼州会馆天后宫会所。
1880	美芝律琼州会馆天后宫落成。1880年至1932年间琼州会馆与琼州天后宫为合二为一之团体。
1862	琼州天后宫在淡申律五条石购置义山（俗称老义山）。
1881	据人口统计：此时新加坡琼州人有8 300多名。
1887	符愈贵等合创符氏社（祖祠），该社是海外海南人最早的血缘组织。

① 吴华编著：《新加坡海南族群组织》，武吉知马琼崖联谊会海南作家作品研究室，2009年，第150～157页。

（续上表）

年份	大事
1903	龙氏公会成立。
1891	琼州天后宫在淡申律五条半开辟新义山。
1900	韩彝旺等创建韩氏祠。
1902	琼州乐善居于须涯律30号创建。
1904	据说首位琼籍女性乘船到新加坡。
1910	黄义华等创建琼崖黄氏公会。 王绍经、黄可辉等创办育英学校。
1911	此时琼州人数为10 504人。
1913	同文书报社由陈开国等创立。
1918	陈如斗、林鸿光等创办振群学校。
1920	镇压南俱乐部成立。
1921	禁止妇女出洋的逐步革除，琼籍女性南来新加坡人数不断增加。
1924	梁安琨等成立琼州梁氏公会。
1926	王绍经等创办琼崖王氏祠。 朱儒焕等创办琼崖朱氏社。 郭荣、林明伦等创办星华公学。
1931	当年琼籍人数增至19 896人。
1932	琼州天后宫登记为“免注册社团”。
1933	英属琼州会馆联合会成立，会址设在新加坡琼州会馆内。 周德仁等创建琼崖周氏公会。 黄才源、梁定仁创办琼侨咖啡公会。
1934	勤益社成立。 琼帮人士创建培群学校。
1935	陈有经、陈行琼等创建琼崖陈氏公会。 琼帮人士创建醒华学校。 云茂悦等创办云氏公会。
1936	由钱开云等创办琼崖沙港同乡会。 许文华等创建琼崖许氏公会。 吴升春等创建琼州吴氏公会。 郑尊五等创建琼崖郑氏公会。 光武国术团成立。

（续上表）

年　份	大　事
1937	泰家南旅同乡会由梁安钦、云逢锴等创立。 林猷瑞等创建琼崖林氏公会。 琼侨人士创办化蒙学校。
1938	翁德盛创建琼崖翁氏公会。 星华培进公会获准注册。 星洲银河音乐会成立。 王昌运、李清泉等创办英汉学校。
1939	孟里同乡会成立。 吴乾厚、林明伦等创建南壁同乡会。 邢天安等创建琼侨邢氏公会。 琼侨汇兑公会成立。 谢氏公会成立。 琼崖杨氏公会成立。
1940	莫玉琛、符邦喜等创建重兴同乡会。 李大枋等创建琼崖李氏公会。
1941	邓焕豪、黄闻漠等创建溪北同乡会。 琼崖信伟同乡会成立。
1942	日军占领新加坡，各社团停止活动三年八个月。
1945	第二次世界大战结束，新加坡光复后，各社团先后恢复会务活动。 新加坡琼籍侨民因战乱返琼或流落外地，一时无法返回新加坡，符致逢出面交涉及签保申请复员，千余名同乡才获准返回新加坡。
1946	育英学校添办初中。 符鸿美、林英秉、王昌连等创办培达学校。 符致逢向英军政府行政官麦加伦及英国运输部提出交涉，请其依照盟国规定待遇抚恤死难的同乡海员家属，结果200多名死难者家属受惠，全部恤金10万元。
1947	詹所习等创建南洋詹氏公会。 知行俱乐部获准注册。 新加坡琼籍人口达52 000人。

（续上表）

年　份	大　事
1948	琼州会馆、天后宫董事部倡议重建计划。 林鉴波等创建琼崖南梅同乡会。 南洋卢氏总会成立。 何辉浓、何华浓等创建琼乐同乡会。 琼崖何氏公会成立。
1949	林日标、林廷柱等创建琼崖南湖同乡会。 琼侨咖啡公会易名“琼侨咖啡酒餐商公会”。
1953	德侨社成立。 新加坡琼州会馆主席符致逢担任琼联会主席期间（1953—1956），针对巴素著《东南亚华侨》和米勒著《马来亚动乱》两书中用荒唐措辞对海南人进行歪曲描述，予以严词斥责。
1955	张传钦、陈文谟等创建军港琼侨同乡会。 善志社成立。
1956	琼州青年会成立。 琼崖潘氏社成立。 育英中学增办高中。
1957	钟亚潮、王万勋等创建新合盛同乡会。 琼南音乐社剧社成立。 琼联声剧社成立。
1958	仙林同乡会成立。 樟宜琼侨同乡会成立。 后港琼崖同乡会成立。 武吉知马琼崖联谊会成立。 森巴旺琼崖同乡会成立。 琼联友剧社成立。 新加坡琼籍人口为79 000人。
1960	王先德、林尤轮等创建东陵琼崖同乡会。
1961	善志社购置新会所。
1962	琼州会馆重建工程落成。 华友会获准注册。

（续上表）

年份	大事
1963	琼州会馆大厦于4月7日举行开幕大典。 陈治倬、符亚城等创建杨厝港琼崖同乡会。 庄严氏宗亲会成立。 马来西亚于9月16日成立。
1964	光艺剧社成立。 天后宫重新注册为非营利慈善事业有限公司，但仍以“琼州天后宫及义山”的名称向政府申请注册。
1965	新马于8月9日分家，新加坡独立自主。 11月14日，武吉知马琼崖联谊会会所开幕。
1966	7月2日，东陵琼崖同乡会新会所开幕。 11月27日，庄严氏宗亲会新会所由庄竹林博士主持开幕。
1970	新加坡琼籍人口为115 460人。 10月18日，孟时同乡会新会所开幕。
1971	琼州舞台戏剧会获准注册。
1973	琼州会馆设立大学奖助学金。
1974	5月1日，大芭窑昭应祠举行重建落成开光大典。
1975	大芭窑昭应祠注册为社团。
1976	琼州会馆设立互助部。
1977	琼崖李氏公会购置佘街31—A为会所。
1978	琼州会馆成立敬老委员会。
1979	琼崖林氏公会会所大厦落成。
1980	据统计局公布全国人口调查，琼籍人口为131 975人。
1983	育英学校停办小学。
1984	琼州会馆出版会讯。
1985	10月10日琼侨咖啡酒餐商公会迁入新址。 琼州乐善居易名“琼州乐善居老人院”。
1986	光武国术团迁入8A，Lkrkng9，Geylang Rood. 琼南音乐戏剧社易名“新兴港琼南剧社”。 育英中学迁到罗弄亚苏新校舍，成为政府中学。

（续上表）

年　份	大　事
1987	龙氏公会进行重建会所工程。
1988	善志社成立乐龄中心。
1989	琼州会馆庆祝成立 135 周年纪念，倡议与举办首届世界海南乡团联谊大会。 1 月 22 日，琼崖潘氏社迁入 No. 35 – A Seah St. 自置会所。
1991	10 月 22 日至 23 日，琼州会馆代表团出席参加在曼谷举行的第二届世界海南乡团联谊大会。
1992	琼州青年会易名为“海南协会”。
1993	11 月 28 日至 30 日，琼州会馆代表团出席参加在海口市举行的第三届世界海南乡团联谊大会。
1994	琼州会馆易名为“海南会馆”。
1995	符氏社以 133 万元购下芽笼 24A 巷 52 号为会所。 12 月 11 日至 12 日，海南会馆代表团出席参加在香港举行的第四届世界海南乡团联谊大会。
1997	10 月 23 日至 24 日，海南会馆代表团出席参加在澳门举行的第五届世界海南乡团联谊大会。
1998	琼乐同乡会易名为“琼海同乡会”。 新兴港琼南剧社购置永久会所。
1999	琼州天后宫拨 800 万在淡滨尼兴建“乐善居之家”。 琼联声剧社应中国文化部之邀到北京及海口市访问演出。 11 月 18 日至 20 日，海南会馆代表团出席参加在马来西亚云顶举行的第六届世界海南乡团联谊大会。
2000	琼侨邢氏公会解散。
2001	武吉知马琼崖联谊会创立“海南作家作品研究室”。 4 月 28 日，海南吴氏公会庆祝 65 周年会庆暨自置会所开幕典礼。 琼崖谢氏公会解散。 3 月 27 日，琼州乐善居老人院新厦落成开幕。 11 月 23 日至 24 日，海南会馆代表团出席参加在曼谷举行的第七届世界海南乡团联谊大会。

（续上表）

年　份	大　事
2002	设在淡滨尼4道的“琼州乐善居”新厦落成。 新加坡海南文化学会成立。
2003	琼海同乡会庆祝55周年会庆出版纪念特刊《琼海心韵》。
2004	海南会馆庆祝成立150周年会庆，举办专题讲座“妈祖文化与新加坡社团”。 重兴同乡会组织“文昌义诊访问团”前往海南省文昌市为贫困人士义诊，此后每年都有举办义诊团。 3月30日至31日，海南会馆代表团出席参加在海南省博鳌举行的第八届世界海南乡团联谊大会。
2005	海南会馆于10月4日召开“海南乡团座谈会”。 11月13日，海南陈氏公会庆祝70周年会庆暨新厦落成开幕典礼。 南壁同乡会结束活动。 11月26日至27日，海南会馆代表团出席参加在美国洛杉矶举行的第九届世界海南乡团联谊大会。
2006	海南会馆庆祝成立152周年会庆，主办“首届新加坡海南传统文化节”。 2月11日至17日，海南会馆组成联谊考察团访问海南省。
2007	10月14日至16日，海南会馆代表团出席参加在文莱举行的第十届世界海南乡团联谊大会。
2008	5月12日，中国四川发生地震，海南会馆及属下19个团体为灾区共筹款34万余元。 符氏社设立“符氏社关怀助学金”。 12月12日，韩氏祠庆祝108周年会庆暨新厦开幕暨主办第三届世界韩氏恳亲大会。

在越南有14个地缘性的海南同乡组织。清道光四年（1824）先贤韩满翼、苏合得、陈德成、郑世法等80余人捐白金600余两于嘉定购地，初建琼府会馆。道光十一年（1831）和咸丰四年（1854）两次扩充，基本上奠定了琼府会馆的规模。同治十年（1871）、光绪元年（1875）、民国二十五年（1936）、1954年、1962年先后六次对会馆进行重修。其中第六次重修，是由于会馆正座大堂倒塌，第25届理事会决定全部拆卸，在保持原貌的基础上，以钢筋水泥重建，其面貌保留至今。琼府会馆是越南胡志明市

历史最悠久的华人会馆之一，且是规模最宏伟的建筑，2001 年被越南文化通讯部认定为国家级历史—文化遗迹。

在越南岘港以南各省府都有海南会馆，甚至有些县级市镇也有海南同乡会。这些组织在越南排华期间曾一度停止活动，近几年开始恢复活动。海南人聚居较多的地方，也建有水尾圣娘等神庙。如今尚有活动的海南乡团组织有：岘港市琼府会馆、广南省三圻市琼府会馆、广义省琼府会馆、广南省会安古城琼府会馆、庆和芽庄市琼府会馆、富安省绥和市海南乡亲传统会馆、归仁市琼府会馆、庆和省万斟市琼府会馆、宁顺省藩郎市琼府馆关帝庙和天后庙、平顺省藩蔚市琼府会馆、坚江省迪石市琼府会馆、坚江省富国岛海南会馆。由于海南人移居越南的历史悠久，这些会馆大多有上百年的历史。

印尼也是出洋海南人较集中的地方之一，19 世纪末已有海南会馆组织，但具体的成立时间，由于 20 世纪印尼社会变故的原因，未能详述。据相关资料显示，在第二次世界大战前，印尼的华人社团约有 400 个，日军占领印尼后，这些社团都停止活动。1945—1957 年，印尼政府允许华人社团活动，华人社团发展迅速。但 1958 年印尼政府开始取缔华人社团，至 1966 年苏哈托政府下令关闭华人社团。1959 年至 1967 年印尼发生多次排华事件，华人社团迫于形势或自行解散，或停止活动，印尼各地的海南同乡会遭遇也相同。

1997 年，印尼形势有所好转，印尼华人社团便恢复活动。1997 年 9 月 16 日，海南同乡会正式成立印尼雅加达海南联谊会，首任会长为李兴福。随后，各地的海南同乡陆续恢复活动。2002 年 8 月 13 日，雅加达海南联谊会发函致各地海南同乡会，邀请其派代表到雅加达共商组织印尼海南总会事宜，得到各地海南同乡的积极响应。8 月 31 日，印尼各地 14 个海南乡团的 80 多名代表聚会雅加达，商定成立印尼海南总会之计。大会一致通过总会章程，正式成立印尼海南总会，地址暂设于雅加达海南同乡联谊会会所内，李兴福当选为首任主席。

目前，印尼有活动的海南社团具体为：印尼海南总会、雅加达海南联谊会、棉兰苏北海南会馆、先达海南联谊会、占碑海南会馆、巨港苏南海南会馆、廖内丹绒槟榔海南会馆、印尼泗水东爪哇海南联谊会、万隆海南同乡会、巴厘海南同乡联谊会、坤甸海南会馆、山口洋海南同乡会、麻里巴板海南同乡会、锡江海南同乡会、万雅佬海南同乡会、廖内巴淡海南联谊会和三马林达海南同乡会。2004 年在海南博鳌召开的第八届世界海南乡团联谊会上，印尼海南总会总主席李兴福表示，其时印尼海南总会在印尼各地有 19 个分会，共有成员 30 多万人。

在柬埔寨，海南人最早的组织是琼雷会馆，地址位于金边下市仔。此外还有贡布市琼州会馆等。柬埔寨海南同乡会始建于 1992 年。主要庙宇有：金边圣母宫、逢咋叻本头公庙、白马市本头公庙、白马市土城区本头公庙、云仔步本头公庙、禄山本头公庙、逢咋叻丹汉本头公庙、逢咋叻罗本兆本头公庙、速富县祖师庙、白马市才正本头公庙、贡布市水尾圣娘庙等。

文莱的华人移民历史并不长，直到 1947 年，文莱的华人才有 8 000 多人。但各籍华人都有建立各自的乡团组织，海南人的会馆是各籍人士中最早建立的。海南人最早的组织是爱群俱乐部，成立于 1933 年，它是马来奕琼侨公会（成立于 1939 年）的前身。1939 年成立的马来奕琼侨公会，是由黄进卿、符国益、韩定丰、何敦炽、朱儒傅、符栋林、吴世泮、詹尊琦、符国全、符业宏、龙历渊、黄仕霖、何瑞斗、黄万传、符致日等琼侨发起成立的。成立之初即筹建会所，1941 年会所落成，开幕仅三天，文莱便陷入日军之手，会务被迫停止，会所为日军所蹂躏，1945 年毁于炮火。后几经曲折，于 1955 年建成两层楼的新会所，并更名为琼侨公会，至 1991 年改称海南公会。1966 年公会将会所扩建成三层楼，一层出租，二层为礼堂，三层为天后宫。

除马来奕海南公会外，文莱的斯里巴加湾市还有一个琼州会馆，是 1968 年由韩琼元、韩寿三、林毓光、卢湘、黄守芬、韩捧丰、高亚甘、黄万川、黄良光、杨可飞、黄宗积、符大焕、黄万强、叶能森、潘家源、韩德元、韩技丰、陈良俊、林明宗等琼侨发起成立的。会馆成立时，由符大焕任主席，第二任主席为林毓光。1972 年林毓光主席报效天后圣母、水尾圣娘暨一百零八兄弟神坛香案，由此，每年农历三月廿三及十月十五日，均举行盛大的祭祀仪式。1976 年林明宗接任主席，提议在加东工业区兴建永久馆宇。其后，由卢湘接任主席，1990 年韩定光接任主席，建议将会名“琼州”改为“海南”，1992 年社团注册官批准易名为斯里巴加湾市海南会馆。1996 年陈良俊出任主席，在全体会员的共同努力下，终于完成重建馆宇的工作。2007 年，该会馆联合马来奕海南公会成功举办第十届世界海南乡团联谊大会。

海南人在香港谋生始于19世纪末，香港海南人早期的组织为琼海阁和海南宿舍。目前，香港海南同乡组织有：

香港琼崖商会，乃1917年由周雨亭、郑文波发起成立的。1938年日军入侵海南在即，香港琼崖商会与旅港海南同乡会，广邀海外琼属侨领在香港召开海外琼崖华侨代表会议，并成立琼崖华侨联合总会，积极开展抗日救亡工作。1941年香港沦陷，商会被解散。1945年抗战胜利后着手准备复会工作。1946年9月21日，召开复会第一次会员大会，并选举第十五届理事，由周文治任理事长，其后由黄坚任会长达40年，继任者有何万章、黄守正、潘正洲、张学修等。1954年香港琼崖商会改名为香港海南商会并注册为有限公司，会员以香港海南人居多，也有小部分分布于美国、法国、加拿大、澳大利亚、泰国及东南亚各地。

香港符氏宗亲会，1961年由符致兴等12名符氏同乡倡组，1964年正式成立。

旅港海南同乡会（不同于战前同名组织），1968年由吴多泰发起组织，第二年获准注册，历任理事长有吴多泰、符致兴、陈安邦、许声昭、符灿炎、张子龙、王集梓、卢业坤、吴多旺、黄学仁、张泰超。

香港海南临高总会，为旅港临高同乡会。

香港琼海同乡会，成立于2003年12月15日，为世界琼海同乡联谊会香港分会，现任会长为王春海。

香港三亚同乡联谊会，成立于2007年12月23日，首届主席为赖赞东。

香港万宁同乡会，成立于2008年3月8日，首任会长为任良广。

澳门的海南同乡组织有：

澳门海南同乡总会，成立于1994年8月21日，第一至三届会长为陈继杰，第四至六届会长为陈植群。

澳门琼州联谊会，成立于2001年11月13日，会长由欧国樑担任。

法国巴黎至20世纪70年代才组织起海南同乡会、海南青年体育会，其规模居华人社团中的第二位。

建立海南同乡会的海外州、省、市还有：澳洲的墨尔本、悉尼，加拿大的安大略省、温哥华、多伦多，美国的纽约、北加州、南加州、得州、休斯敦等。

这些社团的主要作用有：

一是联络感情，寻找精神的慰藉。身处异乡时，共同的语言、风俗、传统、记忆，足以构成一个令人感到温暖和安慰的精神家园。正如一位学者所指出的那样：海外华人在这些传统性的组织里感到某种舒适和安全。在这里，没有人用眼睛盯着他，没有人嘲笑他，也没有人虐待他。他们生活在亲戚朋友之间，比生活在陌生人中间会感到更温暖、更自在，生活更富于人情味。他们在这里吃饭可以使用筷子，不必笨拙地使用刀叉；可以泡茶，不必勉强自己喝凉水；可以穿舒适的中国服装，不必去穿浆硬领口的衬衫和结上不听使唤的领带；可以用家乡的方言说话、骂人、讲笑话，别人会随着你开怀大笑；可以听到人们一遍又一遍地讲述故乡的民间传说和议论陈旧的家长里短。人们简直会产生出一种错觉，以为这里就是国内，就是家乡。① 共同的语言和文化价值观，使得这些传统的社会组织成为沟通和联系身处异国他乡的同胞的心灵纽带。

二是代行家庭职能，弥补缺少家庭生活的遗憾。早期出洋谋生的人们都是单身汉，各种会馆、同乡会、宗亲会等团体，对成员的衣食住行、生老病死样样都管，代行家庭的职能，使身处他乡的游子们有一种向心力和归属感，如新加坡 1902 年设立的乐善居医疗护理机构、各地会馆设置的义山等。

三是祭拜祖先，启发乡侨不忘乡土，感念祖先之德，进一步凝聚同乡的感情。每年举办不同形式的祭祖活动，是这些社团组织的最基本内容。

四是创办福利，让会员享受实惠。早年的华文教育都是以会馆为依托而创办学校，让子弟接受教育的，如泰国海南会馆创办的育民公学等。进入 20 世纪后，鉴于海南人经济实力较弱，只靠家庭力量难以支持儿女接受良好教育的现状，多数会馆、同乡会、宗亲会都设奖学金、助学金等，帮助会员或其子女学习成才。如马来西亚海南联会自 1954 年成立贷学金委员会，1955 年正式颁发奖学金，1959 年又增设大学贷学金。奖贷学金惠及的

① 吴景超著，宋建林译：《共生与同化——唐人街》，天津人民出版社，1991 年，第 152 页。

同乡子女逾千人，发放的奖贷学金款达200多万元，使不少海南子弟圆了求学梦。今天，在东南亚各国华侨华人后裔中，海南人从事诸如医生、律师、工程师、测绘师、大学教授、中小学教师、经济学者、公务员等白领工作的比例名列前茅，社会地位普遍提高，这与海南社团组织以集体力量支持后代接受教育的举措密不可分。

五是以各种形式，宣传、弘扬中华文化，加强联谊。如新加坡海南会馆常举办讲座、展览、演讲比赛，出版画册、书刊、专集，组织文艺、学术交流等，宣传、弘扬中华文化。2006年正值新加坡海南会馆成立152周年纪念，会馆举行了包括海南民俗讲座、乡亲恳谈会、传统木偶戏、海南美食佳肴演示等，还邀请海南省民族歌舞剧团表演《鹿回头》、海南方言演唱民歌民谣及黎苗族婚嫁习俗等民族歌舞，其目的是让更多的新加坡海南人特别是年轻人了解和弘扬海南文化，帮助新加坡海南人增强对根的认识。

泰国的海南会馆、宗亲会也以各种形式，组织会员、乡侨回国寻根问祖、观光旅游，邀请海南的文艺团体到泰国演出，加强两地交流。

六是加强成员在业务上的联系，为成员的业务发展提供良好的服务环境。如新加坡琼侨咖啡酒餐商公会，除为成员谋福利外，1982年响应国家环境发展部的号召，印发T恤给会员员工以取代背心睡裤，为咖啡店行业树立新形象。为解决员工短缺问题，公会和福州咖啡酒餐商公会发起一项“先付钱，后用餐”的营业方式，将咖啡店推向现代化，借以发展业务。

七是根据市场经济情况，有些社团举办以提高会员职业素质为目的的各种培训。

二、跨国界的海南乡团组织

1. 世界海南乡团联谊大会

除以上社团组织外，为进一步加强300万海外海南人的联系，1989年经新加坡琼州会馆倡议，发起筹办世界海南乡团联谊首届大会。世界海南乡团联谊大会是世界海南乡团的联谊组织，联谊大会的宗旨是：促进与加强世界各地海南同乡团体的联系与友好合作，为增进各国人民的友谊作出贡献；为促进各国的文化、体育、学术交流作出贡献；集中海南乡团与乡亲的力量，集资从事经济活动，以提高海南人的经济地位和社会地位。凡具有合法地位的世界各地海南同乡团体皆可自动成为正式成员。乡贤中的知名人士或有卓越成就者，个人可以观察员或特邀嘉宾身份出席大会。大会成立常务理事会，设秘书处，每两年召开一次，由大会选定的主办乡团在其所在国或地区举行。会议以敦睦乡谊和交流合作为主要议题，不涉及政治性问题。

第一届世界海南乡团联谊大会于1989年10月14日在新加坡举行，由新加坡海南会馆主办，大会主席为王先德。来自世界各地6个国家和地区的104个乡团、400多名代表出席，大会研讨筹组“世界海南乡团联谊会”事项，讨论及通过“世界海南乡团联谊会”章程。

第二届海南乡团联谊会大会于1991年10月22日在泰国曼谷举行，由泰国海南会馆主办，大会主席为潘子明。来自世界各地15个国家和地区的99个社团、近千名代表出席议会。大会就关心支持家乡建设，加强经济合作；组织世界性投资公司；逐渐扩展合作领域，使其扩展至文化、慈善事业方面；增设常务秘书，分组负责经济、文化、慈善事宜等问题进行了深入研讨。

第三届世界海南乡团联谊大会于1993年11月28日至30日在海南省海口市举行，由海南省海外交流协会和海南省海外联谊会主办，大会主席为周松。来自世界20个国家和地区250个团体的1 766名代表、特邀代表与观察员参加了本届大会。大会一致通过了《第三届世界海南乡团联谊大会联合报》，决定在海南省设立世界海南乡团联谊大会秘书处，作为联谊大会的常设机构；在琼组建海南华侨开发投资公司；设立海南乡亲教育基金会；在海南设立海南联谊俱乐部；在琼创办海南华侨中等技术学校。

第四届世界海南乡团联谊大会于1995年12月11日至12日在香港举行，由香港海南商会主办，大会主席为李运强。来自24个国家和地区235个乡团的1 200多名代表参加了大会。中国政协副主席、中国海外交流协会会长钱伟长，新华社香港分社社长周南，海南省委书记、省长阮崇武出席大会。大会听取了第三届大会公报执行情况的说明，听取和审议了各代表团提出的方案与建议，审议通过了第四届大会联合公报。

第五届世界海南乡团联谊大会于1997年10月23日至24日在澳门举行，由澳门海南同乡总会主办，大会主席为陈继杰。来自世界各地22个国家和地区 288 个团体的 1 400 名代表出席大会。

第六届世界海南乡团联谊大会于 1999 年 11 月 18 日至 20 日在马来西亚云顶举行，由马来西亚海南会馆联合会主办，大会主席为张文强。来自 20 多个国家和地区的 2 000 多名海南乡亲相聚一堂。大会的主题为“放眼海洋文化，迎接资讯时代”。大会通过了设立“世界海南网络中心”，加强培植乡根情怀，呼吁全力支持海南人教育基金等决议。

第七届世界海南乡团联谊大会于 2001 年 11 月 23 日至 24 日在泰国举行，由泰国海南会馆主办，大会主席为欧宗清。来自世界 20 个国家和地区的 3 000 多名海南乡亲代表出席大会，大会的主题为“迈入全球化的新世纪——海南人的机遇与挑战”。大会举办泰籍琼属华人工业产品展览会，为全世界海南人提供商贸机遇；举办“可爱的海南”图片展览，展出一百幅反映海南自然风光与社会发展的图片；参观考察了泰国的自然、历史和文化重要景点。大会联合公报指出 21 世纪是充满机遇和挑战的世纪，高度评价世界海南乡团联谊大会的作用，提出要继续落实第六届世界海南乡团联谊大会联合公报的决议，要强化各乡团内部的能力建设，大力推动和加强世界各地海南乡团之间多层次、多形式的联系与合作；并呼吁世界海南乡团联谊会设“咨询委员会”，就经济、科技、文化等领域定期或不定期举行会议，为海南建设及世界海南乡亲的事业提供智力支持。

第八届世界海南乡团联谊大会原定于 2003 年在海南举行，但由于“非典”的影响，延期于 2004 年 3 月 30 日至 31 日在琼海博鳌举行，由海南乡团主办，大会主席为王学萍。来自世界 19 个国家和地区的 1 500 多名代表出席会议。大会的主题为“寻根、联谊、合作、共赢”，下设“全球经济一体化与海南人的机遇”、“海南人事业与合作”、“企业家论坛”三个平行议题。大会发表的“联合宣言”强调：应继续落实第六届及第七届世界海南乡团联谊大会“联合公报”的有关决议，进一步关心和支持世界海南网络中心的完善和建设，努力使之成为世界海南人了解乡情、沟通信息的高效渠道和加强联谊合作的有利平台；尽快成立世界海南乡团联谊会咨询委员会，以集中全世界海南人的智慧，为加快海南的建设及世界海南乡亲事业的发展提供智力服务；强调各地社团和乡亲要以实际行动支持“世界海南人教育基金”，积极壮大其规模和实力，为世界海南人接受华文教育、提高科学文化素质提供实质性支持。

第九届世界海南乡团联谊大会于2005年11月27日在美国洛杉矶举行，由美国加州海南会馆主办，大会主席为吕诗澄。来自世界约20个国家和地区200多个乡团的500名代表，连同美国的代表和乡亲共1 000多人参加大会。大会的主题为“联谊、人文、商机、共荣”。

第十届世界海南乡团联谊大会于2007年10月14日至16日在文莱斯里巴加湾市举行，由文莱斯里巴加湾市海南会馆和马来奕海南公会联合主办，大会主席为韩勉元和陈良俊。来自世界34个国家和地区的1 061名海南乡亲参加大会。大会认为：第一，两年一度的联谊大会是联络乡亲感情，融汇乡亲智慧的平台，世界海南乡团的团结合作，互相访问，对促进友谊，加强交流合作，益处良多；第二，文化是提升生命力的重要元素，维持中华文化在海外的生命力，传承中华文化对延续海外华人民族生命力具有重要意义；第三，勤劳、简约、追求知识，是海南人先天遗传的品性、后天栽培的精神，不但要延续，还要加以发扬光大；第四，青年是社会的生力军，是乡团工作的接班人，如何提高青年对乡团的认同与参与度，为所有乡团的重要任务之一；第五，妇女能撑半边天，是社团不可缺少的支柱，并能让乡团更加活跃，要发动妇女继续参与乡团工作，发挥乡团的力量与成就；第六，乡团的价值观是无私奉献，只问能为乡团作出什么贡献，而不是问乡团能提供什么利益；第七，经济是主导社会发展的动力，经济实力是衡量社会地位的重要标志，因此大会主题为经济开拓商机，实现双赢，为促进社会经济发展作出贡献；第八，大会认为世界海南人教育基金对推动海南人教育事业具有积极意义，自成立以来，有具体表现，但距离目标尚远，因此还要努力争取新的突破；第九，效忠在籍国政府，开发在籍国经济、文化和教育事业，是海外华人必须认真落实及寻求、壮大的责任；第十，追祖寻根是华人的传统美德，培养乡根情怀，关怀祖籍地的建设和经济发展，把握机遇，寻求挑战。

2. 世界海南乡团联谊会

世界海南乡团联谊大会召开后，1995年“世界海南乡团联谊会”成立。在第四届世界海南乡团联谊大会期间，选出首届世界海南乡团联谊会理事团，常务理事乡团代表于1996年6月18日在海口召开首次常务理事会议。联谊会秘书处设在海南省海外交流协会会所，于1996年8月正式办公。

世界海南乡团联谊会的成员为：凡具有合法地位的世界海南乡团组织

均可登记成为该会成员。该会的宗旨为：促进与加强世界各地海南同乡团体的联系及友好合作；增进各国人民的友谊与往来；促进各国民间的文化、体育、学术及经贸交流；集中海南乡团与乡亲力量，从事经济、文化及教育活动，以提高海南人的经济和社会地位。

历届世界海南乡团联谊会理事团成员为：

第一届（1996—1997）常务理事团：泰国海南会馆、马来西亚海南会馆联合会、新加坡海南会馆、文莱马来奕海南公会、香港海南商会、澳门海南同乡总会、台北海南同乡会、美国纽约海南同乡会、海南省对外交流协会、海南海外联谊会。理事长：黄守正（香港海南商会）。

第二届（1998—1999）常务理事团：新加坡海南会馆、泰国海南会馆、海南省对外交流协会、海南海外联谊会、香港海南商会、澳门海南同乡总会、马来西亚海南会馆联合会、文莱马来奕海南公会、文莱斯里巴加湾市海南会馆、台北海南同乡会、澳大利亚新州海南同乡会、美国南加州海南会馆。理事长：陈继杰（澳门海南同乡总会）。

第三届（2000—2001）常务理事团：泰国海南会馆、新加坡海南会馆、海南省对外交流协会、海南海外联谊会、香港海南商会、澳门海南同乡总会、文莱海南公会、马来西亚海南会馆联合会、台北海南同乡会、澳洲新州海南会馆联合会、美国南加州海南会馆、海南省归国华侨联合会、法国海南同乡会。理事长：张文强（马来西亚海南会馆联合会）。

第四届（2002—2003）理事团：新加坡海南会馆、泰国海南会馆、海南省对外交流协会、海南海外联谊会、香港海南商会、澳门海南同乡总会、马来西亚海南会馆联合会、文莱海南同乡会、台北海南同乡会、澳洲新州海南会馆联合会、美国南加州海南会馆、海南省归国华侨联合会、法国海南同乡会。理事长：欧宗清博士（泰国海南会馆）；副理事长：王学萍（海南省对外交流协会）。

第五届（2004—2005）理事团：新加坡海南会馆、泰国海南会馆、海南省对外交流协会、海南海外联谊会、香港海南商会、澳门海南同乡总会、马来西亚海南会馆联合会、文莱海南同乡会、台北海南同乡会、澳洲新州海南会馆联合会、美国南加州海南会馆、海南省归国华侨联合会、法国海南同乡会。理事长：王学萍（海南省对外交流协会）；副理事长：吕诗澄（美国南加州海南会馆）。

第六届（2006—2007）理事团：新加坡海南会馆、泰国海南会馆、海南省对外交流协会、海南海外联谊会、香港海南商会、澳门海南同乡总会、马来西亚海南会馆联合会、文莱海南同乡会（马来奕海南公会、斯市海南会馆）、台北海南同乡会、澳洲新州海南会馆联合会、美国南加州海南会馆、海南省归国华侨联合会、法国海南同乡会、印尼海南总会、南美洲苏里南海南同乡会。理事长：吕诗澄（美国南加州海南会馆）。

第七届（2008—2009）理事团：新加坡海南会馆、泰国海南会馆、海南省对外交流协会、海南海外联谊会、香港海南商会、澳门海南同乡总会、马来西亚海南会馆联合会、文莱海南同乡会、台北海南同乡会、澳洲新州海南会馆联合会、美国南加州海南会馆、海南省归国华侨联合会、法国海南同乡会、印尼海南总会、南美洲苏里南海南同乡会。理事长：韩勉元（文莱海南同乡会）。

3. 世界海南青年大会

世界海南青年大会，旨在建立一个以世界海南青年精英为主体的国际论坛和网络，为世界各国有志于海南社团和海南人事业的海南青年构筑展示才华的舞台，提供交流与沟通的机会等，以形成世界海南青年的大联合、大合作，加快世界海南青年的成长，密切世界海南青年与祖籍地的联系，为各社团培养、造就接班人。

世界海南青年是在世界海南乡团联谊会的呼吁和各地琼属社团的支持下诞生的，于 2005 年由海南省海外交流协会倡组，同年 12 月 15 日在海口市举行筹备会议，来自 10 个国家和地区的代表参加会议。会议通过《世界海南青年大会章程》（草案），选举了第一届理监事会。理事长为欧先慈（泰国），监事长为郭远奇（香港），秘书长为文人光（海南）。

2006 年 11 月 17 日至 18 日，首届世界海南青年大会在海南琼海博鳌举行，有 13 个国家和地区的 700 多名代表出席大会。大会的主题为：青年与创新——携手共创 21 世纪海南青年新天地。大会通过《世界海南青年大会章程》和《首届世界海南青年大会联合宣言》。

2008 年 11 月 24 日至 25 日，第二届世界海南青年大会在泰国曼谷瑞士大酒店举行，由泰国海南青年事业家联谊会主办，来自 13 个国家和地区的 700 多名代表参加大会。大会的主题为：挑战与机遇——携手共创 21 世纪全球经济新天地，为青年提供良好的交流平台。

第三章

【贡献居住国】

历史上海南人出洋，几乎都是被生活所迫而背井离乡、海外谋生的，其中的大部分是直接被当作卖苦力的“猪仔”而漂洋过海的贫苦劳动者。直到第二次世界大战之前，他们都主要从事体力劳动，收入微薄，社会地位不高。但是，他们以刻苦耐劳、勤俭奋斗的精神，胼手胝足，“二战”后，不仅改变了自己的社会地位，而且为居住国的社会经济发展作出了杰出的贡献。

第一节　对居住国的经济贡献

第二次世界大战是海南华侨在居住国经济社会中发展的分水岭。“二战”前，大部分漂洋过海的海南人是怀着谋生发财的梦想而冒险远足的。他们在侨居国的基本情况是：寄人篱下、白手起家、图谋生存。在很长时间里，他们所从事的职业，主要是矿山的矿工，种植园的耕作者，小咖啡店、小饭馆、什货店、小旅店、小商店的服务员，工厂的学徒或工人，家庭佣人等，总之是社会最底层的工作。他们在陌生的国度里，以勤劳的双手艰苦创业，为居住国的早期开发作出了重大贡献。

正是在华工的默默劳作、斑斑血泪和累累白骨之上，换来了东南亚地区的快速发展。这一点，也是殖民统治者所认可的。英属马来亚联邦督瑞天咸在其所著的《英属马来亚》一书中说：“当劳动力极度缺乏时，数以万计的华工被引进马来亚”，“从开始到现在，开采锡矿的全是中国人。经他们的努力，全世界用的锡一大半是马来亚供给的。是中国人的精神和事业心造成了今日的马来亚……他们是开矿的先锋，他们深入蛮荒，开辟丛林，冒尽一切危险取得巨大成功。他们的生命常遭牺牲……殖民政府的全部收入是从华工的劳作、消费和娱乐以租税形式征收来的”，“在马来亚联邦的进步发展中，华工及其业绩产生了多么巨大的决定性作用”。另一个马来亚殖民官员维克多·泼赛尔也说：“假如没有中国人，就不会有现代的马来亚”，而“如果没有现代的马来亚所提供的橡胶，欧洲和美国的汽车工业就永远不会有这样巨大的发展”①。

1889 年 12 月，法属马达加斯加为了招募华工，派遣一个代表团到东南亚各地考察。他们在报告中说：“香港和新加坡的繁荣兴盛，马来联邦、苏门答腊、北婆罗洲等地那些赚钱的种植园，全靠华工的劳动”，“华工不仅建筑铁路，而且开辟稻田，种植蔬菜，合理而巧妙地开发矿藏，……并且不断地想方设法，使各种生产领域产量满足日益增长的需要”。② 事实证明，包括海南人在内的华侨，用自己勤劳勇敢的品质和坚忍顽强的精神，为东南亚的开发作出了不可磨灭的贡献。正如曾任马来西亚琼侨联合会会长的郭全强所指出的那样：“南渡的华族先驱者，即已在星马等他乡落足，披荆斩棘，筚路蓝缕，进行艰苦的开荒斗争。这些离乡背井，远渡重洋求生的华族先辈，捐出血汗，更或葬身异域，他们敢向困难环境搏斗的勇气，不畏千辛万苦、不怕虎狼的拓荒精神，留下了可歌可泣的史章。”③ 在新加坡莱佛士博物院正门前立有一个无名华人铜像，其下石座的金字碑文写道：“此华人半身铜像为艺术家史德龄于 1939 年寄赠星坡（新加坡）者。华人素以坚忍耐劳著称，叻（新加坡）、屿（槟榔屿）、峡（马六甲）三府暨马来亚全属今日炎繁荣，得诸华人能力者，良非浅鲜。史君敬仰此优异之点，乃以此像相赠云。”④

凡此种种，都充分说明了华人对东南亚开发所作的贡献。

进入 20 世纪后，一方面，由于东南亚各殖民地政府相继废除限制华人经济活动的部分政策，承认华人有自由从事经济活动的权利；另一方面，随着东南亚各国的经济发展和社会进步，职业选择的面渐渐宽阔，就业机会也有所增多，华侨在锡矿山和橡胶种植园里做苦力的逐渐减少，而陆续向商业、服务业转移。

---

① 转引自王翔：《近代南洋琼侨的职业类型与经济机能》，《海南大学学报》2002 年第 1 期。

② 转引自王翔：《近代南洋琼侨的职业类型与经济机能》，《海南大学学报》2002 年第 1 期。

③ 郭全强：《新加坡琼州会馆庆祝成立 135 周年献词》，《新加坡琼州会馆庆祝成立一百三十五周年纪念特刊》，新加坡琼州会馆，1989 年，第 14 页。

④ 转引自郭威白：《马来亚中国人在发展当地经济中的地位》，《中山大学学报》1959 年第 4 期。

但是，相对于福建、广东等地区移民而言，海南人移居东南亚的脚步要慢一些，与此相关的是，海南人在商业上的起步要困难一些，步子也相对小一些。在“二战”前，绝大部分海南人只是小商小贩，经济实力弱，社会地位低。

海南人虽然主要从事小商小贩工作，但对于侨居国而言，小商小贩是其经济活动不可或缺的组成部分。一大批走乡串户的挑货郎的存在，对于活跃城乡物资交流来说，显然是有积极意义的，大批小商店、小餐馆等服务行业的经营，对于繁荣当地社会经济、方便民众生活，也是功不可没的。

“二战”前，包括海南人在内的华侨商人在东南亚地区的活动，有学者①认为，这种活动对该地区起到了积极的作用，这种进步作用表现为：

第一，华侨商人扮演着促进当地传统的自给自足经济向商品经济转换，将资本主义的生产经营方式在传统社会经济中扩散和传播的角色。

第二，工业化的过程，是由第一产业向第二、第三产业转换的过程。东南亚地区殖民地时代的华人资本，起初主要集中在橡胶种植、锡矿开采等第一产业和小规模商业方面，随后逐渐向农产品、特色产品加工、进出口贸易和金融业、服务业领域扩展。商业资本产业化，成为东南亚诸国初期工业化的积极推进者，并在第二次世界大战以后东南亚地区的现代化进程中起到了极其重要的作用。

第三，构成资本主义发展基础的主体是企业家阶层的存在，东南亚地区与其他发展中地区相比，企业家群体的经营能力和整体素质明显要高出一个档次。东南亚地区之所以存在着数量众多、实力雄厚的企业家阶层，与当地居住着大量华人有着深刻的关系。日本的研究者发现，东南亚地区“具有高超能力和强劲活力的企业，主要集中于华人系统的企业，这是确切的事实”并承认“华侨、华人是东南亚企业家的大宗”。而华人的企业家精神和企业家才干，是在与欧、美、日列强的企业和当地原住民系统的企业的竞争、依存中形成和发展起来的。华侨商人的辛勤经营，移民网络的不断发展，移民网络通过人员、物资、资金和信息的流动，加强了东南

① 王翔：《近代南洋琼侨的职业类型与经济机能》，《海南大学学报》2002 年第 1 期。

亚地区内部的经济、社会和文化联系，推动着东南亚区域内自由贸易和资本流动的发展，对于将整个东南亚经济汇合进统一的世界市场发挥了重要的作用。华侨在东南亚地区经济、社会网络中的扩大，超越了欧美宗主国对亚洲殖民地统治的经济、政治框架，在某种程度上，可以说是对欧美宗主国殖民地统治的一种抵制，相对削弱了欧美宗主国对东南亚殖民地国家的经济和政治支配。

第二次世界大战后，随着对战争创伤的治疗和侨居国经济的复苏与发展，特别是越南战争爆发后，海南人经济也呈现出同步恢复和发展的态势，出现了“无行不有，无业不在”的景象。

在泰国，就有不少享有盛名的企业家。1990 年被权威杂志《金融与银行》评为“泰国企业界十八家族”之一的“郑氏家族”是海南人在泰国创业成功的典型代表。祖籍文昌市铺前镇林梧坡上村的郑氏兄弟郑有华和郑有英，在父辈们创业的基础上，率领家族成员齐心协力、团结奋斗，把中央洋行经营成了泰国最大的洋行集团，其分支机构林立，商业网络密布。如今，“郑氏家族”除了经营现代百货业外，还经营酒店旅游业、房地产业、建筑业、金融业、农业、饮食业等，成为泰国现代化、多元化的家族经济集团。据不完全统计，郑氏家族经济集团独资、合资的企业有 450 多家。这些企业以“中央系列”为主，包括中央洋行有限公司、中央贸易有限公司、中央芭莎酒店、中央华欣观光酒店、中央房地产建筑公司、京都银行等。1990 年，中国政府总理李鹏访泰，在参观中央洋行时，对其规模及经营管理给予了高度评价。

祖籍文昌市东郊镇福绵村的陈庆椿先生，17 岁到泰国大城府谋生，最初沿河划船叫卖酿酒。经过一段时间的苦心经营，略有积蓄后，他便倾其所有创办造船厂，后又创办源兴利火锯厂和源兴利木材工业有限公司。因为经营有方，他的火锯厂不久就成为大城府木材业的大商号。1956 年，长子修炳接过父亲创办多年的小型木材加工厂。显然，儿子的经商能力更胜一筹。接过木材加工厂的第二年，儿子就开始扩大规模，使锯木厂发展到三家，竞争优势明显提升，令其企业在泰国木材行业站稳脚跟。后来，又投资 12 亿泰铢，建大城超级商场，商场配套建设星级酒店、五家电影院及与美国公司合作兴建的当时亚洲规模最大的海洋公园——大城海洋公园，项目建成后，成为当地著名的商业中心和旅游景点。至此，陈氏成功地由木材经营为主转入以房地产为主，开始了多元化经营模式。

祖籍文昌市文教镇大良亩村的欧宗清先生，从20多岁起开始致力于人造花的制造。1974年，其公司生产的第一批人造花在泰国市场销售，就赢得民众的喜爱，他因此一跃而成为泰国人造花领域的明星。经过多年的奋斗，他的人造花打进了日本、西欧和美国市场，年出口额达上亿美元，在人造花领域刮起了一股强劲的“欧宗清人造花”旋风。

祖籍文昌市文城镇宝芳办事处馨梅园村的许书标先生，步入社会后，从打工仔做起，经十年的磨炼，到30岁时实现了从打工仔到老板的人生转变。他在制药行业刻苦钻研，创制了著名的“红牛牌”保健品。“红牛牌”保健品不仅畅销泰国市场，而且在东南亚各地也享有很大名气。随着生意的日益红火，他的事业也向多元化方向发展，其名下的华玛苏迪柯实业有限公司、天丝医药保健有限公司和多家制药工厂相继运营，使他成为旅泰琼侨中屈指可数的工商实业家。

祖籍文昌市锦山镇南排田村的黄宏萱先生，从20世纪60年代开始进入酒店业，经过十多年的刻苦经营，积累了酒店经营的经验，在70年代时抓住泰国酒店业发展的机遇，大胆投资。仅数年时间，他所经营的华南酒店集团就迅速发展，跃居同行前列。如今，华南酒店集团拥有华南、皇家、春天等16家大酒店，员工达3 000多人，不仅在泰国酒店业独树一帜，而且在东南亚、德国等地同样享有盛誉。除经营酒店业外，他还兼经营地产业，任泰国VIP地产公司董事长。

祖籍文昌市东路镇下洋村的符绍登先生，从1949年创办益侨火砻开始，开启了他的创业生涯。1950年，他创建振盛隆有限公司，承包大宗水泥运输业务；1958年开始涉足酒店旅业；20世纪60年代中期又投资矿产业务，在香港创办广新行米业有限公司；投资金融业，出任泰国京都银行分行总经理。在事业辉煌的时候，他身兼七八个公司的董事长、总经理，跻身泰国工商实业大亨行列。

祖籍文昌市抱罗镇福坡村的林鸿鹏先生，看准泰国的保龄球市场，从1969年开办第一家保龄球场开始，逐渐把保龄球场开到曼谷、芭堤雅等地，使他的保龄球事业在泰国独占鳌头。经营保龄球事业成功后，他又积极开拓新的业务。1987年后，他先在芭堤雅兴建“万里殿”迪斯科大舞厅，尔后又在春武里兴建一家拥有200多名工人的胶木家具厂，在美国开设一家飞机零件工厂，兴建披亿国际贸易公司，把生意扩展到贸易领域。

祖籍文昌市锦山镇新山村的张光利先生，步入社会后，从小商小贩做起，有了一定积蓄后，自己开店收购并加工土产。他在泰北许多省建立大仓库，收购玉米、木薯等，出口到西德、韩国、荷兰、祖国大陆和台湾等国家及地区，并在荷兰成立亚洲土产曼谷公司，推销其产品，实现了从一个推销员向出口商的转变。后来，他又在曼谷湄南河畔买了两莱（一莱等于2.4亩）地，建起高达9层、拥有280个房间的迷江大酒店。如今，张先生经营的企业包括合利物产茜公司、合利西萝公司、“35”保龄球西合公司、保利莱泰国国际集团贸易公司、合泰茨丝厂等，共有12家企业，成为泰国琼侨的佼佼者。

祖籍文昌市铺前镇新村园村的叶世忠先生，从汽车修理工做起，18岁创办经营汽车零件的公司，经过多年的摸爬滚打、艰苦创业，他的公司发展到六家，包括汽车零件生产工厂和销售商行，成为全泰闻名的汽车配件制造和零部件销售企业家，被誉为泰京“汽车配件商界巨擘”。

祖籍文昌市锦山镇的吕先芙先生，继承和发展了父亲开创的酒店业，使其不断发扬光大。总投资达20多亿泰铢的亚洲酒店，给他带来了滚滚财源，但他并不满足已取得的成绩，1991年又建成海波超级市场，1993年建设总面积达25万平方米的商业大楼。1977年，吕先生当选为博他耶酒店公会主席，连任十多年。1986年4月，他当选为泰国酒店公会主席，任期两年，连选连任两届。他是原泰国华侨报德善堂八个常务理事之一，也是唯一祖籍海南的董事。他曾任亚洲六国旅游协会副主席、国务院乃颂副总理的旅游顾问、泰国国家旅游局董事、泰国首任劳工法庭法官、泰国内务总部长顾问、博他耶市议会议员等职。现任泰国华侨报德善堂秘书长、常务董事会副主席，华侨崇圣大学校董事。

祖籍文昌市公坡镇的韩俊元先生，1949年冬在泰国创办盛通火锯两合公司，承接泰国皇室所需木料加工业务，取得了较好的经济效益。他曾任泰国海南会馆副主席兼财政事务、泰国韩氏祖祠理事长和泰国火锯公会高级顾问等职。

此外，还有不少海南人，诸如云昌任、云逢钵、冯尔和、齐必光、邢诒喜、陈川庆、陈颖杜、陈嘉深、邱敦永、吴世浓、吴乾煌、张光嶷、范南丰、林明兰、林明焕、林猷权、符大安、符致炳、符楣双、符儒仙、韩扶畴、王普贤、吴俊禹等，在酒店业、制造业、制药业、木材加工业、珠宝业等行业都有骄人的业绩。

在新加坡，出现了许多在经济上富有实力的知名人物。祖籍文昌市昌洒镇兰家村的符致逢先生，11岁时因家境贫寒，随叔父到新加坡投靠祖父。凭借着坚忍不拔的意志、吃苦耐劳的精神和敏锐的市场洞察力，他把叔父留下的神农药房和橡胶园办得红红火火，自己投资的大型橡胶收购店和房地产业也风生水起。他涉足商贸业，扩大渠道，经营进出口，其产业拓展到美洲、澳洲和香港等地，成为新马琼人中实力雄厚的大企业家。

祖籍文昌市文城镇南南办事处美丹村的郭开始先生，系琼侨著名侨领郭镜川的长子，毕业于广州岭南大学，后赴德国深造，获硕士学位；回国后，主持重庆上海等地的造纸厂的工作。内战爆发后，回新加坡，曾任郭新父子有限公司董事主席、新加坡铸造与机械（私人）有限公司董事长、新昌实业发展（私人）有限公司董事主席等。

祖籍文昌市文城镇南阳办事处的赵玉山先生，从20世纪30年代开始就在马来西亚办实业，抗战期间积极为祖国的民族解放事业奔走，积极服务当地华侨社会。他于1942年在新加坡创办新华旅店，在他的精心经营下，新华旅店成为明古连街历史最悠久的旅店之一。此外，他还开办了琼南客栈行，并成立赵玉山父子有限公司，先后成立新加坡华人旅业总会和丰源船务公司、太古合记船务公司，从事旅游、海运业务，成为当时新加坡较有名气的琼侨企业家。

祖籍文昌市会文镇的吴和风先生，因生活所迫到南洋谋生，历尽艰辛，略有积蓄后，就和友人合开世光电器工程店。两年后友人退出，他便自主经营，专门安装政府工程电器。因为他工作认真、恪守信用，深得社会信任，生意越做越兴旺。此后，他又创办了世昌工程有限公司，从事住宅电器安装；创办文华塑胶有限公司，生产胶管；创办新丰年贸易有限公司，向国内批发食品、纸张；成立艺光投资控股有限公司，对艺光集团下的子公司进行统筹。多年的商海打拼，使他成为新加坡实力雄厚的企业家。

祖籍文昌市会文镇的云惟盛先生，幼年随亲人到新加坡读书，因学业成绩优异，一毕业就成为新加坡金融界和商界关注的专业人才，在金融界服务20多年。1984年，他与二弟云惟浩联合组建新加坡合力工程有限公司，投资建筑地产业，1990 年开始承建新加坡政府安居工程。从 1993 年起，他先后在新加坡、马来西亚、印度尼西亚和澳大利亚经营了 40 多家咖啡连锁店。

祖籍文昌市会文镇的史立谐先生，因逃战乱南下，最早在餐厅打杂，经过几十年的摸爬滚打、刻苦钻研，1965 年创办了爵士餐厅，并取得成功。20 世纪 80 年代，他和儿女先后办起了 15 家餐厅酒店，成为新加坡拥有西餐厅最多的老板。

祖籍文昌市铺前镇的邓文珑先生，14 岁就到新加坡神道英文学院就读，但迫于生计，未毕业就离校打工谋生。他先是当店员卖服装，后做伙计销鞋帽，经过十多年打拼，积累了社会经验，学到了商业知识，并积蓄了一小笔创业资金。1969 年，他办起米兰鞋店，专营意大利名牌皮鞋。因为他诚信待客、价格公道，生意像滚雪球一样越滚越大；第三年，他的第二家鞋店开业；又过三年，第三家鞋店又开张。一时间，邓文珑的米兰鞋店声名鹊起，接着，他又开了三家服装销售店，在新加坡服装鞋帽销售市场打开了销路，名气越来越大。

祖籍琼海市嘉积镇温泉村的王绍经先生，1884 年因生活所迫，辞别妻儿老小到南洋谋生，最初靠收购蒌叶转卖给马来人，赚一些钱后，以 200 元为资本与人合资经营布（雨）伞生意。渐有起色后，又到马来亚的柔佛州和印尼的山区设杂货店，收购各种山货、皮货，运回新加坡和海南。随着资本的不断增多，他又经营煤油生意。第一次世界大战前夕，他有一定的积累后便开始买地办产业，在新加坡、马来亚购置橡胶园和房屋。他在新加坡很快就拥有 20 多间店铺，并将所在街道取名为“绍经街”；另有“桂兰街”，除了几间店铺不愿出售外，其余的也买下来经营。他的经营范围很广，有橡胶园、批局、房产、保险、银行等，逐步发展成百万富翁，跻身当时新加坡 12 位名商之列。

祖籍琼海市上埇乡田头内村的王兆玑先生，13 岁到新加坡谋生，长期在餐饮业服务并有所成就。从 1996 年起，连续五届当选新加坡琼侨咖啡酒餐商会执事主席。

祖籍琼海市中原镇山仙村的朱国儒先生，1957 年创办朱国儒水电工程公司，随着新加坡政府实施大建设计划，他的公司也改为朱国儒工程（私人）有限公司，在承揽公共设施、造船厂、炼油厂等建筑工程方面成绩斐然，他本人也历任新加坡电器商公会主席、建筑商公会名誉主席。

祖籍琼海嘉积镇上埇村的陈家和先生，1964 年在新加坡创办和兴玻璃工程公司，因经营有方，业务不断拓展，到 20 世纪 80 年代，又创办和兴玻璃投资控股有限公司，此间新加坡所建的高楼大厦，80% 的玻璃装配工程均由他的公司安装。此外，他还把业务扩展到澳大利亚和东南亚各国，印度、斯里兰卡也有其分公司。他同时兼任八家公司的董事主席，被誉为新加坡的“玻璃王”，也被评为世界 40 位经营奇才之一。

祖籍琼海市文市村的林鸿谟先生，早年在家乡与印度尼西亚间奔波，日本侵琼后又赴印度尼西亚谋生。先从事橡胶种植业，日本投降后，转为开办船务航运业，开拓印度尼西亚和新加坡之间的货运和贸易商务。20 世纪 60 年代，在新加坡创办美记有限公司，经营贸易和旅游业。1994 年创立林鸿谟私人控股有限公司和新加坡美景酒店私人有限公司，发展为一家多元化的跨国公司。

祖籍琼海市中原镇文楼村的莫履瑞先生，早年到新加坡谋生。经过多年奋斗，小有积蓄，在密驼律 51 号及 53 号创办瑞记鸡饭餐室，经营富有海南特色的鸡饭。由于勤于钻研、经营有方，业务不断拓展。在积累财富的同时，他也使海南鸡饭这一富有海南地方特色的饮食品牌声名远扬。他还向建筑业和地产业发展，并在马来西亚投资橡胶、油棕等种植业。

祖籍琼海市九曲江培兰村的黄培茂先生，从经营小商店开始，规模不断扩大，到 20 世纪 70 年代，扩大业务至出入口贸易、房地产交易，继而创办培文投资私人有限公司、基业企业私人有限公司、星中文具私人有限公司，并任董事主席。

此外，诸如王振高、王义元、王书电、王业裕、王兆炳、王国启、卢宁、占行銮、龙程荧、李有仁、陈川信、陈河清、陈学汉、吴乾南、郑庭藩、符气崑、符永平、梁定华、朱启高、陈开国、陈学琼、陈赞结、陈赞逢、何子钦、何书训、何若余、李雅焕、吴芳泽、严承慧、严泉涌、严家雄、杨达明、杨庆祥、杨庆勤、杨梦鸾、庞道涣、周南炳、康绵维、符书光、黄文奎、蔡兴川、蔡有鹤、黎才洪等部分海南人在地产业、餐饮业、制造业、酒店业、运输业等行业也取得了不菲的业绩。

在马来西亚，不少海南人在经济领域成绩斐然。祖籍文昌市南阳办事处美丹村的郭巨川先生，因生活所迫，20 岁出头到南洋投奔父亲，打拼天下。凭着吃苦耐劳的品质和勇于开拓的精神，他紧紧抓住第一次世界大战后东南亚经济复苏的机会，终于在种植业上大获成功。其弟郭镜川在广州读书毕业后，也到南洋辅助兄长，兄弟俩同心合力，艰苦奋斗，开拓事业。郭氏兄弟在20世纪中期，成为拥有橡胶、木薯、油棕、椰子等种植园地两万多亩和多间配套的加工企业以及从事各种进出口业务的大种植家、大实业家，富甲南洋，闻名中外。

祖籍文昌市清澜办事处南湖园村的王士海先生，19岁到马来西亚谋生，初入采锡铁船公司当电器学徒，后因技术日精，被升为公司主管。有一定积蓄后，自己开始创建公司，其中1962年创建的王兄弟电器雪柜公司，因产品畅销，获利颇丰。公司后来在其次子茀诚的经营下，获得巨大发展。1968年，公司成功标得第一个政府工程，为国防部的军营商店提供商用雪柜设备。从此，王兄弟电器雪柜有限公司的产品不但销遍马来西亚的城市乡村，还向国际化方向拓展，在亚洲特别是东南亚拥有为数众多的代理商，公司也因此成为马来西亚最具规模、实力雄厚的雪柜与冷冻设备制造商。

祖籍同为文昌市会文镇的龙学品先生和云逢豪先生，看到“二战”后马来西亚首府吉隆坡经济迅速发展，城市人口不断增加，敏锐捕捉到建筑业的光明前景，两人联合创建永建建筑有限公司，一边销售建筑材料，一边承接建筑打桩工程。由于他们的公司技术精湛，重视信誉，业务量急剧攀升。当年在吉隆坡大兴土木建都过程中，永建公司承建了大酒店、大公司、银行、机场和大桥等大量地基打桩工程，供应建筑材料，从而使公司成为马来西亚享有盛名的大工程公司。1965年，他们又合伙在新加坡创建永建建筑（新）有限公司和龙云实业（新）有限公司。公司先后标中新加坡发展银行50层大厦的地基打桩工程，承建新加坡发展局、樟宜国际机场等多处大型工程，使公司蜚声于新加坡建筑房产行业。1977年，龙学品斥资数百万元，与好友合资在吉隆坡兴建文华酒店大厦。文华酒店开业后，顾客盈门。

祖籍文昌市东郊镇泰山村，现旅居英国的石毓锦先生，早年在星洲马来西亚打拼，从销售图书报刊开始，逐渐发展成印刷出版业的大老板。他的墨可喜远东印务有限公司注册资金超过千万元，在东南亚地区赫赫有名。此外，他还在希尔顿酒店集团的新加坡和马来西亚高档豪华宾馆中拥有多数股份，是两处店务的执行主持人，还是吉隆坡东方银行基业的重建主持者和发展组织人。

祖籍文昌市东阁镇的邢福鑫先生，从少年起就在印刷行业打工，20 世纪 60 年代中期创办鉴印务有限公司，开始了他的创业生涯。经过刻苦努力，他的印务公司竞争力不断提高，从 1972 年起，马来西亚国家银行的季刊与年刊报告书每年都由他的公司负责承印。20 世纪 80 年代后，公司走上了良性、健康发展的快车道。1998 年，在丰隆总裁拿督陈金福的协助下，他斥资买下了丰隆集团旗下的威华印刷有限公司，并将公司更名为鉴威华印务有限公司，使其公司实力大大增强。

祖籍文昌市的陈庆新先生，从 20 世纪 50 年代开始边从政边从商的生活。1965 年，他脱离政界，专事从商活动，为此前已服务的实得力轮船公司效力。在他的建议下，实得力公司购买了当时东马来西亚华商拥有的最大吨数的 120 吨、120 马力的货船，用于纳闽与马鲁帝之间的航线营运，并取得了代理实得力公司业务的机会。从此他正式从事船务经营。在他的精心经营下，船务业不断扩大。1976 年，他再为实得力轮船公司购买 3 000 吨位的日特拉号铁船，用于纳闽与马鲁帝及邻国文莱马来奕之间航运。1974 年，他再为公司购买吨位达 1 200 吨的“都来”和“淡武廊”号姐妹船，运载货物直接由新加坡至美里与文莱马来奕之间。1985 年，他在新加坡成立了金星船务有限公司，管理自己公司所拥有的船只，并继续为实得力轮船公司管理船务与维修船只及做市场招收货物代理工作。1993 年他又在印尼建立永利胜船务公司，航行于新加坡与印度尼西亚淡岛之间。1996 年，在印尼淡岛建设 WAMAMAS 船厂，2000 年又创建 WINSTON LOGISTIC，托运货物到世界各地。此外，他还涉足房地产，在马来西亚、新加坡和澳大利亚均有其生意。陈先生大半生致力于船务营运事业，先后在新加坡、马来西亚、澳大利亚、文莱、印度尼西亚等 13 家船务托运公司任主席或董事经理。因为业绩突出，1972 年他被沙捞越州长封赐 BBS 有功勋衔；1978 年被马来西亚国家元首封赐 AMN 有功勋衔。

祖籍文昌市会文镇福昌村的符气元先生，经过多年的艰苦奋斗，在餐饮行业取得骄人业绩，拥有餐馆、矿业等 17 家企业，且其就任董事长的乐天酒楼（古晋）有限公司，事业正蒸蒸日上。

祖籍琼海市嘉积镇石文坡村的王书俊先生，10 岁到马来亚与父母一起生活，学完小学后就在社会谋生。1950 年创办俊业公司，自任董事主席。此后生意越做越大，担任俊业公司董事主席、俊业食品机械有限公司董事主席、俊业食品原料有限公司董事主席、咸美敦纸品制造有限公司主席、俊德代理（新加坡）有限公司主席和东协地产有限公司董事等，在商界有一定实力，成为了有名的企业家。

祖籍琼海市潭门镇曲礼昌村的冯振轩先生，经过多年艰苦创业，逐步建立起一个食品工业王国，成为马来西亚有名的企业家。1991 年，他创立妈咪大宝集团公司，并亲任董事主席，其旗下有多家企业，员工数千人，每年研发四个以上具有相当影响的新产品，产品畅销世界近 30 个国家和地区。1992 年妈咪大宝公司被马来西亚政府批准，作为全马第一个食品工业公司在吉隆坡股票交易市场挂牌上市。1997 年，马六甲州元首为表彰他对国家和社会所作的贡献，特封赐他 DCSM 拿督勋衔。

祖籍万宁市后安镇龙田村的祝清坤先生，11 岁到马来亚谋生，凭借刻苦耐劳之品质，从小商小贩做起，经过多年的奋斗，终于在种植业、酒店业、建筑业、金融业、贸易业均有所成就，拥有十几家私人公司，成为马来西亚琼人之巨擘。从 1975 年开始，他连续七届蝉联马来西亚琼州会馆联合会总会长，曾多次获得马来西亚最高元首等赐封之殊荣。

祖籍文昌市文城镇义门一村的符之庆先生，早年刻苦读书，留学美国亚美利加大学，获商业管理博士学位。学成后回到马来西亚，在国营电视台担任技工，负责电视台的电子装配工程工作。20 世纪 70 年代初，他创办万艺公司，代理日本名牌冷气机。随着公司业务的不断扩大，他开始涉足电器工程的承包业务，并进军房地产业。不到十年，万艺电工程公司一跃成为马来西亚电气业翘楚。90 年代，万艺加盟当地富商丹斯里林梧桐和香港巨富郑裕彤合组的公司，开拓全球市场。符先生事业成功后，热心公益事业。他设立拿督符之庆博士教育基金委员会，赞助 80 多位海南子弟修读汽车维修课程。2001 年，他荣获雪州苏丹殿下赐封的拿督勋衔；2003 年，被选为世界海南符氏大宗祠理事长，并担任马来西亚符氏宗亲会总会长和新几内亚驻马商务参赞。符先生现任马来西亚海南会馆联合会总会长。

此外，马来西亚还拥有诸如马业东、王兆进、王若群、王国荣、陈声评、陈国策、陈敦川、陈德裕、陈华强、陈继栋、陈辉铭、陈毓仕、陈赞杏、陈赞桂、陈赞森、何子忠、何基业、李高、李大树、李业安、李兴雅、冯时、冯启文、许书谱、全会贞、吴以孚、吴仕文、吴达德、张佩文、张裕民、林猷甲、林猷高、林书德、林桂珍、郑兰彬、符传波、黄循积、黄宏荫、黄雄忠、符和昌、覃业樊、覃国英、黎汝介、黎政民、黎衡光等一批海南人，在餐饮、批发、贸易、药品、房地产、酒店、制造、印刷等各行各业都有上佳表现，为当地经济社会的发展作出了自己的贡献。

在文莱，也有一些海南人有所作为。如文昌人林大栋自20世纪60年代便从新加坡到文莱经商，受聘于文莱新光公司任董事经理，因其悉心经营，使公司业务蒸蒸日上，得到董事的赞许。70年代，他抓住文莱经济起飞，建筑业蓬勃发展的机遇，创立联和私营有限公司，经销五金重型建筑材料，为商务操劳。凭借他过人的商业才干，公司很快就成为文莱五金建材行业的翘楚。而祖籍同为文昌市昌洒镇昌述村的韩勉元和韩琼元，也是侨居文莱的海南人中的佼佼者。韩勉元继承父业，任文莱桃林庄酒厂董事会主席兼总经理，此外，他还热心社团工作，先后担任过文莱中正中学校董会董事长、文莱华人慈善会执行秘书、文莱中华商会副会长兼文莱海南公会主席等社会职务，是出色的华人社会活动家。韩琼元从商的范围则更广些，他先与友人合办瀛洲茶室，获得成功后，又投资房地产业，兴建公寓及工商业大厦，还独资创办琼联面包西果厂、五金店，成为资财殷实之巨贾。同时他还是侨民钦佩的社会活动家，任文莱斯里巴格湾市海南会馆永远会长。出生在马来西亚，1948年才移居文莱的詹行清，走的又是不一样的路。走出校门，他先是到马来奕政府公共工程事务局机械部供职，十余年间，因工作认真负责，深得上峰器重，升至行政部门负责筹谋管理。后辞工从商，承包小型工程、经营兴成商店，做五金器材、机械零件和各种式样的铝框等建材生意。他虽然学历不高，但天资聪颖，加上自己的刻苦努力，使他对社会政治、经济及人生哲理感悟颇深，且又精于商道，从而在经济上收获甚丰。祖籍琼海市嘉积镇军屯村的符大焕，也有所成就。他早年在马来亚谋生，抗战胜利后，以半工半读的形式刻苦学习，获得绘测师文凭，被聘到英企当绘测师、建筑师，后被派到文莱拓展业务。他积累经验后，辞去公司职务，走自己创业之路，并抓住文莱大举开发石油的机遇，很快成为文莱房地产商及建筑商。此外，杨庆荫、林熙书、陈良俊等也有一定的经济实力。

在印尼，早期的海南人几乎都是胶园的劳工，成为胶园主的极少。祖籍琼海市博鳌镇留客村的蔡家森是早年在印尼取得成功的少数人士之一。1886 年出生的蔡家森由于家境贫寒，在 15 岁时到印尼谋生。他在远离雅加达的艾力和都亚等地打拼，从一艘小木船起家，逐渐发展到拥有 25 艘铁船的大型船队，商铺林立艾力岛。由于具有雄厚的经济实力和出色的社交能力，他不但成为当地侨领，还被殖民政府封为“甲必丹”（一种作为殖民政府管理当地事务，授予华侨领袖的封赐）。由殖民政府委任，他一人负责 12 座岛屿的税收和管理。由于殖民政府极少过问，时间一长，12 座岛屿事实上成了他的个人资产。20 世纪 80 年代后，其后裔多转行经商，开餐厅、旅馆，办中小型企业，经济实力有限，但也有表现突出者。祖籍文昌市南阳办事处桥头村的李兴福、李兴存兄弟就是侨居印尼海南人中的佼佼者。1937 年，李兴福出生在印尼，做小本生意的父母虽然生活艰难，但还是勒紧裤带供他们兄弟上学，希望他们将来有所作为。李兴福中学毕业后就投身商海，开始创业生涯。当时，很多外国油轮、金矿、煤炭、森林等专业公司进入印尼，他抓住这一商机，做外国企业的总供应商，经营的商品小到针头线脑，大到电视电脑、五金百货、家用电器，林林总总，应有尽有。这使他获利不小。尽管后来他在投资木材运输和船务生意中失败，损失巨大，可是他不气馁，又转向经营小酒店。从 1973 年开始，他的酒店生意日见起色，经 20 年奋斗，小酒店变成了四星级酒店。20 世纪 80 年代，他又在雅加达投资创办印尼最大的不锈钢厨房用具供应公司。由于投资过大，货品供过于求，投资再次失败。他不怨天尤人，又与他人合作，开办影视业务公司，把香港制作的电影、电视介绍到印尼，在文化产业中寻找出路。由于东南亚金融风暴，印尼经济受到波及，他又转向台北、祖国大陆开辟生意门路，使公司有了新的发展。作为大哥的李兴存所走的商道要比其弟顺当一些。中学毕业后，他也投身商海，先后创办了太平洋五金商行、新香港家用电器商行，做供应商，供应一切与探油公司有关的需求，并创办蓝天国际酒店。20 世纪 80 年代，他与兴福在雅加达投巨资创建富家白钢厨具厂。因为产品适合市场需求，工厂规模不断扩大，取得了可观的经济效益。为开辟海外市场，他在加拿大开设商行，并在美国、加拿大开设数间代理商行。李兴存先生向来乐善好施，巴里巴板市华裔受益于先生者不在少数。他担任该市华侨慈善会主席后，捐巨资建了一家急救中心，使当地民众受益。

此外，苏门答腊的张新樑、张新梧兄弟，雅加达的符气胜，峇淡岛的龚云泰等人，也是当地海南人中的佼佼者。

在东南亚的其他国家，海南人表现各有不同。越南虽是海南人侨居最早的地方之一，但由于种种原因，海南人多为打工仔，或经营咖啡店、烟丝店或杂货店的小商小贩，在农村有少数的庄园主。祖籍文昌市会文镇的陶对庭先生，于20世纪三四十年代，在西贡创办雇有100多人的汽水厂，算是颇有名气的企业家了。70年代中期受排华打击后，海南人的经济状况更是雪上加霜，到90年代后才有所恢复。祖籍文昌市铺前镇的邓文成先生算是琼侨第二代中的佼佼者。邓先生现为西贡商信银行董事长、土地房屋公司董事长、胡志明市海南（琼府）会馆副理事长。邓先生创办商信银行12年来，业务突飞猛进，在全国有76家分行，拥有2 000多名员工，商信银行还是越南第一家挂牌上市的银行。邓先生在管好商信银行的同时，还在越南高原山区大力兴办占地13公顷的梦幻山庄。集旅游、酒店、饮食、娱乐为一体的梦幻山庄，是华属兴办较大的经济实体。此外，邓先生还拥有七家大糖厂，分布在全国各地，由夫人黄碧玉女士打理。

柬埔寨的海南人在城市经商的不少，个别富商铺宇连成街；在农村，也有经营胡椒庄园的。但经20世纪70年代后的多次冲击之后，经济一直不景气。在老挝，海南人多经营小商店、小木坊。[①] 在缅甸，祖籍琼海嘉积镇逢龙村的卢鸿谟先生表现得尤其突出。他早年到新加坡、马来亚谋生，后转往缅甸，先后经营保险、运输、酒楼、旅馆、百货以及代理中西成药等业务，成为缅甸著名华侨企业家和侨领，亦是当时缅英政府委任的两位华人事务顾问之一。

与“二战”前海南人出洋目的地主要集中在东南亚地区相比，战后海南人出洋的轨迹发生了很大变化，那就是部分海南人从东南亚散居到世界各地或从国内移居到世界各地。相应地，他们的影响力也随侨居地的变化而扩散。

在澳大利亚，从越南移居的郑有泰先生具有一定的代表性。1938年，为逃避战火，祖籍文昌市铺前镇的郑先生夫妇从清澜坐船逃难到越南金兰

① 文昌市地方志编纂委员会编：《文昌县志》，方志出版社，2000年，第496页。

湾谋生。在异国他乡，他们白手起家，从打工开始，有一定积蓄后，先经营杂货店，进而创办洋货公司，代理电器和各种机械，实力逐渐加强。后来移居澳大利亚，凭着精明的商业才干、勤俭的创业风格，终于在悉尼建成华人经营规模最大的超级市场——泰记实业有限公司。

祖籍文昌市迈号办事处蔡村的陈升义先生又是另一类型。陈先生毕业于中国人民大学哲学系，曾在北京语言大学任教，后从香港移居澳大利亚。到澳大利亚后，先后与北京首都汽车修理厂集团公司和北京二轻集团总公司合作，分别创办了澳大利亚银轮汽车修理厂和澳大利亚来利制衣厂，为中国企业在澳大利亚的发展贡献自己的力量，被选为澳大利亚新州海南同乡会秘书长。

在丹麦，祖籍文昌市公坡镇抱蓝仔村的符德胜先生影响最大。符先生早年生活曲折，历经磨难。他在泰国读完小学后，回家乡读中学，后又到新加坡谋生，辗转到丹麦远洋轮船公司当船员，不久因战火导致交通阻塞而滞留丹麦。在异国他乡，他从小生意做起，事业逐渐得到发展。到1961年，他除了办农场外，还在哥本哈根办起略具规模的广东楼酒家，生意做得有模有样。符先生事业有成后，致力于丹麦和祖国的友谊交流，任哥本哈根丹中友谊协会副会长，1978 年、1984 年，我国总理、副总理访丹期间，符先生都被接见并合影留念。

在法国，祖籍文昌市抱罗镇道美村的谢盛跃先生是琼侨中的佼佼者之一。谢先生幼年移居柬埔寨，在柬学习中文、柬文和法文，至初中毕业。20 世纪 70 年代，为避战乱，他曾迁居越南五载，1975 年到法国谋生。在陌生的国度里，谢先生夫妇艰苦创业，用节衣缩食省下的积蓄，加上朋友的资助，以两万法郎在巴黎闹市区开设百喜餐厅，取得不俗的经济效益。后来，他们转让百喜后，在巴黎郊外另开一家大餐厅，不久发展至五家，成为巴黎颇有实力的琼籍企业家。事业成功后，谢先生积极致力于社团工作，先后任法国海南同乡会理事、副理事长、理事长，关心祖国发展，促进中法文化交流。而同样曾在柬埔寨生活过的祖籍清澜的潘诺先生走的路却有所不同。潘先生的曾祖父在越南、柬埔寨以商致富，除了把钱寄回老家修房子外，也把在海外出生的孩子送回国内读书，旨在“不忘根本”，又把国内出生的孩子送到国外读书，谓之“开阔眼界”。潘先生就是在这样亦中亦西的教育模式中成长的第四代华侨。1955—1975 年间，印支战火不断，潘先生在动荡的环境中读完了高中课程。1970 年，柬埔寨发生军事政变，所有的中文学校和中文报馆全被关闭。潘先生父亲当机立断，送儿子到法国读书。在法国，潘先生半工半读，靠着刻苦的学习和勤奋的工作，取得优异成绩。凭着自己的才学，他在大学时代就和法国社科院签订了为期一年的工作合同，搞专项研究；读硕士研究生时，又到联合国教科文组织工作一年；读博士研究生期间受聘于当地律师楼。1982—1983 年，他在《欧洲时报》任总编辑。为了攻读博士学位，他辞去总编辑职位，继续深造，终于成为东南亚华人在法国获得国家博士学位的第一人。潘先生的学识得到了时任中国银行巴黎分行第一任总经理董世海的赏识，他鼓励潘先生加盟中行。到中行后，潘先生从基层做起，凭着自己的学识和才干，逐级升至助理总经理、副总经理、总经理。他是新中国成立以来中行历史上首位外籍行长，打破了第一把手都是总部外派的惯例。接任巴黎中行总经理后，潘先生出色地完成了总行布置的各项业务，经营稳健、业务发展。他代表中行巴黎分行参加法国银行业公会，任外资银行局招待理事。他与 12 家外资银行一起，代表 160 多家全球驻法银行经营权益，受到同行的赞扬。2007 年，他荣任法国中资企业协会第一任会长。

在美国，从两个地方移居来的海南人有所成就：一个是越南，另一个是台湾。越南是海南侨居历史最悠久的国家之一，人数众多。但从 20 世纪 70 年代，越南内战及大规模排华后，为数不少生活在越南的海南人被迫移居到世界各地，其中有相当一部分人到了美国。后来在美国有所成就的吕诗澄、吴坤汉和吴坤治兄弟即是这样的例子。祖籍文昌市锦山镇溪尾坡村的吕诗澄先生，出生地越南。1975 年，北越军队打进西贡前，他的生意已有所成就，拥有几千万越币资产。但战争无情地摧毁了一切，为逃避战火，他全家沦为难民，辗转到了美国密歇根州定居。在一个完全陌生的国度里，他从打工开始，有一点积蓄后，买了一家小超市，后来又在南加州买下一间临街铺面作美甲生意。生意有所扩大后，他又办起了生产指甲油等美甲产品的工厂。他的产品品质优良，不仅畅销全美，还远销欧洲和南美洲。经过 20 多年的艰苦拼搏，他创办了星光美容器材公司和 PL 股份开发有限公司等企业。

祖籍文昌市铺前镇中台村的吴坤汉和吴坤治兄弟，也是因为战乱沦为难民，从越南辗转到美国。在美国，兄弟俩开设的百货超市，生意红火。

吴坤治的爱华连锁超市在洛杉矶更是颇有影响，兄弟俩在房地产业也有所成就。吴坤汉创办了吴氏企业公司（房地产）和朝代房地产有限公司，吴坤治在南加州的一片荒地上建起了一座具有东方文化和越南民族特色的新城，被当地政府命名为“越南城”。

同样是从越南到美国，王伟光走的又是另一条道路。王伟光出生在越南，家境贫寒，靠亲戚资助才勉强读完初中课程，后来到台湾求学。1971年，大学毕业后，他凭着扎实的文化功底和流利的英语，被台湾顶好集团聘任为贸易部经理。两年后，深得老板赏识的他被公司派到美国，成为公司驻美代表。在美国，他仍然坚持一边工作一边学习，成功考取美国工商管理硕士学位。1979年，他在美国创办王氏贸易公司，以自己的才智和艰苦创业的精神，使公司迅速发展，业务不断扩大。

总而言之，“二战”后，侨居各国各地区的海南人紧紧抓住医治战争创伤和各国经济起飞的良机，经济实力得到显著增强，经济地位明显提高，特别是20世纪60年代以来，他们从事的经济活动范围不断扩大，规模也不断扩大，不少人从传统的经营领域向新领域扩展，从单一行业向多元化扩展，从家庭作坊式经营向现代化经营管理转变，从国内经营向国际化方向发展，涌现了众多在当地有影响、有名望的人物。随着华侨社会从“落叶归根”到“落地生根”观念的转变，海南人的经济生活越来越融入当地民族经济体系，成为当地社会经济的重要组成部分，他们的经济活动对当地的经济发展和社会进步作出了重大贡献。

第二节　对居住国的政治贡献

如前所述，出洋谋生的海南人在国内大都生活在社会底层，因生活潦倒或生存环境恶化而被迫背井离乡。到了侨居国后，其经济地位并未发生重大改变，仍然受到殖民统治者的欺压。为争取自己的合理权益，他们积极参加了侨居国反对殖民统治的正义斗争。如在马来亚反帝反殖的工运中，海南人就参与其中，并起着一定的组织领导作用。星洲洋务党总支成员多为海南人。在马共和抗英同盟会组织里，也有许多海南人，有的还居领导位置。祖籍琼海市嘉积镇的刘尧，曾任马来西亚人民抗日军第一独立队领导成员和党代表，为马来亚的抗日战争立下了功勋。抗日胜利后，他于1946年初以马来亚人民抗日军中央军委全权代表的身份，赴伦敦参加关于马来亚独立问题的谈判。1949年因叛徒出卖，他在马来亚火车站被杀害。在越南长期进行的反法、抗日、抗美斗争中，海南人也始终和越南人民一道，英勇作战、流血牺牲，有的事迹还很感人。如祖籍文昌市铺前镇的邓焕香，在斗争中英勇善战，屡立战功，从团长一直升至兵团司令、南方海陆空三军中将副司令。1975年4月，在指挥解放西贡的战斗中，邓焕香因救战友而英勇牺牲，被追认为烈士。祖籍同为铺前的邓焕苯，为参加革命，毅然放弃城市的富裕生活，进入槟知省解放区，并把父亲在该省留下的400多亩农田献给革命政府。40多年来，他为越南人民的革命事业贡献卓著，获得越南党和国家授予的一级抗法勋章、一级抗美勋章等许多荣誉。

日本侵略者发动太平洋战争后，海南人与侨居国人民一道，同仇敌忾，团结抗日。在泰国的"泰共"和"自由泰"组织中，在"马共"及其抗日人民军和其他抗日游击队、自卫团中，都有众多的海南人。马来亚下彭亨州抗日军第七独立队第十四中队约200人，其组织成员十分之九是琼州华侨，而文昌人又占其中绝大部分。司令员张祺祖籍文昌市重兴镇，党代表王秀槐祖籍文昌市文城镇。这支军队作战顽强，战功赫赫，共杀敌五六千人，打死日军司令员一人。①

虽然包括海南人在内的华侨在侨居国为抗击殖民者而流血牺牲，但其政治地位还是非常低的。"二战"前，一方面，东南亚殖民地政府对华侨基本上都采取政治歧视政策，对华侨从政采取极为苛刻的限制，基本上堵死了华侨的从政之路。另一方面，当时出洋的华侨在异国他乡谋生，生存是第一位的，由于经济地位低下，很难在政治上有所诉求；加上当时华侨普遍存在"落叶归根"的做客心态，也限制了华侨追求政治权利的意识。因此，战前华侨很少参加当地的政治活动。

"二战"后，东南亚各属殖民地纷纷取得了民族独立或自治。各国的民族资产阶级掌握了政权，开始致力于民族经济的发展。与此相联系，在外侨政策上，他们一方面严格限制外侨入境，另一方面放松外侨入籍条

① 文昌市地方志编纂委员会编：《文昌县志》，方志出版社，2000年，第498页。

件，推行归化政策，要求外侨在政治上、经济上归化于当地社会。在这种大背景下，大量华侨为求生存和发展，加入了侨居国国籍，成为其公民。广大侨胞也从过去根深蒂固的“落叶归根”观念逐渐向“落地生根”方向转变。他们在积极发展民族经济的同时，也积极参与当地的政治事务活动，跻身军政界。

在东南亚各国中，海南人在政坛上表现得最突出的是泰国。在泰国华侨社会流传着“潮州人钱多，海南人官多”的说法，从政府副总理、部长、副部长，到各部各级政府官员、军警、司法等，都有他们的身影。据不完全统计，在20世纪后半叶的大部分时间里，先后有28名华人担任副部长以上高级官员，其中海南人就占有9名。如黄闻波先生曾任副总理，云茂保先生曾任外交部副部长、部长和财政部长等，云茂杰先生曾任外交部常务次长，云逢松先生两度任财政部长，罗彰兴、韩蔚光先生曾任商业部副部长，陈崇财先生曾任农渔部副部长。祖籍文昌市抱罗镇乌石村的黄闻波先生是海南人的杰出代表。黄先生父母早年因生活所迫，漂洋过海到泰国谋生。1925年，黄先生出生于泰国，少年时得到在泰国法政大学高级会计系深造的机会，毕业后在泰国国家银行任职，继而在盘谷银行和京都银行工作，先后任泰国银行公会主席、盘谷银行总裁和京都银行董事长等要职。黄先生在担任银行要职的同时，也积极投身政治活动，是泰国政界名流，曾在克立政府中担任财政部长要职。在担任财政部长期间，他所采取的扶持农业技术力量，鼓励发展农业生产、为贫苦民众谋福利和关心下级工作人员，重视起用专业人才的措施，深受民众欢迎。1980年3月，在炳政府中，黄先生以社会行动党副党魁的身份出任掌管经济事务的副总理。在职期间，他所推行的民主措施和下放财权举措，对泰国社会的发展产生了重大影响。此外，还任泰国财政顾问团主席，这是他政治生涯的一个巅峰。退出内阁和社会行动党后，他于1986年创建人民行动党，在同年和1988年7月的大选中，该党在议会中分别获得15个和9个席位。1992年，他第二次出任泰国副国务院长。

祖籍文昌、祖辈姓黄的朴·沙拉信，当过泰国的国务院长，其子万亚莎·沙拉信曾任外交部长，现任御秘书（即泰国国王秘书）。

由云崇对先生开创的云氏家族在泰国家喻户晓。祖籍文昌市龙马办事处大道山村的云崇对先生因生活所迫，清末到泰国谋生，经过一番艰苦努力，终于有所成就，成为清末琼侨的侨领之一。其长子茂修经商有方，创办了云瑞和制冰厂、汽车厂、BMC 洋行、制药厂和火锯厂等企业，并兼任华暹银行董事长，富甲一方。茂修热心华侨事业，是琼侨著名侨领，曾与林文英的父亲林开伦、兄弟茂伦一起卖火锯厂等产业，支持孙中山领导的辛亥革命。其四子茂伦，参加过孙中山领导的中国同盟会，积极投身国民革命，曾在海口府城参加反清战斗，返泰后曾在政府铁路部门担任要职，获泰皇子爵封号。其七子茂保早年留学英国，1921 年初入政界，任泰国政府驻巴黎大使馆秘书，1924 年获泰皇子爵封号，1925 年获泰皇伯爵封号，1928 年获泰皇侯爵封号，并担任外交部次长，年仅 32 岁。1932 年 6 月 24 日，泰国实行君主立宪政体，茂保出任泰国政府首届外交部长，尔后在新一届政府中再任外交部长、财政部长和国务顾问团主席等要职，泰国纸币上的“西维讪哇乍”手签，就是茂保的签名。退出政界后，茂保受聘担任泰国清迈大学校长，同时受聘担任多间大学的顾问。由于政绩卓著，获泰皇授予拉玛五世尊宗高王一级荣誉勋章，并被封为公爵，在当时泰国华人中是爵位最高的。1952 年，又蒙泰皇册封为枢密院大臣，主要处理国王的内外事务，并代表国王参加某些礼仪活动。其十子茂杰，曾任泰国外交部常务次长，获泰皇子爵封号。茂修长子逢本曾任泰国国家预算局局长，次子逢梁曾任外交部司长，三子逢松曾任泰国财政副部长、部长，连续 25 年兼任泰国工贸委员会主席，任泰国商业银行（全泰第四大银行——笔者注）总经理和泰国水泥公司董事长等要职。20 世纪 80 年代后半叶，东南亚出现金融危机，逢松两次向国会和内阁提出防止泰铢出现大幅度贬值的建设性意见，得到了国会的支持和总理的赞赏，对泰国经济的稳定和发展作出了积极贡献，泰皇特别册封其公爵封号，并授予其尊宗高王一级荣誉勋章。由于云氏族人的杰出表现，云氏家族因此也获得“部长家族”之美誉。

在泰国出生、祖籍文昌市文教镇的蔡乌泰先生是泰国政坛的一颗明星。1969 年，蔡先生第一次当选为国会议员，1975 年担任交通部副部长，1976 年当选为国会主席，1983 年第二次当选为国会主席，之后曾任商业部部长。2004 年，蔡乌泰再次当选为国会主席。由于蔡先生德才兼备，勤政为民，政绩卓著，深受国家重用和人民的爱戴，于 2006 年被泰国宪法委员会授予“泰国当代最杰出的政治家”荣誉称号。

1956年出生在泰国攀牙府的祖籍文昌的林明利先生，1986年首次当选攀牙府人民代表，1988年任泰国卫生部秘书，1990年任国务院副秘书长，继而先后担任商业部副部长及农业部副部长。他是川·立派政府内阁中最年轻的部长之一，任泰国教育部部长。

在泰国各级政府官员、军警、司法等中都有海南人的身影。祖籍文昌市文教镇的符用贵先生，曾留学美国，回泰后任泰王国警察厅福利局警特级上校副局长，后晋升为该局少将局长，系泰王警史中晋升将级最年轻之警官。祖籍文昌市翁田镇的陈玉兰先生也在泰国警界任职，递升（警察）中将。而祖籍文昌市头苑办事处后港村的潘子明先生则是泰国海南人在军界的杰出代表。1937年，潘先生在泰京中华中学毕业后，怀着满腔爱国热情，回国报考黄埔军校，被安排在第14期步科。抗日战争爆发后，他毅然留在国内参加抗击日本侵略者的民族战争。因为他作战勇敢，从连长升至营长、团长。抗战胜利后，潘先生回到泰国，先是在泰国高警班第10期学习，继而到美国宪兵学校高干班深造，返泰后在陆军参谋大学52期进修，历任泰国边防警备司令部情报处处长、第三军区副指挥官等职务。离开军界后，他在曼谷开设万安镖局，自任董事长。祖籍海口市琼山区的唐辉发任泰国北部军区副司令。

在马来西亚，海南人在政坛上也有杰出表现。比如在马来西亚的国会由元首委任的上议员中，海南籍的上议员有符兹美、林熙鸿、江雪霞、曾亚英、王苐明、刘衍明、杨昭泰、符文良和吴泽焆，其中祖籍文昌市潭牛镇文通村的江雪霞女士还是首位荣任上议员的华裔女性。在由选举产生的国会下议员中，海南籍的人士有朱运兴、符兹美、黄循营、陈群川、吴来兴、云时进、邓文村、曾亚英、翁诗杰、周美芬、王乃志、符标国、冯宝君和何国忠。在各州的州议员中，海南籍的有雪州行政议员林猷昌、吉兰丹双溪格迪州议员符昭雄、新山丹绒比蒂里区州议员祝俊雄、巴登马六甲及阿依班纳州议员拿督林斯江、柔佛州昔加末南区州议员拿督张文强、柔佛州连任三届州行政议员吴来兴、彭亨州金马仑区州议员王禄海、丁州万达区州议员拿督祝圣才、吉兰丹哥打拉玛区州议员龙仕祥、新山丹绒比蒂里区州议员云时进、柔佛州圣模那区州议员拿督陈德波、柔佛州利民达区州议员黄炳升、丁州州议员王苐时、森州力巴区州议员拿督黎志泰、柔佛州士都浪区州议员兼行政议员龙莆天、槟城州巴当哥打区州议员兼行政议员邓章耀、玻璃市英德拉加央岸区州议员兼行政议员黄雅兰、吉兰丹哥打拉玛州议员兼行政议员拿督陈升顿、柔佛州东甲区州议员拿督叶炽东、雪兰莪无拉港区州议员拿督何启利、森美兰真纳区州议员拿督林岑、森美兰州朱湖区州议员符明治、雪州双溪槟榔区州议员邓章钦、吡叻州万里望区州议员龚明勋、浮罗交怡 Bakar Arang 区州议员拿督陈宏英、吡叻州得彬丁宜区州议员符标国、柔佛州士都兰区州议员莫泽浩、吉兰丹州行政议员林日经和柔佛州北干那那区州议员宋乃顺。①

祖籍文昌市会文镇下嵛村的翁诗杰先生是一颗耀眼的政治明星。1986 年翁先生被委任为马华公会署理长、马来西亚劳工部长李金狮的政治秘书，1989 年当选安邦区国会议员。1990 年，年仅 34 岁的他担任马来西亚国会下议院副议长，任职长达十年，是华人担任这个要职的第二人。1999 年至 2004 年，翁先生担任马来西亚青年及体育部副部长。2005 年马来西亚内阁重组，他被委任为高级教育部副部长，2008 年再度蝉联国会议员，并担任交通部部长。同年中选为马华公会总会长。

祖籍文昌市文城镇城梅村的朱运兴先生在马来西亚政坛颇具影响力。朱先生父亲早年到马来西亚怡保经营锡矿，家财颇丰，为他少年时期受到良好教育创造了条件。1949 年至 1959 年，朱先生任霹雳州警察后备团总团长（义务警察总监），荣获英女皇封赐警察有功的 CPM 勋衔。1946 年和 1947 年，英国殖民当局提出两个新方案，其中一项内容以华人同情马共为由，欲将 50 万华人遣返中国。朱先生以他的影响力，团结众多华人，与陈贞禄等志士一道，开展反对殖民当局政策，保卫华人权益的斗争，迫使当局修改政策。1949 年，为了将马来西亚华人有效团结起来，他与陈贞禄等人共同发起，在吉隆坡成立马华公会，使华人社会可以通过政党形式参政，为华人在马来西亚独立后继续参政打下了基础。1955 年，马华公会获得组阁权力，成为执政党之一。朱先生自 1955 年至 1958 年连任内阁副部长，并担任第 10、11、12、15、16、17、18 届常务主席。1957 年，朱先生代表政府赴美出席第十届联合国大会。1965 年，他被政府委派为马来西亚驻联合国代表，同年代表联邦政府赴日本东京出席联合国文教会议和在

① 安焕然、吴华：《远观沧海阔——海南历史综述（海南岛 · 马来西亚 · 柔佛）》，南方学院出版社，2009 年，第 180 ~ 192 页。

印度举行的第九届联合国文教会议。1955年，朱先生从国家和民众的根本利益出发，运用智慧，团结华裔，促成了政府与马共的华玲会谈，赢得了社会的认可和人民的信任。1957年马来西亚独立，颁布的《宪法》中有一项规定："只有在马出生者才能获得公民权。"朱先生发动广大华人团体对此进行了坚决的斗争，终于让政府改变规定，使100万华人获得马来西亚国籍，享受应有的民生权利。1955年，朱先生出任马来西亚独立后的第一任教育部副部长，据理力争华人在马的权益，虽未能尽达目的，但他对华人社会之尽心尽力的形象彰显于世。后来，他辞去政府中的各种职务，全力投身于华文教育事业。因为他认为华文教育乃华族千秋大业，应争取华文教育的合法地位和华人享有国语教育的平等权利。他努力奋斗数十年未有大进展，1961年安顺区选举国会议员时，朱先生以独立人士身份参选。他以反对联盟政府否定华教的《达立教育报告书》和支持维护华教的《拉萨报告书》为竞选课题，展开攻势。与此同时，他联合华教总会长林连玉先生在各华文报纸上发表文章，批评《达立教育报告书》之不公不正，赢得了选民的拥戴，竞选和华教皆获胜利。此后，他时常奔走于政界开明人士与社团之间，为发展华文教育和培养人才而殚精竭虑。

祖籍文昌市的祝俊雄先生，在20世纪50年代就参加工人运动，早期在新山参与左翼活动，成为州议员前，原是新山民选市议员。在1959年首次举行的全国州选中，他中选为新山丹绒比蒂里区州议员，创造了华裔候选人打败巫统候选人的记录。

祖籍文昌市重兴镇陶春村的张文强先生在马来西亚政坛也颇有建树。读大学期间，张先生就特别关注民主政治，参加马华公会，积极参与社会活动。大学毕业后，在务工之余，他积极投身社会，参与马华公会的群众工作，任柔佛州马华联委会主席。1964年议会大选，他中选为柔佛州议员，1969年和1974年，在选举中又一再获胜，于1978年升任州行政议员。其后，他弃政从商，担任多间商业机构董事职务。由于他忠于职守、工作努力，先后获得马来西亚最高元首赐封JMN及AMN勋衔，马六甲州元首封赐DMSM拿督荣衔。

祖籍文昌市的云时进先生也是一名活跃在政坛的明星。他读法律出身，在从事律师职业的同时，积极参加政治活动。他参加马华公会，1977年被选为新山自治市议员，1982年被推派参加大选，被选中为新山丹绒布蒂里区州议员。1986 年中选为士乃区国会议员，兼副教育部长（1987—1990 年），后在新山执律师业。他历任马华新山支部主席、柔佛州联委会秘书、马华中委、马华副会长，现为新山海南会馆法律顾问，曾获封赐 SMJ 勋衔。在副教育部长任内，他积极推动了南方学院的成立。

祖籍文昌市东郊镇的陈群川先生，于 1977 年接受马华总会长李三春的邀请，出任马来西亚多元合作社总经理和马化控股有限公司董事经理后，开始参与社会活动和政治活动。1978 年，马来西亚第五届全国大选，他第一次出师告捷，中选为彭亨州劳勿区国会议员。1979 年中选为马华中委，后出任马华联邦直辖区联委会主席。1982 年，在全国第六次大选中，他移师首都，又中选为白沙罗区国会议员。1982 年，他出任马华副总会长，1985 年，马华召开选举大会，由中央代表通过秘密投票的方式，选出以陈先生为首的马华公会新领导层，结束了长达 20 个月的党内危机。1986 年，以他为总会长的新领导层贯彻落实“党内民主改革运动”的精神，召开特别代表大会，通过了新党章，从此，马华进入民主与门户开放的新时代。在这一年的全国大选中，他又中选为霹雳州务边区国会议员。这一年 8 月，陈先生辞去马华总会会长时，中委会对他为团结马华党所作出的重大贡献及把党的利益置于个人利益之上的精神表示崇高敬意。

祖籍文昌市抱罗镇凤山村的邓文村先生也积极参加政治活动，1985 年至 1987 年担任青运柔佛州分会主席、马来西亚青运副总会长，历任柔佛州青年理事会理事、柔佛州马华联委会宗教局秘书、文化局主任、大马花园马华支会署理主席等职。因为表现突出，他于 1988 年荣获柔佛州苏丹封赐 PIS 勋衔，1998 年又荣获 AMN 勋衔。他曾任新山市议会议员，2004 年中选为地不佬区国会议员，任团结文化艺术及文物部副部长。

祖籍文昌市的邓章钦先生也是政治活动的积极分子。律师出身的他于 1990 年大选后加入民主行动党，1992 年 12 月 21 日在重组的第一届社会主义青年团大会上被推选为社会主义青年团组织秘书。1995 年大选，他又中选为雪兰莪武吉加星州议员，并担任雪兰莪议会反对党领袖；1999 年 4 月，担任社会主义青年团团长；1996 年至今，担任民主行动党中委。在 1999 年的大选中，中选巴生市区州议员；2004 年大选中，中选双溪槟榔区州议员；2008 年大选中，连任双溪槟榔区州议员，并于 2008 年 4 月 22 日宣誓成为马来西亚独立 50 年来首位在马来统治者州属（雪兰莪）出任立法议会议长职的华裔官员。

同为律师出身的龙莆天先生，对政治也倾注了极大的热情。1976 年他加入马华公会，1993 年后历任新山马华区公主席、柔佛州州委会副主席、新山马华市支会主席、马华受邀中央代表等职务。此外，他还任柔佛州州议员、州行政议员——旅游与环境局主席、新山市议员等 6 个职务。他热心社会公益事业，曾任新山中华工会委员会成员、新山宽柔中学董事部成员、新山国际青年商会名誉会员等 7 个职务，还担任约 80 个组织或社团的法律顾问或顾问，曾获柔佛州苏丹封赐 PIS 勋衔及最高元首封赐 AMN 及拿督勋衔。他连任四届州议员（1986、1990、1994、1999），2004 年再度蝉联士都浪区州议员兼任行政议员。

祖籍文昌的宋乃顺先生历任士乃区/古来区国会议员特别助理、柔佛州国民团结咨询委员会成员、少年法庭咨询委员会成员、亚逸文满新村治安暨发展委员会主席、亚逸文满村村长、古来县/市议员；在党职方面，任马青中委、马青柔佛州分团副团长、马青古来区团团长、马华古来区会副主席、亚逸文满万邦华小董事长、古来海南会馆副主席；2008 年中选为北干那区州议员。

在新加坡，海南人在政坛上也有不俗的表现。1957 年新加坡举行首届市议员选举，海南人王先德、黄正本先生参加竞选，虽未中选，却开始了海南人参政的先河，意义不同凡响。1959 年第一届立法议院选举时，海南人林猷英、黄循文先生参选，结果林先生中选为摩绵区议员，黄先生中选为四排埔区议员，并担任劳工及律政政务次长。黄先生成为第一位担任政府内阁成员的海南人。1963 年第一届国会议员选举，黄先生再次蝉联该区议席。1968 年国会选举，海南人李昭铭博士中选为花拉公园区议员、黄循文先生再次中选四排埔区议员。1972 年第三届国会选举，海南人黄循文先生中选四排埔区议员，李昭铭博士中选花拉公园区议员，张泰澄博士中选乌鲁班丹区议员，钱翰琮先生中选阿裕尼区议员，黎达材博士中选亨德申区议员。1977 年第四届国会选举，在第三届中选的海南人中，除了黄先生不再参选外，其他四位都蝉联各自选区议员。1981 年第五届国会选举，海南人李昭铭博士中选丹那美拉区议员，张泰澄博士蝉联乌鲁班丹区代议士，钱翰琮先生蝉联阿裕尼区议员，黎达材博士蝉联亨德申区议员，赵锡盛医生当选为汤申区代议士。1986 年第六届国会选举，除钱翰琮先生蝉联阿裕尼区议员，黎达材博士蝉联亨德申区议员外、符喜泉女士中选为裕华区议员。1989 年第七届国会选举，除钱翰琮先生蝉联阿裕尼区议员、符喜泉女士连任裕华区议员外，马宝山先生中选淡滨尼区议员，罗明士先生中选甘榜格南区议员。1992 年第八届国会选举，在第七届国会选举中中选的四位海南籍议员在原来选区全部成功连任。1997 年第九届国会选举，海南人符喜泉女士中选武吉知马区议员，马宝山先生中选淡滨尼区议员，罗明士先生中选甘榜格南区议员，陈文安先生中选淡滨尼集选区议员，陈文焕博士中选宏茂桥集选区议员，张齐娥女士被委任为官委议员。2001 年第十届国会选举，海南人符喜泉女士中选裕廊集选区议员，马宝山先生中选淡滨尼集选区议员，罗明士先生中选惹兰勿刹集选区议员，陈文安先生中选淡滨尼集选区议员，陈文焕博士中选宏茂桥选区议员，符致镜先生中选西海岸集选区议员，方爱莲女士、严世良博士被委为官委议员。2005 年第十一届国会选举，海南人符喜泉女士中选裕廊集选区议员，马宝山先生、陈文安先生中选淡滨尼集选区议员，罗明士先生中选惹兰勿刹集选区议员，符致镜先生中选西海岸集选区议员。

在以上 16 名中选的议员中，以钱翰琮先生担任六届议员为最长时间；其次是符喜泉女士担任五届议员，她还曾任西南社区市长。

1972 年至 1975 年间，李昭铭博士担任教育部政务次长、教育部兼科学工艺部部长。

黄循文先生于 1955 年担任劳工及律政政务次长，1963 年改任劳工部政务次长，1968 年出任内政及国防部政务部长。

张泰澄博士除担任三届乌鲁班丹区议员外，也曾兼任新加坡驻马来西亚最高专员及派驻欧洲大使。

符致镜先生于 2002 年至 2003 年担任国防部政务部长，在 2004 年至 2005 年担任国家发展部政务部长。[①]

马宝山是新加坡海南人中担任最高职位的政府官员。马先生从澳洲留学回国后，进入公共服务部门，担任行政官职。1985 年至 1988 年任新加坡报业控股集团总经理，1988 年参选当上国会议员后一直蝉联至今。1991

① 吴华：《新加坡海南族群组织》，武吉知马琼崖联谊会海南作家作品研究室，2009 年，第 162～173 页。

年7月，马先生被委任为交通部代部长，进入内阁，同年9月升任为交通部部长，并于1993年7月至1995年4月兼任环境发展部部长。1999年6月，马先生卸任交通部部长职务，担任国家发展部部长。他还是人民行动党中央执委会委员，并兼任国会领袖。

严崇涛先生在新加坡政坛也颇有建树。20世纪60年代初，严先生赴美留学，获得哈佛大学公共管理专业博士学位。回到新加坡后，他一直涉足经济界和金融界，并在政府经济部门担任要职，先后担任新加坡经济发展部副秘书长、新加坡金融局局长等职。1972年担任新加坡电话署署长，为新加坡通信的现代化作了不懈努力。20世纪80年代，他被提升为国家经济发展部首席常任秘书长，并相继担任财政部、贸工部、总理办公厅常任秘书长，成为新加坡政府首脑的高级参谋和顾问。与此同时，他还担任新加坡石油化工公司、新加坡航空公司的董事或总裁，新加坡发展银行董事会主席，不仅为新加坡的经济发展与繁荣进行具体的策划和领导，而且为政府首脑进行各项决策提供咨询服务。

新加坡自1965年独立后，总统每年都要封赐对国家、社会作出贡献的各界人士。在过去的四十多年中，获得封赐的海南人有：①

勋衔类别	荣获奖章者
公共服务星章 BBM	李昌伍　符史镇（L）　王兴琼　何良煌　李运根　李学芳　张传钦　张明圣　莫履琼　林猷翰　赵玉山（L）　叶能超　陈序传　陈有康　邓仁生　王志钢（L）　许宇鑫　黎仲汝（L）　云昌山　林猷冠（L）　王先德　卢　宁　莫履瑞　姚天佑　朱国儒　符致逢　陈永金　林崇椰　郑心望　林　总　王书运　薛桐槟　吴多才　赵锡盛　严世良　符功镇　周廷霖　王振夏　麦邦泽　云大权　赵锡燊（L）　黎志雄　张国武　马开兴　郁亚生　吴开基

① 吴华：《新加坡海南族群组织》，武吉知马琼崖联谊会海南作家作品研究室，2009年，第159～161页。

（续上表）

勋衔类别	荣获奖章者
公共服务奖章 PBM	薛桐槟 韦邦泽 王振夏 叶用廷 符功镇 黎辉丰 符树桐 王兴琼 王志钢 王其彬 黄守锐 黎才洪 李春亭 黎仲汝 符红雨 邓仁生 符名秀 朱国儒 李有仁 云昌山 陈运良 陈家干 陈明銮 姚天佑 冯明辉 符史镇 黎志雄 黄培茂 张国武 卢鸿桂 冯克盛 陈文浩 王业裕 方爱莲 王永得 王书福 冯裕南 陈序传 吴多才 杨克尧 韩福光 冯尔生 符致桥 吴日照 符永冠 符致瑶 龙程荧 陆志侨 吴美玲 李运根 林道钧 李少林 王春烈 潘正连 李小林 张传略 张长春 翁亚呇 陈川强 曹发利 赵锡盛 林端利 陈家汉 吴坤林 吴开基 吴科全 林道美 林光武
公共服务奖章 PBM	林鸿玉 冯所平 马开兴 何达飞 赵锡燊 符国标 陈再甫 符气成 张齐娥 李裕发 林道耀 符懋炳 黎文侨 蔡泽雄 韩星元 符基仕 冯培南 龚运松 朱运咏 王兆辉 符阳强 王康健 符策大 黎志金 郁亚生 黎志雄 李光庆 林宏烈 叶国延 符昭德 陈永益 符福金 韩雅梅 毛钜发
效率奖章 PB	郁亚生 王兴冠 严承慧 翁书焕 符福杰 黎任才 符国华 林明忠 李以星 黎汝传 刘炎南 潘再雄 许振庄 李士心 符青云 韩玉瑜 吴泽民 符书銮 符史镇 何子煌 何子香
长期服务奖章 PBS	符敦垣 邓仁光 潘先钦 卢　炳 唐明辉 云昌海 陈兴海 陈兴德 陈有康 李琼台 朱耘北 张爱华 王康钦 严承铨 龙程丰 王建荣 陈娟如 林猷壮 严承慧 黎汝传 符致珊 符福杰 符德新 黎任才 吴　珍 陈日周 林廷海 林猷干 王开炳 符书銮 许振庄 符国兰 符永昌 吴澄运 符永久 符青云 黄昌虎 李香孝 符福如 王安裕 韩林元 黄守锐 林猷仕 孙文栋 李遴春 吴仕风 冯所熊 翁书焕 严世良 韩大光 龙爱蓉 何子煌
勋绩奖章 DMS	严崇涛 严崇滔 符青云
卓越服务勋章 UDBC	林崇椰 赵锡燊
表扬奖章 PK	韩珊元 严家藩 林丽珊
太平局绅 JP	张明圣 钱翰琮 张齐娥 林猷冠 严世良 方爱莲

（续上表）

勋衔类别	荣获奖章者
公共行政功绩 PPA	云昌海（银、铜） 陈经源（铜） 张明圣（银） 王开炳（铜） 陈馨国（银） 韩瑛元（银） 黄循泉（铜） 符家逸（银） 郭仁勇（银） 符致逢 吴光炯（铜） 吴多深（银） 符传丰 钱翰琮（G） 韩珊元（铜）

在老挝，任国务院副总理兼外交部部长的凌绪光先生、任卫生部部长的云大仪博士，也是海南人的后裔。祖籍文昌市文城镇南阳办事处福田村的凌绪光先生，幼年在老挝古都琅勃拉邦省的新华公学接受中文教育。他从政多年，是老挝人民革命党的领袖之一，是老挝已故总书记凯山·丰威汉的义子。凌先生是多次党大会发言人，曾任党机关机要秘书、总理府部长、驻保加利亚大使等职。1993 年，凌先生当选为老挝外交部长、副总理，无奈前老挝人民革命党保守派对他的“祖籍”耿耿于怀，使他的政治生涯饱受挫折。2006 年 3 月，在老挝人民革命党第八次代表大会上，凌先生众望所归，当选为中央政治局委员，在党内的影响举足轻重。老挝实行改革开放后，经济迅速发展，这其中浸透着凌先生的心血。特别值得一提的是，在凌先生的推动下，老挝人民革命党“八大”再次重申，“重视与越南的传统友谊、特殊的团结和全方位合作关系，并加强同中国的全面友好关系。中越两个社会主义邻邦都是老挝仰仗为师、搞活市场经济的楷模”，中国人民与老挝人民“世代友好”。老挝“八大”闭幕，凌先生在记者招待会上重申，老挝将进一步与中国“相互信任”，深化两党、两国之间的友好合作关系。这一态度阐明了老挝革命党与中国“相互信任”的战略思想。

在柬埔寨，任柬埔寨红十字会主席的文婵香是海南人的后裔，她是柬埔寨首相洪森的夫人。①

总之，出洋的海南人，特别是在人数比较集中的东南亚地区，在勤奋工作、为社会发展贡献力量的同时，也运用自己的智慧，积极参与所在国的政治活动，为在国际上争取所在国的利益和在国内争取华人社会的权益

① 邢和平：《政治理念与家庭生活——柬埔寨首相洪森访谈录》，《东南亚研究》2000 年第 2 期。

进行不懈努力，并取得了相当的成绩。

第三节 重视教育

如前所述，早期出洋的海南人基本上为文盲或半文盲，到南洋后，只能从事社会底层且收入微薄的工作。但是他们并不甘心子孙后代只能复制其生活方式，而是必须要改变。海南人普遍认为，教育是改变后代社会和经济地位的唯一可靠途径。“我在钱财方面输给你，但我在人才方面要赢你。”因此，很多海南人勒紧腰带、咬紧牙关也要想尽办法供孩子读书。在南洋的海南人家庭中，特别是新加坡和马来西亚的海南人家庭中，子女普遍接受了良好的教育。

一、推动华文教育

历史上，海南尤其文昌是一个重视教育、崇尚文化之地。“乡里数十家便有学塾，弦诵之声相闻”[①]，靠读书改变命运是社会贤达的一个基本共识，读书蔚成风气。出洋的海南人虽然生活在社会底层，物质条件艰苦，但他们秉承了文昌人好读书的风气，想尽办法，创造条件，为后代提供教育条件（早期华侨教育的主要目的，一是灌输中华文化，使之不至于“数典忘祖”，落叶不知根之所在；二是普及一些基本写算知识，接受经商的一些基本训练，为以后经商做必要准备。此时，教育还谈不上改变命运之层次）；加上华侨社会的逐步形成，也为他们的愿望由可能变为现实创造了条件；再加上国民政府重视侨教，先后出台了40多部华侨教育法规[②]，并成立相关管理机构和协会组织，形成了较完整的侨教政策。所有这些，

---

① 《咸丰文昌县志》，海南出版社，2004年，第51页。

② 这些法规可分为4类：关于华侨教育的宗旨与方针（3项），关于侨民学校的行政及组织条例（23项），关于华侨教育基金条例的办法（3项），关于华侨文化教育审计署组织（6项）。

都使得近代以来的华侨教育虽历经坎坷，也不曾绝迹，并在条件适宜时生机盎然。

早期华侨教育的主要特点有：一是由华侨华人社会社团创办并管理；二是低层次教育，即以小学为主，中学较少，中学以上更少；三是认同中华文化，得到中国政府支持。如在泰国琼侨办的育民公学，是1921年由琼州公馆之云茂修、符福临、林鸿泽、冯尔和、韩振丰等人发起创立的，学校经费全部由琼侨捐献并管理。学校以小学为主，鼎盛时设有中学和幼稚园。学校虽两度遭泰国政府查封，但经华侨多方奔走，又都得以复办，在校生人数也随着学校的兴衰而时多时少。学生毕业后，回国升入高一级别学校就读。学校虽在泰国，但于1923年9月20日获广东省教育厅批准立案。①

此外，建立在泰国各地的12个血缘团体和15个地缘团体，也建立了规模大小不等、时间长短不一的学校。

在马来西亚，华侨在一个地方定居后，便创立庙宇、会馆，继而开办学校，以教育子弟，故马来西亚各邑籍华人都有自己的庙宇、会馆和学校。海南人最早创建的庙宇，是槟城的天后宫（1870年前创立，1925年改称琼州会馆），最早的会馆是马六甲海南会馆（1869年创立，原称琼州会馆），最早的学校是1914年创办的吡叻振华学校（比1904年创立的最早的华文学校——槟城中华学校晚了十年）。振华学校附设夜学班，学校在金保律的新校舍于1962年落成，后由于学生人数锐减，在历经55个风雨春秋后，于1969年停办。

此外，还有1917年创办的雪兰莪的侨南学校、1920年创办的槟城益华学校、马六甲的华南学校、琼林学校（战后易名为琼琳学校）、巨镜小学。

柔佛新山琼州会馆于1917年在馆舍内附设工商补习学校，以使一般失学青年有半工半读的机会。学校共存在八年之久，后因特殊原因停办。

古来海南会馆成立后，经首任主席符文章倡议，创建英才学校。在日本侵略期间，校舍遭炮火洗劫。战后，英才学校不获复办，遂联合育才、崇德共创古来中华公学（即今之古来华文小学）。

---

① 《育民校史》，《泰国海南会馆四十二周年纪念特刊》，第168~173页。

昔加挽海南会馆于1936年成立后，曾在馆舍内附设南华小学，日据时期停办。

除上述学校外，柔佛州海南同乡创办的学校还有东甲启明学校、令金振强学校、东甲育才学校、南亚民智学校、乌鲁地南中山学校、巴莪训蒙学校、素里里育华学校、武吉哈逢启智学校、东甲万丰山公立公民学校、古来崇德学校、巴莪育桥学校。

森美兰淡边海南会馆主办的培智小学，原为夜校，后改为日校。彭亨林明琼州会馆于1918年在南大街18号创办平民夜校，但于1925年停办。

丁加奴甘马仕埠的亚逸仁耐的居民几乎全是海南人，1928年，该地琼州会馆总理吕先传先生倡议将原有的舟新小学及育华小学合并为乐群学校，除办初小外，又增设夜校，以供失学青年有求学机会；1934年又增办高小，日据时期被迫停办。1945年光复后，由严世探领导倡办工作，1948年因政府实施紧急法令，新村居民被迁到龙运新村，该校又一度停办，只存设在港口之分校。1954年居民迁回故居，该校再度复办。新校舍于1957年竣工，并于此年11月9日敦请丁州苏丹主持开幕典礼。改制后，更名为乐群国民型华文小学校。

芙蓉三民小学由芙蓉海南同乡于1926年3月1日创办，校舍设在波士街，初时办夜校。后迁址至金马仑街，1935年增设日校。在李三律购置校地一段，因太平洋战争爆发，未能兴建校舍，至光复后才进行建校工程建设，并于1954年完成第一期工程。1955年新校舍启用，1963年又完成第二期建校工程，第三期建校工程在1976年完成，并由当年副教长拿督陈声新主持校舍落成开幕仪式。

福隆港国民型华文学校前身为中华小学，1938年由琼籍同乡符气兴、张云、周成荫、陈学光、伍秀槽、陈学荣、黄国辉、陈传旭、梁定源、梁振华、余德发、林蕴佳、谢福清、余德好、陈继燥、符国钧、陈学筹、符气洲、林日谦等创办。校舍初为一间亚答板屋，由何定昌任校长。1941年因战争而停办，1945年复办，校舍由当年新古毛县长拨两间公务员宿舍改成。1945年11月成立董事会，由周成荫任董事长，聘龙程拴为校长。新校舍由政府资助，于1968年落成，并于同年6月28日由李孝友副教长主持开幕典礼。

沙捞越首府古晋的天后宫于1930年重修后，在天后宫庙前加上了琼侨公所，在该所的二楼开办琼侨学校。学校开办初期，只招收琼籍同乡子弟，后为适应当时的环境易名为崇本学校，以广收他籍同胞子弟就读。日据时期，学校停办。光复后，该校加入古晋十三社团所发起的统筹统办而易名为中华小学第二校。

如今，在西马，由海南人创办还存在的学校共有八所，即丁加奴甘马仕的乐群小学、吉隆坡的侨南小学、巴生的务德小学、福隆港的中华小学、芙蓉的三民小学、马六甲的玛琳小学、槟城的益华小学和淡边的培智小学。

为了使更多的同乡子弟有机会进入大专高等学府接受良好的教育和替国家培养人才，马来西亚海南会馆联合会于1954年，在朱运兴主席倡导下，成立奖贷学金委员会。1955年正式颁布奖学金，1959年又增设大学贷学金，开创新马华人大学奖学金之创举。联合会在朱运兴、祝清坤、郭全强三位会长的领导下，先后推动筹募奖贷学金基金共有三次：第一次筹募奖贷学金运动（1957—1974年），共筹得100余万元；第二次筹募奖贷学金运动（1975—1989年），共筹得30余万元；第三次筹募奖贷学金运动由1990年开始，已筹获数十万元。总会每次开展的筹募奖贷学金运动，都获得各属会的热烈响应，各地乡亲的慷慨解囊。在奖贷学金设置的几十年间，联合会发出的奖贷学金款项达200多万元，受惠的同乡子弟逾千人，为家庭和社会培养了不少人才。正如马来西亚海南联合总会前会长祝清坤所说的那样："我们的先贤，知道我们的经济落后，要单独培养子女深造，非常困难。唯一方法是联合起来，培养优秀的子女，希望他们学成之后，将所学为国家社会做事，也为同乡人谋求一条康庄大道。所以，先贤们靠着热诚，花自己的费用到处奔波筹款，商人，小贩，工人，园垢里的割胶工人，大家都把血汗钱捐起来，才会有今日的奖贷学金。这些捐钱的人，个人什么目的都没有，他们所希望的，只是培养优秀的青年一代，为我们争一口气。"①

除总会外，各属会也都设立会员子女学业优异奖励金，颁发奖励金予就读各源流小学、初中和高中的成绩优良的会员子女。有的属会还设立大

① 安焕然、吴华：《远观沧海阔——海南历史综述（海南岛·马来西亚·柔佛）》，南方学院出版社，2009年，第163页。

专奖贷学金，以资助同乡子弟进入高等学府就读。

正是有同乡们的热心支持，海南人的后代才获得了较好的受教育机会，“海南同乡对子女的教育非常重视，无论在各领域，甚至开咖啡店的同乡，都省吃俭用，目的是提供子女在大学完成高等教育课程的机会。现今，有的一个家庭就有好几位子女都是大专毕业生”①，有效地改变了海南人的社会地位。

除热心同乡子弟教育外，海南同乡资助华教也不落人后。马来西亚各地的六十间独立中学，海南人出了不少力，而对1954年创立的南洋大学，1968年创立的拉曼学院，独大及董教总教育中心、新纪元学院和南方学院等，也无不尽力奉献。在南方学院董事会的15名成员中，海南人郭全强和黄循积名列其中，而张文强则自2006年出任董事长至今。② 朱运兴和云时进两位海南人先后曾任副教育部长，为马来西亚的教育事业，为华文教育在马来西亚的推广普及，尽心尽力。朱先生在任期内，恪尽职守，发表正论，言人所不敢言。故马来西亚教师总会前主席林连玉先生评价说：“朱运兴先生处处为华文教育请命。”③ 此外，朱先生还担任琼联会主席长达14年，在此期间所提议设立的奖贷学金制度，为众多琼人子弟圆成才梦创造了条件。而云时进先生在任期内，积极协助南方学院获准注册。

在马来西亚的华文教育中，还应该写上一笔的是郭全强先生。郭先生是旅马琼人侨领郭巨川先生的长孙，1941年回国读书，1948年考入北京大学政治系，毕业后留在国内工作。1956年，他遵从父愿，移居马来西亚。在马来西亚，他一边致力于家业的发展，一边不遗余力地推动华文教育。20世纪70年代初，郭先生便参与华教工作，1988年被选为柔佛州华校董教联合会第19届主席，1989年选任董总副主席，晋升全马华教最高领导机构，1991年出任董总署理主席，1993年选任董总第19届主席，成为全马华教领导人。任内先后多次率团赴台湾和祖国大陆考察教育，并积极推

---

① 安焕然、吴华：《远观沧海阔——海南历史综述（海南岛·马来西亚·柔佛）》，南方学院出版社，2009年，第164页。

② 安焕然、吴华：《远观沧海阔——海南历史综述（海南岛·马来西亚·柔佛）》，南方学院出版社，2009年，第157~166页。

③ 安焕然、吴华：《远观沧海阔——海南历史综述（海南岛·马来西亚·柔佛）》，南方学院出版社，2009年，第165页。

动董教总教育中心计划及新纪元学院创立的工作。他呼吁海南同乡要重视子女教育，不管遇到什么困难，哪怕省吃俭用，也要供子女读完大学。他在担任马来西亚海南会馆联合会奖贷学金委员会会长期间，与朱运兴、祝清坤两位会长一道，先后三次发动筹募奖贷学金基金活动，获得各属会的热烈响应，共筹获资金230多万元，为促进华教提供了必不可少的物质保证。他还领导《诉求》杂志，争取华教权益的根本解决办法，把华教运动提升到一个新层次。为了华教，郭先生义无反顾。他曾说："董总多名领袖都曾为华教而遭受牢狱炎灾。我本身也已做好打算，随时准备好高血压的药，牙膏等物品，一旦被捉，就带着走了。"[①] 担任董总主席以来，郭先生秉承董总的创会宗旨，为坚持维护母语教学努力不懈，同时为拥有完整的华族母语教育体系，兴办华文大专院校，作出了重大贡献。2005年，他荣获林连玉精神奖，2006年荣获马来西亚华人文化协会的文化奖。担任董总主席12年，也是他为华教鞠躬尽瘁的12年。2005年，他在华社难舍之下功成身退。

2003年10月，世界华侨华人社团联谊大会在北京召开，作为马来西亚校董事联合会总主席的他，在会上作了题为《21世纪海外华文教育的发展与前景》的报告。在报告中，他提到，马来西亚的华教种子，虽然屡遭劫难，但由于先贤们呕心沥血、竭力培护，现已茁壮成长，根深叶茂。其实这其中，就倾注了郭先生的心血。他在报告中所呼吁的"让我们共同努力，为推进新世界海外华文教育、为丰富各国多元文化创造更美好的明天"，这既是郭先生的愿望，也是全体华人的愿望。

祖籍文昌市昌洒镇后坡村的黄循积先生也积极投身华教事业，被选任宽柔中学总务、南方学院筹建委会执行董事，2005年被选任马来西亚华校董教联合会董总副主席，同时还中选柔佛州华教董教联合会主席。他还是宽柔中学的副董事长、宽柔五校董事会董事、南方学院理事长。祖籍文昌市文城镇深田村的郑兰彬先生，在事业成功后，对政治、华教也倾注了极大热情，在政界、商界、学界担任20个职务，如华都牙也育群国民型中学董事长、华都牙也育群校友会会长、华都牙也发展华小工委会主席等，为

① 吴华：《柔佛海南同乡对华教的贡献》，《近看乡情浓——柔佛州海南族群资料专辑》，柔佛州16间海南会馆，2009年，第231页。

华教作出了贡献。

在教坛上，祖籍文昌市新桥办事处湖头村的郑有江先生则有突出表现。郑先生步入社会后，长期执教，先后在华都牙也附近的布先埠华文学校、彭亨州关丹埠商办华校、怡保育华学校担任英文教师。1963 年，他与友人合作，创办皇私立英校，入校学生有四五百人，设十余个班级。他任校长 30 年，由于办学成绩突出，深受家长欢迎。祖籍琼海市塔洋镇双发岭村的陈业良先生，为马来西亚的华文教育也倾注了心血。他毕业于南洋大学，在新加坡和马来西亚等地任教，后到英国攻读博士学位，1980—1986 年任马来西亚理科大学华文学会顾问，为华文独立中学主持师资培训或主讲教学方法。

此外，在全马的教育中，海南人也尽了力量。在全马 60 间独立中学中，新山宽柔中学是规模最大的一间，祖籍琼海市的张拔川先生自 1985 年掌管该校长达 16 年之久。黎博文和庄迪君分别担任槟城中华中学与吉隆坡尊孔中学的校长，黎博文曾任教总主席，庄迪君曾任教总副主席。在全马各地中学和小学的董事、校长和教师中，海南人占有不少。他们对华文教育作出了一定的贡献。①

在新加坡早期的华人社会，各宗乡会馆都有自己的学校。20 世纪初，海南人先后创办了日校育英学校、夜校 15 所（后增加到 26 所）。海南人在新加坡先后共创办了 9 所学校，计有育英、培群、培道、振群、化蒙、星华公学、醒华、英汉等，但 20 世纪 80 年代只剩下育英和培群，其余的学校都被时代湮没了。②

海南会馆于 1910 年创办的育英学校，是海南人开办的历史最长的学校。当时号称“海南七乡贤”的王绍经、黄可辉、云昌朗、何玉麟、卢照耀、陈开国、符吕分等在小坡六马路购买 3 间房屋为校舍，1919 年再购一间瓦房，另在空地上增建校舍 4 间。开学初期仅有 15 名学生，后逐年增加，至 1925 年，学生达 400 余人。后由于政府以教室容量和卫生条件为由加以限制，使学生人数下降至 241 名，以后十余年，均保持此规模。1939

① 安焕然、吴华：《远观沧海阔——海南历史综述（海南岛 · 马来西亚 · 柔佛）》，南方学院出版社，2009 年，第 166 页。

② 王振春：《新加坡琼人开办的学校沧桑史》，《新加坡琼州会馆庆祝成立一百三十五周年纪念特刊》，新加坡琼州会馆，1989 年，第 292 页。

年6月，校址地契期满，学校面临搬迁问题，于1939年9月，由王绍经、郭新、陈开国、韩钊准、林衍桥、符致逢等侨贤发动，成立迁建校舍委员会。郭新先生献捐15 000元，王绍经以三个儿子的名义，捐款15 200元，以为之倡，此次共募得资金约34 000元。几经周折，校舍终于在1941年落成。不幸战争爆发，校舍被征用。先是被英殖民当局征用，后为日本人征用，再后又被征用为荷兰兵营，后经琼侨多方奔走呼吁才收回，但包括家具在内的学校资产、档案资料已严重流失，无法马上复课。直到1946年在正副总理符致逢、王先楠先生主持下，临时董事会成立育英学校复兴委员会，共募得复校基金23 900余元，购买丹戎加东律今址为校址，并于1946年7月复课，同年11月28日正式举行新校舍落成典礼，典礼由时任中国驻新加坡总领事伍伯胜先生主持，表现了国民政府对华教的重视。复课后，学校增设初中部，学校的名称也由育英学校改为育英中学。1956年，育英中学又增设高中部。几十年来，育英中学的教学规模和质量都得到新加坡各界的肯定，为社会发展培养了不少人才。①

而培群学校则是1933年在东陵区补习学校的基础上创办起来的，校址在东陵路83号，校匾是时任国民政府主席林森的手迹。1935年，学校搬到乌节路40号。太平洋战争爆发后，学校被迫停办三年八个月。光复后，学校几经波折，1970年在该届正副董事长石毓锦、赵玉山先生的努力下，搬到大巴窑新校舍上课，学生人数达到2 000多人。培群的发展壮大，有许多海南乡亲的功劳，历届校董会理事长赵玉山、李有仁，校长符德新、陈经源，石毓锦先生捐给培群的建校基金，总数不下30万元。②

海南人后代受到良好的教育，为他们在社会生活的其他领域取得优异表现奠定了坚实的基础。

柬埔寨的觉群学校已有半个多世纪的历史。柬埔寨之海南人在师资力量缺乏、教学条件十分困难的情况下，仍坚持不懈地办华文教育。“学校办学条件简陋，教室不够用，有的甚至用木板间隔而成，有的大班学生多达近百人，学生座位很窄，有些还坐在教室外面。教学设备也不完善，但

① 卢宁：《七十九年来的育英中学》，《新加坡琼州会馆庆祝成立一百三十五周年纪念特刊》，新加坡琼州会馆，1989年，第276～280页。

② 王振春：《新加坡琼人开办的学校沧桑史》，《新加坡琼州会馆庆祝成立一百三十五周年纪念特刊》，新加坡琼州会馆，1989年，第290～292页。

大家出钱出力，资助教育。如事业有成的徐光秀、邢福伟先生热心支持华文教育。海南同乡会长邢诒宝先生不仅帮金边的集成学校筹资，且关心支持海南人聚居较多的逢咋叻、贡不、盐田等地的华校，帮助解决问题。”在包括海南人在内的众多华人的努力下，柬埔寨成为海外华文教育办得较好的国家之一。①

二、海南人在司法律师界的成就

“二战”前，海南人没有涉足律师界。但“二战”后，随着海南人受教育水平的提高，在律师界从业的人员逐步增多。在泰国，有不少人跻身司法行业。在新加坡，赵锡燊先生是高级法官。海南人开办的律师事务所有好几家，王先德、陈序传、刘必贵、李亚丰都是专业出身的著名律师。祖籍琼海市温泉镇石角边沟村的王先德先生，其父王绍经是新加坡著名商人之一，自幼受到良好教育，于1951年到英国留学，1954年返回新加坡，创立王先德律师馆，为社会大众服务。他精通法律，治事勤勉，认真负责，办事公道，加上待人以诚，业务蒸蒸日上，名气大显，社会地位逐步提高。祖籍文昌市迈号办事处地平村的陈序传先生，在法律界颇具声誉。1963年，陈先生负笈伦敦内殿法律学院攻读法律，1967年毕业获辩护律师资格，同年回到新加坡创办律师事务所并逐渐发展成陈传序大律师公司。他同时兼任数所学校和多个社团的法律顾问，在新加坡法律界颇有声望。由于他热心社会公益事业，成就突出，曾荣获新加坡总统颁发的国家公共服务奖章（PBM）及国家高级公共服务星章（BBM）。在马来西亚，陈泽玉、骆义平等也是颇有知名度的律师。

三、海南人在教育界的成就

在新加坡，不少海南人在中学、大学任教或当领导，20世纪50年代以来就有几百海南人进入教师队伍。祖籍文昌市会文镇的林徐典是第一个获新加坡大学中文系哲学博士学位的文昌人，1965年在新加坡大学任教并

① 黎良端：《情缘——我的侨务工作随笔》，南海出版公司，2005年，第198页。

主持系政，后任新加坡国立大学中文系教授及系主任，出版专著多部，撰写学术论文 100 多篇，主编中学《华文》课本共 12 册。[1] 祖籍文昌市迈号办事处青桃园村的吴德耀先生，早年留学美国，获哈佛大学政治学博士学位，曾任联合国官员，1947—1948 年参与起草《世界人权宣言》；1957 年到台湾，出任东海大学校长；1971 年回新加坡出任新加坡大学政治系主任；1975 年改任新加坡南洋大学代理校长兼研究院院长；1980 年转任新加坡国立大学政治学教授直到 1981 年退休。吴教授从教多年，对中国传统文化有独到见解，所著的《列国春秋》、《儒家之道》、《人与社会》、《中国文化的根源》、《东方政治与西方政治》、《马来西亚华文教育报告》等专著，影响深远。退休后，吴教授仍醉心学术研究，笔耕不辍，出任新加坡《联合早报》编辑顾问，常发表颇有见地的国际时事评论；任新加坡儒家伦理委员会主席和东亚哲学研究所所长，其力作《东方文化与西方文化的比较》博得学界同仁的一致好评。

祖籍琼海市嘉积镇益群鹿宴村的李昭铭先生，早年读书期间便是学运的活跃人物，获得英国伦敦帝国理工学院博士学位后，在新加坡科技界、教育界和政界均有杰出表现，曾任新加坡市政府工程局公路组工程师、新加坡义安工艺学院院长、南洋大学校长、教育部部长、科学与工艺部部长，还担任国立科学院主席、科学推广协会会长、全国生产力局主席，并多次当选为国会议员，是新加坡工程师学院高级院士、新加坡国立大学科学院高级院士、英国地质学会高级院士。新加坡大学文学院院长翁诗华先生，新加坡南洋理工大学校长、教授詹道存博士，新加坡南洋理工大学中文系高级讲师林鸿图硕士，曾任新加坡国立大学文学院副院长的林廷高博士，均是海南人。此外，在东南亚其他国家及美国、英国、法国、加拿大等一些西方发达国家的学校里，也有一些海南人在其中执掌教鞭。祖籍文昌市东阁镇南文村的邢福泉先生，由台湾到美国深造，获俄亥俄大学哲学博士学位，曾受聘任美国堪萨斯大学和俄亥俄大学国际事务研究所研究员，在台湾被聘为中华学术学院教授、台湾三军大学研究员。尔后，赴美历任《中国人》季刊社社长兼总编辑、美国华人获誉会执行委员、美国加州州立大学副教授兼东亚研究委员会委员、美国中美关系及文化研究中心

① 文昌市地方志编纂委员会编：《文昌县志》，方志出版社，2000 年，第 497 页。

主任、国民党中央党部文化工作会文艺中心主任暨人文及政策科学研究中心主任、中国文化大学艺术研究所教授、美国杨百翰大学教授、华梵佛学研究所董事、中印缅锡协会理事等职，著有《中国佛教艺术思想探源》、《台湾的佛教与佛寺》、《艺术概论与欣赏》、《新国际关系论》等。祖籍文昌市会文镇沙港村的林汉生先生，也是由台湾赴美留学，获哲学博士学位后留居美国，在美国戴维斯和爱尔琴学院任教。从1969年起，历任美国索诺玛大学教授、美国“太平洋研究所”执行部副理事长、《和平与改变》季刊总编辑、美国和平历史研究委员会委员、美国和平教育及发展联合会常务委员、美中外交正常化美籍华人职业家联合会主任、新中国教育基金会副董事长及会长、美中合资办北京长城图片社发起人及董事、美国华西贸易公司发起人及总裁等职，著有《危机中的外交家：美中日关系》、《中国和日本：寻找平衡》、《人类的目标：给罗马社团的有关全球共同体新见解的报告》、《一九二五年至一九三七年中国国家民族主义者的新貌》和《全球共同体目标：国际价值与目标的研究》等。

祖籍文昌公坡镇的黎科松先生，曾任泰国中央监督选民代委员及秘书、朱拉隆功大学教授、朱拉隆功大学开发民村工艺学院院长等职，还兼任玛希隆大学和平研究中心主任、亚洲文化发展慈善会会长。目前，黎先生任泰国国家经济及社会顾问委员会第二届主席，该委员会是泰国政府主要经贸组织。

四、海南人在科技、学术界的成就

在美国，祖籍文昌市东阁镇南文村的邢福钜先生是美国航空机械工程博士、航空工程专家，是第一位进入美国联合技术公司所属飞机制造厂担任制造发展部门主管的中国人。1972年，邢先生赴美留学获航空机械工程博士学位后，一直从事专业的研究工作，先后发表50多篇航空技术方面的论文。他的三项发明“军用高速气涡轮里冷却系统”、“承轴方面的转动承轴”、“涡轮机气密封”荣获美国全国航空机械工程总会颁发的发明奖，受聘为美国联合技术公司属下勃勒得与怀尼飞机制造厂发动机部经理兼总工程师。他不仅是公司制造发展部主管，而且还是现役涡轮引擎系统、引擎初步设计和整理系统、气密封技术和旋转系统等三个科技系统小组的主持人。此外，他还历任华联开发集团总裁、ITI 公司总裁、新英格兰技术公司总裁、福勒公司总工程师、哈特福研究院国际企业管理教授、机械技术工程公司高级工程师等职，其事迹被收录入英国出版的全世界航空工程科学家传记中。而从越南到法国留学的王洲在物理学方面的成就令人钦佩。1930 年，王先生出生在故乡，七岁时被侨居越南的父亲接到越南去生活。1950 年，他到法国勤工俭学，在巴黎大学学习流体力学专业，20 世纪 60 年代中期，又考取巴黎大学的博士研究生，参加法国工业大学科研开发及新能源动力方面的工作。1982 年，在法国学习、工作和生活了 32 个年头后，在家人的支持下，51 岁的王先生放弃了在巴黎如日中天的事业和舒适的物质生活，不顾当局的挽留和劝阻回到祖国。回国后，他提出了建立“快中子增殖堆”的设想，随即被国家列入 1986 年开始的“863”计划。他把在法学习工作多年的宝贵经验，应用到中国的快中子堆核反应事业上。1993 年，他成为国家科委表彰的有突出贡献的 13 名科学家之一。王先生现在是清华大学热能工程系教授、博士生导师、液态金属技术实验室主任、中国原子能科学研究院研究员兼快中子堆技术委员会主任。

五、海南人在医学界的成就

在泰国，祖籍同为文昌市抱罗镇的冯尔和先生和黄有鸾先生都有重大贡献。他们到泰国谋生，经刻苦学习，掌握了精湛的技术。1918 年，两位先生与沈明吉先生三人合资创办沙蜜神农药房，三人配合默契，药房生意兴隆。1922 年，冯先生在泰京独资创办冯尔和药局，被誉为“泰京药王”。1928 年，黄先生集巨资承接英国金蛇大药行，也取得了不俗的业绩。他们以满腔的爱心和精湛的技术，为病患解除痛苦，为社会造福。祖籍文昌市冯坡镇的林鸿文博士不仅是泰国最大的喱叻医院的教授，还是吞武里医院董事长，在患者中享有较高声望。祖籍文昌市会文镇的吴瑞琼女士是新加坡著名的眼科专家，任新加坡国家眼科中心和多家医院特约专科顾问。在新加坡的几所医院，好些名医都是海南人。祖籍文昌市抱罗镇的韩培元博士则是加拿大的著名教授兼医师。

六、海南人在新闻、文学文艺界的成就

在泰国，祖籍文昌市昌洒镇的符绩忠先生是著名诗人，曾任泰华写作人协会副会长，堪称泰华文艺园地里的一朵奇葩。在老一辈文人中，祖籍文昌市罗豆的林谦先生颇具传奇色彩。抗日战争期间，林先生作为第二批归国战地医疗服务团成员之一，回到祖国参加抗击日本侵略者的民族战争。抗战胜利后，在泰国从事商业和社会活动，参加华文学校的创办工作，是泰京立人公学的创办人之一。林先生后来任曼谷《刚峰报》总经理、维昌木业公司经理、南洋商务印书馆董事长、中兴印刷公司总经理、泰国东方出版公司董事长、亿亚贸易公司董事长等职。林先生一生笔耕不辍，发表了许多文章，编著了许多书籍。他撰写了大量的人物专访和通讯报道，发表在泰国各种华文报刊和台湾的《海南文献》上。他与林中川、林鸿灏先生合编了《泰国海南林氏宗祠开幕暨成立5周年纪念特刊》，与符傅文先生联合主编《泰国海南会馆42周年特刊》、《泰华侨团史集》、《海南旅泰华侨志》等。后来，他又与郑国华、陈宗焯等先生主编《铁血雄风——泰国华侨抗日实录》等，为保存侨社文史资料、弘扬中华文化而呕心沥血。

祖籍文昌市龙马办事处的云昌潮先生也从事过教育、新闻工作，参与《泰华社团史集》和《海南旅泰华侨志》的编撰工作。祖籍龙马的云白成先生是泰京华文报纸活跃的撰稿人。而祖籍文昌市公坡镇厚粮村的陈颖杜先生，20世纪60年代辗转到泰国创业，1979年创办泰盛有限公司。经过十几年的打拼，1991年，他的公司发展成企业集团，业务范围涉及塑料制造、石油化工、房地产等行业，成为泰国较有名的多元化大企业。正在事业如日中天的时候，1996年，年逾花甲的陈先生毅然决定弃商从文。他把企业交给妻儿管理，自己专心致志著书立说。至2007年，他共出版了12部著作，总计100余万字，其中包括传记文学作品1部、散文集1部、论文集1部、综合文集2部和诗歌集6部。《人民日报》、《光明日报》、《文艺报》和英文版《中国日报》以及新加坡、泰国、马来西亚等国的中文报刊都曾刊登过陈先生的文学作品，或报道过他的事迹。2005年，他在第19届世界诗人大会上获得“世界诗人”荣誉奖；2007年，又被美国国际诗人

联盟授予“国际桂冠诗人”奖状和勋章，被希腊国际作家艺术家协会授予“国际文学艺术奖”；不久，又被国际诗歌翻译研究中心授予荣誉文学博士学位，还被该中心推荐为2008年度诺贝尔文学奖候选人，参与角逐世界文学最高奖项。此外，陈安玲、符征、符儒商、韩文番等也有不俗表现。

在马来西亚，黄爱民、范高贵是文艺界的知名人士，韩觉夫在新闻界赫赫有名，严松泰在雕塑方面成就突出，李忆莙、翁诗杰、王昌波、陈明水、陈学夫、端木虹、蔡有辉则在文学界建树颇多。如翁诗杰先生不仅在政治上有杰出表现，在文学方面也颇有造诣。他创作的小说《魔潭》、《逆流中的挣扎》获马来西亚“青年文学奖”和马来西亚“全国华文写作比赛”冠军；《墙》获香港当代文艺比赛优秀奖；短篇小说《梦魔的岁月》、散文《成长中的独白》分别获马来西亚“全国文艺创作比赛”小说组和散文组冠军；小说《天伦同乐》获“《光华日报》小说创作比赛”冠军。此外，他所撰写的政论时评经常见诸新加坡和马来西亚的各种报刊。

祖籍文昌市会文镇白延湖峰村的林俊雄先生在书法方面颇有造诣，1989年，他的甲骨文和楷书参加中国天涯杯国际书法大奖赛与台湾主办的第三届全球华侨书法展，分别获优秀奖及作品优选第二名。1992年，他应邀以甲骨文和楷书参加北京殷墟甲骨文及国际书法艺术展，作品荣膺第一名。

祖籍文昌市会文镇的林秋雅女士，致力于组织社团活动，推动马中友谊，担任世界茶文化交流协会名誉会长、马来西亚槟城孙中山协会会长、马来西亚海南会馆联合会副总会长、马来西亚槟城海南会馆主席等18个职务。2004年5月15日，为妈祖巡幸槟城海陆庆典，她主办“妈祖信仰讲座会”、“妈祖之光歌乐晚会”、“妈祖文化与廿一世纪东亚文明讲座会”等文化活动，为庆典盛会增添光彩。这一年，为庆祝马中建交30周年，她精心策划一系列文化活动：安排海南回辉村和回新村乡亲南下寻亲；推介海南大学周伟民、唐玲玲教授的《中国与马来西亚文化交流史》；主导海南曹时娟、胡世荣和姜影三位文艺工作者的4场音乐交流会；率“槟州交响乐团”、“芙蓉中华（雪隆）校友会合唱团”到北京、广州和厦门作巡回演出。2006年4月30日，槟城海南会馆成立140周年庆典活动，她精心筹划海南人文荟萃图片展，展示岛屿新貌、海南祖居、名士掌故等，以传承海南文化。她还致力于研习太极拳，且颇有成就，多年来一直担任马来西亚武术锦标赛工委会副主席、副秘书，积极在民间推动普及武术运动。

在新加坡，有建树的海南人更多。新加坡海南人中堪称作家、诗人的有44人。祖籍文昌市迈号办事处的散文家莫河，祖籍文昌市清澜办事处的漫画、杂文家翁翼，祖籍文昌市头苑的诗人、学者詹尊权，祖籍文昌市蓬莱镇的诗人、小说家陈昌亿，文昌人力匡，祖籍文昌市昌洒镇的烈浦和卢涛，都是其中的佼佼者。如莫河（黄昌虎）先生，早年毕业于新加坡师资学院，执掌教鞭近40年，业绩卓著，获政府颁赠长期教育服务勋章和人民社会服务奖。莫河先生不仅教书育人兢兢业业，文学创作也硕果累累。他从1962年开始，以每两年一部作品的速度，出版20本散文集。他的散文，有的追思童年，充满童趣；有的感悟人生，富含哲理；有的歌颂狮城，感情真挚，被誉为新加坡“乡土作家”和“散文抒情圣手”。莫河先生还致力于海南作家作品的研究，与热心的同乡一道，收集海内外的海南籍作家作品，先后汇编了《海南文学之梦——世界海南人作家录及作品选》、《海南歌谣俚语》、《力匡、李蕴明、林秀遗作选》、《新、马、台海南作家选集》、《新加坡海南人物集》等资料，这些都是海南文化的宝贵财富之一。美国的夏忌先生赞扬说：“没有他，在英文强势有用论的今日，华文文化（海南文化）早就荡然无存，也就永久地被厚厚的尘土所埋没。”

在美术书法界，饮誉海内外的海南裔知名画家、书法家也不少。据新加坡中华美术会馆的统计，新加坡琼籍从事书画艺术工作者近70人，约占新加坡中华美术会馆书画艺术界人数的1/3。祖籍文昌市文城镇的陈世集、符致珊，祖籍文昌市重兴镇的姚天佑，祖籍文昌市抱罗镇的潘正培，祖籍文昌市会文镇的欧世鸿、梁其栋，祖籍文昌市迈号办事处的韩绍丰，在美术界都鼎鼎有名。如姚天佑先生1960年毕业于新加坡艺术学院，19岁时创作的作品就入选新加坡协会的常年画展。他的作品曾多次参加新加坡六人画展，经常入选新加坡主办的国庆美展及亚细亚美展，也时常发表在星马的报刊上。他的作品水彩画《新颖建筑》，油画《渔村》、《长城一角》，油刀画《花卉》等，都达到相当高的水平。姚先生还是一位社会活动家，十分重视儿童的美术学习。在他和其他同仁的共同努力下，新加坡儿童画风旺盛，取得骄人成绩。在1989年日本举办的第十四届儿童画展上，新加坡儿童获奖134人，其中2人获特别金奖，15人获金奖，21人获银奖，96

人获铜奖，使新加坡儿童画的成就扬名世界。因为表现突出，他获得了新加坡艺术协会服务奖章、新加坡共和国公共服务奖章和新加坡中华美术研究会服务奖章及贡献奖。

在新闻界，有知名度的海南人也不少。祖籍琼海市上埇东埇村的黎德源先生，是新加坡资深新闻工作者，曾任《星洲日报》总编辑和《联合早报》总编辑。此外，他还曾任东亚政治经济研究院董事会成员、政策研究院咨询委员会成员、华文报业俱乐部会长及新加坡宗亲会馆联合总会秘书、新加坡新闻工作者协会会长等职。在20世纪70和80年代，他曾随新加坡国家领导人及政府代表团出国访问，为新加坡的社会发展和文化进步作出了贡献。

祖籍文昌市公坡镇的韩山元（《联合早报》高级编辑兼高级记者）和潘正镭（《联合早报》副刊主任），祖籍迈号的王振春（《新明日报》编辑和《源》季刊主编），祖籍会文的史可扬（《联合晚报》编辑主任），也是新闻界琼裔的代表。如韩山元先生从1965年开始为《星洲日报》和《民报》撰稿，后进入《民报》当编辑兼记者，1983年任《联合早报》编辑兼记者，后升任副刊部代主任。韩先生长期从事华人社团的采访工作，撰写了大量新马华人史及名人事迹的专题报道，并且数度获得华文报集团颁发的新闻奖。工作之余，他还从事新加坡和马来西亚历史的研究，尤其是华人史的研究，先后出版《华社、文史纵横谈》、《狮城史话》、《新加坡街道掌故》、《新加坡河：说不完的故事》、《新马史话一千年》等著作。1995年，他参加《李光耀回忆录》编辑委员会，负责研究与索引的编辑工作。1996年调任《联合早报》执行编辑、记者和华文报新闻培训班讲师，并兼任评论员。1992年，韩先生担任华文报俱乐部理事，一度出任副秘书长。2004年退休后，为早报和晚报撰写评论，在早报副刊《四面八方》负责“开门见山”专栏。1989年11月，新加坡海南会馆及琼州天后宫庆祝成立135周年，韩先生是会庆纪念特刊的主编，也是会庆工作委员会的主要成员。海南会馆趁各地海南乡团的代表前来新加坡参加庆祝活动之便，发起召开“第一届世界海南乡团联谊会”，大会决定成立世界海南乡团联络中心，并将中心设在新加坡海南会馆，韩先生被推举为秘书长。1996年，韩先生受聘为广州暨南大学东南亚研究所特约研究员，2003年任海南大学东南亚研究所特约研究员。近年来，他多次到祖国大陆多所高校进行学术交流与讲学。

祖籍文昌市昌洒镇凤鸣村的韩槐准先生被誉为“南洋奇人”，因为他只有小学文化程度，却自学成才，成为享誉东南亚的考古学家。他不但经商有道，而且学习兴趣广泛，化学、医药学、考古学、历史学、植物学、园艺学、文学艺术，无所不包，并都卓有成就。他用化学方法鉴定古陶瓷的方法，轰动东南亚及世界考古学界；所著的《南洋遗留的中国古外销陶瓷》，是他研究中国古外销陶瓷的心血结晶；他参与经营的神农药房，生意兴隆；他在自己开拓的“愚趣园”里嫁接的红毛丹，硕果累累，而“愚趣园”的布局、建设，充分反映了他对中国园林艺术的认识水平；他与文化名人推心置腹的君子之交，令人敬佩。1962 年，在 71 岁高龄时，他回国受聘文史馆馆员兼故宫博物院顾问，并把自己数十年历尽艰辛收藏的 400 多件箱陶瓷捐给故宫博物院。他的爱国情怀和为古陶瓷研究事业献身的精神，无不让人肃然起敬。

在文学界，祖籍文昌潭牛的寒山碧（韩文甫）是香港的知名作家，祖籍文昌的云惟利是澳门诗人，祖籍文昌铺前的罗门（韩仁存）是著名诗人。

第四章

【造福桑梓】

下南洋之海南人与家乡有割不断的万般情结，家乡的社会变动、一草一木都是他们的牵挂。他们历来有热爱故土、造福家乡的优良传统。在政治上，他们积极支持家乡革除旧疾、走向新生。辛亥革命时期，许多人追随孙中山，投身推翻腐朽没落的清王朝、创建民国的伟大斗争；抗日战争中，他们不但在道义上、物质上支持祖国抗战，而且克服重重困难，回国投身反抗日本侵略者的伟大民族战争；解放战争时期，他们与人民一起，迎接中华人民共和国的新生。在经济上，他们以各种方式表达了对家乡割舍不下的炽爱，体现了殷殷桑梓情、拳拳赤子心。他们积极投资家乡建设，慷慨捐助公益事业，对家乡的经济发展和社会的文明进步起了重要的促进作用。

第一节　投身国内的政治变革

近代的华侨社会多围绕各种方言、宗族组成，这些华侨群体及社团在维护共同利益、守望相助、保持与家乡联系方面均发挥了很大作用。由于中国历代皇朝政府长期以来奉行的禁止移民、敌视海外移民的政策，使得华侨只知有家（和家乡），不知有政府与国家。但是，在西方列强侵略加剧，民族危机空前严重的情形下，寻求社会变革、救亡图强之路的各种政治力量，不约而同地把目光投向海外华侨，寻求华侨支持他们主张的中国社会的自强变革之路。各种政治力量的这一活动，在客观上起到了推动华侨对祖国认同，从而激发海外华侨社会中华民族主义兴起的作用。① 加上殖民地政府对华侨的限制和迫害，使华侨产生了有一个强大祖国为他们撑腰的渴望。这些因素的共同作用，使以对中国社会、文化、政治的全面认同与忠诚为主要内容，以对民族国家的政治认同为核心的华侨社会民族主义迅速形成，民族主义成为华侨积极投身辛亥革命的思想基础。在民族主义的作用下，华侨高度关注并积极投身国内的政治运动和祖国的经济建

---

① 庄国土：《论清末华侨认同的变化和民族主义形成的原因》，《中山大学学报》1997 年第 2 期。

设，希望有一个强大的祖国做他们坚强的后盾，使他们在异国他乡能挺起腰杆做人，经济利益得到保护。华侨们为此倾注了满腔热情，表达了海外游子的一片赤诚。

因此，不论是因为经济原因还是由于政治因素而出洋的海南人，都怀有对腐败无能的清政府的失望和痛恨情绪，当以孙中山为代表的革命派进行革命动员后，这种情绪很快就转化成炽热的革命热情。许多出洋的海南人，虽然人在异国他乡，但时刻关心祖国的命运和前途，当祖国需要的时候，他们便义无反顾地奉献自己的一切，甚至生命。

此外，出洋海南人谋生的异国他乡，并非净土一片，他们所遭受的仍然是非人的待遇。印尼既是华侨人数较多的国家，也是海南人出洋的目的地之一。20 世纪初，在印尼的华侨大约有 200 万。当时，印尼处于荷兰的殖民统治之下，被称为荷属东印度。1902 年到印尼谋生的华侨廖嗣兰先生，曾对当时生活在那里的华侨情况作过一番描述："这里的华侨约有二百余万人，生活虽然可以过得去，但受荷兰殖民者的压迫却十分厉害。不管是大地主、商人、或是工人，往往被指为犯法，拘去当苦工三月左右才放回。从拘拿至释放，都没有宣布被拘的人所犯什么事，被拘的人亦不自知为所犯何事。荷兰殖民政府又定出一条法律——惩治废人法，无论在什么情况下，统治者引用这条法律，即可任意拘捕华侨；一经拘捕之后，不经过审讯或裁判，即可执行刑法。又将荷属各地划分为无数区域，如必须跑到别一区域时，必先申述理由，请求发给通行证，否则，即指为违法而被拘禁，罚做苦工一星期，或易科罚金荷币二十五盾。荷兰统治者更常常任意拘捕华侨，名为担任运输，实则拘使当兵，驱使攻打常常反对荷兰人之'亚齐'土人，负伤的没有医治，战死也没有宣布。这种种压迫华侨的事，都是我所目睹的。"①

从这段回忆的字里行间，我们不难想象华侨在侨居国所处的生存环境是多么恶劣。不仅如此，殖民者还担心华侨势力过大而制造借口大开杀戒。在同一篇回忆中，廖老先生还提到："在我未到八打威（即今雅加达）以前，荷兰人有一次大屠杀华侨，在八打威一条河流的两岸，惨杀了二万

① 廖嗣兰：《辛亥革命前后荷属东印度华侨情况的回忆》，《广东辛亥革命史料》，广东人民出版社，1981 年，第 188 ~189 页。

多华侨。河水被血染红了，以后的人，就称这条河为红溪。”

在印尼的华侨处境如此，其他国家的华侨生存状况也好不到哪里去。但是，清政府对华侨遭受的苦难却熟视无睹。如荷兰殖民者在制造“红溪惨案”后，担心清政府不肯善罢甘休，派特使携带照会到北京向清政府申辩屠杀华侨的理由，掩饰自己的暴行，并表示道歉。谁知清政府的答复竟然是：“这些都是强盗，我国不理会此事。”如此令人心寒的政府，使华侨对其彻底失望。

而且，日俄战争后，东南亚日侨由于日本国际地位提高而从中受益的经历也深深地刺激了华侨对祖国强大的渴望。“其最能刺激华侨之爱祖国之心者，则为日俄战争后，日侨地位之突然上升。平时日侨受荷兰人压迫，比华侨更甚，一经战胜俄国之后，即高视阔步，荷兰殖民统治者反而向他低头。铁一般的事实，映入华侨眼中，使每个华侨为之振奋，希望祖国强盛和爱护祖国之心情万分高涨起来。”

当时居住在印尼的日侨，多半是小商小贩，贩卖仁丹及其他药品杂物，也有开妓院的，受到的压迫比华侨有过之而无不及。除了在几个大城市日侨小商贩可以沿街叫卖外，在其他地区，他们都必须先向“甲必丹”申述理由，领取通行证，才能通行。这些“甲必丹”通常由华侨担任。夜间，处于外地的日本侨民则一律被指定到日本人开设的妓院住宿，此外的任何房舍场所都不准日本人投宿。经过日俄战争后，日本从一个地位低下的弱国，一跃成为世界强国。日本国际地位的变化，也导致东南亚日本侨民地位的变化。此时，日本侨民若违反了荷兰殖民政府的规章制度，荷兰殖民政府常常是睁只眼闭只眼。

由于上述种种原因，自近代以来，众多海外海南人以各种方式参加到改变国内政治制度、谋图国家发展的滚滚历史洪流之中。

孙中山领导的推翻清朝封建专制、建立民主共和的革命传到南洋一带，受到包括海南华侨在内的广大华侨的积极追捧，大量海南人参加了孙中山领导的中国同盟会，从此在“三民主义”的大旗下，为祖国的美好明天英勇斗争、流血牺牲。1906 年 6 月，孙中山抵达新加坡组织南洋同盟会新加坡分会时，琼侨符养华、符益华、陈毓卿、黄登科等最早一批加入同盟会。后来加入的符国良，曾随黄兴参加黄花岗起义，事败后返回新加坡，继续从事革命活动。1907 年，琼侨中有志之士在小坡启信街为同盟会创设大同阅报处，社员曾一度多达两千人。民国成立后，该处改名为同文书报社，组织之大，居同行之首。泰国琼侨侨领林文英、云竹亭、冯尔和、冯裕源等人先后组织琼侨社团，如琼岛会所、琼州公所、会文社、南溟商会等组织，一方面为琼侨谋福利，另一方面发动琼侨从人力、物力、财力上支持祖国革命。云竹亭曾卖掉自己的火锯厂支持孙中山，资助林文英组建海外华侨革命团体。林文英遇害后，又筹款于1919年在林文英殉难的府城建烈士纪念碑和纪念亭。

在南洋接受革命思想的琼侨，时刻牵挂着家乡的革命形势，并身体力行推动家乡革命形势的发展。因此，海南早期革命形势的发展，很大程度上得益于琼侨的推动。“满清末叶，琼崖青年之有革命思想，可算是南洋华侨输入的功绩。民国十余年来，琼崖每次的政治变动，华侨无不慷慨助饷，或回琼参加革命的运动，其奋斗牺牲精神，实是令人膜拜！”①

1911年10月武昌起义成功，辛亥革命取得胜利，海南积极响应革命形势的发展。这年冬天，一支以华侨为主力的百余人的武装队伍向府城道尹府发起进攻。因为这支队伍中华侨占多数，所以当时群众称之为“番勇”。这次战斗由于敌我力量悬殊而失败，但他们所表现出来的革命精神却震撼了全琼，对全琼革命形势的发展起到了巨大的推动作用。

近代以来，一批批优秀的海外海南人为了祖国、为了家乡的革命事业，抛家舍业，用各种方式参加到祖国火热的革命斗争之中，为祖国的强盛和人民的幸福奉献自己的聪明才智、青春热血。

祖籍文昌县（今文昌市）清澜世坑村的林文英先生，是琼崖革命的先驱者之一，自1904年在日本结识孙中山先生后，便追随孙先生走上救国救民的革命道路。他随孙先生辗转泰国、新加坡、越南、马来西亚、缅甸等地，筹划革命，形影不离如同一对兄弟。他与一些琼侨发动组织侨胞们筹款捐物，支持琼崖革命，并参加了著名的镇南关起义和黄花岗起义。1909年，他奉命与陈子臣一起返琼，组织海口同盟会支部，开展革命活动。1913年他再次回琼，创办海南最早的革命报纸《琼岛日报》，大力宣传孙中山的三民主义等革命思想，无情地抨击袁世凯的卖国行径和复辟丑剧，

① 徐成章：《十余年来琼崖革命运动的回顾及今后应取的方针》，《新琼崖评论》1924年第12期。

对早期琼崖革命思想的传播起了非常重要的作用。1914 年，他不幸被在海南的袁世凯爪牙杀害。

祖籍文昌县（今文昌市）昌洒古路园村的宋耀如先生，也是孙中山革命事业的坚定支持者。自 1894 年孙中山到天津上书李鸿章，途经上海与宋耀如相识后，宋先生一直是孙中山革命事业坚定的支持者。他不但鼓励孙中山要用革命手段推翻清王朝的腐朽统治，用民主共和思想改造中国社会，并身体力行，默默地支持革命事业。他不图名利，只求救国救民于水火的崇高追求，深深感动世人，被孙中山亲切地称为革命的“隐君子”。

祖籍琼山（今海口市）的华侨冯裕芳，在日本留学时，是中华革命党发起人之一，曾任同盟会东京支部部长。中华民国建立后，他一直追随孙中山先生。

祖籍琼山（今海口市）的越南华侨钟锦泉，是在 1907 年孙中山到河内建立革命机关，筹划武装起义时，经友人介绍认识了孙先生，后积极发动华侨筹款，通过法国驻河内总督商购军火，运往北越，支持镇南关（今友谊关）起义，并冒险密送孙中山离越回国。

祖籍文昌县（今文昌市）迈号的罗开拯先生，早年在南洋谋生接受革命思想后，经常回乡进行革命活动。“从 1914 年起，开拯先生等就开始在农村做民主革命和新文化运动。他们以中华革命党党员的身份，一面在农村发展革命组织，一面也鼓吹新文化和白话文”[①]，宣传打倒专制、建立民主、反对迷信、注重科学、男女平等、婚姻自由、解放奴婢等新思想，使当时的社会风气为之一变，影响很大。

祖籍琼东县（今琼海市）福田汪洋村的黄昌炜先生，在新加坡与同乡何畏能、陈少霞、冯锦群、陈永大、冯振腾等一起，深入新加坡的工厂区、商业区、沿海渔业区和市郊华人居住区，建立起几十间工人夜校，利用夜校阵地，鼓励工人团结一致，为争取自己美好的明天而努力。

许多华侨在海外接受进步思想后，积极返乡宣传革命道理。华侨王器民在新加坡受国民革命思潮的影响，参加孙中山领导的反袁斗争，在工人夜校宣传孙中山的革命思想。回国在上海大学学习期间，他继续追求真

① 罗文淹：《海南岛初期人民革命史资料》，《中共琼崖一大研究资料选编》，2009 年，第 156 页。

理。“五四”运动后，他回到海南从事学运工作，组织进步书刊巡回阅览社，到各地向青年学生传播革命思想。1921 年，他协助徐成章在海口出版《琼崖旬刊》，进一步宣传爱国思想。

1922 年，经徐成章、王器民等人介绍，南下琼崖进行革命活动的罗汉、吴明、鲁易、李实等人陆续到达琼东县会见县长王大鹏，提出创办一所农工职业学校的建议。王大鹏马上采纳了这个建议。为了解决办学资金不足的困难，罗汉、王文明远渡重洋，到新加坡、马来亚等地向琼侨募捐办学经费，共捐得叻币 9 000 元。嘉积农工学校于 1924 年 2 月正式开学。1926 年 3 月 8 日，为纪念国民党左派领袖廖仲恺先生遇难，学校改名为琼崖仲恺农工学校。这是大革命时期琼崖一所有重大影响的学校。随着革命形势的发展，学校经历了两个不同的发展阶段。前期是半工半读型的中等专业技术学校，后期是革命干部学校。该校为琼崖革命输送了一批骨干力量，为琼崖革命的发展作出了重要贡献。

祖籍琼东县（今琼海市）的华侨范连昆，在参加孙中山领导的武装斗争中，面对枪林弹雨，奋不顾身。1922 年 6 月，广东军阀陈炯明叛变孙中山，举兵围攻广州总统府，范连昆为护卫孙中山登上永丰舰，与叛军进行殊死斗争，最后英勇牺牲。

祖籍乐会县（今琼海市）的华侨曹石泉，少年时随叔父到南洋谋生，1919 年回国，考入云南讲武堂第 15 期工兵科学习。1922 年毕业返粤，任孙中山先生领导的陆海军大元帅府参谋部副官。1924 年入黄埔军校，同年底，任军校教导团一团三营连长，参加了东征和讨伐军阀刘振寰、陈希闵的战斗。1925 年 6 月 26 日，广州各界举行声援上海“五卅”惨案集会，他率领三营官兵参加，被推选为军界总领队。当游行队伍到达沙基路时，遭到英、法海军陆战队阻击，死难者达 50 多人，这就是著名的“沙基惨案”，曹石泉不幸中弹牺牲。

祖籍乐会县（今琼海市）的华侨严凤仪，1924 年从云南讲武堂毕业，被聘为黄埔军校教练部及学生部第四队副队长，深受黄埔军校党代表廖仲恺先生的器重。同年 7 月，他与东佛庄、陈复、李之龙、蒋介石等五人被选为黄埔军校国民党特别区党部第一届执监委员会执行委员。同年 10 月，军校成立教导第一团，严凤仪任该团第三营营长，参加两次讨伐广东军阀陈炯明的东征。1931 年 5 月 28 日，严凤仪在广州英勇就义。

祖籍文昌县（今文昌市）东阁镇的许侠夫，早年因生活所迫到马来西亚谋生，1923 年回国进入暨南大学学习，接触革命思想，参加琼崖新青年社。1925 年加入中国共产党，1926 年奉命回琼参与琼崖党组织的筹建工作。在同年 6 月成立的中共琼崖地方组织中，任地委委员兼宣传部长。1927 年任中共琼崖特委委员、中共文昌县委书记、文昌县讨逆革命军党代表。1927 年 12 月 4 日，他在与敌人的战斗中英勇牺牲。

祖籍乐会县（今琼海市）的华侨王绰余，1925 年在马来西亚加入中国共产党，1926 年春回国，受广东区委委派，以农民特派员身份回乐会县组织农民协会，历任乐会县农民协会主席、农训所所长、中共乐会县委书记，同雷永业、陈永芹等秘密发展党组织，为乐会县工农革命运动作出了重大贡献。1927 年大革命失败后，与王文明、陈永芹等人一起创建武装大队，开展武装斗争。同年 7 月，任琼崖讨逆革命军第一路军党代表。同年 9 月，调往琼崖讨逆革命军总司令部，参与全琼武装总暴动的领导工作。同年 12 月，主持制订乐四区《土地问题的临时办法》，开展土地革命。1928 年 2 月，当选为中共琼崖特委常委，11 月在府城英勇就义。

祖籍乐会县（今琼海市）的华侨陈永芹，1925 年春从新加坡回国，进入陆海军大元帅府铁甲车队，不久加入中国共产党。同年 9 月，考入黄埔军校（第三期）学习军事。1926 年 5 月，受命回琼开展农民运动，任乐会县农民运动训练所军事主任。琼崖“四二二事变”时率领农训所学员转入农村，开展武装斗争。担任中共琼崖特委委员、琼崖讨逆革命军副总司令的他，1927 年 9 月 23 日与杨善集、王文明率领乐万讨逆革命军响应秋收起义，发动全琼武装暴动，攻打椰子寨时遭敌人反扑，英勇牺牲。

祖籍万宁的华侨欧照汉，1916 年到马来亚谋生，1929 年加入马来亚共产党，同年被英殖民政府逮捕并驱逐出境，受党组织派遣回琼。1930 年 4 月，在中共琼崖四大上当选为特委委员，被任命为万宁县巡视员；同年 8 月，在特委扩大会议上被增选为特委常委。1941 年后，任琼崖特委常委兼民运部长。1943 年秋在琼山县咸来乡病逝。

祖籍万宁龙滚的华侨庄田，原名庄振凤，1924 年到新加坡谋生，1926 年加入中国共产党，1929 年回国并于同年底到莫斯科学习军事。1931 年回国后被分配到中央革命根据地中国工农红军军政学校任教官，历任红军团政治部主任，师政治部主任、团政委，参加中央革命根据地反“围剿”斗争和长征。1940 年受中共中央派遣返琼，历任琼崖抗日独立总队副总队长、琼崖东区军政委员会主任、中共琼崖特委常委、琼崖抗日独立纵队副司令员。解放战争时期，历任中共琼崖区委常委、中共琼崖纵队副司令、粤桂边纵队司令员、桂滇黔边纵队司令员。1947 年至 1948 年任越南国防部军事顾问。新中国成立后，历任云南军区副司令员，解放军总高级步兵学校教育长、副校长，海南军区兼第四十三军司令员，广州军区副司令员，广东省副省长，第五届全国政协常委，第五届广东省人大副主任。1955 年被授予中将军衔。

祖籍万宁龙滚的黄康，1923 年年仅 14 岁，由于生活所迫，随叔父到南洋当童工。1927 年加入中国共产主义青年团，1929 年转为中国共产党党员。1931 年回国，在上海学习和参加工人运动。1932 年，经中共中央选派到莫斯科列宁学院留学三年，1935 年回国在上海工作。1941 年后任中共广东省委常委兼宣传部长、广东区委常委兼城市工作部部长等职。1946 年回琼，任中共琼崖特委常委、琼崖区委副书记兼宣传部长等职。1950 年后历任中共海南区委副书记兼宣传部长、粤西北区委书记兼行署主任、广东省组织部副部长兼党校校长、海南区委书记兼行署主任、广东省农垦厅副厅长、广东省政协副主席等职。

祖籍乐会县中原镇的卢胜，1927 年加入青年团，并加入农民自卫军，参加乐万边境的分界岭战斗。1928 年琼崖苏区红军撤出根据地后，他辗转到新加坡，在新加坡一所学校半工半读并秘密进行革命活动。1932 年因事发被英殖民当局驱逐出境。返回海南后，他只身到厦门寻找党组织，被党组织安排到漳州闽南红三团参加军事斗争，从此戎马一生。1955 年被授予中将军衔。

祖籍嘉积镇的何英，13 岁出洋谋生，当过学徒、店员、工人。1929 年加入共产主义青年团，1930 年转为共产党员，从此走上革命道路。1935 年被捕，在狱中坚贞不屈，第二年被英殖民当局驱逐出境。在长沙找到党组织后，他主要从事军事斗争。解放后，他主要奋斗在外交战线，是新中国外交家之一。

祖籍万宁龙滚的陈克邱，学生时代就受到革命思想的影响，投身革命活动。大革命失败后，1929 年夏经组织批准到新加坡；同年 12 月在泰国被当局以“召开会议，散发传单，企图颠覆泰国政府”的罪名逮捕入狱，被判有期徒刑15年，罚款5 000泰币，无款交加罪1年，共16年。后经3次赦罪，实际坐牢8年零8个月，1938年7月服满刑期，被驱逐出境回国。长期的牢灾，更加坚定了他的革命意志，回国后，被派到乐万地区工作，领导乐万军民进行抗击日本侵略者和反对国民党反动统治的艰苦斗争。海南解放后，他被任命为海南中级人民法院院长，1955年5月，任广东省高级人民法院副院长。1962年任海口市副市长，1963年任海口市政协副主席。

祖籍万宁龙滚的许革夫，自幼受参加红军的胞兄许福猷的影响。1927年大革命失败，其母亲惨遭反动派杀害、房屋被拆，许革夫于1928年被迫出洋到新加坡谋生时，年仅15岁。1935年，不愿在英殖民地生活，一心想参加革命的他，从新加坡回上海读书。在上海暨南大学附中读书期间，就积极参加学生运动。1937年在大学时加入中国共产党，任大同大学党支部书记，成为上海学生运动的积极参与者和组织者之一。1940年到解放区，从此走上了职业革命家的道路。

出生在泰国的琼山（今海口市）青年梁秉枢，早年加入中国同盟会，1914年春返琼参加陈侠农领导的讨袁运动。1917年考入云南陆军讲武堂，毕业后回广州参加孙中山领导的革命军队，曾任少校团副。1926年参加北伐，加入中国共产党。1927年12月参加广州起义。1928年2月被派回琼任琼崖特委委员、琼崖工农红军独立团团长、独立师师长。1931年任东江军委参谋长。1932年冬到香港找省委，因接不上关系而脱党。抗日战争时期先后任国民党万宁县长、文昌县长，暗中支持共产党抗日。

祖籍乐会县（今琼海市）的王天骏，少年时随父亲到新加坡谋生。1926年回乡参加革命运动，同年7月加入中国共产党。1927年参加攻打椰子寨的战斗。1928年2月，当选为中共琼崖特委委员，同年被任命为琼崖工农红军第三营营长。1930年8月，任琼崖工农独立师参谋长，后调任三团团长。1931年12月在万宁县大茂镇战斗中受伤牺牲。

祖籍万宁龙滚的陈坚，1926年年仅11岁时因生活所迫到新加坡和马来西亚谋生。他一边打工，一边努力学习文化，逐步接受革命思想的熏陶。抗日战争爆发后，他毅然选择了回国抗战。1937年，他历尽千辛万苦，终于到达延安。在革命圣地，他光荣地加入了中国共产党。1940年被调到十八集团军重庆办事处工作。从此，在国统区，他以各种身份为党组织积极工作。1949 年在接管上海时，他被任命为上海工商调查所经理，对当时的上海市场管理、打击不法资本家的违法乱纪活动起了不小的作用。解放初期，他主编《上海私营工商业概况》，对我国进行资本主义工商业改造起到一定的指导作用。1954 年被任命为上海市第二轻工业局副局长、局党组成员，为上海的资本主义工商业改造和中国轻工业发展作了一定的贡献。

祖籍万宁龙滚的韩健，1927 年大革命失败后逃难到马来亚，在异国他乡加入马来亚共产党，继续坚持革命活动。1939 年 5 月，从马来亚回国参加抗战，先在东江游击区参加曾生领导的抗日游击新编大队，投身民族解放战争的洪流。抗日战争胜利后他奉命调回海南，为家乡的解放贡献力量。

此外，还有大批革命青年回国，或返海南或赴其他地方参加共产党领导的人民革命斗争，并作出了较大贡献，其中包括陈大机、刘铁平（又名刘衍光）、邝世发（又名邝允）、孙浪新、陈石（原名陈升汉）、祝菊芬、黄一青、黄江光（原名黄有汉）、符荣鼎（原名符福发）、符昌文、谢翰华、王器民、黄昌炜、许邦鸿、张良栋、冯国卿、雷永铨、林树芹、何浚、黄会聪、许文书、曾若空、郭曼果、唐民（曾用名陈一平、唐道民、陈志）、何鸣、詹镛（原名詹行合）、詹力之（原名詹尊铣）、王苐琴、梁志宏、何文汉、颜吾三、曾宪富等。曾侨居新加坡的谢飞（原名谢琼香），参加了自 1934 年 10 月开始的中央红军长征，是唯一参加长征的海南女战士，解放后，历任中央政法干部学校副校长、人民公安大学副校长、全国政协委员、北京市法学会副会长等职。曾侨居越南的林修德（原名邢谷桥），1937 年回国就读于上海大同大学，加入共产党，先后在江苏、福建从事革命工作，后任国家华侨事务委员会副主任、党组副书记，国务院侨务办公室副主任等职。

抗日战争爆发后，南洋各地的海南人积极参加到民族战争的洪流中，组织抗日团体，开展抗日宣传，从财力、物力、人力等方面支援祖国抗战。1938 年夏，琼籍华侨李辉南等 50 余人，响应宋庆龄领导的“保卫中国同盟”关于组织医疗队参加战时救护工作的号召，组成救护团，分三批携带许多药品和 9 辆救护车回国服务。1938 年 12 月 15 日，在八路军香港办事处和南洋各属华侨筹赈祖国难民总会的推动下，由海外琼侨、港澳琼胞和知名人士周文治、周成泰、王谟仁、宋子文、陈策、王毅、杨永仁等发起召集海外琼侨代表大会，成立“琼崖华侨联合会”，统一领导琼侨救国救乡工作。1939年1月20日，来自新加坡、马来亚、暹罗、越南等地40个琼侨团体的代表66人云集香港，举行琼侨代表大会的预备会。1939年1月22日至28日，在香港石头咀金龙酒家举行琼侨代表大会，大会通过《琼崖华侨联合总会组织章程》，宣布琼崖华侨联合总会成立，选举宋庆龄为名誉会长，宋子文、陈策为名誉副会长，符致逢、郭巨川等41人为执行委员，周文治（香港）、王谟仁、何敦锦（槟城）、符致逢（新加坡）、朱儒林（雪兰莪）、林照英（柔城）、张星垣（马六甲）、黄有鸾、冯尔和（暹罗）、陶对庭（安南）等11人为常委，郭巨川为财政部主任，王兆松为救济部主任，郑心融为文化部主任，符致逢为宣传部主任，黄有莺为组织部主任，黄坚为总干事，王坚白为总会秘书长，共同负责具体事务。会议决定将香港琼崖商会回乡服务团扩大为“琼崖华侨联合会总会回乡服务团”，在南洋各埠迅速扩大组织，捐助八路军医药、物资等。

海外各地琼侨成立救济琼崖难民会及其募捐款项，为琼侨回乡服务团的成立、支援琼崖抗战和救济琼崖难民作出了杰出贡献。在琼崖各属侨领的组织领导下，海外广大琼侨不论男女老少都投身于募捐救国救乡的洪流。琼侨的募捐主要形式有月捐、特别捐、献金和义卖等。广大华侨提出“逃避义捐，非我族类；捐而不力，不算爱国”的口号。琼侨各侨领不但号召琼侨回乡服务，并以身作则带头募捐。郭新一次就捐叻币10 000元，王兆松捐10 000元，符致逢捐8 000元，王谟仁捐6 000元。在爱国侨领的带动下，南洋各地琼侨救国救乡募捐运动如火如荼，除了富商巨贾大额捐献外，广大贫苦琼侨也个个节衣缩食，甚至变卖自己仅有的家财来捐献。有些家庭主妇把珍藏的金首饰、嫁妆珍品都拿出拍卖捐献；中小学生走上街头劝购纸花和发动一元救国捐，甚至将自己的糖果钱也放进筹赈箱，开展节约捐献活动；咖啡店的老板员工举行杯茶筹赈。

南洋各地琼侨在募捐活动中较普遍的办法是卖花筹款。新加坡琼州会馆和“援冯委员会”发动各工会工人及学校学生，走上街头卖花筹款。特别是逢“九·一八”、“七·七”以及孙中山诞辰等重要纪念日，由华侨学校师生和社团会员自制纸花，分区向客店和住户劝售。侨胞买花热情高涨，一般已买花的将收据张贴门口，有的人家或客店是一而再、再而三地购买纸花。胸前吊着纸盒的卖花队走过之后，客店门口无一遗漏贴着五颜六色的收据。收据五颜六色各异是由于花的售价不同，因为筹赈会规定："名誉花无定价，一等花叻币十五元，二等花十元，三等花五元。"新加坡琼侨售花，一日可达20余万朵。

新加坡琼侨的爱国爱乡义举，很快影响到南洋各地。据不完全统计，仅1939年4月至10月间，"南洋各属琼州会馆联合会救济琼崖难民会"收到马来亚各埠分会救乡捐款有港币46 381.75元、叻币41 020.18元、国币15 000元，其他埠琼侨救乡捐款数额也相当可观。不仅如此，许多琼侨爱国青年放弃海外的优裕生活、职业、学业，踊跃报名回国为抗战服务。可以说，"我琼侨胞，没有一位不投进救亡运动的巨大熔炉参加工作的。上至富商，下至劳工阶级，在文化界互相敦促和激劝之下，男的、女的、老的、幼的，无不站在他们的岗位、干着救亡的工作——有钱出钱，有力出力"。

南洋各地，如麻坡、新加坡、吉隆坡、槟城、越南堤岸等地的海南人募捐抗日的热情非常高涨。他们以各种方式发动琼侨捐钱捐物，支持家乡抗战。据琼侨联合总会的不完全统计，香港同胞约捐港币20万元，新加坡琼侨约捐新币30万元，越南华侨约捐越币10万元，泰国琼侨也捐了一笔巨款。此外还捐献和购买包括医疗器械、药品、衣服、棉被、布匹、雨衣、胶鞋在内的大批物资，分五次以各种方法海运回琼，支持家乡人民的抗日斗争。

1942年初，日军攻陷新加坡和马来亚后，立即展开一场对华侨名为"检证"的大屠杀。当时日军搜杀的目标为华侨中的九种人：①曾经在南洋华侨筹赈会中积极活动的人士；②曾经最慷慨地捐输给筹赈会的富裕人士；③南洋华侨爱国运动领袖陈嘉庚的追随者以及校长、教员和律师；④海南人（根据日本人的看法，海南人均属共产分子）；⑤凡在抗日战争以后来到马来亚的中国出生华人；⑥凡是文身的男性（依照日本人的看法，文身男子皆为私会党徒）；⑦凡是以义勇军的身份替英军抵抗日军的人；⑧公务员以及可能亲英的人士，诸如太平局绅、立法议员等；⑨凡拥有武器，并尝试扰乱治安的人士。从1942年2月19日开始，日军把全部华侨一律赶出了家门，分区集中，对华侨逐一进行"检证"，凡认为属于上述九种人者，一律押上汽车，载往偏僻处集体屠杀。1947年4月发表的

《新加坡大检证案战犯审讯记》一文，对琼侨聚居较多的芽笼区有这样的记载：“芽笼区则为日军施虐最残酷惨毒之地区也。华侨居民不问男女老幼，均被驱步行直落古老之英校草场，忍饥耐渴，曝日露宿，凡二日，妇孺乃得释回。男子蹲踞草场，任曝骄阳，稍一动弹，拳足交加，甚或驱上罗厘（货车），每车三五十人不等，一去不返。及至22日，凡经检出之教员及识字者、公务人员、义勇军、南来不及五年者、有五万以上资产者及海南人等，均被载往锡叻七里米处屠杀，为数之众，为各区之冠。”在马来亚各地的琼侨，也同样未能逃脱“检证”的劫难。据1947年华侨鸣冤委员会统计，“1942年2月22日及23日前后时日，无辜被杀中华民族优秀的侨胞，其数全马（包括新加坡）达10万之众”。琼侨是搜杀的主要对象，死难者也较多，这从一个方面说明琼侨抗日热情的高涨。

琼侨代表大会后，各属代表团回到南洋，积极发动琼侨青年组织回乡服务团，返琼直接参加抗日战争，先后组织了香港、星洲、安南、暹罗（后并入安南）四个团共240多人，于1939年3月至6月，分6批乘帆船冲过琼州海峡日军封锁线，偷渡抵冯家、昌洒、锦山、翁田等海岸登陆。返琼不久，为了便于领导和开展工作，各团合并成立总团，由符克任总团长，陈琴、梁文墀为副总团长。在总会和中共琼崖特委的双重领导下，他们深入乡村、山区、抗日根据地，宣传抗日救国道理，为抗日军民送医送药，发动民众参军参战。1941年太平洋战争爆发后，海外侨援中断，服务团成员坚持抗战事业不动摇。在艰苦而残酷的斗争中，有100多名服务团成员为民族解放事业流尽最后一滴血，其中包括总团长符克和副总团长陈琴等人。

1938年10月，由于广州失守，外界援华抗战物资的香港通道被切断，中国面临被孤立的危险。在抗战生死存亡的关键时刻，中国急需打通与外界联系的缅甸通道，把援华物资运到西南抗战大后方，但却苦于缺乏司机和汽车装配、维修人员，中国政府只有求助于华侨。在南侨筹赈总会主席陈嘉庚先生的号召下，华侨急祖国之所急，从四面八方，克服种种困难，放弃安逸生活，拒绝种种诱惑，有3 193名华侨，其中包括800多名海南华侨，参加“南洋华侨机工回国服务团”，从1939年2月至9月，先后从马来亚、新加坡、越南、暹罗等地分9批回国，在西南运输处服务。在坡陡路弯、道路崎岖、瘴气肆虐的滇缅公路上，南侨机工们冒着敌人飞机的轰炸，用坚定的意志、勇敢的精神、精湛的技术，装配汽车、抢运物资、培训技工，顽强而英勇地维系着“抗战输血管”的畅通。

此外，还有邢诒行、陈经镇、何良、林坚（原名林鸿成）、方克、范泽川、严英、符路、符华、韩光、唐南春、曹桂亲等一大批海南青年，独自从海外回海南或赴延安，投身到民族解放斗争的伟大事业中，奉献自己的青春热血。

第二节　支持家乡的经济建设

一、寄钱回乡赡养亲人

早期华侨出洋，都是单身前往，把眷属留在故乡，出洋的目的是改善家庭经济状况，甚至发财致富，荣耀乡里。因此，出洋者在异国辛勤劳动或经营所得的银钱，都会想方设法寄回家中，接济亲人生活。早期华侨寄钱回家的方式为华侨返乡探亲时自带或委托回国亲友代为转送。后来，一方面，由于华侨越来越多，靠带钱回乡的方式难以满足不同情况华侨的需要；另一方面，华侨出洋时间长久，对家乡思念之情殷切，迫切需要了解家乡的情况，于是通信就顺势而生。在闽南方言中，批就是信，寄信称为寄批。海南话属闽南语系，故海南话中也把信说成批。但侨批与一般的信是不同的，最大的区别在于侨批中既有信的功能，还兼有汇兑的功能，是出洋者与国内家眷、友人进行信息沟通和经济联系的纽带。

在还没有设立银行、邮政和航运不方便的近代，华侨与国内亲属之间的联系——寄信、汇款主要是靠“水客”来完成。所谓“水客”，是一种专门代理转送侨汇业务的人群。他们全凭信誉携信、款或物品回国，然后又带新移民或土特产及汇款收条返回侨居地，从中获取佣金。如在清光绪年间，文昌的张运吉、张运显、庄家就等人，就是以“水客”为业，来往于海南与暹罗、马来亚、新加坡之间，以通汇生意行商。他们在侨居地利用侨汇购买坤甸木（俗称黑盐）、大米、火水等货物，运回清澜港或铺前港销售，然后将款如数解付给侨眷，再出洋时就购买家乡的土特产品，如葵扇、中药材和琼剧本等，运到侨居地出售，从中赚取差价。

从19世纪末到20世纪初，“水客”侨汇方式曾盛极一时，主要是由于这一时期侨汇不多之缘故。因为早年华侨多为“猪仔”华工，在异国他乡过着近似奴隶般的生活，所得甚少。如在印尼苏门答腊东海岸的日里烟草种植园的华工，就过着非人的生活。种烟工人通常寝食都在坝上，每早4点钟吃一点冷饭便开工，到正午12点收工吃饭，吃的是最粗糙的米饭，而且食不果腹（每月发16斤米，还要扣回一盾半的米钱），下午1点钟又要开工，直到6点才收工，有时还要开夜工至晚上9点多钟，有些契约一年的华工，第一年的工钱仅够抵扣旅费，每月的零用钱还要预支，做满一年没办法清还者还得继续续约，每月工资不过几盾。① 如此，早期华工能够汇回家乡之钱款是不多的，且以赡养家用为主。

以“水客”为汇款方式有一定的局限性，一是“水客”汇款期限不固定，往返时间长，收费又高，而且有的信用不太可靠；二是由于“水客”直接把信款带回，这种经营方式无法进一步扩大规模。如新加坡、马来亚、印度尼西亚，一般每年只能往返二至四次，个人收汇派送能力有限。清末，华侨出国人数剧增，“水客”无法适应需要。随着邮政、银行汇兑业务的产生和不断发展，一些较富裕的“水客”或侨商便开设侨信局（也称侨批局或简称批局、信局），经营侨汇业务。19世纪末产生了专为华侨寄信、汇款的商业机构——侨批业。

侨批的运转过程，由隶属邮政局监管的侨批局进行，具有较为严密的运营组织机构，连接国内外的侨批局和信局、银行。

首先，信局一般会在南洋设立本店，南洋信局大都为普通商人兼营。信局向华侨吸取汇款，侨批局在南洋收到华侨信款后，就会在侨批信封上写明收信人地址、姓名等。其中一种汇款方式为“外付”，即汇款人在信封上左方标明汇款的数额，故亦称“信汇”。这种汇款，一般数目较小，且将款数写明在信封上，“外附大洋××元”等字样。信局为便利侨眷收款，派信差持信连款送到收信人家中。

① 朱杰勤：《十九世纪中期在印度尼西亚的契约华工》，《华侨史论文集》（第1辑），暨南大学华侨研究所，1981年。

其次，在国内通商口岸设立南洋代理局。南洋代理局收到南洋寄来的信件，酌收一定的手续费，就分别交给内地信局转送。

再次，在侨乡设立内地代理局。南洋信件到达后，请信差将信和款一并送到侨属手中，并当面取得回信，以为收据，此即所谓“回批”。如果收款人不识字，则信差可代为书写，随即带回。“回批”会寄回南洋信局，最后回执会送到寄信人手中。如此，通过信局的服务，华侨与家乡亲友可以获得信息的沟通。

信局初期转送侨汇方法与“水客”携信款方式相仿，但其金融周转和信用方面更胜“水客”一筹。在华侨一时无法凑钱汇寄时，信局可代为垫付，待回批寄到时，始予收回，故深受华侨的欢迎，发展迅速。海南第一家侨批局是光绪八年（1882）在海口创办的琼州侨批局，随后又开设了“原成利”号、“蔡兴”号。在文昌，1913 年间在便民市（今文城镇）就有私人开设的信局“南兴昌”、“美兴”、“光东”和“恒裕兴”四家；白延市开设“和记”侨批局。1915—1917 年，便民市又开办“琼盛”、“德和昌”、“三盛”、“永吉安”、“和记”五家信局。民国初年，乐会、琼东的私人侨批庄有恒顺昌、美泰昌、大成、成元、茂高、广益隆、广合丰、广泰隆、黄太丰、聚合昌、源裕盛、大安、詹太记、汇安、同德兴、恒裕兴、恒源、南通、陈益泰、谦和隆、李益泰、新富南、聚安、泰丰、南春庄、美香、恒泰、汇通、鸿安、广面、茂昌兴等 31 家，其中 9 家为专营侨批业，24 家为兼营侨批业。①

信局发展到后期，其汇款方式已基本上与银行和邮局结合在一起，即信局收集华侨汇寄之信款后，一方面通过银行汇去汇票，另一方面通过邮局寄出侨信，信款到国内，再由信局负责派送及收取回信或汇款收条，这种汇款方式较“水客”更为安全可靠。

在 20 世纪 20 年代至 40 年代，信局在东南亚盛极一时。到 1940 年，新加坡、巴达维亚（今雅加达）、曼谷、马尼拉和西贡等地共有信局 419 家，1946 年发展到 571 家。在国内，1937 年有信局 278 家，其中海口有 7

---

① 王桢华主编：《琼海市华侨志》，中国文联出版社，2007 年，第 168 页。

家；1938 年，海南地区有信局 55 家。[①] 在新加坡，海南人经营的信局有裕成号、曹琪记号、恒裕兴、阜安号、人信庄合记、锦和记、锦泰隆、德和昌合记、琼宝通、联合公司、会源丰公司、普天公司、宝通号、三盛号、泰南隆、顺成隆、丰盛合记、南同利、南兴昌、吉昌号、协和合记、汇安公司、富兴隆、琼和安、四宝文公司、光亚号、贝源公司、恒成号、益泰轩公司、益华合记、琼盛公司、纶昌号、和记号、万安堂、瑛记、南安公司、天成美、益和堂、正利华、美兴旅店、万合丰、锦纶号等。[②]

20 世纪 20 年代后，随着银行业的兴起，银行在侨汇业务中也逐渐发挥起重要作用。特别是在抗日战争期间，银行利用信局难以转汇的困难，扩大了承办华侨汇款的范围。

总之，华侨汇款主要有“水客”、信局、邮局和银行几种方式，这几种方式在不同时期发挥的作用是不一样的。早期，“水客”扮演主要的角色；信局等民间机构出现后即取而代之，成为最重要的侨汇机构；银行和邮局等新式机构次之。在不同地区，各种机构发挥的作用也是不一样的。

广、潮、梅、琼四地区侨汇方式表[③]

汇款方式 地区	1	2	3
潮汕地区	信局	水客	其他
梅州地区	信局	水客	其他
广府地区	银行	银号、信局	邮局、水客
海南地区	信局	银行	水客

一般而言，“水客”在琼侨侨汇中作用不是太大，但越南地区除外。因为在越南中部琼侨占该地区华侨总数的 35%，是唯一一个多于其他籍华

① 夏诚华：《近代广东省侨汇研究（1862—1949）——以广、潮、梅、琼地区为例》，新加坡南洋学会，1992 年，第 17 页。

② 吴华编著：《新加坡海南族群组织》，武吉知马琼崖联谊会海南作家作品研究室，2009 年，第 121 页。

③ 夏诚华：《近代广东省侨汇研究（1862—1949）——以广、潮、梅、琼地区为例》，新加坡南洋学会，1992 年，第 42 页。

侨的地方。海南与越南只有一水之隔，水路交通较为便利，“水客”往来频繁，故越南琼侨多委托“水客”转送信款。据估计，民国二十六年（1937）“水客”及私人携返的款项达200万国币元，其中多来自越南。

泰国和马来亚琼侨多通过信局汇款。19世纪末，新加坡琼侨即开办了恒裕记和曹琪记等两家信局。“二战”后，琼侨信局达34家；民国三十八年（1949）琼侨信局仍有30家，超过潮侨信局之数量。在海南地区，19世纪末，海口出现了第一家信局，至抗战（1937）前海南地区共有信局55家；民国三十六年（1947），海口有信局34家。据统计，民国二十六年（1937）经由琼侨信局办理的侨汇共4 240 000国币元。[①] 但也不能一概而论，如受到1929—1933年世界性经济危机的影响，南洋经济遭受重挫，与此相关联的是侨批业生意暗淡，批局纷纷歇业或倒闭。1939年日本军国主义占领海南，继而进犯东南亚，封锁海路，海南的侨批局几乎全部停业。此时，“水客”又重新出现，他们冒险绕道往返星、马、泰、越各地，从事接受侨汇业务。抗战胜利后，侨批业随之恢复。据统计，1946—1949年间，在文昌有便民、白延、迈号、抱罗、公坡、锦山、铺前、文教等墟市恢复和增设的侨批业达35家；[②] 琼东在嘉积设立的侨批局有陈益泰、新富南、汇通、谦和隆、李益泰、南通、广南、南春庄、美香、鸿安等11家。[③] 至解放前夕，海南有侨批局71家，其中甲种侨批局28家。[④]

“二战”前，广东省银行在海南近50个乡镇与永和丰等15家信局订立了代理合约。每逢侨汇寄至广东省银行海口分行，上述信局便负责到银行取出汇款，然后将汇款分送至各乡村。“二战”后，国家级的中央银行、交通银行、农民银行和中国银行以及地方级的广东省银行均在海口设立分支行，银行在海南地区侨汇中的作用日益重要。但在银行所不能及之海南其他乡镇，银行与信局或商行订立代理关系，由信局到银行取款分送到各乡镇，银行不但办理直接汇款，还代理信局拨汇。民国二十六年（1937）

---

① 夏诚华：《近代广东省侨汇研究（1862—1949）——以广、潮、梅、琼地区为例》，新加坡南洋学会，1992年，第17页。

② 文昌市地方志编纂委员会编：《文昌县志》，方志出版社，2000年，第567页。

③ 王桢华主编：《琼海市华侨志》，中国文联出版社，2007年，第168页。

④ 潘干：《海南侨乡社会的形成、特点及其发展》，《海外琼人》（专辑之一），南海出版公司，1999年，第70页。

经由中国银行和广东省银行汇至海口的侨汇估计约7 200 000国币元；民国三十六年（1947），广东省银行海口分行承汇侨款每月达七十亿国币元。

民国二十六年（1937）广东省银行在海南地区各乡镇之代理店汇款调查表[①]

<table>
<tr><th>乡村</th><th>代理店</th><th>每月代介数
（国币元）</th><th>交通</th><th>治安</th><th>距离华里</th><th>付款最快
若干日</th><th>付款最迟
若干日</th></tr>
<tr><td>金江</td><td>永和丰</td><td>1 500 000</td><td>便利</td><td>不良</td><td>150</td><td>5</td><td>20</td></tr>
<tr><td>演丰</td><td>永和丰</td><td>2 000 000</td><td>不便</td><td>不良</td><td>70</td><td>5</td><td>15</td></tr>
<tr><td>塔市</td><td>永和丰</td><td>2 200 000</td><td>不便</td><td>不良</td><td>75</td><td>5</td><td>15</td></tr>
<tr><td>树德</td><td>永和丰</td><td>1 000 000</td><td>不便</td><td>不良</td><td>120</td><td>6</td><td>15</td></tr>
<tr><td>大致坡</td><td>永和丰</td><td>800 000</td><td>便利</td><td>不良</td><td>100</td><td>4</td><td>15</td></tr>
<tr><td>大林</td><td>永和丰</td><td>500 000</td><td>步行</td><td>不良</td><td>40</td><td>2</td><td>7</td></tr>
<tr><td>灵山</td><td>永和丰</td><td>500 000</td><td>步行</td><td>不良</td><td>50</td><td>2</td><td>7</td></tr>
<tr><td>三江</td><td>人和号</td><td>1 500 000</td><td>步行</td><td>不良</td><td>80</td><td>5</td><td>15</td></tr>
<tr><td>宝芳</td><td>人和号</td><td>一月份3 284 000</td><td rowspan="3">不便</td><td rowspan="3">不良</td><td rowspan="3">35</td><td rowspan="3">3</td><td rowspan="3">9</td></tr>
<tr><td rowspan="2">东阁</td><td rowspan="2">人和号</td><td>二月份806 000</td></tr>
<tr><td>三月份2 496 000</td></tr>
<tr><td>头苑</td><td>人和号</td><td>四月份7 605 000</td><td>不便</td><td>不良</td><td>35</td><td>3</td><td>9</td></tr>
<tr><td rowspan="2">清浦</td><td rowspan="2">恒昌泰</td><td>一月份3 004 000</td><td rowspan="2">不便</td><td rowspan="2">不良</td><td rowspan="2">30</td><td rowspan="2">4</td><td rowspan="2">8</td></tr>
<tr><td>二月份420 000</td></tr>
<tr><td rowspan="2">东效</td><td rowspan="2">恒昌泰</td><td>三月份941 000</td><td rowspan="2">不便</td><td rowspan="2">不良</td><td rowspan="2">30</td><td rowspan="2">4</td><td rowspan="2">8</td></tr>
<tr><td>四月份4 600 000</td></tr>
<tr><td>中山</td><td>恒昌泰</td><td></td><td>不便</td><td>不良</td><td>30</td><td>4</td><td>8</td></tr>
<tr><td rowspan="2">抱罗</td><td rowspan="2">广昌号</td><td>一月份600 000</td><td rowspan="2">不便</td><td rowspan="2">恶劣</td><td rowspan="2">70</td><td rowspan="2">8</td><td rowspan="2">15</td></tr>
<tr><td>二月份600 000</td></tr>
<tr><td rowspan="2">公坡</td><td rowspan="2">广昌号</td><td>三月份1 540 000</td><td rowspan="2">不便</td><td rowspan="2">恶劣</td><td rowspan="2">70</td><td rowspan="2">8</td><td rowspan="2">15</td></tr>
<tr><td>四月份3 456 000</td></tr>
<tr><td>水北</td><td>广昌号</td><td></td><td>不便</td><td>恶劣</td><td>70</td><td>8</td><td>15</td></tr>
</table>

① 夏诚华：《近代广东省侨汇研究（1862—1949）——以广、潮、梅、琼地区为例》，新加坡南洋学会，1992年，第39~42页。

（续上表）

乡村	代理店	每月代介数（国币元）	交通	治安	距离华里	付款最快若干日	付款最迟若干日
文教	新华号	一月份135 000	每隔二日有交通车一次	不良	45	5	12
		二月份456 000					
龙楼	新华号	三月份220 000		不良	45	5	12
		四月份1 830 000		不良	45	5	12
蓬莱	琼茂号	一月120 000	交通不定期	恶劣	70	8	12
		二月份0					
		三月份90 000					
		四月份300 000					
锦山	广爱堂	一月份145 000	不便	恶劣	85	8	12
		二月份0					
		三月份0					
		四月份0					
昌洒	永合号	一月份1 610 000	不便	恶劣	55	8	12
		二月份650 000					
		三月份705 000					
		四月份1 400 000					
龙马	永合号		不便	恶劣	55	8	12
重兴	琼昌瑞记	一月份1 550 000	不便	恶劣	70	7	10
		二月份1 330 000					
石壁	琼昌瑞记	三月份3 455 000	不便	恶劣	70	7	10
		四月份1 900 000					
蛟塘	恒益号	一月份3 712 000	便利	恶劣	30	3	8
新桥	恒益号	二月份1 120 000	便利	恶劣	30	3	8
高阳	恒益号	三月份5 215 000	便利	恶劣	30	3	8
潭牛	恒益号	四月份8 870 000	便利	恶劣	30	3	8
大昌	恒益号	220 000	便利	恶劣	30	3	8

（续上表）

乡村	代理店	每月代介数（国币元）	交通	治安	距离华里	付款最快若干日	付款最迟若干日
南迈	寿山庄	一月份 0	隔日交通	尚好	25	3	8
南阳	寿山庄	二月份 0	车开一次	尚好	25	3	8
迈采	寿山庄	三月份 5 145 000	车开一次	尚好	25	3	8
		四月份 5 370 000					
	合盛号	一月份 4 983 000					
		二月份 1 231 000					
		三月份 675 000					
仙昌	万全堂	一月份 7 852 000	车开一次	尚好	55	3	8
百足	万全堂	二月份 2 110 000	车开一次	尚好	25	3	8
会文	万全堂	三月份 16 575 000	车开一次	尚好	25	3	8
烟堆	万全堂	四月份 36 265 000	车开一次	尚好	25	3	8
福田	代介人	一月份 995 000	尚便	不良	最近		
高吉	代介人	二月份 863 000	尚便	不良	5		
双南	陈世敏	三月份 6 590 000	尚便	不良		1～2 天	4
潭门	陈世敏	四月份 8 545 000	尚便	不良	最远		
上涌岭	陈世敏		尚便	不良	50		
中原	代理店	一月份 2 818 000	尚便	不良	最近		
石壁	代理店	二月份 836 000	尚便	不良	5	2～3 天	
文曲	金石庄	三月份 10 110 000	尚便	不良	最远		
龙滚	金石庄	四月份 15 913 000	尚便	不良	90		

上表中有些地名应有误，如“清浦”应为“清澜”，“东效”应为

"东郊"，"高阳"应为"高隆"，"南迈"应当"迈南"，"迈采"应为"迈众"，但其中之数字应能反映当时侨汇之一角。值得注意的是，表中特别提出当地的治安情况，这主要是因为当时的信差基本是步行在侨乡送侨批的，既没有保镖，也没有护卫车押送，因此时常发生劫匪拦截侨款、杀害信差的事件。

解放初期，文昌的文教、白延、迈号、抱罗、公坡、锦山、铺前、昌洒、翁田等墟镇 14 家侨批局继续由私人独立经营。1952 年文城成立侨批领导小组，归县委统战部和工商联领导，业务上受县人民银行指导。1958 年 4 月 1 日，成立文城侨批局；白延、文教、锦山、抱罗也分别成立侨批局，工作人员由过去解付侨汇金额拨手续费，改为评定工资等级发放工资。1962 年至 1964 年，实行"分散经营，独立核算"。1964 年 7 月 1 日，成立文昌县侨批业联合办事处，各墟成立侨汇派送站，归口县人民银行领导。1976 年 12 月 30 日，县侨批机构并入中国人民银行文昌支行。1983 年，侨汇业归属中国银行文昌支行。

一般而言，侨汇之功能分为赡家性侨汇、投资性侨汇和捐献性侨汇。赡家性侨汇为主要的和经常性之侨汇，投资性侨汇和捐献性侨汇则受到各种外因的影响而表现为非常态。出洋谋生之人之所以要背井离乡、离妻别子、远赴他乡，其目的无非一是养活自己，二是养活家人，改善家庭经济状况，谋求发财之道，故赡家性侨汇为主要的和经常性之侨汇，一般一年一次或数次，多为年节或家眷盖新屋、办喜事时所寄，有时也用于购置田产等。因此，在侨乡，侨眷生活一般都会比普通民众要好些，且房屋较好者，多为侨资所建，如文昌东阁的韩宅、琼海的蔡宅等中外结合、富丽堂皇之建筑即为侨资建造之代表。

19 世纪末 20 世纪初，一方面由于清末政府对华侨和华侨资本的态度有所改变[①]，国内投资环境随之向好，特别是民国以后，中国政府采取了

① 光绪十一年（1885），张之洞在一份奏折中指出："外洋各埠，华商甚多，如新加坡、新旧金山、河内、海防、西贡、暹罗、横滨、秘鲁以及槟榔屿、檀香山等处，大埠六七，小埠十余，华民约百万以外，……若劝令其各埠捐资购造护商兵船，必所乐从，……假如人捐二元亦可得十万两，约可造快船五、六艘。"——（清）张之洞：《张文襄公全集》，转引自夏诚华：《近代广东省侨汇研究（1862—1949）——以广、潮、梅、琼地区为例》，新加坡南洋学会，1992 年，第 176 页。

一系列鼓励华侨回国投资的政策；另一方面华侨在侨居国经济状况有所改善，因而开始出现投资性侨汇。海口和各侨乡华侨投资便是从这一时期开始的，且投资的领域涉及工、商、矿、交通、金融、服务、房地产等。但这种侨汇受外部因素影响很大，如 1921 年 10 月，文昌侨商黄有渊、陈昌运等人成立清澜商埠有限公司，拟投资 100 万光洋开办清澜商埠，后因第一次世界大战的影响，南洋华侨经济受挫，海外股东资金接济不上，建设工程只完成 17% 就被迫停工，不再续建。[①] 1939 年日本军国主义占领海南，特别是发动太平洋战争后，投资性侨汇基本中止。

总的说来，投资性侨汇对于海南民族工业的发展、加快海南的近代化进程和繁荣侨乡地方经济，都起到积极的促进作用。

捐献性侨汇是指海外华侨捐资兴办文化教育、公益慈善事业、赈济灾民以及在各个时期支持革命、救亡图存的捐献等。尊师重道、兴学育才是中华民族的优良传统，散布侨乡的中小学校，包括在海南影响较大的中学，都凝聚着华侨的心血。如 20 世纪 30 年代迁到新址的文昌中学，就是华侨捐献 10 万光洋完成的，新建成的文昌中学成为当时广东办学条件最好的学校之一。在华侨的支持下，文昌的中小学教育名列广东省前茅。华侨还关心家乡的社会发展，每逢家乡遇上天灾人祸，华侨都极力帮助家乡渡过难关。而在中国社会变革的各个时期，都有华侨的捐助，尤其是抗日战争时期，据琼侨联合总会不完全统计，香港同胞约捐港币 20 万元，新加坡琼侨约捐叻币 30 万元，越南华侨约捐越币 10 万元，泰国琼侨也捐了一笔巨款。解放后，尤其改革开放后，华侨华人捐献家乡的热情更为高涨。

二、投资农业

近代以来，在“实业救国”思想的影响下，海南华侨在南洋经济稍有起色，具备一定经济实力之后，即回乡投资实业。据有关部门统计，从 20 世纪初到 50 年代，华侨华人投资海南办实业的总数达 1 800 多户，总金额近 3 000 万银圆，占这一时期广东省华侨投资的第四位。投资项目涉及热带作物、房地产业、交通运输业、纺织业、金融业和饮食服务业等，为海

① 文昌市地方志编纂委员会编：《文昌县志》，方志出版社，2000 年，第 563 页。

南近现代经济的发展奠定了基础。在投资项目上，农业是重点。华侨的投资大大地促进了海南农业，特别是热带经济作物的发展。以光绪三十二年（1906），侨居马来亚的琼侨何麟书从侨居地历尽艰辛带回 4 000 余粒橡胶种子，在乐会县崇文乡种植，创办琼安垦务有限公司为标志，琼侨开始了在家乡的创业历程，其创办的橡胶园成为中国第一家橡胶园。

1989 年，文昌归侨邝世连从马来亚带回一批咖啡种子，在家乡种活 12 株。从此，咖啡在海南落地生根。至 20 世纪 30 年代，华侨在海南五次大规模引种咖啡成功，分别是：1907 年何麟书和区慕颐、欧干寅，1908 年华侨曾汪源，1930 年私人投资组织的茂源公司和 1935 年华侨陈显彰。陈显彰在澄迈福山成立福山垦殖咖啡，大规模种植咖啡，并开始商业化生产。1942 年，陈显彰的咖啡园开始出产咖啡，福山咖啡供不应求。从此，橡胶、咖啡种植业在海南迅速发展起来。

近代华侨投资海南农矿业名称一览表

创办时间	企业名称	行业类别	资本组资形式	主要投资人	侨居国	华侨归侨侨眷	资本额	其中侨资	币制名称
光绪三十二年（1906）	琼安垦务有限公司	农垦	合资	何麟书	马来亚	归侨	20 000	100%	银元
光绪三十三年（1907）	侨兴公司	农垦	股份	区慕颐	马来亚	华侨	1000 000	90%	银元
光绪三十三年（1907）	海南南兴公司	农垦	合资		马来亚	归侨	20 000	100%	银元
光绪三十四年（1908）	文昌翁锦兴树胶园	农垦	独资	翁锦兴	马来亚	华侨	10 000	100%	银元
宣统二年（1910）	儋县侨植公司	农垦	股份	胡子春	马来亚	归侨	40 000	100%	银元

（续上表）

创办时间	企业名称	行业类别	资本组资形式	主要投资人	侨居国	华侨归侨侨眷	资本额	其中侨资	币制名称
民国五年（1916）	儋县侨植躍胶园	农垦	股份	胡子春	南美	归侨	30 000	50%	银元
民国五年（1916）	儋县天任胶园	农垦	合资	曾金城	南美	归侨	100 000	100%	银元
民国十四年（1925）	儋县万隆公司	农垦	股份	吴有胜	加拿大	华侨	60 000	50%	银元
民国十四年（1925）	儋县侨立公司	农垦	股份	杨炳理	马来亚	华侨	90 000	100%	银元
民国十六年（1927）	儋县利民公司	农垦	合资	陈德舜	美洲	华侨	75 000	100%	银元
民国二十一年（1932）	儋县联昌公司	农垦	合资	吴业添	美洲	归侨	30 000	100%	银元
民国二十一年（1932）	儋县永泰隆公司	农矿	独资	黄永泰	新加坡	华侨	30 000	100%	银元
民国二十一年（1932）	文昌老张园公司	农垦	合资	郭巨川	马来亚	华侨	40 000	100%	银元
民国二十二年（1933）	儋县万发矿殖公司	农矿	合资	谭文贵	马来亚	华侨	37 650	100%	银元
民国二十二年（1933）	儋县仁和胶园	农垦	合资	邵仁轩	诗巫	华侨	18 000	100%	银元

（续上表）

创办时间	企业名称	行业类别	资本组资形式	主要投资人	侨居国	华侨归侨侨眷	资本额	其中侨资	币制名称
民国二十二年（1933）	儋县义和胶园	农矿	合资	朱土胜	马来亚	归侨	15 000	100%	银元
民国二十二年（1933）	儋县林具矿业公司	农矿	股份	林寿南	印尼	归侨	20 000	100%	银元
民国二十三年（1934）	儋县厚生矿殖公司	农矿	股份	黄秦	印尼	归侨	30 000	100%	银元
民国二十三年（1934）	儋县有利矿殖公司	农矿	股份	史济	印尼	归侨	20 000	100%	银元
民国二十三年（1934）	儋县继明矿殖公司	农矿	股份	刘继明	印尼	归侨	20 000	100%	银元
民国二十三年（1934）	儋县南弘公司	农矿	股份	朱嘉祥	马来亚	归侨	20 000	100%	银元
民国二十三年（1934）	儋县联具公司	农矿	合资	针克明	马来亚	华侨	20 000	100%	银元
民国二十三年（1934）	儋县志成公司	农矿	合资	楚翘	马来亚	归侨	15 000	100%	银元
民国二十三年（1934）	儋县万丰公司	矿产	合资	韩修	马来亚	归侨	15 000	100%	银元
民国二十三年	儋县自然公司	矿产	合资	曾龙导	马来亚	华侨	20 000	100%	银元

(续上表)

创办时间	企业名称	行业类别	资本组资形式	主要投资人	侨居国	华侨归侨侨眷	资本额	其中侨资	币制名称
民国二十四年(1935)	儋县万利矿殖公司	农矿	合资	朱永康	马来亚	归侨	10 000	100%	银元
民国二十四年(1935)	儋县越业橡胶园	农矿	合资	赵彩兴	印尼	归侨	20 000	100%	银元
民国二十五年(1936)	儋县希纯公司	矿产	合资		缅甸	华侨	40 000	100%	银元
民国二十五年(1936)	儋县宝兴公司	矿产	合资	陈避川	马来亚	归侨	75 000	100%	银元
民国二十五年(1936)	儋县富祥垦殖公司	农垦	股份	刘家诛	北婆罗洲	华侨	50 000	100%	法币
民国二十五年(1936)	儋县民安公司	农垦	独资	陈派	马来亚	华侨	14 000	100%	银元
民国二十五年(1936)	儋县日初胶园	农矿	合资	江士林	诗巫	归侨	13 000	100%	法币
民国二十六年(1937)	儋县文明橡胶园	农垦	独资	陈德舜	美洲	华侨	30 000	100%	银元
民国二十六年(1937)	海南南洋橡胶公司	农垦	合资		马来亚	华侨	50 000	100%	法币
民国二十六年(1937)	儋县志刚橡胶园	农垦	合资	邵福聪	诗巫	华侨	18 000	100%	法币

(续上表)

创办时间	企业名称	行业类别	资本组资形式	主要投资人	侨居国	华侨归侨侨眷	资本额	其中侨资	币制名称
民国二十七年(1938)	儋县新发胶园	农垦	合资	邵新发	诗巫	华侨	18 000	100%	法币
民国二十九年(1940)	儋县江永丰垦殖公司	农垦	独资	江玉堂	诗巫	华侨	20 000	100%	法币
民国三十年(1941)	儋县玉清橡胶园	农垦	合资	邵观	诗巫	华侨	40 000	100%	港币
民国三十六年(1947)	海南富源公司	农垦	合资		马来亚	华侨	30 000	100%	港币
民国三十七年(1948)	文昌林尤刚树胶园	农垦	合资	林尤刚	马来亚	华侨	35 000	100%	港币

资料来源：林金枝：《近代华侨投资国内企业概论》，厦门大学出版社，1988 年，第 269～293 页。转引自夏诚华：《近代广东侨汇研究（1862—1949）——以广、潮、梅、琼地区为例》，新加坡南洋学会，1992 年，第 336～338 页。

除上表陈列的投资外，还有民国四年（1915），旅居新加坡的琼海华侨卢宏耀、卢修滋回国创办茂林公司，开辟茂林胶园，种植橡胶。1936 年，马来亚琼州会馆联合会倡导组织琼崖实业公司，合股集资，准备开发海南。马来亚有名的种植大王郭巨川先生曾两次向该公司投资 1 565 股（每股 10 圆）。公司曾于万宁置地 8 000 亩，开荒 300 多亩种上橡胶。郭先生还在家乡文昌县南阳的里吉岭办起一个私人橡胶园。此外，文昌的东路、迈号、龙楼等地，都有华侨开垦荒地办农庄，引种橡胶、椰子、咖啡、菠萝等热带经济作物。庄园规模大小不一，从几十亩到几百亩不等。1938 年，新加坡琼侨蔡俊德、梁秀南等人合股创办南洋公司，在乐会县会山乡毛野园山地开辟胶园，种植橡胶。

据琼实业局的调查，至 1934 年止，琼岛上大小胶园共有 94 家，面积达10万余亩，共种树胶246 500株。[①]

1948年，侨居新加坡的黄开吉先生托友人杨桐昌回国，请工人在今天琼海会山乡山区垦荒种植橡胶，建立万和园胶园。至1949年，华侨在乐会、琼东县境内兴办垦殖公司12家，侨眷兴办的胶园39个，种植橡胶5 810亩。

1947年，乐会县温泉镇加超村归侨王裕文带回两株胡椒苗，试种成活一株，成为我国第一株胡椒。从此，胡椒在海南的土地上开花结果，胡椒如今成为海南重要的热带经济作物。

除种植业外，琼侨还资助家乡兴修水利，改善农业生产条件。乐会县华侨黄志平，在南洋集资数千元，并运回水泥兴建杏园边头水坡，灌溉面积300余亩，这是当时全县第一宗水泥砌筑之引水工程。1915年，乐会九曲江东门村华侨张垂强回乡发起捐款兴建九曲江沙美村下朗防潮水闸工程。在他的带动下，受益区的沙美、北山、崩坎、星塘、大洋、北岸、南岸、南儒、石头、羊头等村庄的百姓也出钱出力参加工程建设。建成的防潮堤长20米，共计有防潮闸10孔，堤坝两端建有沙坝100米。防潮堤建成后，使当地10个村庄的5 000亩农田不受碱水浸入。1925年，乐会县中原镇山仙村华侨黄世甫兄弟返乡，看见乡亲耕作的水田灌溉条件非常落后，便提款兴建山仙边头三元水坝，蓄边头、三元两河的水源，开渠灌农田350亩，堤坝长5米、宽1.5米，发挥了水利效益。

1950年5月1日，海南岛全境解放，海外侨胞无不欢呼雀跃。许多侨胞响应祖国的号召，一如既往地支持和参加家乡的经济建设。乐会县中原镇旅居新加坡的华侨黄开吉从报纸上了解到新中国政府有关鼓励华侨回国参加经济建设的政策后，于1950年携带老伴和两位孙子回到家乡，在人民政府的支持下，带领八位亲人到远离故居50多华里的会山乡南塘山区披荆斩棘，开荒种植橡胶1.2万株；旅居马来亚的华侨林伯明，在今天琼海市石壁镇办起100亩的橡胶园；琼东县塔洋镇的归侨郑宏书，在马来亚经营多年胡椒园。家乡解放后，郑宏书带回一批胡椒良种，利用在国外学到的技术在家乡种植获得成功，建立起全国较早的胡椒园。

---

① 潘干：《海南侨乡社会的形成、特点及其发展》，《海外琼人》（专辑之一），南海出版公司，1999年，第68页。

1956年8月6日，全国人民代表大会常务委员会第12次会议通过《华侨申请使用国有荒地条例》，明确规定："使用国有荒山荒地，采用私资经营农、林、蓄、牧企业的华侨，土地使用期限一般定为20年到50年。"这个条例公布后，回琼垦殖开发的侨胞更多。这年底，琼侨吴景淑、吴俊时等9人从国外带回资金和其他侨胞合作的资金，在地方政府和党委的支持下，兴办龙江华侨企业公司，开荒垦殖橡胶等经济作物。1956年，华侨和归侨在琼东、乐会县投资垦殖的大小胶园共320个，面积8.46万亩，产量527吨。①

据统计，海南华侨、侨眷投资种植的橡胶，已开割的有121 033株，未开割的有134 154株，合计255 187株。其中，公私合营的新民胶业公司，未开割的有57 015株；集资和独资的20个公司，已开割的有35 976株，未开割的有70 245株；个体经营的700户，已开割的有85 057株，未开割的有127 927株。②

1957年后，由于政府对私营经济的政策出现了重大失误，华侨在经济上遭受不同程度的损失，沉重打击了华侨投资的积极性，回乡投资实业者逐渐减少，十年"文革"期间基本停止。

改革开放后，海外和港澳地区的乡亲回乡投资的热情空前高涨，他们或利用自家资金，或联络他籍侨商，或穿针引线介绍外资投资家乡的经济建设，各种性质的资金落户海南，使其在获得丰厚回报的同时，也为海南的社会经济发展注入充沛的活力，取得了双赢的效果。

在文昌，自20世纪80年代以来，乡侨们在会文、迈号、宝芳、公坡、锦山等地投资开发性农业，种植胡椒、香蕉、石榴、荔枝、龙眼、椰子、菠萝等热带经济作物和水果。在养殖业方面，也有乡侨回乡投资养殖鱼、虾等。80年代末，会文镇华侨林日义在村庄附近的一个山坡投资12万元建起一个热带作物场，种植胡椒、香蕉、石榴、芒果等作物，并造林两万株；迈号办事处的陈日安于1987年返乡，承包父亲曾开发过的江村岭，种植菠萝、胡椒，并大片造林；以华裔李世镛为主要股东的海南逸环农业开发有限公司，1995年在宝芳办事处承包边沟坡800亩土地，开发引种国外

① 王桢华主编：《琼海市华侨志》，中国文联出版社，2007年。

② 海南档案馆资料，编号K74-2-49。

椰子新品种——香椰；公坡镇旅港乡亲韩阳光和旅居新加坡乡亲潘家东分别投资在该镇种植荔枝 100 亩和 100 多亩；新加坡华人还在升谷坡一带投资挖塘养鱼。① 此外，侨眷们在亲人的支持下，生产规模也越来越大。

在琼海，1985 年，马来西亚企业家李有篁偕夫人回乡旅游探亲，看到乡村在进行农业改革，决心支持帮助乡亲们发展生产。第二年，他和同乡许大钰带回一批国外良种石榴及其他水果种子，出资帮助侄子办起后埇水果场，亲自指导侄子育苗和种植。经过一年试验获得成功后，在琼海全县推广种植，取得良好的经济效益和社会效益。1990 年后，华侨华人回乡投资农业的势头更猛。新加坡企业家王兴春投资 100 多万元，在大路镇门岭脚，承包 300 亩土地，创办长春农庄，种植优质荔枝、龙眼、杨桃、菠萝等国内外优良品种；文莱企业家符大焕鼓励儿子投资 60 万元在琼海塔洋镇创办种植热带高效农场；香港企业家李甫于 1995 年投资近 1 000 万元，在烟塘镇进行农业综合开发，创办海南蒲发庄园，拥有土地 1 300 亩，种植槟榔、橡胶、胡椒 3.5 万株，早熟荔枝妃子笑 300 亩，同时还投资创办海南生力养殖场，放养鳖苗 3 万只。到 2006 年止，琼海全市共有华侨和港澳台同胞兴办的农场、热作场、农庄等各种农业实体 46 个，其中投资规模 1 000 万元以上的有 3 个，500 万元到 1 000 万元的有 7 个，500 万元以下的 36 个。此外，海外亲人投资，由侨眷、港澳台属经营的农业实体 1 250 个，总投资额达 3 500 万元。②

琼山县（今属海口市）石山镇的旅日实业家陈学忠，1986 年独资 300 万美元，在塔市盐场创办太阳养殖示范场，还投资办珍珠养殖场。

三、投资工业

近代以来，在“实业救国”思想的影响下，海南华侨的爱国热情还表现在积极投资家乡的工业方面。

---

① 文昌市地方志编纂委员会编：《文昌县志》，方志出版社，2000 年，第 564 页。

② 王桢华主编：《琼海市华侨志》，中国文联出版社，2007 年，第 131 页。

近代华侨投资海南工业重要企业名称一览表

创办时间	企业名称	行业类别	资本组资形式	主要投资人	侨居国	华侨归侨侨眷	资本额	其中侨资	币制名称
民国十六年(1927)	文昌电灯厂	工业	合资	陈德九	安南	华侨	30 000	70%	银元
民国三十七年(1948)	文昌合生米厂	工业	合资	郑心焕	新加坡	华侨	35 000	100%	港币

资料来源：摘自林金枝：《近代华侨投资国内企业概论》，厦门大学出版社，1988年，第269～293页。转引自夏诚华：《近代广东侨汇研究（1862—1949）——以广、潮、梅、琼地区为例》，新加坡南洋学会，1992年，第331～336页。

此外，1935年，乐会县华侨王先辑等人在马来亚发起组织海南实业公司，在海口、嘉积兴办碾米厂等企业。1949年，琼东、乐会县华侨投资兴办的企业有8家，占两县私营企业的25.8%。

解放前后，华侨在海口投资私营工商业者131人，解放前投资额168 416元，解放后投资额2 000元；归侨投资51人，投资额23 941元；国内侨眷投资45人，投资额24 279元。在公私合营企业中，华侨、侨眷的原始资金共222 636元。①

改革开放后，乡侨们回乡投资的热情更为高涨。文昌会文镇旅居新加坡的史立谐自1979年以来，先后投资200多万元，在会文办起沙港珠宝厂等企业；詹忠正在会文、烟堆扶持兄弟创办凤琼琼脂厂等企业；迈号办事处侨眷李曼在海外亲人的帮助下，办起一个小型化工厂，后与香港老板合作，办起合资企业——大中漆厂，工厂规模得到迅速发展壮大，成为文昌的利税大户；迈号的琼岛咖啡综合厂，是几位侨眷于1988年合股创办的，主要生产天然椰奶粉系列，1991年与香港昌茂公司合作，成立海南昌茂咖啡有限公司，生意越做越大，效益越来越好，成为闻名厂家；会文镇引进新加坡万高有限公司投资100万元，成立海南华丽食品有限公司，引进较先进的设备和技术，企业得到很大发展，成为全镇的创税大户。

---

① 海南档案馆资料，编号K74－2－49。

在琼海，旅港乡亲卢业坤于1984年引资24亿日元，引进日本东丽公司先进设备与琼海县开发建设总公司合作兴建琼海涤纶厂，年产涤纶长丝5 000吨，产值超过1亿元。此后，许多海外和港澳乡亲纷纷回乡投资办厂，使一批与涤纶厂相配套的针织、印染、服务等合作合资企业应运而生；1987年，旅居新加坡的乡亲林鸿漠，投资122万元创办以太针织厂；1988年，旅港乡亲卓伟、王春海分别投资200万美元和40万港元创办南华皮革厂与合成玩具厂。到1990年，全县外商投资兴办的合作、合资企业有18家，投入资金近381万美元和2 500万元人民币。此外，乡侨们还热情支持侨乡乡镇企业的发展。中原镇是琼海著名的侨乡之一，从1980年到1992年，全镇由侨眷和港属兴办的个体工业企业达260家，有印刷厂、食品厂、碾米厂、锯木厂、服装厂、自来水厂等。龙江华侨联合公司是一家由华侨、侨眷集资兴办的经济实体，最初只有资金7 000元，后来投资规模不断扩大，发展成为龙江华侨联合厂、龙江华侨自来水厂、龙江华侨农场和南区华侨农场等四个集体所有制的企业公司。据统计，1990年全县归侨、侨眷投资创办的经济实体达780个，资金达5 500多万元，有力推动了侨乡经济的发展。

1992年琼海撤县建市后，在政府鼓励政策的鼓舞下，乡侨们投资势头不减。旅居新加坡的乡侨朱国儒投资300多万元，在家乡中原镇兴建自来水厂，解决了该镇和周围34个村庄7 000多人的生活饮水及工业用水，还改善了近3 000亩农田的灌溉条件；1993年，旅居新加坡的乡侨符振师，投资800万元人民币，创建了一家年产5 000～10 000吨的味皇食用菌营养生抽王酱油厂。至2001年，全市侨资工业达56家，投资总额8 000万美元，侨资企业总产值达24 000万元。在华侨的支持下，琼海市先后引进国外十多条先进生产线和一批先进技术设备，使纺织、橡胶加工、食品饮料、床褥等行业的生产能力大为提高。至2006年，华侨华人和港澳同胞在琼海投资办企业103家，实际投资28 000万元人民币，投资工业的有17家，占16%，共生产新品种185种，其中93种获得部级、省级名优新产品奖。

1991—1996年间，在海口市注册成立的三资企业有4 977家，其中侨资占80%。从1988年海南建省办特区至1996年底，海口市实际引进外资25.64亿美元，其中81%以上是海外华人、港澳台商投资的。1991年后，海外侨商投资领域扩大到房地产、金融、贸易、商业、交通、通讯、旅游和其他产业，投资比重以投资房地产居第一位。[①]

琼山县（今属海口市）石山镇的旅日实业家陈学忠，于 1982 年投资 82 万美元与县外经委合办琼华沙砖厂。

1993 年，泰国知名企业家吴多祯在海南注册成立海南万达包装制造有限公司，组建万达高精艺品厂，到 1996 年底，总投资达 1.2 亿港元，前三年累计出口创汇 500 多万美元。1990 年，马来西亚华侨祝清坤在万宁投资兴办机械化养猪场，收到良好的经济效益和社会效益。从 1993 年开始，泰国华侨许书标和张光利先生合资，在海南兴办红牛保健饮料厂，到 1997 年，该厂年总产值 6.5 亿，上缴税金 200 万元，2000—2002 年度被国务院侨办授予“全国百名明星侨资企业”称号。[②]

建省前，全海南侨属企业仅 300 余家，1992 年增至 4 200 家，1993 年发展到 5 000 余家。[③]

四、投资商贸、交通运输、金融、房地产和旅游业等

海南处于海上丝绸之路之上，在海南人下南洋的历史过程中，商贸往来历史悠久。南洋著名考古学家韩槐准先生考证，在道光元年（1821），就有帆船自海南运载陶瓷器、铺地之砖、雨伞、鞋、纸、神香、干果及药材等到新加坡销售。[④] 1830 年，琼州帆船也已经到达槟城。咸丰八年（1858），《天津条约》把海口列为对外通商口岸后，海南与外部的通商贸易活动日益增加。1890 年，乐会县华侨何达启在海口分界开办森堡船务公司，购置火轮船，开辟海口通往南洋的新航线，改变了以往只靠帆船运输的落后状况，加快了海南与东南亚的交往。

在文昌，民国初期，华侨在家乡各墟镇独资经营的商店占四分之一以上。文城颇负盛名的“泰丰盛”、“南丰庄”、“茂兰庄”、“琼合百货”等

---

① 海口市地方史志编纂委员会编：《海口市志》，方志出版社，2004 年，第 1586 页。

② 黎良端：《情缘——我的侨务工作随笔》，南海出版公司，2005 年，第 74 ~ 82 页。

③ 黎良端：《情缘——我的侨务工作随笔》，南海出版公司，2005 年，第 116 页。

④ 韩槐准：《琼州南洋交通考》，《琼州会馆联合会报》第 1 卷第 1 期。

好几家商店，均为侨资所创。铺前墟的钱庄、船务、木材、批发等行业都是侨商所经营。会文镇白延墟80%的楼宇为侨商所有，在华侨资本的影响下，白延的街面上，商品琳琅满目，墟日热闹非凡，人们穿着洋气，咖啡、红茶满街飘香，马来小食随处可见，颇具星马小埠特色。

在海口，民国初期，实力强大的百货公司裕大纱布商行为华侨王先树所创。

在嘉积，民国十年（1921），商号有100余家，在其中较大的36家中，华侨或侨眷兴办的有20余家。[①]

清末至民国期间，华侨在海口的投资以交通业、房地产业、金融为重点。

近代华侨投资海南交通运输业名称一览表

创办时间	企业名称	行业类别	资本组资形式	主要投资人	侨居国	华侨归侨侨眷	资本额	其中侨资	币制名称
民国七年（1918）	海口琼海汽车公司	交通公路	股份	陈华衣	新加坡	侨眷	30 000	67%	银元
民国八年（1919）	海口琼文车路公司	交通公路	股份	韩文修	美洲	归侨	60 000	75%	银元
民国九年（1920）	海口琼定车路公司	交通公路	股份	曾日初	不明	华侨	70 000	80%	银元
民国十年（1921）	琼中琼益车路公司	交通公路	合资		新加坡	归侨	30 000	70%	银元
民国十年（1921）	海南乐群车路公司	交通公路	合资		新加坡	归侨	35 000	50%	银元
民国十二年（1923）	海南文烟车路公司	交通公路	合资		新加坡	归侨	30 000	50%	银元

① 王桢华主编：《琼海市华侨志》，中国文联出版社，2007年，第135～136页。

（续上表）

创办时间	企业名称	行业类别	资本组资形式	主要投资人	侨居国	华侨归侨侨眷	资本额	其中侨资	币制名称
民国十三年（1924）	海南仙龙车路公司	交通公路	合资	曾日初	不明	华侨	50 000	60%	银元
民国十四年（1925）	文昌永安汽车公司	交通公路	股份		马来亚	华侨	100 000	50%	银元
民国十五年（1926）	海南翁菠车路公司	交通公路	合资		南洋	华侨	40 000	75%	银元
民国十六年（1927）	文昌菠演汽车路公司	交通公路	合资		南洋	华侨	20 000	50%	银元
民国十六年（1927）	文菠塘车路公司	交通公路	合资		南洋	华侨	40 000	75%	银元
民国十九年（1930）	海南铺前车路公司	交通公路	股份		南洋	华侨	80 000	75%	银元
民国十九年（1930）	海南联兴汽车公司	交通公路	股份	莫礼朝	马来亚	华侨	30 000	60%	银元

资料来源：摘自林金枝：《近代华侨投资国内企业概论》，厦门大学出版社，1988年，第269～293页。转引自夏诚华：《近代广东侨汇研究（1862—1949）——以广、潮、梅、琼地区为例》，新加坡南洋学会，1992年，第339～344页。

注：表中“陈华衣”应为“陈华农”之误；表中所述“车路公司”与《海口市志》中所述“东路公司”明显不一致。

1918年，新加坡、马来亚华侨陈华农等人在海口市组织的琼海汽车公司是华侨在广东最早投资公路运输之企业。[①] 至1927年，新加坡、马来亚华侨投资31万光洋（占当时建路总资本42万银元的73.8%），修建了以

① 夏诚华：《近代广东侨汇研究（1862—1949）——以广、潮、梅、琼地区为例》，新加坡南洋学会，1992年，第185～186页。

海口为中心通往文昌、琼山等地的11条公路，总长达570公里，大大改善了海南的交通落后状况。其中旅居新加坡华侨陈华农创办的琼海汽车公司投资额3 000银元，其中侨资2 000银元；1919年新、马归侨韩文修等创办的琼文东路公司，投资额6 000银元，其中侨资45 000银元；1920年，新、马华侨创办的琼定东路公司，投资额70 000银元，其中侨资56 000银元；1921年，张信之创办的琼益东路公司，投资额20 000银元，其中侨资1 200银元。[①]

在文昌，民国十年（1921），县长兼公路局长陈岛沧在民国元老、海军司令陈策等支持下，设立文昌县筑路委员会，提出以华侨投资、商人认股和摊派社会各界集股形式筹集资金，成立文昌县民办车路有限公司。是年10月，筹股金35 000银元（侨资为主），兴建文城至大致坡第一条简易公路（全长24公里），开创民办公路的新纪元。文昌最早出现的几辆汽车，也是华侨在民国初年从南洋引进的。

在琼海，民国十三年（1924），华侨王大彦从美国进口4辆罗利车，经营运输业。继后，华侨经营的琼益公司从美国进口福特大汽车24辆、小汽车2辆，在嘉积投入营运。

房地产业是华侨们投资的重点之一。民国期间，海口的华侨投资房地产业1 000户，投资总额约1 500万银元，占海口房地产总投资的75%。1935年，海口旅馆共22家，其中20家由华侨、归侨、侨眷独资或合资经营。旅越华侨吴坤浓投资50万银元在得胜沙路建造的高五层的胜利影剧院（今海口大厦），成为海口第一大建筑。[②] 20世纪上半叶，海口市的主要街道建筑，华侨投资占有相当份额。旅居加拿大的华侨潘先甲在海口建有11幢楼房，新加坡华侨王先生在新华路兴建中华戏院（今解放戏院），华侨何达启在海口市博爱南路兴建重庆大酒店，成为当年海口最豪华的酒店之一。在海口市中山路约100米的路段，全系何达启的房产。

在文昌，文城在20世纪20年代拆城墙、筑河堤、建街道期间，一大批华侨回乡，在四条新街上建起房屋680间，其中楼房108幢，最高楼房

---

① 海口市地主史志编纂委员会编：《海口市志》，方志出版社，2004年，第1589页。

② 海口市地主史志编纂委员会编：《海口市志》，方志出版社，2004年，第1586页。

为3层13幢，房屋多为两层楼房。越南华侨符树东在东河岸同一时间建起9间楼宇，连成半条街，故后人亦称为“树东街”。铺前，原名溪北，铺前老街现在叫胜利街，始建于1895年，1903年重新规划，1927年初具规模，那正是文昌南洋商人事业取得成功、纷纷回乡建屋立业的时期。胜利街长约400米，呈S形，两旁建筑是清一色的南洋骑楼，充满异国风情，其造型秀丽，风格优雅，线条纤细柔和，呈现出洛可可风格的繁复和精美，均为侨资所建。会文墟、迈号墟等也是华侨带头投资相继创建起来的。

在琼海，1926年，琼东县政府接受商会的请求，改造、扩建嘉积街道，将原来狭小的街道全部拆除，重新规划，建起以“嘉积新纪元”命名的嘉祥街、积庆街、新民街、纪纲街、元亨街，同时建起下街、东门、南门、西门四个菜市场。这一举动得到广大华侨的支持，由于侨资注入较大，重建后的五条主街道，形成了南洋流行的建筑风格，店铺以二三层骑楼式结构为主，楼下用来经商，楼上充当住宅，建筑材料如钢筋、水泥等多从国外进口。①

1931年间，从印度尼西亚、新加坡回来的华侨在那大镇的第五街先后建起50余间店铺，用以出租或居住。

解放后，特别是改革开放后，华侨们投资家乡房地产、旅游业热情不减。在文昌，华侨在家乡投资的项目之一是在各墟镇置地建造临街楼宇，用作经商或返乡逗留住宅。文城水涯岷新建的几条街的楼宇，由旅居新加坡、泰国和港澳的乡侨直接或间接投资建造的占80%以上。锦山墟新市区两条街道的楼宇，是锦山镇农工商联合公司与旅泰乡亲黄宏萱联合开发的，几乎都卖给乡侨或侨眷。会文镇以乡侨和侨眷为主开发建设的华侨大街，足有三四公里长。在龙楼的铜鼓岭、淇水湾，东郊的建华山海边，文城的主要标志性酒店，都有侨资活跃的身影。此外，潭牛、头苑、迈号、文教、东阁、蓬莱等地新开发的市镇新区中，乡侨投资都是新建铺宇的主力。而较大的房地产项目，如在清澜开发区内旅泰乡侨欧宗清投资的欧兰花园、新加坡乡侨投资的胡姬花园等已成规模。由旅马乡侨陈群川牵头组建的马来西亚宏岭有限公司投资1.53亿元与文昌华侨农场合作兴建的绿野国际高尔夫旅游度假村，成功运作。进入21世纪后，乡侨们的投资热情越

① 王桢华主编：《琼海市华侨志》，中国文联出版社，2007年，第136页。

发高涨，据不完全统计，近几年，乡侨们投资家乡项目、置办实业的资金已达15亿元以上。张学修、邢诒喜、符祥翠是其中的代表之一。旅港的符祥翠先生所在的华商集团2010年投资1.5亿元建商贸大道、同创美食街、商业街、娱乐城等设施，形成以同创碧海城为主体的文昌新的商业中心。此后，还将投资8亿元，启动西苑和东苑二期项目，建五星级同创航天大酒店等。①

解放初期，在琼海嘉积、中原等一批墟集的建设过程中，侨资是主力军。1956年，嘉积侨资建造的店铺有356间，占全部890间店铺的40%；中原墟由侨资建造的店铺有58间；此外，塔洋、长坡、潭门、龙江等墟集，由侨资建造的店铺共计180间。这些店铺多由侨眷或归侨经营，对活跃城乡经济起了较大作用。1983年，旅居新加坡的符必煌投资100多万元人民币，与琼海县对外经济贸易委员会合作，在嘉积南门兴建永丰利大酒店，占地3 000平方米，建筑面积5 424平方米，主楼高8层，为当年嘉积最高建筑物。1992年琼海撤县设市后，华侨投资势头更猛，市区元亨路、爱华路等新区楼房大部分为侨资参与兴建。嘉积新城区建设中，华侨或侨眷建造的房屋约占一半。1995年全市固定资产投资10亿元，其中侨资占8亿元。侨胞李运根，投资650万元在嘉积创办东园宾馆，1994年开业，1995年又与亲友合作，投资750万元在嘉积兴建椰城集贸市场；侨胞朱国儒，1994年在嘉积投资2 000万元兴建高19层、建筑面积12 000平方米的国儒大厦；侨胞陈献淞，在嘉积投资2 000万元兴建新加坡花园酒店；侨胞周南炳，1994年在嘉积投资380万元创建新加坡南记大厦，开办南记旅游饮食服务公司，经营鸡饭店和旅游服务业；侨胞覃业樊、王业俊、王兆进共同投资人民币1 000万元在嘉积创办富丽酒店；香港同胞严兴川，1995年投资600万元人民币创办川都酒店，投资500万元人民币在定安县从事房地产开发，在万宁投资建设第四市场。据统计，到2006年，琼海拥有旅游酒店160家，其中华侨投资或合资创办的有30多家，华侨注入旅游业的资金达12 000万元，约占华侨在琼海投资总额的60%。②

金融业也是近代以来华侨投资的重点领域之一。如前所述，近代以

---

① 《侨乡春潮处处新》，《海南日报》2010年4月4日。

② 王桢华主编：《琼海市华侨志》，中国文联出版社，2007年，第137～139页。

来，随着琼人出洋人数的增加，侨汇业发展的需要，各种与侨汇相关的机构纷纷建立。

近代华侨投资海南金融业名称一览表

创办时间	企业名称	行业类别	资本组资形式	主要投资人	侨居国	华侨归侨侨眷	资本额	其中侨资	币制名称
国民三年（1914）	琼崖工商银行				南洋		200 000	80%	毫银

资料来源：摘自林金枝：《近代华侨投资国内企业概论》，厦门大学出版社，1988年，第269～293页。转引自夏诚华：《近代广东侨汇研究（1862—1949）——以广、潮、梅、琼地区为例》，新加坡南洋学会，1992年，第345页。

从抗战胜利到1949年，华侨在海口投资兴办的金融业共计有39家，投资额达62万银元；海口市甲种侨批局有27家，主要有海口鸿南信局和海口琼崖工商银行等，主要是办理侨汇存款和解付侨汇。①

第三节　资助家乡的公益事业

出洋海南人一直以来十分关心家乡的社会发展，为家乡的教育、医疗卫生、基础设施建设等作出了巨大贡献。据不完全统计，从清末到1950年，全岛华侨捐办各项公益事业金额约200万银圆；从1978年到1996年，琼属华侨华人和港澳台同胞，捐办公益事业的款物折合人民币3.3亿元；2001年至2007年，海外华侨华人捐款捐物折合人民币3.45亿元。②

① 海口市地方史志编纂委员会编：《海口市志》，方志出版社，2004年，第1586页。

② 王辛莉：《琼属海外知名人士》，南方出版社、海南出版社，2008年，第105页。

一、捐资助学　昌盛文教

尊师重道、重视教育是中华民族的优良传统，闯南洋的海南人无论生活多么艰苦，从未背离这一传统。靠知识改变命运是生活在侨乡人们的基本共识。海外海南人对家乡的热爱，首先表现为对文化教育事业的支持。至解放前夕，文昌华侨捐资办学占学校总数的80%；1921年至1949年，琼海华侨捐助兴办的中小学校176所，占琼海学校总数的49.85%

1. 文昌

华侨在文昌资助最早的学校，是清光绪十年（1884）创建的罗峰书院。书院“始由乡先辈云凤若先生联集地方人士，南洋侨胞，捐资兴办”①。罗峰书院先后易名为罗峰小学、罗峰初级中学、罗峰中学，它的发展，浸透了华侨的心血。1927年至1937年间，由于战乱，书院校舍被焚。校舍重建时，有498位华侨和港澳同胞共捐银圆96 000元，先后建成6幢共3 500平方米的教学大楼。其中香港著名侨领周雨亭捐银圆10 000元，建起1幢办公大楼和1间教室，其子周文治捐银圆3 500元，建造图书馆；冯尔和先生捐建校舍3座；黄有鸾先生捐建“黄有鸾斋”1座。此外，尚有“石盘村云瀛侨先生捐大洋6 000元；里隆村冯齐平先生，兴宅村林树森先生、昌锋村周成兴先生各捐大洋3 070元……此外，捐500元（光洋）者54人……捐500元以下之志士仁人，不胜枚举”②。其时的罗峰，校园壮观，校舍堂皇，在岛内盛名一时。20世纪80年代中期，泰国、新加坡和香港乡亲180人捐资120万元，新建两幢教学大楼，改建、扩建南大楼为综合大楼，同时用36万元修建教师宿舍、医务室，购置600张双架床，使学校教学条件得到极大改观。

历史悠久的文昌中学也是在华侨的关怀下成长的。文昌中学的前身是创办于1908年的蔚文书院，校址原在文城内的文昌学宫旁，场地狭小，有碍学校的发展。1927年开始，学校动议迁到教场坡（即今址），改名文昌中学。经过四年筹备，1931年新校破土动工。在新校建设的过程中，南洋

---

① 罗峰中学校史。

② 转引自冯子平：《走向世界的海南人》，中国华侨出版社，1992年，第171页。

各埠957名侨胞，共捐献光洋十多万元，建起15座校舍，总面积达7 000多平方米。独资捐建的有“邢谷宝堂”、“王兆松图书馆”、“文焕章图书馆”、“郭云龙斋”等，其中最有特色的建筑，是郭巨川和郭镜川兄弟捐资17 000银元建造的以其父亲名字命名的“郭云龙大礼堂”。大礼堂为钢筋水泥结构两层大楼，长16米，宽12米，高8米，面积达384平方米。因其以飞机为造型，又称飞机楼[1]，可惜在抗日战争中被日军飞机炸毁。这些各具特色的建筑，连同其他侨胞捐建的建筑，成为海外游子对家乡一片赤诚之心的最好证明。文昌中学“与华侨关系之切，是人人皆知的事，其校舍建筑之宏伟华丽，有科学馆，图书馆，礼堂，饭堂，课堂，学生宿舍与教职员宿舍。全部建筑费几乎都是海南华侨集腋成裘的结果。中学校址之宽大，建筑物之华丽与齐备，广东省没有一间中学能与之比美”[2]。20世纪80年代以来，海外乡亲、港澳同胞捐助文昌中学改善教学环境的热情与日俱增，共捐资2 224.62万元[3]，建起12幢楼、馆、舍。学校利用这些资金，除100多万为奖教奖学基金外，扩大校舍建筑面积达27 300平方米，是1983年以前历年兴建校舍总面积18 200平方米的1.5倍。文昌中学的发展，浸透了海外赤子的心血。据统计，自20世纪30年代以来，至今能找到的有名有姓的捐助过文中的侨胞有1 411人，公司37个。[4]

文昌久负盛名的铺前溪北书院（即今文北中学），也与琼侨有着密切关系。溪北书院系清代由乡贤潘儒初老先生筹款于光绪十九年（1893）始建，是一间远近闻名的学府。经正楼是当年整座书院的精华，既是书院藏书处，也是执教先生们切磋学问处。1921年，铺前地区热心教育事业人士和海外侨胞捐资，将因年久遭风雨侵袭的经正楼改建成古今合璧、中里藏洋式的楼宇，给书院增添了光彩和魅力，使得求学者趋之若鹜。此后又多

---

① 《文昌中学百年校史》，2008年，第51页。

② 转引自冯子平编著：《走向世界的海南人》，中国华侨出版社，1992年，第172页。

③ 《文昌海外乡亲心系桑梓无私捐赠造家乡》，《海南日报》2008年4月3日，第五版。

④ 《文昌中学百年校史》，2008年，第223～236页。

次予以资助，使之得以继续发展。[①]

文昌华侨中学在1957—1960年期间，由全县侨界人士先后捐资9万多元，建起7座校舍，一个大食堂，建筑面积2 433平方米。文化大革命期间，学校被迫停办，1979年复办。学校复办后，广大侨胞给予了巨大的支持。复办初期，学校教室宿舍奇缺，广大华侨慷慨解囊，捐资建校舍、添设备、修校道、建校门，学校规模日益扩大，并迅速步入发展阶段。到20世纪90年代中期，累计有10个国家和地区的390人次捐款432万元。利用这些资金，学校不但把原校舍修葺一新，还新建了楼房12幢、平房3座、凉亭1座，建筑面积达8 270平方米。

进入21世纪后，侨胞们捐助侨中的热情持续高涨，捐资数量不断扩大，建筑的楼宇越发宏伟、壮观，其中有陈文民科学馆、陈明谦教学楼、符传军教学楼、张学修教学楼、赵玉山图书馆、和谐教学楼、云海青教学楼和赵玉山行政楼等。[②]

锦山中学也是一座有着上百年历史的老校，学校的发展，同样与侨胞的贡献息息相关。民国时期，侨胞韩仲文、林树杏、吴乾元、陈如书等20多人捐建的瓦房为学校服务了近百年。20世纪80年代初，侨胞黄宏萱先生回乡探亲，目睹校舍陈旧，率先捐资32万元，分两期建起有16间教室的黄宏萱教学大楼和校门，解决了学校教学用地不足的难题。接着，侨胞许镜泉先生捐建了图书馆，韩洪畴先生捐建起科学馆。为更好地改善学校的办学条件，20世纪90年代，一批乡侨相继合建学生宿舍。1992年，侨胞吕先芙夫妇捐建吕承春纪念馆，作为学校办公大楼；1994年，冯所兰、冯所桂兄弟捐建有9间教室的冯尔芳邓琼梅教学大楼；1995年，王禄益先生捐建王第孝公纪念楼，是套间住宅楼。据统计，1983—1995年间，海外乡亲共捐献265万元，建造了6 446平方米的建筑，赠送一批图书、教学仪器和其他教学设备，学校面貌为之一新。

联东中学的发展则倾注了香港同胞邢李㷧先生的心血。联东中学原是一所乡镇普通中学，办学条件不甚理想。2005年，邢先生捐资4 000万元，

---

① 转引自冯子平编著：《走向世界的海南人》，中国华侨出版社，1992年，第172～173页。

② 以上资料由文昌华侨中学提供。

对学校进行脱胎换骨的改造，崭新的教学大楼、学生公寓、图书馆等，令人耳目一新，同时还按照城市一级学校标准捐资为学校配置教学设施。此外，为保证学校有充足的发展后劲，从2005年开始，邢先生每年向学校捐资100万元，作为对该校教育教学改革的支持经费。[①] 如今，联东中学已成为文昌市学校中一颗闪亮的明珠。

在小学教育方面，以个人捐助为主兴办的学校有树芳小学（市四小）、英敏小学、玉山小学、美南小学和罗吴小学等。

树芳小学是由时任香港海南商会理事长的黄坚先生于1983年独资创办的。1986年老人去世后，其儿子守正继承父亲事业，一如既往地支持学校的发展。十年间，父子共捐资120万元，先后建起“树芳教学楼”、“黄坚纪念馆”等各种校舍，面积达1 996平方米。利用这些资金，学校的教学条件得到极大提升：宽敞明亮的教室，一应俱全的教学设备，整洁美观的校园……在黄氏父子的爱心呵护下，如今的树芳小学已成为一所颇具规模的小学教育基地。

位于公坡镇的英敏小学原来办学条件很差，学生流失严重。1986年，时任香港商会副理事长的陈文民先生返乡，了解到学校的办学窘境后，决定帮助学校渡过难关。他带头联络海外乡亲捐资，在不到两年的时间里，就建起教学楼、教师宿舍、办公室、图书馆、体育室等相关教学设施。1992年，他又捐资美化、绿化校园。1995年，他发动乡亲建起多功能的仿古建筑“怀乡堂”。从重建以来，陈先生每年捐资10万元，作为学校办学经费，做到学生免交学杂费、课本费和作业簿费，给师生赠送校服，给教师发生活补贴和奖金。至今，陈先生为办学共捐了上千万元。现在的英敏小学，已是一所学生规模相当、教学质量优良的乡镇学校。

位于南阳的玉山小学，原来是一所仅有20多名师生的乡村小学，只有几间摇摇欲坠的破校舍。从1983年开始，旅新乡亲赵玉山先生先后捐款66万元，建起教学楼、多功能礼堂、教师宿舍和学生宿舍楼，同时修建校门、围墙、台阶、厕所等，开辟一个1 800平方米的运动场，又用24万元打井、通电、修路，改造学校与周边环境，使之成为一所像模像样的完全

① 《文昌海外乡亲心系桑梓无私捐赠造家乡》，《海南日报》2008年4月3日，第五版。

小学。鉴于赵先生对学校的重大贡献，经政府批准，学校改名为“玉山小学”。

美南小学是1993年由旅泰乡亲陈修炳先生捐资252万元，在家乡东郊福绵村创办的。学校建有建筑面积达1 800平方米的一幢教学大楼、两幢教师宿舍和整洁舒适的校园，为调动师生的积极性，还设立教育基金会。为方便师生交通，陈先生还专门捐赠了一辆价值20万元的小车，作为学校用车。因为陈先生的用心良苦，美南小学成为全东郊教学条件最好的学校。为了让学校更好地发展，陈先生又捐资23万元给中山管区，种植250亩椰子，由专人负责管理。椰子收益后，一部分给学校办学，一部分留给管区兴办公益事业。

罗吴小学原来教学条件较差。1994年，湖山乡旅泰乡亲冯所瑛先生慷慨捐资190万元，建起建筑面积达1 464平方米的教学大楼、教师宿舍、多功能活动室，并美化校园，使学校面貌为之焕然一新。尔后，冯先生又捐资70多万元购置高档学生课桌，教师办公室、会议室的全套新款设备和各种办公设备，同时平整校园，建花池，安路灯，植树、栽花、种草，绿化美化校园。就这样，在冯先生的大量支持下，罗吴小学被公认为文昌境内环境最优美的小学。1995年，冯先生又捐助100万元设立教育基金会，解决学校办学经费紧张问题。

近代以来，文昌市海外乡亲、港澳同胞捐建学校之具体情况见本书附录。

为了让家乡更多的学生接受教育，鼓励教师勤教善导，海外乡亲和港澳同胞还踊跃捐资，设立教育基金会和奖教奖学基金会。据统计，截至2007年，全市104所中小学设立了基金会，积累基金960万元。在基金会的芳名册上，永载着无数海外乡亲的拳拳爱国心。

文昌中学是文昌培养人才的重要基地，是文昌教育质量高低的风向标，最为乡侨们牵挂。文中的发展历程，倾注了乡侨们的心血。乡侨们在支持文中进行硬件建设的同时，也在软件建设上费尽心思。为了激励教师教学和学生学习的积极性，提高教学质量，旅新乡侨符国雄、华开瀛、符国萃、周家华等人发起设立奖教基金会，并带头捐资7.2万港币，后扩大为奖教奖学基金会。随后，海外乡亲及香港同胞纷纷响应，慷慨解囊赞助，迄今已积累基金100多万元。其中旅新乡侨王振高先生捐资20万元，旅居文莱乡侨韩琼元、旅泰乡侨冯所瑛先生各捐10万元。1996年，旅泰乡侨捐资近30万元，香港同胞陈符爱荣女士再捐10万元。邢诒喜先生和王伟光先生各捐8万元，美国南加州同乡会捐4万元，三联矿业有限公司捐8万元，给文中设立基金会。

在文昌华侨中学，旅港乡亲陈文民捐8万元，奖励高考中榜者。此外在学校校庆时，潘正洲、陈文民等诸位乡侨共捐120万元，帮助学校改善办学环境。

在铺前镇，1990年，旅泰乡侨齐必光先生捐资2万元，设立文北中学奖学奖教基金会，每年取息颁奖一次；1992年，旅泰乡侨韩泰畴先生捐资5万元港币，设立第三小学奖教奖学基金会，每年取息颁奖一次；1991年，泰国乡亲叶世忠先生先后捐资1.1万美元给叶茂、育新两所小学设立基金会，每年取息颁奖一次；1993年，旅泰乡侨吴淑英、吴乾煌捐资4.7万元，设立美东小学奖学奖教基金会，每年取息颁奖一次；韩柏光等旅美乡亲，集资0.8万美元，设立同德小学教育基金会。

在罗豆农场，香港海南商会会长周成泰先生捐资港币5万元，设立昭文小学教育基金会。

在湖山办事处，1990年至1994年，旅泰乡侨冯所瑛先生和旅港冯所雅先生等12位乡侨共捐资1.5万元给罗吴小学，设立奖教奖学基金会；1990年至1994年，旅泰林鸿达等12位乡侨，共捐资44 500万泰铢给乐安小学设立奖学金和支付教育经费。1988年，由周德鸿、符福铣、连魁宏、符气泰、周德芬等15位乡侨捐泰铢12.6万元，港币1万元，1994年周德鸿、符福铣、连魁宏再捐人民币0.39万元，为育英小学设立奖学基金会；1993年至1994年，由旅泰郭丽娟、符玉妹、何爱芳诸女士和云昌本先生等23位乡侨捐资人民币1.2万元，港币2.22万元，泰铢0.95万元，美元0.05万元，给湖心小学无止境设立奖学基金和支付教育经费；1990年至1994年，由旅泰乡侨陈成鑫先生等捐资1.9万元给志阳华侨小学设立奖学金；1995年，吕雪梅女士、陈川海先生各捐两万元，为良家庄小学设立奖学基金会；1995年，韩佳丰、浩丰、寿丰、禄元和陈成鑫等28人捐资11.934万元，设立湖山中学教育基金会。1995年，冯所瑛先生又捐助100万元设立罗吴小学教育基金会，解决学校办学经费紧张问题。

在锦山镇，20世纪90年代，乡侨韩经元先生捐资7万元设立锦山中学教育基金会；1995 年旅港同胞陈玉川先生向基金会捐资 5 万元；乡侨叶世忠先生捐资 0.919 2 万元，设立育新小学教育基金会；1993 年，乡侨陈文忠先生创导设立光中小学教育基金会，并带头捐港币 3 万元，在他的带动下，海外乡亲捐资达 6 万元；乡侨们捐资 4 万多元，在建中小学设立教育基金会；1994 年，乡侨们捐资设立图南小学基金会，其中吴乾基先生捐 3 万多元，韩经元先生捐 1 万元，云昌发先生捐 0.5 万元；1990 年，泰国之泰京华南酒店捐资 2 万元，为里仁小学设立教育基金会；1992 年，乡侨们设立育民小学教育基金会，其中云昌运先生捐资 2 万元，吴乾基先生捐资 3 万元。

在抱罗镇，1991 年，鸭绿村港澳同胞许振奇、许振杰设立抱罗镇作文、算术奖励基金会，奖励基金 0.2 万元；1991 年，鸭绿村乡侨许声驹、符碧云伉俪，捐资 2 万元，为抱罗中心小学设立许声驹奖学基金会，五年为 50 多名学生颁奖；山梅村林明桐、林鸿照、林明文等 30 多位乡侨，捐资 5.41 万，设立崇文小学教育基金会；1994 年，陈嘉美、陈嘉丰、陈邢金花、陈嘉仍、陈嘉流美等 18 位乡侨，捐资 11 万元，设立毓文小学教育基金会；1993 年，乡侨周成泰、周德美、周德森牵头，发动 30 多乡侨捐资 5.2 万元，为育文小学设立教育基金会；1990 年名园村乡侨将捐资建校剩余的 150 万泰铢设立明德小学教育基金会，存入泰京银行，把每年所得利息汇回该校董事会，作为办学、奖励等经费。

在龙马办事处，云逢凉先生 1988 年捐赠 11.6 万元设立云逢凉奖教奖学基金会，每年取息奖给在校优秀生和考上重点学校的学生。

在头苑办事处，1985 年，乡侨林道峰先生捐港币 0.8 万元，为玉成小学设立办学基金会；1992 年，乡侨符气学先生捐资 2.5 万元，设立登文小学教育基金会；1993 年，乡侨詹所楷先生捐资 5 万多元，为崇志小学设立办学基金会；1993 年，旅泰乡侨詹尊运先生，捐资 1.5 万元给头苑中学设立奖学基金会。

在东阁镇，东阁中心小学奖教奖学基金会，是由旅港的许声照，旅泰的邢益清，旅新的许文进、许达三、许文基和旅马的邢福鑫诸先生捐 5.58 万元设立的。邢福鑫先生 1995 年又捐 10 万元作基金；旅泰乡侨曾纪蕃、陈运宛两先生捐资 0.22 万元，设立成美小学奖教奖学基金会；旅港陈颖平先生设立一个活的奖教奖学金，即每年有多少学生考上文昌中学就奖多少学生（学生个人、全体教师各奖 1 000 元）；德美村旅新乡侨许文基先生捐资 1 万元，奖励本村学业成绩优异的学生；地禄村旅港乡亲林明清先生、旅新许达精和许达三先生捐资 1.8 万元，设立教育基金会，取息奖励学生（考上文中的学生，初中奖励 100 元；高中 200 元；中专 300 元；大学 500 元），不足部分由林明清先生负责。

在宝芳办事处，1992 年，海外王氏宗亲捐资成立王家庄教育基金会，每年取息作奖助学金，已积累基金 25 万多元；1993 年，乡侨詹尊桐先生发动海外乡亲捐资 4 万多元，为钥智小学设立教育基金会，作为办学经费；20 世纪 80 年代初，乡侨邢谷鸿先生发动海外乡亲捐资 5 万元，作为新龙门小学办学基金；20 世纪 80 年代以来，启迪小学教育基金会得到海外乡亲资助 27 万元；宝芳中学教育基金会得到了王安泰、王秀英、黄守英等乡侨的 7.9 万元捐助而设立；乡侨符大应、符大桐、符大瑜诸先生捐资 6 万元，设立碧玉山小学教育基金会。

在文教镇，2001 年，香港同胞陈世英先生创建联东中学教育基金会，捐款达 180 万元，是个人给中学教育基金会捐款最多的乡亲。

在东郊镇，1989 年，乡侨陈在成、陈庆椿先生捐资 2.98 万元，设立中山小学奖学基金会；1990 年乡侨黄闻锦先生捐资 1 万元，设立公群小学奖学基金会；1990 年，旅泰陈金莲女士捐资 6 万元，设立锦坡华侨学校办学基金会；1993 年，旅泰乡侨陈修炳先生在捐建美南小学的同时，另捐 20 万元，为该校设立教育基金会。

在龙楼镇，1988 年，旅泰乡侨黄守英、陈玉贞伉俪捐资 1.8 万元港币，为地源小学设立奖教奖学基金会，每年取息颁奖一次；1991 年，旅新乡侨符鸿拔先生发动新加坡、马来西亚、泰国、美国、澳大利亚等国家的 72 人捐资 10.5 万元，设立龙楼伯祖祠奖教奖学基金会，到 1995 年已筹集基金 21 万元，用于激励符氏子弟勤奋读书，立志成才；1988 年乡侨林道镠、黄守英、林明保、黄玉香、韩俊元诸先生捐款 1.25 万元，设立龙楼中心小学奖教奖学基金会，每年取息颁奖一次；1988 年，旅泰乡侨黄守英、林明保、黄玉香、林道镠等人捐款 1.25 万元，设立龙楼中学奖学基金会，每年取息颁奖一次。

在昌洒镇，1994 年，由乡侨韩勉元、韩琼元先生倡议，25 名乡侨捐资 18.5 万元，为文潮小学设立教育基金会，每年取息奖励优秀师生，其中两韩先生各捐6.3万元；1993年，旅美王禄纯、王禄敬先生发动海外乡亲捐资0.75万元，设立福群小学教育基金会。

在会文镇，1992年，旅澳乡侨林猷昌捐资0.3万元设立冠南华侨中学奖教奖学基金会；1994年，旅新乡侨林日雄夫人韩友兰女士偕儿子林方宇捐助1万美元给文林小学，设立林日雄奖教奖学基金会；1991年至1993年，旅新乡侨符气崑、符气仑、符史丰三兄弟捐资4.4万元，设立边海小学奖教奖学基金会；1992年至1993年，乡侨林瑶廷、林方茂等57人共捐资2.6万元，设立湖丰小学奖教奖学基金会；1993年，旅新乡侨林猷昌、王大师等人捐资1万元，设立冠南小学奖教奖学基金会；1990年至1993年，旅新乡侨史可悦、林克谐、白昌涔等74人共捐资4万元，设立沙港小学奖教奖学基金会；1993年，乡侨庄耿海、吴运家等78人共捐资2.3万元，设立阳光小学奖教奖学基金会；1990年，乡侨龙学品等7人捐资2.3万元，设立龙文小学奖教奖学基金会；1990年，旅新乡侨林文江捐资1万元，设立育和小学奖教奖学基金会；1991年，旅新乡侨占忠正先生及夫人龙爱花女士捐资1万元，设立烟堆小学奖教奖学基金会；1992年，海外乡亲12人捐资0.17万元，设立朝奎小学奖教奖学基金会；1992年，旅新乡侨文华位、文华史各捐1万元，设立文山小学奖教奖学基金会；1994年，旅新乡侨云昌山、云昌崖兄弟捐5万元，设立冠南泰家村奖教奖学基金；2005年，乡侨龙学祝、陈维英、龙甫兴等人捐新币0.377万元、马币0.066万元、人民币1.5万元设立奖学金。

在迈号办事处，1990年，乡侨们响应家乡号召，积极捐款成立迈号教育基金会，郑庭藩夫妇捐2.5万元，周怀腾先生捐1万元，王大璠、王振威两先生捐1万元，陈传序先生捐1万元，陈文山夫妇捐0.335万元，迄今为止已积存基金10.3万元；1992年以来，象德小学教育基金会已积累基金7万元，陈传序先生带头捐资4.828 2万港元，创立了该基金会；乡侨们捐资7万元，设立坡口小学教育基金会；1993年，乡侨李光中先生带头捐资2万元，创立同汉小学基金会，成立以来，已收到乡侨们捐款7万元；在慕琦小学，乡侨们把捐资建校剩余的2.5万元人民币、0.5万元港元，作为该校教育基金会；乡侨们还捐资1.5万元，设立迈号中学教育基金会。

在清澜办事处，1982年，乡侨祝朝泳先生捐资3.5万元，设立广文小学奖教奖学基金会；1986年，龙朝村海外乡亲集资7万元，设立龙朝小学教育基金会；1989年，祝朝泳先生捐资0.145万元，设立龙朝小学奖学基金会；1990年，南海管区乡侨集资2万元，设立智新小学奖教奖学基金会；1990年，祝朝泳先捐资0.16万元，设立振育小学奖学基金会；1992年，周经武先生等四位乡侨，捐资0.9499万元，设立南岛小学奖教奖学基金会；1994年，陈文益、周经武等14位乡侨捐资0.3万元，设立南岛小学助学基金会；旅新乡侨陈时试先生捐资11.4万元，陈行仟先生捐资0.35万元，设立南昌村教育基金会。

在南阳办事处，20世纪80年代末，旅新赵玉山先生捐4万元，并发动本村乡侨18人，共捐资6.5万元，设立玉山小学教育基金会，用以解决学校长期办学经费。此外，赵玉山先生每年还给师生颁发奖金。三育小学奖学基金会有基金21.6万元，是乡侨陈玉欣、钟开奉诸先生于20世纪80年代先后捐资设立的。

在蓬莱镇，1986年，新加坡乡亲吴乾南先生捐资12万元，以其父亲名义设立吴升春奖教奖学基金会，每年提息1万余元，奖励石壁、罗宝、干塘、典昌四所小学的优秀师生，考上大中专学校的学生，家庭经济困难的话也能得到一定的补助。

在东路，1994年，乡侨们捐资3万港币，设立新民小学奖教奖学基金会，每年取息奖励优秀师生；2001年，邢诒前先生给民合小学捐10万元，设立奖教奖学基金会；2005年，符永基先生捐1万元给大宝小学，设立奖教奖学基金会。

在潭牛镇，2004年，华侨们给文西中学捐了0.3万元，设立奖学金，奖励学习优异学生。

在冯坡，1999年，旅港乡亲张学修捐资10万元，在冯坡中学设立教育基金，并向学校捐赠价值6万元的图书。

文昌华侨对海南的教育事业也表示了极大的关注。旅居印尼的李兴福先生于2005年5月一次性向海南师范大学捐款30万元，设立李兴福优秀学生奖学金，作为在十年内奖励优秀学生的资金。

旅港乡亲吴多泰的子女为纪念父亲、支持海南教育事业，创立吴多泰博士教育基金会。基金会首期捐助人民币100万元，在海南师范大学设立海南师范大学吴多泰博士创新奖学金，奖励创新成绩优异的学生和在科研上取得突出成就的学生。奖学金的发放以五年为一周期，从2008年开始，每年20万元。五年后，香港吴多泰博士教育基金会将对奖学金的评选和发放作出阶段性评估，以决定维持或追加捐赠的奖学金数额。此外，在海南大学也有成立基金会。

旅美乡亲吴坤汉先生关心家乡的教育事业，赞助100万元给海南大学，并与胞弟坤治设置海南大学吴坤齐、吴潘彩金教学科研基金会。

2005年，旅港乡亲邢李㷧先生捐资1 000万元与海南大学，支持学校博士点建设。

泰国郑氏家族的掌门人郑有英先生，在事业成功的同时，也十分热心社会公益事业，不仅在侨居国从事慈善公益事业，而且对故乡也倾注了极大的热情。20世纪80年代初，海南大学复办时，他就代表郑氏家族捐助港币120万元。近几年，他为家乡多间学校捐资办学。1996年“十八号风台”袭击海南，郑先生带领泰国海南会馆赈灾团一行十人回琼，带回300万铢赈救灾民。1996年11月捐500万铢给海南大学图书馆，同时还捐120万元给海南华侨商业学校建教学用房。在他的带动下，海南会馆众乡亲捐给海南大学图书馆近两千万铢。

旅泰乡亲许书标先生不仅捐助100多万元与海南商业学校，还在2007年以海南红牛饮料有限公司名义捐50万元，建设海南大学图书馆。

据统计，1978—2008年，全市海外乡亲、港澳同胞捐资办学达2.28647亿元。其中1978—1987年为4 230.74万元，1988年为673万元，1989年为749万元，1990年为685万元，1991年为751万元，1992年为769万元，1993年为621万元，1994年为705万元，1995年为1 221万元，1996年为858万元，1997年为697万元，1998年为623万元，1999年为432万元，2000年为362万元，2001年为405万元，2002年为594万元，2003年为526万元，2004年为503万元，2005年为4 400万元，2006年为1 062万元，2007年为1 667万元，2008年为330.96万元。①

2. 琼海

清光绪年间，会同县创办的迈往学堂，是由旅居南洋各埠之华侨筹款兴建，为琼海华侨捐助家乡办学之始。1921年，琼东县筹办县立初级中

① 文昌市政府外事侨务办统计数据。

学，华侨共捐助10万余元。琼东县创办嘉积农工学校，华侨又捐资0.9万叻币建校舍。1923年，嘉积中学准备开设高中班，但苦于校舍不敷，华侨共捐资10万元，建起钢筋水泥结构教学大楼一幢，琼海的高中教育从此开始。1949年，琼东、乐会县有中小学353所，其中华侨集资兴建的有183所，占学校总数的52%。

1955年龙江中学创办过程中，龙江籍华侨共捐款1.8万元，建校舍720平方米。1956年归侨黄开吉牵头成立乐会县华侨中学筹建委员会，发动200多名华侨捐款，使乐会侨中得以扩建十多间校舍。从1951年至1977年，琼海全县（原乐会、琼东）华侨和港澳同胞捐助中小学建校舍款共计99万元。

改革开放后，华侨们支持家乡教育事业的劲头更足。据统计，从1978年至1990年，全县华侨和港澳同胞共捐资830.6万元，建校舍6.3万平方米，占全县钢筋水泥结构楼房校舍的1/4。

捐资较多的海外乡亲有：李强捐资40万元，兴建博鳌初级中学教学大楼一幢，面积1 100平方米；林鸿谟捐资35万元，建造上科小学教学大楼及教师宿舍，面积1 164平方米；周南炳捐资18万元，兴建福田镇社昌小学教学大楼一幢，面积840平方米；卢业坤捐资15万元，兴建温泉镇逢龙小学教学大楼一幢，面积540平方米；朱国儒捐资15万元，兴建琼海侨中大门及家乡小学教学大楼一幢；陈家和捐资11万元，给上埇初级中学及乌石小学教师建校舍；陈会丰捐资10万元，为桥头小学建教学楼；何书训捐资9.8万元，给嘉积镇华侨初级中学及不偏小学建教师宿舍；杨庆勤捐资8.4万元，为上埇小学建教学大楼；赵邦熊捐资6.76万元，给温泉镇龙堀水小学建教学楼；王兆松、王经师和王兆玑分别捐资6.2万元、6万元、5.4万元，给上埇中学及田头小学建教学大楼；王永昭捐资5万元，给塔洋镇华侨小学建教室；陈成福捐资4万元建华侨中学图书馆。此外，杨庆耀捐资4.9万元、何君智捐资4.7万元、王国钰捐资4.7万元、王经桑捐资4.3万元、王兆旋捐资4.1万、卢修德捐资4.1万元，分别为上埇中学、上埇小学、田头小学、嘉积镇华侨初级中学、不偏小学、朝阳仰大中心小学建教学大楼和教师宿舍。

进入20世纪90年代后，海外乡侨们捐资助教势头不减。1991年，香港同胞李强资助40万元给嘉积中学兴建图书馆，1994年捐助140万元兴建东屿岛李运强小学，1995 年捐助 150 万元建李强教学基金楼，1998 年捐助 58 万元给嘉积中学建电脑室，2002 年捐助 320 万元建李强学苑，至 2006 年，李先生支持文化教育事业的资金约 2 000 万元，为琼海教育事业作出了重要贡献；旅居新加坡的华侨林鸿谟捐助 110 万元为华侨中学兴建林鸿谟教学楼；旅居新加坡华侨周南炳至 1996 年累计向家乡社昌圣育小学捐资 100 万元，包揽了从教学用具、厨房设备、奖教基金到师生校服的所有费用；马来西亚华人冯振轩捐资 200 万元兴建典昌小学；华侨吴芳泽捐资 40 万元，在家乡大路镇湖仔村建小学；旅居新加坡的华侨康锦维捐资 70 万元，为塔洋镇华侨中小学建教学大楼一座和幼儿园教室一间；文莱华侨符大焕捐资 16 万元给家乡永红小学建校舍；文莱华侨陈良俊捐资 12 万元给家乡北山小学建校舍；新加坡侨领黄培茂发动 30 多名海外乡亲为华侨中学捐款 35 万元。

琼海的海外乡亲们，除了捐资为中小学校建校舍、购置教学设备外，还捐资成立各种基金会，以另一种方式资助家乡的教育事业。1982 年，旅港的嘉积中学校友共捐资 13. 48 万港元给嘉中基金会；1994 年，香港同胞李强捐资给嘉积中学设立李强教学基金会；1994 年，蔡有鹤和黄土崇乡侨发动同乡捐助 4 万多元设立长仙华侨小学奖教基金会，每年从基金中拿出一部分钱为困难学生交学费，每月对教师给予适当的生活补贴，对有突出贡献的教师和考上重点中学的学生实行重奖；乡侨蔡兴荣等牵头动员同乡 48 人共捐资 1 万元新币，设立新潮小学奖学基金会；中原镇龙山、芳园两村华侨捐资 6 万元，设立奖学基金会；大路镇乡侨吴芳泽捐资 12 万元，设立芳泽小学奖教基金会；印尼华侨王庆海捐资 2 万元，设立南港小学王庆海奖教奖学基金会；温泉镇马路村旅马乡侨捐资 10 万元，设立马氏奖学基金会。据统计，华侨共捐助 400 多万元人民币，在 60 多所中小学设立奖学、奖教基金会。

1978—2006 年，华侨和港澳同胞捐资助学总额 5 200 万元，为家乡 230 所小学建起教学大楼及师生宿舍，面积达 18. 6 平方米。中原镇是琼海的重点侨乡，中原华侨 22 年间捐款 450 万元，使全镇 25 所中、小学建起校舍 2. 6 万平方米。

琼海华侨在支持本地教育事业的同时，对海南其他地方的教育事业也同样给予慷慨相助。香港同胞李强捐资 200 万元给海南国兴中学兴建李强教学大楼，捐资30万元建海南大学图书馆，捐资10万元建海南大学农学院，还捐400万元在广东省东莞市兴建理工学院、幼儿园等。①

3. 万宁

万宁的海外乡亲十分热心家乡的教育事业。龙滚镇是万宁的重点侨乡，全镇总人口2.3万，旅居海外华侨华人和港澳台同胞约2.7万，分布在世界19个国家和地区，归侨、侨眷占全镇总人口的90%以上，几乎家家都有海外关系，龙滚华侨支持家乡教育事业的力度在万宁也是最大的。至1997年，海外乡亲捐资人数达1 182人，共捐款人民币263万元，为全镇25所小学建设扩大了规模，共计建成教学大楼20幢，教室133间，宿舍80间，办公室、图书室、教研室等28间，还建校门、围墙等，总建筑面积1.156万平方米，并充实了一批教学设备，消灭了学校危房。其中龙滚中心小学从1974年至1997年，得到旅居新加坡、马来西亚的海外乡亲112人共捐助30万多元；坡罗小学从1984年至1986年，得到57名乡侨捐助6.4万元；文渊小学自解放前夕建立后就得到华侨的资助，在创办高级小学时，旅居新加坡的华侨冯清波牵头该村乡侨捐资，建成教室6间、宿舍6间和学校拱门，并购置教学设备一批；1982年前后，旅居新加坡华侨庄家廷等57人捐资5.4万元，香港同胞、校友蔡业民捐资2.1万元，建起教学大楼一幢；文曲小学于1980年得到海外侨胞72人捐资人民币32.5万元，建成教室6间、宿舍10间，校门、围墙等，1992年，新加坡、印尼侨胞将新加坡文曲公司楼（公寓）存款兑换人民币10多万元汇回该校，每年取息作为奖学金和修缮费；河头小学于1983年由旅居新加坡华侨王贻琨带头，共有河头、岭下村华侨128人捐资44.45万元，建起教学大楼一幢，计有教室8间和宿舍、办公室、图书室等12间，建筑面积860平方米；端熙小学在1953年至1954年由华侨捐资建起土木结构教室6间和教师宿舍8间；1984年至1986年，鲤跳村旅马华侨陈大波发动马来西亚、新加坡、香港侨胞160人，为该校捐助人民币8万元，于1987年建起教学大楼一幢，共计有教室7间，宿舍4间和图书室、办公室各1间，建筑面积680平方米；治坡小学在旅居新加坡、马来西亚华侨韩益元、符厚修的发动下，共80多人捐助人民币20多万元，建成教学大楼一幢，共计有教

① 王桢华主编：《琼海市华侨志》，中国文联出版社，2007年，第139~145页。

室10间、宿舍12间和办公室、图书室等3间及校门、围墙等，建筑面积820平方米；龙滚村小学由旅居新加坡华侨李琼洋牵头，发动15人捐资人民币19.996万元，建起教学大楼一幢，教室6间，还建有宿舍8间，办公室、图书室、文体室等7间，总建筑面积655平方米，此外还建有校门、围墙和水泥道200多米；水坡小学由旅居新加坡华侨冯朝辉牵头，发动海外乡亲110人捐资13万元，加上归侨、侨眷的支持，建成教学大楼一幢，教室6间，还建有宿舍11间，办公室、图书室2间以及校门、围墙等，总建筑面积700平方米，该校此后更名为水坡华侨小学；排园小学由香港同胞郭远世发动海外乡亲55人捐资人民币10.32万元，建起教学大楼一幢，共计有教室7间，还建宿舍10间、办公室1间、留芳亭两座、校门和围墙225米，总建筑面积705平方米，同时购置一批教学设备；分界昭才小学原来办学环境较差，1994年学校提出迁校建议，得到乡侨们的热烈响应，旅居马来西亚的乡侨曾昭才发动海外乡亲29人捐资人民币17万元（其中曾昭才捐14.4万元），归侨、侨眷等捐资4万多元，建起一层楼教室5间，宿舍4间，还建校门、围墙等，建筑面积350平方米，新校建成后更名为分界昭才小学；宝树小学原建于岭上园村谢氏宝树郡宗祠，解放后改为岭上园高级小学，得到海外华侨的资助扩大了校园，1973年强台风袭击，校舍损毁严重，办学条件很差，1984年当地有识之士提出迁校的倡议，得到海外乡亲的热烈响应，旅居新加坡乡侨谢清民、谢乙龙、谢门熙和旅居美国乡侨谢门炳发动海外乡亲28人捐资人民币15万元，建起教学大楼一幢，共计有教室7间，还建有宿舍7间，办公室、图书室各1间和校门、围墙等，建筑面积986平方米，该校迁校建设按时任新加坡估价师学院首席院士谢门熙设计图纸施工，学校布局合理，美观大方；海滨小学自解放初期就得到华侨莫国振的资助，建起教室2间，后校舍因年久失修，加上台风袭击，导致办学条件较差，学校迁址重建，得到侨胞的支持，旅居新加坡乡亲莫宾科、旅居印尼乡亲莫家富、李洪成等发动海外乡亲16人捐资人民币2.6万元为建校部分资金；龙楼小学1981—1989年在旅居新加坡乡亲冯朝森、冯朝端的发动下，海外乡亲83人捐资人民币5.3万元，为该校建起一层楼教室4间、宿舍2间，建筑面积265平方米，1997年新加坡李会章夫人奖学基金会向该校捐赠人民币3万元，建起校舍3间，面积150平方米，此外，还每年给学校捐助5 000元，以鼓励家乡子弟勤奋读书；凤尾小学原建于凤尾村梁氏宗祠内，解放后由华侨梁安儒、林应勋带头捐助建校资金，使学校迁到村庄北侧平坦的山坡上重建，1973 年被强台风全部刮倒，后虽经政府重建，但办学设施还不够完善，1983—1993 年，在乡侨梁永安、林应勋、林时卿的发动下，海外乡亲67 人慷慨解囊相助，并决定出售凤尾村在新加坡的公司楼（公寓）1 间为建校经费，共汇回人民币3. 849 6万元，建成一层楼教室 4 间、宿舍、校门、围墙等，建筑面积 232 平方米，还购置一批家俬和教学设备，1992 年澳大利亚籍华人梁元居回乡探亲，捐资人民币 6. 9 万建学校办公室、图书室、会议室各 1 间，打机井 1 口，建筑面积 206 平方米；旧村小学 1984 年在乡侨郭经盈、郭仁华、郭泽洋的发动下，海外乡亲、香港同胞 36 人捐资人民币 3. 7 万元，连同学校集资款，建成一层楼教室 6 间，办公室、图书室等 2 间，建筑面积 300 平方米；大群小学由旅居新加坡华侨林中义捐资 6 万元，建起 1 层楼教室 2 间，宿舍、厨房各 1 间，打机井 1 口，还建校门、围墙等，建筑面积 200 多平方米；田头、上城两所小学在海外乡亲生活不甚富裕的情况下，也得到他们中 22 人的 1 万元捐款，各建起平顶教室 1 间；此外，多格小学在旅新华侨陈凤梓的带头下，有 30 名华侨共捐助人民币 3 万元；南庄小学在旅新华侨冯明辉、冯德尧的牵头下，海外乡亲 16 人共捐助人民币 3. 65 万元；上坡小学在旅新华侨陈星南的发动海外乡亲 5 人资助人民币 1 万元；文朗小学由旅新华侨黄敦礼等 10 位乡亲捐助人民币 1. 3 万元。以上五所小学分别建成平顶教室 11 间，宿舍 6 间、校门、围墙等，建筑面积 600 多平方米。

万宁华侨中学是在 1951 年筹建的龙滚中学的基础上发展起来的。从龙滚中学到万宁侨中的发展历程，见证了华侨热心支持家乡教育事业的拳拳赤子心、殷殷故乡情。得知龙滚要办中学的消息，1952 年，旅居新加坡、马来西亚的莫昌炳、李大仿、李大仍、李琼兰、李大楠、李城燕、张学杰，旅居印尼的何君泰、曹贤位、曹贤宗、曹世万、许开华，旅居美国的李琼旭、李香泰，旅居香港的何麟经等共计 200 多名海外乡亲和香港同胞，为建校共捐助人民币 2 万多元。在乡的归侨、侨眷也积极参与其中。建校期间，适逢李香泰先生回乡筹建自己房屋，深为群众的办学热情所感动，决定停建自己的房子，把准备盖房的木桁捐出来建学校，回到侨居国后又捐人民币 0. 2 万元建教工宿舍 1 间。至 1956 年 8 月，万宁县龙滚初级中学正式成立，1962 年改名为万宁县华侨中学，“文革”期间改名为万宁县东方红中学，1978 年改名万宁县龙滚中学，1980 年恢复万宁华侨中学校名。万宁侨中复办后，乡侨们为其倾注了极大的热情。旅居新加坡的李城燕、李琼洋、梁昆生三人，各捐人民币 0.15 元，建教室 3 间；以祝清坤先生为首的旅居马来西亚乡亲捐人民币 1 万元，建图书馆 1 间；以梁梅居女士为首的旅居澳大利亚乡亲捐人民币 0.65 万元，建教室 1 间；文朗村旅新华侨黄敦礼捐人民币 0.7 万元，建教室 1 间；旅马华侨许日强捐赠日产 26 英寸彩电一部；以郭远世为首的香港同胞捐助人民币 1 万元，建校办公室 1 间，并捐赠日产丰田车 1 辆，打字机、复印机各 1 部；1988 年，旅新乡亲梁永安、翁逢轩、李光龙三人各捐人民币 0.5 万元，合建流芳馆 1 间，陈列华侨捐款人的芳名和玉照，作为永久纪念；乡侨王桂东、曾昭才、曾昭文、曹贤宗等人捐建有 7 间房，建筑面积 450 平方米的教师宿舍；1988 年到 1989 年，许日强先生捐人民币 1 万元、吴世才捐人民币 0.5 万元，连同其他华侨捐款共建侨中二层楼为教师办公室；1986 年梁梅居女士从澳大利亚汇回人民币 5 万元，翁逢轩先生从新加坡汇回人民币 0.1 万元，定期存入银行，每年由学校取息作为学生的奖学金。1993 年，梁女士又捐赠人民币 3.8 万元建教学区拱门 1 座、水泥路 720 米，美化了校园；1988 年李城燕、陈玉熊两先生各捐助人民币 0.25 万元，为学校购买火力发电机 1 部，解决学校照明问题；1995 年华侨梁藻生、梁福居父子为学校捐助 3 万元；1996 年华侨曾昭东、曾昭流兄弟给学校捐赠电动剪草机 1 部，价值 0.5 万元。据不完全统计，华侨华人为侨中捐助者达 375 人次，共捐助人民币近 100 万元（含一批物品）。他们的爱乡热情，日月可表。

1997 年，龙滚镇龙滚村旅新乡侨李会章设立李会章夫人奖学基金，旨在奖励龙滚地区品学兼优学子和优秀校领导、教师。1997、1998 年共有 64 位学子和 18 位校领导、教师获奖，共发奖金和奖品共计人民币 5.6 万元。1998 年，基金会以李会章夫人名义，捐助 3 万元为李会章家乡龙楼小学建教学宿舍一幢，2000 年捐 13 万元建垣城楼，作为办公室、图书馆和教师宿舍之用，另捐 2 万元建操场、围墙和校门。几年来，基金会为龙楼小学捐助 20 万元，总建筑面积 700 多平方米。2001 年基金会捐助 16 万元，为万宁华侨中学建一幢二层图书馆兼电脑室，面积 300 多平方米。

除龙滚镇外，其他乡镇华侨也十分热心家乡的教育事业。和乐镇兴华小学的建设就浸透着华侨的心血。学校原名红旗小学，在旅居马来西亚的黄兴华及其长子黄雄忠等人的全力支持下，学校的面貌发生重大改变。从1982 年开始，黄雄忠先生先后捐助人民币 52 万元，加上他的胞弟、儿子、亲朋好友等 18 人捐助 28 万元，共计捐资 80 万元，建成现代化校舍面积 2 725平方米，购置一批现代化教学设备，学校也于 1988 年更名为兴华小学。为鼓励家乡学子的学习热情，1995 年，黄雄忠倡议成立红旗教育基金会，由黄雄忠、黄开平、符旭耀捐资人民币 6 万元，存入银行，每年取息 0.5 万元作为奖学金，分别奖励该校“三好学生”、考上重点中学的学生、考上大中专的红旗籍学生和该校优秀教师，还解决一些特困学生的学杂费问题。到 1997 年，已发放奖学金 1.5 万元，100 名师生获奖，大大调动了师生的积极性。

万宁后安镇清坤小学的建设也见证了华侨的爱乡热情。学校原名荫坑小学，办学条件不甚理想。1990 年，旅居马来西亚的华人拿督祝清坤先生回乡探亲，了解到学校的办学状况后，决心要帮助学校改变面貌。很快，在他的大力资助下，一幢高三层、有 16 间教室、面积 1 400 平方米的教学大楼拔地而起，同时还建教师宿舍十多间、运动场一个，校门、自来水塔各一座，围墙 800 米，铺设水泥校道 6 条，购置体育器材和电教设备一批。这些建设总投资 80 多万元，其中祝先生捐助了 72 万元。为了表彰祝先生的办学义举，1992 年，万宁后安龙田小学更名为后安清坤小学。1994 年，祝先生又捐资人民币 20 多万元，新盖教师宿舍 6 间，装修宿舍 16 间，并征教学用地 8 亩，还设立 30 万元人民币的奖学教育基金。他为学校先后捐助人民币 130 多万元。此外，祝先生还捐助后安中学、万宁中学、万宁华侨中学和海南大学合计人民币 10 多万元。加上其他方面的捐助，几年来，祝先生为家乡的教育事业和社会公益事业总共捐赠人民币近 200 万元。

4. 海口

海口琼山区是海南人出洋较早的地区，该区华侨支持家乡教育事业行动也很早。清嘉庆七年（1802），演海北港村旅越华侨饶新孝雇用大船从越南运回乌木和楠木，在家乡建起第一所学校——乌公庙，日间当教室，夜间当娱乐场所。道光十六年（1836），边海乡华侨捐款办起儒林小学。民国五年（1916），三江籍旅泰华侨冯裕然、冯裕源、林鸿高人筹款建起国民小学。1985 年，旅泰华侨张其番带头捐助 25 万港币捐建三江农场中学教学大楼。同年，三江镇美和村华侨捐3.5万元，罗梧村冯尔灏、冯裕清等35名华侨也捐6.6万元建校。1979—1990年，全区华侨捐助建校款达290.24万元，共建（含扩建、修建）中小学校35所。其中建教学楼17幢，建筑面积14 700平方米；建平房教室、宿舍45间，面积1 730平方米，建校门13座。①

20世纪二三十年代，旅居东南亚的华侨和港澳同胞周雨亭、韩凤栖、郭巨川、王兆松、韩剑淮、胡文虎（祖籍福建）等捐献数10万银元给私立琼海中学（今海南中学）建造校舍、购置设备等。

1979年，旅居日本华侨陈学忠捐资42万元给海南侨中兴建陈学忠科学馆，并捐赠了一批办学设备，资助数批故乡学子赴日本留学；旅居泰国、澳大利亚、美国、丹麦、印尼等华侨捐赠40万元给海南华侨中学建造教学楼、校门、归侨补习侨生宿舍楼各一幢，同时又捐献了一批彩电、录音机等教学设备。1991年，旅居加拿大的华侨潘先钾遗孀黄玉珍遵循潘先钾的遗嘱，将归还的9间房主拍卖得款85万元捐给海南华侨中学兴建海口市潘先钾教育基金楼，还设立"潘先钾、黄玉珍教育基金"，至2011年已颁发奖助学金累计90多万元，近600名学子受益；旅居美国的吴志诚捐资兴建海口市传桂小学，并每年赠0.2万元作为传桂小学的奖学金；香港同胞吴多泰、周成泰、黄坚捐赠300万港币建造海南大学综合办公楼泰坚楼；香港同胞朱莲芬捐资30万元兴建新华区莲芬幼儿园。1990年，旅居泰国华侨欧宗清位于海口市的房产得到政策落实后，捐资50万元人民币用于海南大学图书馆建设。吴氏宗亲捐款20万元人民币作为吴氏奖学金。② 2008年，香港著名实业家邢李炼先生向海口旅游职业学校捐赠5 000万元建设白水塘新校区；香港同胞、海口市侨资企业发展促进会常务副会长钟保家先生于2010年捐赠102万元给海南华侨中学，用于奖励品学兼优学生；自2005年起，旅港海南同乡会会长、侨资企业家张泰超每年捐赠20万元给琼山区政府用于奖励优秀高考毕业生，已累计捐款120万元。③

1996—1997年，有12个国家和地区的10个社团99人捐资建海南省华

---

① 琼山市地方志编纂委员会编：《琼山县志》，中华书局，1999年，第673页。
② 海口市地方史志编纂委员会编：《海口市志》，方志出版社，2004年，第1587页。
③ 《海外侨界23年捐赠海口4.5亿元》，《海南日报》2011年4月26日。

侨商业学校，其中吴多泰博士捐建教学楼、许书标先生捐建学生宿舍楼、郑先生捐建食堂，陈继杰先生捐资参建科学馆和捐赠22台电脑、梁振发先生捐资参建图书馆。1997年，海外乡亲、香港同胞捐资建设海南大学图书馆。①

5. 其他地区

1991年，海外乡亲、港澳同胞捐资建设陵水县本号小学，1996年捐资在三亚建满地可学校等。②

二、捐助医疗　造福桑梓

1. 文昌

在文昌市，得到广大海外乡亲和港澳台同胞捐助、发展较快的医院有：

锦山华侨医院　旅泰乡亲张光利于1984年捐资10万美元，在该院建造高5层、长60米、宽8米、建筑面积达2 260平方米的张光利楼门诊综合大楼，共设有5个大厅、48个房间，分设门诊、留医、妇产3个部20多个科室，是文昌乡镇一级华侨捐建最早、规模最大的门诊综合大楼，医院也因此改名为锦山华侨医院。1992年，张先生又发动11名乡侨捐资48万港元，购置一部B超机。1995年，张先生又慷慨解囊13万元，在院内打一口每小时出水30吨的深井，捐助16万元配备与安装除铁除锰和自动气压供水设备，解决医院和锦山墟用水不足的难题。此外，他还赠送一部救护车，乡侨张爱玉捐赠一套妇科医疗设备。

铺前华侨医院　1996年，铺前的海外乡亲69人，捐资163万元，建起铺前华侨医院门诊综合大楼。其中齐必光先生捐了80万元，韩泰畴夫妇捐了18万元，叶世忠夫妇捐了9.6万元，邓玉理先生捐了10万元，韩连元、韩读元、邓文珑等17人各捐2万元以上。

---

① 黎良端：《情缘——我的侨务工作随笔》，南海出版公司，2005年，第119~120页。

② 黎良端：《情缘——我的侨务工作随笔》，南海出版公司，2005年，第119~121页。

潭牛卫生院 旅泰乡亲邱敦永于1984年捐资10万元，建造了一幢高2层、长32.5米、宽10.5米、建筑面积达682平方米的门诊综合大楼。此后，乡侨邱桂英、邱毓英姐妹购置超声波、心电图和探病仪等医疗仪器，捐献卫生院；乡侨黄宏萱捐建一座建筑面积达150平方米的X光操作室，并赠送一部X光机；乡侨符国铁捐1万元铺设了院子的混凝土地板。

迈号卫生院 1984年迈号镇政府兴建一幢只有一层卫生院门诊，但随着人口的增加、社会的发展，医疗用房捉襟见肘。十年后，9名迈号乡侨捐资16万，政府出资14万，于1995年加建第二层，大大缓解了卫生院的用房困难。

罗豆农场医院 陈嘉茂纪念楼是泰国华裔陈彪于1988年为弘扬祖德，纪念先父，捐资32万元建造的高2层、长56米、宽9.2米、建筑面积达1 100平方米的门诊综合大楼，内有14个房间，设有门诊、手术、化验、药物等科室。大楼建好后，陈先生还捐赠了一批药品和医疗器械。

公坡医院 1984年为改变卫生院医疗用房紧张的困局，84名乡侨和港澳同胞捐资20多万元，建起了一座门诊大楼。其中方是忠先生捐8.4万港元，陈文民先生捐5万港元，符致存等13名乡侨各捐1万元以上。1986年建造综合门诊大楼，高3层、长33米，建筑面积达713平方米，设有中西门诊等13个科室，被命名为公坡医院华侨大楼。

东阁卫生院 经过三年的筹措建设，在得到76名海外乡亲40多万元的捐助款后，东阁卫生院建起了2幢大楼、2座平房。1990年落成的综合大楼，高2层、长44米、宽8米，建筑面积达760平方米，设有8个科室。乡侨邢福鑫捐献8万多元，建造了一幢建筑面积达280平方米的楼房，为纪念其母亲，命名为邢刘氏楼。1991年，旅泰乡侨欧宗清捐建一座30平方米的平房，内设X光机房和操作室，并捐赠X光机一部，共计6万元。众乡侨还捐建建筑面积达124平方米的平房，作为妇产科室和宿舍。

抱罗华侨医院 1989年，众乡侨响应家乡提出“改造医院”的倡议，共有77名海外乡亲捐资46万元，其中谢蔚生带头捐了7.5万元，黄闻荣捐了3.9万元。工程在原有的基础上扩建，建成的门诊大楼，高3层、宽11米、长41.5米，建筑面积达1 350平方米，共有36个房间，内外装饰一新。大楼建成后，该卫生院改名为抱罗华侨医院。

湖山华侨医院 1993年，应乡亲们要求，旅泰乡亲韩经丰、韩程丰等

15 人共同发出捐资改建卫生院的倡议，得到了 78 位乡侨的积极响应，共捐资 300 多万泰铢（当时折合人民币 100 万元），于当年开工兴建两幢大楼，次年建成启用。一幢为门诊大楼，高 3 层，建筑面积达 650 平方米，内设 20 个房间。一幢为宿舍大楼，高 3 层，宽 10 米，建筑面积有 700 平方米，设有套间房 15 间，解决了医务人员的住宿问题。此后卫生院正式命名为湖山华侨医院。

龙马华侨医院 海外乡亲响应乡政府迁址重建医院的倡议，于 1990 年在街道三岔路口处捐资新建。范南平伉俪是带头人，率先捐资 70 万港元，陈嘉深随之捐 4 万港元，并动员 40 名乡侨共捐款 99.9 万元人民币。不到一年时间就在 11 亩的平地上建起门诊大楼、宿舍楼和围墙，并购置一批医疗器械设备。综合门诊大楼高 3 层、长 44 米、宽 8.8 米，建筑面积达 1 070 平方米。顶层为会议室，二楼设妇产、五官、手术等科室，一楼设中西医 10 个科室。职工宿舍楼 2 幢，高 2 层，合计面积达 868 平方米，有 12 个套间，并建有铁栏杆的围墙。

翁田医院 在海外乡亲的热心捐助下，自 20 世纪 90 年代以来，翁田卫生院共新建了 3 幢大楼。门诊大楼由黄闻彬夫妇率先捐资 13.9 万元，从而带动 59 位乡侨共捐资 35 万元，于 1991 年春落成。大楼高 3 层、长 35 米，建筑面积达 719 平方米，设有 11 个科室，并购置了各类设备。住院大楼于 1994 年建成。林天凤自告奋勇，走家串户，策划筹资，共成功动员 55 名海外乡亲捐资 26 万元。（其间，张光嶷楼是张光嶷先生捐资 39 万元建成的。该楼高 2 层，建筑面积有 461 平方米，设有 X 光、心电图、中成药、防保等科室。大楼建成后，张先生还赠送了一批医疗设备。）

冯坡华侨医院 1994 年至 1995 年，在原卫生院旧址上，由海外乡亲 120 人捐资 35 万元，建起了门诊大楼。该楼高 3 层、宽 9 米、长 45 米，建筑面积达 900 平方米，设有 20 个科室和房间。

文教华侨医院 旅泰乡亲欧宗清和居港同胞邢诒溪于 1990 年分别捐资 65 万元、45 万元，在原址上兴建医院大楼，1991 年落成启用，该院也从此改名为文教华侨医院。该大楼呈“Z”字形，建筑面积达 2 400 平方米，中央高 3 层，左右为 2 层，全长 80 米，造型独特，宏伟壮观。右楼为欧宗清楼，用作门诊大楼，共 24 个科室大厅。左楼为邢诒溪楼，用作住房院部综合楼，分设手术室和内、外、妇、儿等科住房院房间，共 32 个。同时欧先生还捐建医院大门，邢先生捐建一幢高2层、建筑面积达307平方米、由6个套间组成的宿舍楼。此外，泰国海南商会工商考察团、陈修炳、张琪璠、林猷仁、欧宗清亲属等共捐资20万元，用于购置医疗器械。

东郊卫生院 旅泰乡亲陈修炳为纪念双亲，于1992年捐资78万元，建造气势恢宏的陈庆符树华门诊楼。该楼高4层、宽7米、长53米，建筑面积达1 458平方米。设有15个科室、4间宿舍，每层有卫生间，楼顶有水塔，并安装自来水设施。1995年陈先生又捐资50万元，建造3幢套间宿舍楼，每幢高3层，建筑面积有335平方米，设6套住宅，外贴条状瓷片，美观大方。三幢楼连成一线，中间一幢镌着“陈庆椿符树华捐建”的横匾。陈先生还向医院赠送一部价值20万元的救护车。此外，有8名乡侨向医院捐款赠物。

宝芳卫生院 1992年至1993年，在海外乡亲的捐助下，该院同时建造四幢院舍。呈弧形状、高3米、长32米、建筑面积达566平方米的门诊大楼，是旅泰乡亲王安福、符儒仙、符建顺牵头组织，得到78位乡侨响应，共捐款40万元建造起来的。大楼建成后，乡侨们还从国外引进一批医疗器械。钢筋水泥结构的平房，是王安福先生发动海外乡亲捐资25万元建造的。该建筑有300平方米，设留医部、妇产科等共10个科室。两幢宿舍楼，一幢是王安福先生捐建，一幢为邢谷鸿和邢诒喜父子捐建，总造价为45万元。两幢楼高2米、长30米，建筑面积达420平方米。

龙楼医院 1993年，海外乡亲响应镇政府关于筹款建院、改善家乡医疗条件的倡议，慷慨解囊，陈修炳先生以先慈符树华之名捐款23.4万元，符树炜捐款5.5万元，符国兴先生以先严符树梓之名捐款5万元，先后共有30多人捐资52万元，建起门诊大楼。该楼高3层、宽15米、长35米，建筑面积达765平方米，设有16个科室。同一时间，旅泰乡亲黄守英偕夫人陈玉贞慷慨捐资24万元，建造一幢高2层、长16.6米、宽8.5米，建筑面积达286平方米，有8个房间的妇产科大楼。为纪念先翁，该楼被命名为黄炳有楼。

昌洒华侨医院 从1993年开始，先后有330名海外乡亲，共捐资113万元，兴建门诊大楼，于1995年落成。该门诊大楼主楼高4层、宽10米、长46米，设有4个大厅、18个房间、13个科室。大楼建成后，卫生院更名为昌洒华侨医院。门诊大楼建成后，院方还利用捐款购置了新设备。

重兴卫生院 1993年，由社会集资34万元建造起门诊大楼，其中海外乡亲捐资17万元。该大楼高3层，建筑面积达670平方米，设有10多个科室。

会文医院 1998年，旅新乡侨吴和风将其夫人的大姐林苏赠送他俩的10万元新币捐给会文镇中心医院，建造了一幢建筑面积达1 184平方米的门诊大楼，以林苏大姐之名命楼。此外，乡侨符气崑先生也捐了10万元。

文昌市人民医院 海外乡亲非常关心文昌医院的建设。1993年，旅居新加坡乡侨叶保山先生捐资13万元，建造仿古牌楼式医院大门。大门跨度14米，4根方型大柱，饰以刨光花岗岩石块，楼顶为黄色琉璃瓦，四角为翘檐，古色古香，富丽堂皇。1994年，为改变医院急诊科室用房紧张、设备简陋的状况，众乡侨捐建了急诊科大楼。大楼高4层，呈梯式长方形，底长24米，宽9.6米，建筑面积达900平方米，设有30个房间、4个大厅。该大楼是由40多名海外乡亲捐资50多万元建造起来的，其中李兴存先生、王振高先生主动牵头，并率先各捐款10万元以上，林猷利、邓仁武诸先生也积极为之奔走。同年冬，旅新乡侨王茀蕙先生捐赠一套价值22万元的75千瓦发电机组；旅新乡侨梁定华先生捐赠3部5匹马力的日产分体式空调机（进口价15万元）。

文昌庆龄妇幼保健院 1999年建成的文昌庆龄妇幼保健院门诊大楼在建设过程中得到50多名海外乡亲的支持，共捐款31万多元，其中旅新乡侨陈碧容捐了10万元，并发动亲友38人捐了11.3万元。

在热心捐资办医疗卫生事业中，乡侨们还以基金会的方式，通过设立各种基金会，帮助家乡父老解决困难。

在铺前，旅美乡侨潘正华捐助2万元人民币，设立了南林村福利基金会。

在罗豆农场，1991年，由旅泰乡侨王禄贵、王绥远父子牵头并率先捐资港币10万元，成立罗豆农场医疗福利基金会，截至1995年，基金会已收到海外乡亲捐赠港币48万元。基金会的宗旨是：扶贫助难，济困救危。

在抱罗，1991年，大土村周德慊、周德进、周成元、周德修等20多名乡侨捐资2.1万元，设立大土村老人基金会，为70岁以上的老人发放生活补贴，每年一次。

在龙马，1993年，范南平先生发动旅泰乡亲20人，捐资14.778万元，设立卫生基金会，每年取息颁奖立功医生和添置卫生医疗设备。

在宝芳，宝芳慈善基金会接受的部分华侨捐款有：旅新吴多万先生0.2万元，旅泰陈秀莲女士0.04万元，王安福先生0.1万元，旅港韩月花女士港币0.1万元；1993年，乡侨邢谷鸿先生倡议设立卫生医疗基金会，他本人三年捐资6.5万元，资助困难群众，减轻其负担。

在昌洒，1994年，乡侨们在捐建昌洒华侨医院门诊大楼的同时，捐资15万设立医疗基金会。

在东路，1994年成立慈善基金会分会时，海外乡亲捐款达1.83万元，其中邢诒前先生捐1万元，姚镇泉先生捐0.5万元，符文祥先生捐0.2万元，符祥武先生捐0.1万元。

据统计，文昌32个乡、镇卫生院，大部分得到了华侨、港澳台胞的支持、捐助。[1]

据统计，从1978年至2008年的三十年间，广大海外乡亲和港澳台同胞捐助家乡的医疗卫生事业达2 623.16万元，其中1978至1987年共达438.62万元，1988年为117万元，1989年为158万元，1990年为87万元，1991年为110万元，1992年为82万元，1993年为95万元，1994年为143万元，1995年为105万元，1996年为227万元，1997年为168万元，1998年为81万元，1999年为68万元，2000年为42万元，2001年为72万元，2002年为80万元，2003年为10万元，2004年为117万元，2005年为51万元，2007年为37万元，2008年为334.54万元。[2] 在广大海外乡亲和港澳台同胞的爱心奉献下，文昌的医疗卫生事业得以快速发展。

2. 琼海

1960年10月，华侨捐资18万元，将乐会公社卫生院扩建为乐会社会华侨医院。1978年8月改名为琼海县华侨医院。1982年，华侨捐助4.4万元添置各项设备，大大改善了医院的医疗条件。1994年，朱国儒等61位侨胞捐资42万元，支持该院的门诊大楼建设。1987年，在旅居新加坡华侨蔡兴荣、李林昌、杨善泽、郑振煌等牵头带动下，福田镇华侨共捐款20

---

① 黎良端：《情缘——我的侨务工作随笔》，南海出版公司，2005年，第123页。

② 引用自文昌市政府外事侨务办统计资料。

多万元，为福田卫生院建起建筑面积有500平方米的综合大楼一幢。

3. 万宁

1988年，万宁县委、县政府决定在龙滚卫生院的基础上筹建万宁华侨医院，这一消息受到龙滚镇海外乡亲的热烈响应，在乡侨李城燕、谢善鲁、梁永安、谢门熙、林中义、梁梅居、梁昆生、陈玉熊、吴世才、黄会彩、莫宾富、冯锦飞、郭远世等人的带头下，发动海外乡亲105人，共捐助新加坡币6.493万元、港币2.58万元、人民币4.992 1万元，加上政府拨款41万元和龙滚地区县内工作人员捐的1万元，该院从1995年开始扩建，共建住院大楼、妇产科大楼各一幢，手术室一间，宿舍楼五幢等，建筑面积920平方米。还修筑四条水泥路，同时购置了一批先进医疗设备，使医院的面貌大为改观。

4. 海口

1926年，海口商界知名人士周成梅倡议筹建海南医院，得到海外侨胞的大力支持，共捐资大洋29.85万元。1927年，海南医院动工兴建，建筑主体大楼仿北京协和医院主楼样式，建筑面积约1 458平方米，1930年交付使用。

1993年，香港同胞邱余松向海口市保健院捐赠价值36万港币的汽车一辆；香港同胞关金生捐助海口市荣山卫生院50万港币；香港民胞符芳名向海口市中医院捐赠价值18万港币的汽车一辆；香港同胞曾福龙向海口市职业病防治所捐赠价值22万港币汽车一辆。[①]

1994—1995年，海外乡亲捐建演丰卫生院、灵山卫生院。[②]

三、建设乡村

1. 文昌

文昌乡侨非常关心故乡的经济社会发展，为此，他们倾注了满腔热情。改革开放以来，全市乡侨共资助1.34亿元人民币，用于家乡的基础设

① 海口市地方史志编纂委员会编：《海口市志》，方志出版社，2004年，第1588页。

② 黎良端：《情缘——我的侨务工作随笔》，南海出版公司，2005年，第123页。

施建设，使农村的生产生活条件得到了较大改善。

（1）电力建设。

改革开放以来，锦山、抱罗、湖山、翁田、东郊、龙马等地的导电工程都得到了侨胞们的倾心相助。从1979年至1995年，全市乡侨共捐资1 046万元，办电400宗，使792个村庄27 172户人家用上电。锦山乡侨共捐资228万元，解决了161个村庄4 356户人家的用电。王兰、王兰仔两村乡侨为了让家乡父老用上电，每村乡侨各捐10万元。

抱罗的乡侨捐资205万元，办电53宗，安装变电器50个，架设高低压线路84.5公里，使全镇136个村庄2 000户人家（占总户数60%以上）安上电灯。

20世纪80年代，罗豆农场资助家乡架设线路100公里，把电输导到97个自然村2 421户人家。

湖山的云昌任先生1986年应乡亲们的请求，率先捐资17万元，带动众乡侨共捐20万元，在1987年办起导电工程，架设高压线路8公里，建变压器3个，把电拉到湖心一带15个村庄。1988年，149户人家灯火齐亮时，场面令人激动。

1989年，陈修炳先生捐资30万元，帮助东郊中山管区架设高压线路30公里，低压线路10公里，不但使395户人家有电用，也为沿途各管区拉电提供了方便。

龙马的乡侨20世纪80年代捐资77.5万元办电，解决了30个村庄983户人家的用电困难。其中范南不先生捐资13.5万元，带动56名乡侨捐资16.3万元，架设从龙马墟到旧村、武堆等8个村庄的电线。云逢体先生带头捐8万元，带动云茂炳、茂潮等73名乡侨捐资20.2万元，架设电线7公里，导电到新村一带的13个村庄。郭泽明先生独自出资13万元，把电线拉到东村、西村、公候山三个村庄。

翁田的张业漳、张学骅先生，主动牵头旅泰乡亲，为故里筹资办电，得到张光嶷先生的慷慨支持39万港元，其他16人捐了5万港元，架设从翁田墟到博文5公里的高压线路和博文至附近9个村庄及博文小学6.5公里低压线路，给当地带来光明。

铺前的旅泰乡亲郑有英先生于1995年捐资15万元办电，使坡上村等7个村通了电。昌洒的旅港乡亲符国钦于1994年牵头发动53位海外乡亲捐资14万元，架设主线路10.8公里，把电输到13个村庄350户人家。

东路的邢诒前先生1992年捐资7.5万元，架设高压线路1公里，设变电器1个，把电送到名人山村的62户人家。

（2）修路建桥筑堤。

1979年至1995年，文昌乡侨共捐资858万元，建造大小桥梁101座，修建乡村道路388条，总里程708公里。在支持家乡道路建设中，旅新乡侨林瑶廷、史立谐、云昌芳、林明义、吴和风、赵玉山诸先生，旅马乡侨王茀诚先生，旅泰乡侨陈文秋先生，港澳台同胞张学修、欧国樑、何和燕诸先生等人，捐资都在100万元以上。①

文教河流经宝芳，并将其划为东西两岸，给两岸民众带来交通的不便。改革开放以来，在海外乡亲的鼎力相助下，宝芳在短短几年间就在文教河上架起3座大桥、3座小桥，随后修路21条，总长达46公里。这些工程彻底改变了宝芳溪"沟壑纵横"的面貌，乡侨们为此的贡献在200万元以上。

珠溪河流经锦山，在滋养锦山大地的同时，也给当地民众带来交通的不便。1983年至1995年，贝坡、茄料坡、富宅、潮滩、王兰、桥坡、坑口等村庄的40多名海外乡亲捐资41万元，先后在珠溪河上架起钢筋水泥结构的过路桥7座，总长度达402米，大大方便了家乡父老的出行，对当地的生产生活意义重大。

排港管区的海外乡亲在1989年至1990年也先后集资27.7万港元，在家乡建了3座桥。

文城的下𡸣，东路的夏𡸣，龙档的全美，长期以来，因溪河纵横，交通困难。1984年至1987年，广大乡侨先后捐资建起"下𡸣桥"、"夏𡸣桥（同时建一小桥）"、"北水溪桥"，大大方便了家乡父老的出行。

海外乡亲十分关注乡里的道路建设。铺前蛟塘村旅新乡侨邓文珑、邓章政、邓章教，1993年捐资25万元资助家乡修建环塘村道和出村大道，长达2.5公里，改变了村容。锦山的下溪坡管区修建长6公里、宽7米的通向锦山墟沙砾土路，乡侨韩连元、吕先芙、黄宏萱、陈玉川等13人资助20.2万元。冯坡的山崛村乡侨云大谦、云大干、云大橼、云逢敬等捐资

① 《文昌海外乡亲心系桑梓无私捐赠造福家乡》，《海南日报》2008年4月3日。

11.5 万元，于1993 年至1994 年分别修建通往冯坡、凤尾的两条四级公路，总长5.5 公里，同时建一座桥梁。1989 年至1994 年，翁田的海外乡亲捐资修建了抱元、大岫、端府3 条公路，总里程达8 公里，其中大岫公路由乡侨林天凤先生独资捐建。东郊福绵东路，原是沙土小路，路况不好。1991 年，陈修炳先生出资11 万元，将其修成宽6 米、长3 公里的沙砾土路，并建一座过路桥和一个候车亭。湖山罗吴村的乡侨冯所瑛先生1994 年出24 万元，在村前田坑畔垒筑一条百米长的拦水堤坝，既可防洪，又便于行人；1995 年他又出资20 万元，修建从罗吴到湖山墟长7 公里、宽5 米的沙砾土路。重兴的交大管区，地处红土丘陵地带，长期交通不便，旅亲乡侨龙程逵、姚道台先生带头捐资3 万元，联络其他乡侨20 多名，共捐资21 万元，于1993 年修建了一条宽8 米、长4.5 公里的从三角庭到光大管区办公室的乡村大道。东路的蛟塘管区，原来村与村之间只有崎岖小道相连，20 世纪90 年代，旅港乡亲邢诒前先生捐资17.1 万元，修建管区内乡村道路6 条，总长6 公里，把一条田间小道扩建成宽大道路，并用石头砌护坡坝，十分坚固。1997 年，旅居澳门的欧国樑先生，捐资60 万元，为家乡会文镇文山村修建一条从村庄通向会文墟宽5 米、长2 公里的水泥大道。据统计，截至1995 年，全市乡侨捐建里程1 公里以上的乡村道路有118 条，极大地改善了文昌农村交通状况。

（3）打井、办自来水。

自改革开放以来，海外乡亲至1995 年共资助434 万元，打井409 口，建起42 个水塔和自来水设施。1992 年，旅港乡亲邢诒前先生出资37.6 万元，在东路的蛟塘管区名人山村公路旁，建造一座高20 米、容量100 吨的自来水塔，同时打一口大井，购置与安装自来水设备，把水引到村里62 户人家。1992 年，旅泰乡亲何敦活先生回到故里罗豆农场东园村探亲，看到村民世代饮用塘水，很不卫生，当即出资20 万元，建起一个容量达50 吨的水塔，引珠溪河水进行消毒净化，输到各户，从此，村民们结束了饮塘水的历史。旅泰乡亲欧宗清先生于1994 年出资18 万元，在家乡文教的大良亩村建起高15 米、容量达40 吨的水塔，并配有1 口水井、1 个机房，铺设500 多米的水管，把清水引到50 多户人家。冯坡莲林村的旅泰乡亲林鸿文、林绍发、林照震等人出资12 万元，于1992 年在家乡建起一座容量30 吨的自来水塔，并配置发电机组和自来水设施。1993 年，旅港的张学修先生捐资12.5万元，建起冯坡第二个自来水塔，安装水管到全村60多户人家。乡侨林鸿鹏先生于1993年，出资15万元，在家乡抱罗的福坡村建起全镇第一个农村自来水塔。1989年至1992年，公坡的100多位乡侨先后捐资修建了白芒村水塔（容量40吨）、龙跃村水塔（容量40吨）、连榜村水塔（容量40吨）、昌海村水塔（容量40吨），为改善农村卫生用水打开了局面。迈号的鱼宝堀村乡侨罗豫琳于1985年捐资11.5万元，在村里修建起一座容量30吨的水塔，湖堆村的乡侨朱兴任也捐资5万元，建造了一座容量15吨的水塔。

（4）支持文明生态村建设。

文明生态村建设是社会主义新农村建设的重要内容，也是提高人民生活水平的重要载体。为此，海外乡亲积极支持，参与其中，不仅出谋划策，而且慷慨解囊，共捐资2 030万元，成为文昌创建文明生态村的重要力量。

2000年，为改变家乡南阳山城村交通不便的状况，配合当地政府将其建设为省级文明生态村，旅新乡亲赵玉山先生捐资100万元，修建了一条进村水泥道，不仅大大方便了乡亲们出行，也大大改变了村容村貌，有力地推进了文明生态村的建设。

旅泰的齐必光先生2002年回乡探亲时，正值铺前的后港村创建文明生态村，他当即捐出5万元支持村里搞创建。回到泰国后，又发动旅泰乡亲捐资8.5万元，支持家乡的文明生态村建设。因此，在该村创建文明生态村花费的20万元中，有13.5万元是华侨的捐助。①

文教镇咸正村的一个池塘，曾是垃圾集中地，污水横溢，臭气熏天，是村里的卫生死角。旅港台乡亲邢福光先生决心对这个池塘进行改造，花了20万元，对池塘进行深挖、造假山、建围栏，使之成为可供游人观赏的风景塘，成为村里一道靓丽的风景线。同时，以这里的建设作为突破口，带动村里的文明生态村建设。如今，该村花团锦簇、绿树成荫，成为了乡村公园。

2006年4月，东路蛟塘村开建文明生态村，消息传到海外，乡侨们纷纷捐款以示支持。旅新乡侨邢定海先生说出了海外赤子的心声：“华侨对

---

① 《文昌海外乡亲心系桑梓无私捐赠造福家乡》，《海南日报》2008年4月3日。

家乡一直怀着深深的感情，一直支持家乡建学校公益等事业，现在建文明生态村更是为了子孙后代造福的事，我们当然愿意尽自己的微薄之力。”

香港侨领潘正洲先生回乡探亲，正值村中乡亲们热火朝天创建文明生态村，他深为感动，当场认捐一大笔款数，回港后马上将钱汇回村中投入文明生态村建设。

会文镇上旗村在建设文明生态村中，共筹资179万元，其中包括38位海外乡亲捐助的42万元。在乡亲们的共同努力下，如今的上旗村成为新农村建设的样板，是海南首家、全国第八家被国务院侨务办命名的“侨爱新村”。

有些华侨听说村里建设文明生态村，就发动侨居国的乡亲捐款支持家乡建设。南阳的坑吴村群众向华侨电话反映村中创建文明生态村的情况，华侨主动表示支持，并按照创建进程分期分批汇款回村中投入文明生态村建设。

据统计，文昌侨资用于修路、办水电的资金达3 865万元，其中建水塔45个，打水井409口，办电250宗，使792个村庄27 171户通上了电，建桥101座，修路388条，长714公里。①

2. 琼海

琼海的海外乡亲以巨大热情支持家乡建设，为新农村的发展作出了重大贡献。

（1）修路建桥筑堤。

在琼海，华侨捐建最早的桥是孟里下溪桥。该桥1921年由孟里村乡侨王家其先生捐建，是孟里、赤坡诸村通往嘉积镇的交通要道。后此桥被大水冲垮后，1948年王先生又牵头集资重建了一座宽3米、长21米、高6米且桥墩、桥面皆以花岗岩石条筑成的新桥。1922年，华侨王先德回乡，修建了一座长10米、宽3米、以其父亲王绍经名字命名的水泥桥。1933年，华侨黄世甫兄弟捐资修建了长11米、宽3.5米的钢筋水泥结构的山仙水口桥。1982年，旅居文莱华侨符大焕捐资1万元，修建了贡山石拱桥，使家乡公路保持畅通。20世纪80年代，朝阳乡塘口村旅居新加坡、马来西亚、印尼、美国的华侨66人共捐助新加坡币14.9万元、港币0.671万

① 黎良端：《情缘——我的侨务工作随笔》，南海出版公司，2005年，第124页。

元修建一条涵洞桥，大大方便了该村和邻村民众生活、生产。1990 年，旅居马来西亚华侨马业东回乡探亲，看到家乡马路村通往城镇的村道因一条水沟阻隔，车辆行人出入很不方便，当即捐资建起一座马路桥。1991 年，朝阳乡李村旅居新加坡华侨陈道清发动海外乡亲捐资 8 万元，兴建长 40 米、宽 5 米的钢筋水泥结构的李村大桥，结束了汽车不能进村的历史。据不完全统计，至 2001 年，全市华侨捐资兴建桥梁 28 座，总造价近 475 万元。其中，九曲江乡华侨捐资建桥 10 座，是华侨捐资建桥最多的乡镇。

1992 年 3 月，王书俊捐资 9 万元，为家乡勇敢村修建一条长 800 米的石道；旅居新加坡华侨黄培茂等人捐资 1.2 万元，修好九曲江乡文阁岭村入口至培兰村溪坧长达 1 000 米的公路；博鳌镇隐塘村华侨冯增惠、冯增国、冯辉仪、冯辉金等捐资 0.352 万元，修好长 700 米、宽 5 米的乡村道路；福田镇四芳园村乡侨捐资 5 万元，筑起全村大小暗沟排污；博鳌镇东屿岛地势低洼，每逢风雨时使村路泥泞，香港企业家李强捐资 1.5 万元，将长达 2 500 米的村路硬化；旅居马来西亚的乡侨冯振轩捐资 30 万元修建长达 14 000 米、宽 6.5 米的道路，大大方便了墨香村民众出行；旅居新加坡的华侨李居桐牵头并捐资 3 万元修建探花岭路；乡侨陈道清牵头在旅居新加坡乡亲中集资，修建李村后塘大桥一座；乡侨王业裕发动旅居新加坡乡亲捐资 10 多万元，建设迈汤村石板化大道。据统计，从 1979 年至 2006 年，全市华侨共捐资 880 万元，修建乡村道路 728.2 公里。

（2）打井、办自来水。

1982 年，朝阳乡隐塘村华侨捐资 4.5 万元，修好村中的两眼水井；1990 年，华侨王兴春捐新加坡币 0.05 万元，改建村里的水井；博鳌镇西辉村乡侨莫鎏泽、苏秀华、莫鼓泽等捐资 3.85 万元，兴建一座自来水塔；1990 年，乐城村委会西门村乡侨陈明銮、莫泽飞等带头捐资 6 万元，在村中打两口水井，并建起水塔，使世代喝河水的乡亲从此用上了自来水；1994 年，乡侨陈毓土、陈琼标回乡探亲，正逢大旱，乡亲们饮水困难，两人便捐出 0.4 万元帮助村民打井；2005 年，为帮助民众渡过 50 年未遇大旱，香港企业家李强捐资 60 万元支持抗旱。据统计，截至 2006 年，全市华侨捐资兴建自来水塔 136 座，打水井 805 口。

（3）支持文明生态村建设。

1986 年，香港同胞李强捐赠 2.5 万元，在家乡东屿岛上架设电线，使岛上160户人家用上了电灯；乡侨冯振陶捐资2万元，为村里建造上座小水电，解决村庄照明用电；1992年，博鳌镇西辉村乡侨莫履章捐资0.7万元为村上修建新公厕，在他的带动下，莫鎏泽等人也捐资支持，使村民用上了新的三级无害化公厕；福田镇四芳园村九户人家利用海外亲人捐助的10多万元拉电、办广播、建水塔、文化室和三级无害化厕所，全村共540米长的6条大道小巷全部铺上大石板，上下挖筑暗沟排污，做到雨天无积水、晴天无臭味，路旁种花草、槟榔、椰子点缀，并规划建起村公园；2002年，乡侨们积极响应政府关于建设文明生态村的号召，全市共捐资近80万元新建三级无害化公厕159个，优化了乡村的卫生环境。

3. 万宁

万宁市龙滚镇河头村原来出村没有像样的路可走，且由于地势低洼，遇到下雨天更是满路泥泞、寸步难行。1983年，旅居新加坡的乡亲王琨回乡探亲看到此景，颇为感触。回到新加坡后，他发动旅新的乡亲们集资为家乡父老排忧解难，共筹到善款人民币10万元，修建了河西公路（从河头村到龙滚镇的野鸽坡、官仓、上坡路段3公里长），从此汽车开进河头村，大大方便了乡亲们出行。在修路的同时，又架设电线，使家家户户都用上了电灯。1994年，王先生又发动旅居新加坡、马来西亚、香港和台湾的乡亲捐资人民币4万元，为河头村修建长约半公里的河东公路直达文曲防潮坝，使各种车辆能驶到田头，大大改善了乡亲们的生产条件。2001年，为家乡建设文明生态村，王先生又发动海外乡亲捐资人民币4.3万元，修建河头村环村大道，使全村100多户人家出行大为改观，村容村貌焕然一新。

此外，后安、北坡、东澳、和乐等乡镇的海外乡亲也捐资用于修路、造桥、拉电等公益事业。①

4. 海口

清道光六年（1826），演海北港旅越华侨饶新孝雇船运石，在村北边和东西边海岸上筑海堤、建码头，方便船只停泊。民国三十一年（1942），三江罗梧乡华侨林鸿高捐款建一条从边山坡到三江墟1公里长的石路；华侨冯裕深、冯裕鸾捐款建起由水流村到新村铺、至牛六村、至道门3条石

① 黎良端：《情缘——我的侨务工作随笔》，南海出版公司，2005年，第124页。

路，总长 2 公里；华侨冯氏兄弟捐款建起由罗梧前到坑尾 2 条总长 1 公里的石路。道学乡每逢台风季节，常受海潮侵袭，为了解决海潮袭击的难题，该乡旅泰乡亲王道茂于 1947 年捐款建造一条 500 米的防潮堤和一条 200 米长的人行石哇。1984—1987 年，全区华侨共捐助修建公路 9 条，长达 21 公里。三江农场上园村华侨欧琼康等 36 人，捐款 0.3 万多元修路 1.8 公里。

2006 年，旅泰乡亲王统守、王统忠先生各捐 15 万元用于美兰区下湖村道路硬化。旅泰乡亲吴多祯先生等人向美兰区大致坡镇栽群村捐赠 17.6 万元，为村民打井，帮助解决 7 个自然村的饮水难问题。

四、资助家乡其他公共事业

1. 文昌

在昌洒的宋氏祖居，乡侨周成泰先生于 1987 年捐资 18 万元，建造宋庆龄陈列馆，又出资筑建宋庆龄汉白玉雕塑像底座。雕像两侧的花丛中各有一座仿古凉亭，是由赵玉山先生和詹行銮先生于 1992 年捐建的。

在张云逸大将纪念馆大院内，黄守正先生和史立谐先生各捐建了一座凉亭。

在文昌孔庙大院内，王茀赞先生以双亲名义捐资，请华侨雕塑艺术家严松泰先生塑造一尊巨大的先师孔子行教像。

1988 年，经过 8 年的筹措，在广大侨胞的支持下，文昌华侨之家终于建成。该大楼高 6 层、长 28 米，建筑面积达 1 789 平方米。在筹建中，得到了 300 多位乡侨们的支持，共筹资 56 万元，占土建工程费用的 98%。

1980 年，昌洒侨联发动 80 多位乡侨捐资 2 万元，建起自己的会所底层，建筑面积达 228 平方米。1999 年，乡侨们再捐资 20 万元，建起会所的第二层，并装修一新。

1987 年，建筑面积达 450 平方米的宝芳侨联落成，是 60 多位乡侨捐资近 5 万元建成的。

1984 年，冯坡乡侨捐资 10 万元，建起建筑面积达 420 平方米的侨联大楼。

1989 年，龙马乡侨 71 人共捐资 29.3 万元，建起建筑面积达 771 平方米的侨联大楼。

1992 年，38 位乡侨捐资 17. 3 万元，建起建筑面积达 633 平方米的侨联大楼，侨资占总工程款的 78%。

锦山侨联会所是 153 位乡侨捐资 13 万元所建。

1990 年，乡侨们捐资 10 多万元，建起东阁的怀乡楼。

1992 年，乡侨们捐资 16 万元，建起建筑面积达 350 平方米的文教华侨之家。

坐落于冠南墟的冠南书报社，创立于 1920 年，历史悠久，文化大革命中被占用，藏书失散。改革开放后，乡侨林猷昌、王大蔚、王士海、龙学品、王大师、梁振香等 107 人，响应耆老陈云桥、王大旼等的倡议，赞助 7 万元，恢复书报社，并于 1985 年迁入新建的建筑面积有 240 平方米的两层楼中。楼内设有阅览室、会客室、藏书室等，现有藏书近万册，有专人管理，被省里相关部门授予“先进文化室”称号。

重兴的罗贴尾文化娱乐中心，由文化室、纪念堂、凉亭、球场、文娱台组成，占地 500 平方米，建筑面积 359 平方米，是 1987 年由乡侨苏家日、符琴、文国才、刘家衡等 30 余人捐资 8 万元兴建而成，可容纳百余人读书看报，同时可供 500 人进行各种文体活动。

清澜新村文化室高 2 层，建筑面积达 766 平方米，是由乡侨王大师、王大蔚、王大发、王振高、王振生、王振森诸人捐资 18. 6 万元，于 20 世纪 80 年代初建造的。该建筑既是王氏祖祠，又是村文化室，设有电视室、阅览室、乒乓球、棋室等，是一个多功能的文化活动中心。

新村管区南昌村文化室，是 1993 年由陈学进、陈学荣、陈行仟、陈汉光、陈行杰、陈行汇诸先生牵头，发动海外陈氏宗亲 44 人，捐资 56. 8 万元兴建的。该建筑是一幢三进多堂式楼房，设计新颖，造型美观。既为缅怀先人而建，也为父老乡亲文化活动而设。

文教的昌福村乡侨符开源先生，1995 年捐资 10. 5 万元，在村中建起一由高 2 层、建筑面积达 297 平方米的文化娱乐室，设有电视厅、卡拉 OK 室、乒乓球室、象棋室、科学园等。楼房建成的后，他又出资 2 万元购置电视机、录像机、高级音响各一部和一批体育器材，成为村民文化活动场所。

1994 年，昌洒昌志村旅泰乡亲符王月娥捐资 11 万元，建造村文化室，建筑面积达 110 平方米。

2. 琼海

20 世纪 80 年代，温泉镇文化宫的建设得到了乡侨们的鼎力相助；中原镇龙山村文化室建设中，共有 40 多位海外乡亲捐资 1.472 万元相助；乡侨蔡昌运等人捐资 14 万多元，建起四芳园村 198 平方米的文化室，设有图书阅览室、电视厅、乒乓球室和硬化羽毛球场等；不偏村华侨何书训等人捐资 50 万元兴建农民文化宫，占地 2 080 平方米，设有图书馆、业余夜校、书画走廊、影视厅、娱乐室等；南寨村旅马乡亲全运耀、全运贞捐资 12 万元建起村文化活动中心；王书俊捐资 10 万元建起文坡村文化室；1989 年，时任新加坡琼州会馆主席的王先德等 30 多位海外乡亲联名倡议，在家乡建设琼海华侨图书馆，得到乡侨们的热烈响应，共有 400 名海外乡亲捐钱、捐物，总价值达 219 万人民币，图书馆于 1992 年建成，主楼高 5 层，建筑面积 2 995 平方米，可藏书 30 万册，设有书库、各类阅览室、影视厅、展览馆等近 20 个室库，是一座颇为齐全的县级图书馆，被国家文化部评为“二级图书馆”、“全国文明图书馆”。

为振兴琼海的文艺创作，乡侨黄培茂、陈成福、黎辉锦等捐资琼海侨务办编辑出版《琼海乡讯》、《万泉》、《乡情缭绕万泉河》、《乡情梦恋》、《福田芳草》等刊物书籍。此外，黄培茂还捐资设立黄培茂振兴琼海文学奖，1994 年以来共举办 9 届评奖，获奖作品 90 多篇，结集出版《黄培茂文学奖作品集》；从 1995 年至 1998 年，香港同胞王春海设立“王春海振兴琼海文学奖”，每年捐出 1 万元奖励优秀作品作者。

1988 年，乡侨王春权、王先岛、王先健等 20 多人捐资 3.2 万元，兴建官塘温泉凉亭；1992 年，苏维章、苏维豪等 25 位乡侨捐资 11 万元，在福田镇坡头村兴建苏东坡纪念馆，占地面积 230 平方米；1994 年，琼海筹建周士弟将军纪念馆时，广大侨胞共捐赠 12.6 万元；与琼崖革命先驱王文明曾为同窗的乡侨何若余捐资 3 万元，在王文明纪念园内建起一座王文明衣冠冢，以寄托对昔日好友的思念。

广大乡侨还积极支持各级侨联会兴建办公场所或改善办公设施，市侨联大厦、乐会侨联大厦、温泉侨联会、龙江侨联会、龙江侨联会、朝阳乡侨联会、上埇侨联会等先后得到华侨们的慷慨相助，各级侨联会至少接受华侨惠赠人民币 100 万元以上和一批物资。据统计，从 1978 年至 2006 年，全市华侨捐建图书馆、文化宫、文化室等文化设施 100 多个，面积近万平方米，累计捐款达2 010万元。

此外，每逢家乡遭受自然灾害袭击，乡侨们都无私地伸出援助之手，支持家乡重建。1948年、1950年，海南遭受百年罕见的飓风袭击，海南各地华侨捐款捐物折价达1.4亿元（旧币）；1973年9月14日，琼海遭受第14号强台风袭击，人民生命财产遭受严重损失，华侨捐款捐物折合人民币150万元，同时，琼海华侨汇回421.5万元人民币给亲人重建家园；2005年，海南遭受"达维"台风袭击，新加坡、马来西亚乡侨捐50万元，香港同胞李强捐500万元。

琼海全市21所敬老院都得到华侨不同程度的捐助。1985年，琼海县敬老院落成时，40多名华侨捐资15万元作为敬老院的福利基金。多年来，该敬老院接待过20多个琼籍社团访问团。每次到访时，参观者都会给入院的老归侨送"红包"或赠衣物。这所敬老院接受华侨捐赠累计达人民币25万元。中原镇成立慈善爱老基金会，收到华侨捐赠52万元；仙寨村乡侨捐资7万元成立王氏慈善基金会，对村中7名孤寡老人每月进行生活补贴；每逢春节，华侨卢修萃都寄"红包"送给村里老人；后岭村有20户人家，乡侨王树芳逢年过节都会寄钱分赠。①

3. 海口

1929年，为了方便进出长堤码头的船只计时和市民出行，海南的海外乡亲捐资兴建了海口钟楼；旅居越南后迁居法国的华侨钟锦泉，多次购买寒衣和大米运回海南救济灾民；解放初，旅居马来西亚华侨王兆松购买大量食品，寄回家乡分发给乡亲；越南归侨阮玉兰多次资助灾区民众。1991年，侨胞捐赠汽车26部，价值390多万元；捐赠物资400多万元；1992年，香港必达巴士企业有限公司向海口市公共汽车公司捐赠6辆英制丹拿牌后置式发动机的公共汽车，价值150万港币；1992年，瑞士华侨单宝龄两次向海口市人民医院捐赠奶粉、儿童药品，折合人民币10.3万元；香港同胞关金生先后捐赠1 000多万元用于社会公益事业；1996年，侨胞向海口市遭受18号台风灾区捐款6.952万元；1996年底，在海口投资的20多位侨商捐资逾百万兴建海口万绿园项目②；2010年10月，海口市遭受60

---

① 王桢华主编：《琼海市华侨志》，中国文联出版社，2007年，第148～155页。
② 海口市地方史志编纂委员会编：《海口市志》，方志出版社，2004年，第1588页。

年不遇的洪涝灾害，据不完全统计，此次海内外侨界共向海口灾区捐款捐物约 2 000 多万元。①

总之，海外海南人心系家乡，情牵故土，为家乡的经济社会发展作出了巨大贡献。故乡人民永远铭记他们的殷殷故乡情，拳拳赤子心。

文昌市华侨华人、港澳同胞 1978—2007 捐赠款额统计表②

数据单位：万元（人民币）　　　　填表时间：2008 年 3 月 26 日

受赠单位	捐资总额	其中			捐赠人数（人次）
		教育事业	卫生事业	其他公益事业	
全市受赠合计	38 104. 408	22 731. 32	2 027. 136	13 345. 952	15 703
铺前镇	2 294	1351	180	763	434
锦山镇	4 936. 07	2 076. 24	208	2 651. 83	1 419
湖山办事处	1 264. 71	863. 6	106	295. 11	411
抱罗镇	1 007. 97	719. 92	38. 5	249. 55	943
冯坡镇	996. 7	616. 5	51	329. 2	466
翁田镇	1 403. 87	1 142. 5	194. 5	66. 87	232
龙马办事处	461. 46	232. 18	114. 64	114. 64	261
头苑办事处	575. 18	434. 88		140. 3	492
东阁镇	339. 46	147. 7	45. 5	146. 26	108
宝芳办事处	3 290. 94	370. 61	144. 2	2 776. 13	1 340
文教镇	4 965. 27	4 609. 6	146. 6	209. 07	343
东郊镇	1 358. 265	1 204. 547	133. 718	20	273
龙楼镇	422. 497 1	338. 247 1	48. 8	35. 45	222
昌洒镇	996. 677	854. 617	140. 66	1. 4	716
公坡镇	2 363. 06	955. 43	88. 05	1 319. 58	73
重兴镇	320. 012 9	283. 219	19. 083 9	17. 71	297
会文镇	1 809. 06	979. 232	126. 66	703. 168	1 379

① 《海外侨界 23 年捐赠海口 4. 5 亿元》，《海南日报》2011 年 4 月 26 日。

② 此表引自《文昌市海外乡亲捐赠芳名录》。

（续上表）

受赠单位	捐资总额	其中			捐赠人数（人次）
		教育事业	卫生事业	其他公益事业	
迈号办事处	425.67	271.69	24.21	129.77	1 062
清澜办事处	549.09	205.6		343.49	408
文城镇	1 319	231		1 088	2 140
潭牛镇	317.96	269.79	19	29.17	319
南阳镇	478.536 9	292.120 5	38.664 5	147.751 9	436
蓬莱镇	50.889	50.589		0.3	53
新桥办事处	274.2	205.7	2	66.5	322
东路镇	627.6	300.2		327.4	135
文昌侨中	1 148.979 3	1 148.979 3			302
文昌中学	2 224.63	2 224.63			535
文昌公安局	126.87			126.87	52
文昌庆龄妇幼保健院	41.719 6		41.719 6		53
文昌人民医院	115.63		115.63		47
文昌青少的活动中心	101	101			16
文昌敬老院	63.36			63.36	25
文昌民政局	1 062.09			1 062.09	35
文昌海外交流协会	8.5			8.5	18
文昌市幼儿园	12.5			12.5	3
文昌市侨联	82.1			82.1	313
文昌市中医院	18.883			18.883	17
田家炳中学	250	250			1

1991—1996 年海口市接受华侨华人、港澳同胞捐赠统计表

单位：万元（人民币）

时间	捐赠款折价		捐赠使用方向			
	总计	其中款项	公益福利	文教	卫生	其他
1991	155.22	93.00	23.46	88.16	21.30	22.30
1992	392.00	4.00	91.00	120.00	45.00	136.00
1993	521.70	140.00	112.00	90.00	262.00	57.70
1994	210.50	108.50	108.50	30.00		72.00
1995	200.00	45.0	4.50		195.50	
1996	126.95	6.95	6.95	120.00		

海口市琼山区重点侨乡华人、华侨捐款统计表

单位：万元（人民币）

年度	大致坡	三江	演丰	演海	三江农场
1981	2.85	1.03	0.51		6.15
1982	4.75	4.38	0.05		11.20
1983	2.24	11.86			11.77
1984		8.52	8.65	0.20	12.98
1985	3.57	11.90	2.50	2.84	12.14
1986	10.10	2.46	25.67	1.30	41.30
1990		15.56	1.15	0.46	141.70
合计	23.51	55.71	38.53	4.80	237.24

海外乡亲的真心奉献，也得到了海南省政府的充分肯定，对他们热爱家乡故园的善举予以表彰。

海南省历年表彰投资捐赠有突出贡献的华侨、港澳台同胞名单

荣誉称号	“赤子楷模”	“赤子模范”	“爱琼赤子”
1992年海南省第一次表彰			
名单	**一、投资类** 叶汉南、舒慈煌、刘桂华、黄茂雄、谢水吉、林明辉、冯地、何石伍、陈家驹、方翔、关金生、卓伟、卢业坤、曹晓明、日广仁、林树昌、梁奕煜、宋文杰、张杨和、姜延良、叶益荣、颜彬声、上官永恺、陈国鸿 **二、捐赠类** 李嘉诚、邵逸夫、吴多泰、周成泰、陈学忠、李强、潘先钾、黄坚	**一、投资类** 刘迪龙、张世杰、段陵、谢国民、许枚、石永、赵序宏、麻智伟 **二、捐赠类** 吴多福、欧宗清、张光利、张其蕃、陈文民、白秀华、郭开定	**一、投资类** 黄景明、刘兴武、李国熹、叶顺安、陈国强、林庭廉、龙莆雄、林刘悦、黄刚裔、董立坤、郑泉兴、许展章、陈玉川、朱国儒、黄强辉、韩俊元、翁诗波、陆永生、刘兆明、郑文泰 **二、捐赠类** 吴清茂、冯裕昌、林鸿宝、陈彪、史立谐、龙学佩、陈序传、郭诗裕、陈成鑫、陈修炳、赵玉山、李兴存、詹尊霖、潘正洲、韩勉元、云逢凉、邱敦永、陈应垣、邢诒溪、韩读元、邓文珑、郑有英、黄宏萱、齐必光、李城燕、吴乾华、祝清坤、林鸿谟、周南炳、何书训、何子栋、何子钦、卢业坤、杨庆勤、何万章、周德良、林珊、陈玉馥、叶世忠、符开源、郭华、叶能鹤、方是忠、韩柏光、韩琚光、吴和风、吕先芙、郑有华、林汉生、朱国儒、王书俊、石毓锦、陈会丰

（续上表）

荣誉称号	“赤子楷模”	“赤子模范”	“爱琼赤子”
1993 年海南省第二次表彰			
名单	**一、投资类** 王茀惠、石永、冯克隆、冯锦光、庄水莲、伍顺就、李财、吴坤汉、吴坤治、吴谢滨、陈文民、陈玉花、陈伯钧、陈学敏、陈奕祥、陈锦洲、张以昌、卓伟、林树昌、梁刘佩銮、黄寿全、黄桂春、陶伯明、蔡世爱 **二、捐赠类** 陈修炳	**一、投资类** 吴小益、吴和风、陈才三、陈金宝、张风翔、张世杰、杨利德、林尤仁、林建民、卓训熙、钟锦滔、符敏、梁青山、谢炬明、董立坤 **二、捐赠类** 罗新权	**一、投资类** 叶凤娟、史立谐、许书标、吕先芙、吕樑监、刘兆明、伍显崇、何十五、何子蕃、吴多禄、李连成、邢诒前、杨万祥、杨木春、陈文辉、陈台神、陈国鸿、陈家明、陈利通、林日旭、张光利、欧宗清、郑有英、姜德雄、徐敏、符必煌、符树玮、黄锦柱、蒋愉、韩孔光、韩明华、曾玉湘、蔡鸿能 **二、捐赠类** 文国杰、王春海、王禄益、邓文珑、邓秀平、邓章政、叶世忠、冯振陶、许书标、庄水莲、邢谷鸿、邢诒溪、邢诒前、邢福鑫、吴乾华、何敦活、陈文民、陈金莲、陈泽荣、卓伟、杨开礼、张秀英、周成泰、林明桐、范南平、祝清坤、符气民、符树玮、符致炳、符德胜、黄守正、黄守英、黄培茂、韩经元、韩柏光

（续上表）

荣誉称号	“赤子楷模”	“赤子模范”	“爱琼赤子”
1994 年海南省第三次表彰			
名单	**一、投资类** 于元平、卫凯征、王友添、王克端、方翔、石水、庄水莲、庄天岛、向华强、吕金龙、朱国儒、孙锡山、江艳美、刘敏、吴多祯、吴和风、吴儿、吴文雄、何子健、何海生、张以昌、陈玉花、陈台神、陈辉、李京燕、李财、李明德、李锋、郑文健、卓伟、周同伦、林树昌、林柏川、林显松、林崇基、罗昭政、钟保家、柯毓群、翁台光、徐光国、唐渤博、梁奕煜、黄桂春、黄森游、傅日生 **二、捐赠类** 关金生	**一、投资类** 卫平、兰美叶、冯克隆、邝荣炽、吕元琦、许书标、许禄谦、朱时茂、戎宝莲、江祥图、李再生、李奎德、陈利通、陈学锦、陈瑞章、张晏昌、周征宇、郑政龙、施正南、黄华康、符芳汝、谢自力、潘小平、颜清秀 **二、捐赠类** 庄水莲、张光嶷	**一、投资类** 王泉香、叶保容、许静强、邱全成、张光利、张传寿、李亦敏、陈梅、杨万祥、林兆丰、林志强、林得财、林富东、赵振华、符气良、符致炳、颜健明 **二、捐赠类** 王振高、冯邓琼梅、邢诒前、朱国儒、许展标、李强、陈修炳、陈文民、陈应垣、陈献春、吴坤治、吴多兰、吴芳泽、吴乾南、郑志毅、郑庭藩、郭华、黄桂春、黄闻彬、梁源居、符儒仙、韩连元、詹行銮

（续上表）

荣誉称号	“赤子楷模”	“赤子模范”	“爱琼赤子”
1998年海南省海第四次表彰			
名单	邵逸夫、吴多泰、许书标、关金生、张光嶷、冯所瑛、陈继杰、梁振发、李诗锦、王庆奎、王春海、马家仁、孔锦洪、朱国儒、吴多祯、吴清海、李世镛、李运根、陈明科、陈能山、陈章烈、陈献松、陈玉杏、杨叶、郑文忠、张光利、唐丽英、莫海涛、符史电、屠春夫、黄桂春、韩孔光、蔡敏	李强、吴多禄、王春海、郑有英、欧宗清、陈修炳、吴多雄、卢国元、冯振轩、陈行训、陈群川、陈颖杜、陈颖楠、陈碧容、邢福鑫、李甫、林方治、严兴川、吴多旺、范高智、郑文泰、郑金炎、张新给、符昌裕、符振师、符祥翠、曹武、黄秋、黄志善、黄敏财、黄循营、傅宝联、蔡鸿能、王书俊、孔繁双、叶风娟	陈伏兰、陈国通、吴多雄、吴和风、林英才、范南平、周南炳、符敏、符功绩、韩文溥、韩琼元、覃业樊、马业东、邓文珑、王茀孔、王茀诚、王茀惠、王安福、王兆玑、王录益、王统宇、王树芳、王振高、王禄椿、叶保蓉、云逢源、云逢豪、冯所兰、叶世忠、叶世椿、叶保山、叶保庸、卢业坤、卢勇文、齐必光、刘必贵、邢诒喜、邢益栋、邢福鑫、李召容、李兴存、李昌钝、李诗淑、庄迪孔、庄水莲、吕雪梅、陈彪、陈川信、陈川海、陈升海、陈文民、陈世英、陈加深、陈世就、陈达繁、陈亚洲、陈泽玉、陈泽荣、陈维孟、陈颖平、吴多旺、吴多福、吴芳泽、吴坤能、吴淑英、吴乾煌、杨庆荫、杨庆勤、杨庆耀、何子栋、何子钦、何书训、何载昭、林尤甲、林文蔚、林延标、林鸿漠、林瑶廷、郭华、高舅梅、郑有美、张光利、张学秀、张其番、张新樑、周成泰、郭丽娟、赵玉山、姚奇义、欧国樑、祝清坤、符大安、符大桐、符气崙、符气民、符气崑、符开源、符鸿金、符鸿拔、韩泰畴、黄守正、黄宏萱、黄国诚、黄培茂、黄循营、谢晋豪、康卑维、梁定华、韩杞元、韩经元、韩春梅、韩深元、韩琼元、曾传林、蒙健强、潘正洲、潘爱莲、蔡兴荣、黎传书、冯邓琼梅

（续上表）

荣誉称号	“赤子楷模”	“赤子模范”	“爱琼赤子”
2006年海南省第五次表彰			
名单	**一、投资类** 黄志源、张泰超、王德、张学修、林崇基、许章荣、邢诏喜、关金生、郑家纯、林日旭、邢福成、王佳、莫灏才、傅宝联、欧茂昌、蔡鸿能、曾庆彪、任良广、李兴福、吕诗澄、叶枝旭、李伟民、吴国标、林尤群、吴多祯、郑金炎、邓鸿发、王春海、朱德明、邢诏前、戴桂海、陈明谦、陈长友 **二、捐赠类** 张泰超、韩文溥、黄志源、陈文民、李强、吴和风、邢诒前、潘正洲、张学修、欧国樑、林瑶廷、韩友兰、王茀诚、张裕民、王春海、史立谐	**一、投资类** 符永良、陈文民、潘正洲、韩孔光、潘家东、麦汉锦、符福强、符文雄、林英勋 **二、捐赠类** 符气崑、云昌芳、何和燕、黄宏生、林明廷、任良广、林秋雅、陈文秋	**一、投资类** 林方平、戴明辉、吴多旺、许书标、俞皓、符传军、邢福鑫、韩阳光、何荣壮 **二、捐赠类** 李兴福、王润华、石汉基、石景宜、莫海涛、云逢豪、吴多福、符传军、潘家东、赵锡强、方润华、祝清坤、黄华康、韩阳光、韩曙光、邢诒喜、卢业樑、符国成、邢福成、韩勉元、林鸿鹏、王伟光、王琼南、符传发、詹行銮、韩琼元、陈毓仕、冯振轩、吴多兰、吴多旺、陈达繁、陈颖杜、陈爱玲、王兴春、韩泰畴、李诗淑、林秀花、黄循营、蔡笃义、关金生、符致炳、彭夷星、王龙来、王茀赞
备注	1. 投资总金额200万美元以上（含本数，下同）或捐赠总金额30万美元以上者，授予“赤子楷模”称号； 2. 投资总金额100万美元以上、200万美元以下或捐赠总金额15万美元以上、30万美元以下者，授予“赤子模范”称号； 3. 投资总金额50万美元以上、100万美元以下或捐赠总金额3万美元以上、15万美元以下者，授予“爱琼赤子”称号。		

1998 年，海南省人民政府表彰之“杰出台商”为：方翔、石永、叶万顺、江富财、许展章、庄天岛、李财、李京燕、陈利通、陈台神、邱阿敏、苏宝同、郑文键、林保森、林文敏、林柏川、罗基标、罗昭政、洪肇铭、翁台光、游昌胜、谢水吉、潘大川；“优秀台商”为：王文秀、王义斌、刘秋宏、刘进江、吕梁鉴、许清朝、许猛、伍荣茂、陈瑞章、陈茂林、陈俐君、邱全成、张和忠、张介雄、郭勇丰、郑俊和、倪能辉、姜金方、徐清助、唐成光、黄进道、黄森池、黄有田、蔡山泉、廖怡诚、颜正言。

第五章

闻名遐迩的海南出洋人

第一节　杰出个人①

一、传奇家族第一人——宋耀如

放眼近代中国乃至世界的发展历史，没有哪一个家族曾像宋氏家族一样，深深地影响并改变着中国历史的发展进程，因此，曾有历史学家把宋氏家族称为近代中国的无冕王朝。而这个无冕王朝的家长，即是海南人的杰出代表——宋耀如。

地理上，海南处于海上丝绸之路的要冲。唐代后期，海南的海上对外贸易便开始兴起，并经年不衰，经商成为海南，特别是与外界联系较为频繁的东北部地区的传统之一。经商需要智慧和冒险，因此开阔视野学习、敞开胸怀接纳、不怕牺牲冒险的精神品格逐渐为海南人所推崇。随着经商范围的扩大，加上家乡自然条件恶劣、封建统治负担沉重等诸多原因，越来越多的海南人特别是东北部的文昌、琼山、琼海、万宁等地穷苦人家选择了海外谋生之路。海外谋生之路充满艰辛和危险，没有吃苦耐劳、敢于冒险、不怕牺牲精神的人是不敢走这样的生活之路的，而没有甘于奉献、追求理想的精神是难以立足的，没有坚忍不拔的意志和善于学习的精神也是难以坚持下去的。因此，相对于中原来讲，海南虽远处边疆、孤悬海外，但并不闭塞，特别是在有经商和海外谋生传统的东北部，吃苦耐劳、坚忍不拔、敢于冒险、善于学习、甘于奉献、追求理想、不怕牺牲的精神品质为人们所传承和颂扬。1861 年，宋耀如就出生在崇尚海外拓荒之风的文昌县昌洒镇古路园村。宋耀如本姓韩，名教准，兄弟姐妹四人，他排行老三。他出生时，家里只有四亩薄沙地。窘迫的家境，促使只有 14 岁的韩教准远渡重洋，与哥哥韩政准一道，到印度尼西亚的爪哇岛投靠一个远房亲戚当学徒谋生。14 岁闯南洋，别说在当时，就是在今天，也非得有冒险

① 本节部分内容参考韩纫丰主编：《琼侨先驱十杰》，南海出版公司，1996 年。

精神才能成行。波澜不惊的学徒生活并未拴住他那颗闯荡世界的雄心。不安现状、敢于冒险的品质，始终在韩教准的血液中流淌。1878 年夏天，他随婶母哥哥——姓宋的舅舅到美国。韩教准舅舅经营的丝茶店——北美华商先锋，是打进美国东部的第一个专营丝茶外贸的中国商业机构。他带韩教准到美国是想收这位聪明伶俐的堂外甥为养子，以继承家业。

韩教准到美国波士顿后，改名宋嘉树，号耀如。他一边学习英语，一边跟养父学习进口和销售丝茶的业务。由于天资聪慧且勤奋好学，宋耀如很快就熟悉了生意业务。养父对其表现颇为满意，常常鼓励他只要好好干，这个店铺将来就由他继承和经营。

但是，宋耀如并不满足于做一名安分守己的小店主，在波士顿的华人圈中娶妻生子，过一种安定富足的小市民生活。因为，追求理想的品质注定他不会安于过一种可预见的生活。渐渐地，他发现波士顿并非他理想中的天堂，波士顿人也不是幸福的天使。他观察到这里的黑人老是低着头，犹太人大都缩着脑袋，印第安人满脸绝望，中国侨民则总是流露出一种莫名的恐惧。因此，他并不想在养父的小店铺里永远生活下去。在他的英语老师的鼓励下，宋耀如产生了离开店铺到学校学习的欲望。就在这时，两位年轻的中国留学生牛尚周、温秉忠的来访，加深了他求知的欲望。作为第一批官派留学生，出于对祖国故土的共同情结，牛尚周、温秉忠在波士顿期间，常到宋耀如养父的店铺喝茶，并经常谈论如何用西方模式去改造中国。宋耀如似懂非懂地听着，心中十分钦佩这两个青年渊博的学识和口若悬河的谈吐，从而进一步萌发了上学的强烈愿望。而在一次又一次的交往中，两位年轻留学生也鼓励宋耀如走出丝茶店，接受西方文明教育，学成后报效祖国。在经过一番激烈的思想斗争后，宋耀如向养父提出进大学读书的要求，却遭到养父的拒绝。因为养父需要的是一个安分守己、乐知天命、能够继承他事业的优秀商人。在养父看来，一个中国人来到美国，能够像自己一样经营和拥有一个丝茶店，已经是最好的选择和最可夸耀的成就了，不该再有其他非分之想。

但是，养父的反对并未能改变宋耀如梦中的追求，冒险的品质又一次在他的血管中涌动。1879 年冬，宋耀如作了最后一次努力，在仍无果的情况下，他决定逃跑，到外面那个充满神奇而又陌生的世界里去实现自己的美好愿望。在一个更深人静的夜晚，他偷偷溜出了商号，匆匆向波士顿港口跑去，躲进一只即将起航的小艇。他并不知道这只小艇将开向何方，更不知前头等待他的将是什么，就这样把自己的一切交给了命运之神。

这是一艘名叫“艾伯特·加勒廷”号的美国海岸警卫队缉私船。船长埃里克·加布里埃尔森被这个抛弃他所要继承的现成“家产”，主动寻找一种艰险生活的东方孩子所感动，决定收留他，让他在船上做侍童。在船长的鼓励下，宋耀如剪掉了辫子，穿上了海员制服，并以查理·琼斯·宋的名字登记入册，从此成为美国财政部税务局的一名领工资的船员。

船长是一个敬奉上帝的虔诚基督教徒，相信是上帝派他来拯救这个孩子的，于是抓住一切机会向宋耀如灌输耶稣基督的教义，阐释美国新教的原旨，讲述耶稣传教的故事，宣传基督教徒为拯救人类灵魂而甘于吃苦的献身精神……船长慈祥的心地和耐心的说教，征服了这个具有强烈求知欲的东方少年，使他很快成为一名基督教的信仰者。在船长和一批美国热心人士的帮助下，宋耀如如愿以偿地进入美国大学系统学习宗教知识。宋耀如非常珍惜这来之不易的学习机会，在杜克大学圣三一学院学习期间，“查理是一个十分刻苦用功的学生，他不仅天资好，而且善于总结经验，因此学习进步很快。他生活也非常简朴，学习之余还抽空从事打麻绳和编织吊床的副业，从来不浪费一文钱。查理为人和蔼可亲，能和同学们打成一片，因此克莱文院长也对他赞赏备至”。① 宋耀如在学习中十分善于思考，宋庆龄在 1924 年 12 月 10 日致美国友人阿莉的信中曾写道：“我亲爱的父亲的一位老朋友刚从美国到此，当他从报上看到我在日本时，特地从另外一个城市来看我。我从他那里知道了许多父亲的事，当他还是小男孩时所说的漂亮俏皮的话，在美国田纳西州的纳什维尔，他是如何跟老师开玩笑的，以及他提出了什么论点来羞辱哲学教授……”② 由此可以看出，宋耀如不但勤于学习，而且还善于思考，很有自己的思想，这为他日后事业的发展奠定了良好的基础。

1886 年 1 月 13 日，被北卡罗来纳州监理会任命为见习牧师并派赴中国传教的宋耀如回到了上海，开始实践他用上帝福音拯救千百万中国民众于水火，以西方模式改造中国的愿望。

---

① 解力夫：《宋氏家族》，社会科学文献出版社，1996 年，第 15 页。
② 宋庆龄：《宋庆龄书信集》（上），人民出版社，1999 年，第 45 页。

19世纪末的中国，虽有基督教的传播，但一方面由于基督教是外来宗教，另一方面由于洋传教士在传教过程中的胡作非为，因此，基督教在中国民众心目中并没有什么好印象。因此，当已经美国化的宋耀如来到自己同胞中时，却发现自己与同源同脉的兄弟姐妹打交道非常吃力。为了实现通过传递上帝福音拯救千百万中国同胞的愿望，宋耀如先从自己的打扮开始入乡随俗，蓄发留辫子，首先在外表上与同胞打成一片。在传教过程中，除必要的布道外，他还在教会开设的学校里教授英文，拉近与民众的距离，努力学习当地语言。回国半年后，他已能讲标准的上海方言了。

尽管在传教中充满了民众的不理解和教长的刁难，使宋耀如的传教生涯充满艰辛，但吃苦耐劳、坚忍不拔、追求理想的品质使他始终没有放弃。因为他认为中国应当先扫除愚昧，让民主、自由、平等的思想深入民众之心，然后方可进行革命，而扫除愚昧的最好办法就是传教，这是上帝的旨意。无论是为了拯救民众于水火，还是作为虔诚的基督教徒，为了理想，他都必须义无反顾。为了克服传教中缺少经费的问题，他决定经商。实践证明，宋耀如具有良好的经商天分，经商不仅很快帮助他筹集到建造教堂的费用，而且还使他能办教会私塾、儿童乐园和大众医药所，实现他服务大众的愿望。经商的才能，还使他后来成为上海滩巨贾。他在布道中，既阐述基督教的教义，也介绍美国林肯总统“民有、民享、民治”的三民主义，鼓励大家要“以善为本”，鼓励年轻人努力学习文化。刻苦、勤奋的传教，不但使民众受到了近代文明的沐浴，也得到了美国人的认可：“查理·琼斯·宋是中国基督教传教史上的圣人。”①

还在宋耀如刚到美国的时候，为了帮助他渡过语言关，他的养父给他请了一位英语老师。这位老师是林肯总统的崇拜者，通晓美国革命史。他不仅教宋耀如英语，而且还给他讲述解放黑奴运动、美国内战和林肯总统的“民有、民享、民治”思想，带他参观1765年波士顿市民抗议英政府征收印花税举行示威的地方，1770年3月5日“波士顿惨案”发生的英王街，1773年12月16日“波士顿茶党”将英国茶叶倾倒到海里的纪念处，1775年4月19日马萨诸塞州民军向英国军队发出独立战争第一枪的莱克星顿，1776年3月17日民军将英军赶出波士顿的纪念地……所有这些，

---

① 解力夫：《宋氏家族》，社会科学文献出版社，1996年，第42～47页。

都使宋耀如受到了深刻的民主主义教育。罗素认为："不同文明之间的交流，过去已经多次证明是人类文明发展的里程碑。"美国曾经是不幸的，在历史上曾受过殖民主义的统治和欺负，经过斗争和反抗，很快获得了独立和自由。而中国仍在遭受帝国主义欺凌的现实和爱国主义的传统思想使他渴望在中国也能爆发像华盛顿、林肯领导的革命，渴望独立、民主、自由早一天降临到神州大地！从这一刻起，用民主、自由思想建设一个强大祖国的理念，一直在左右着他的行动，催他前行，催他奋进。

回国后，宋耀如一直积极参加政治活动。回国不久，他就参与抗议上海外滩公园"华人与狗不得入内"的侮辱中国人牌子的活动。他的政治倾向虽然受到美国监理会中国教区教长林乐知的刁难，但宋耀如不为所动，并愿意为理想赴汤蹈火。正如西格雷夫曾说的那样："查理的天赋不适于安安心心当传教士。他不是一个常人，是一匹脱缰之马，很有魅力，精力充沛，好动，适应性强。他天生不是唯唯诺诺的人。查理具有的是打破规章制度而不是保持规章制度的天赋。"① 当他创办的华美印书馆成为革命党人活动的主要地点和经费的主要来源之一后，经商和革命活动成为他主要的活动内容，而传教几乎成了兼职。1891 年春，他完全辞去了南方监理公会中国布道团的工作，但用基督教唤醒中国民众的理想并没有因此而丧失。后来，他创办了自立教会，继续他的理想追求，也因此而成为第一个不受外国基督教会控制的中国牧师。宋耀如敢于打破陈规而独树一帜的冒险品质，成就了他独领风骚的潇洒人生。

在宋耀如的革命生涯中，对他影响最大并改变他后半辈子人生轨迹的，当属他与孙中山的相识。1894 年春，孙中山北上向李鸿章上书，途经上海，受到久慕其名的宋耀如的热情接待。孙中山与基督教深刻的渊源和宋耀如传教士的身份使两人的思想很快产生了共鸣，两人就救国救民的主张进行了倾心的交谈。宋耀如虽然对孙中山的才华和胆识颇为钦佩，但对其采取"求知当道，游说公卿"的改良主义做法却不以为然。他认为清政府已腐败透顶，不可救药，因此鼓励孙中山不但"要当洪秀全第二，更要当华盛顿第二、林肯第二"。这对孙中山由早期改良主张向资产阶级革命

---

① ［美］斯特林·西格雷夫：《宋家王朝》，（澳门）星光书店，1985 年，第 54 页。

思想的转变起到了重要的推动作用。孙中山上书未果后，返回上海宋家，大家一起商议成立革命团体，策划发动革命。孙中山提议把革命团体的名字叫“兴中会”，即“振兴中华之意”。宋耀如马上表示，将他最近经商中赚得的一大笔钱捐作兴中会第一笔经费。在宋耀如家中，孙中山花了三天三夜时间，草拟了《兴中会章程》和誓词。宋耀如对此完全赞同。在宣誓完“驱除鞑虏，恢复中华，创立合众政府”的誓词后，他严肃地对孙中山讲：“逸仙弟，我以基督牧师的身份向你们保证：只要你们决心化专制为自由，变君权为民权，实行民有、民享、民治，我就永远和你们在一起。但我是个牧师，不能像你们一样叱咤风云地冲在前面，只能在幕后辅助你们。我想，开展革命活动需要花大量钱财，就让我来为你们筹措经费吧。另外，我还可以暗中为你们做联络工作。”由于缺少严谨的历史资料的验证，宋耀如的原话是否如此，可能会有所争议，但它与宋耀如后半生的实践相吻合，却是不争的事实。宋耀如正是在“从事教会及实业”的掩护下，“隐侧传革命之道”，成为一个对辛亥革命作出贡献却很少为世人所知的革命“隐君子”。这体现了宋耀如为了追求理想，甘于奉献的精神品质。

从此，宋耀如和孙中山的命运就紧紧地联系在一起。他的华美印书馆不但成了孙中山在上海联络革命党人的据点，而且还印刷了数以万计的兴中会和同盟会章程，秘密出版了孙中山的《伦敦被难记》、邹容的《革命军》、章太炎的《驳康有为论革命书》和陈天华的《警世钟》、《猛回头》等著作。这些革命著作，无情地揭露清政府对人民残酷压迫和媚外卖国的罪恶，痛斥改良派反对革命的谬论，热情讴歌革命事业的伟大，对激励人民特别是知识分子投身革命洪流起到了巨大的推动作用。

为了帮助革命事业筹措经费，宋耀如不但自己倾囊相助，还在1905年秋天重返阔别20多年的美国，利用各种关系，历时半年，共筹到200多万美元。宋耀如杰出的筹款才能，深得孙中山的赏识，后来孙中山委托他担任同盟会的总司库，继续肩负在国内外筹措经费的重任。

孙中山为了中国资产阶级民主革命事业历尽艰辛，屡挫屡奋。宋庆龄在致友人信中曾讲到：“毕业回国时，正处于国内二次革命的初期。我发现我父亲在日本政治避难，孙博士也在那里，从我父亲与孙博士的交谈中，我得悉我们的民国处在很大的危险之中，因为袁世凯想阴谋推翻它。一些国家在道义上和财政上支持着袁世凯，因为他们被其狡诈的外交手腕及其手下阴险毒辣的宣传所欺骗。我国民众之声被压制。革命事业似乎无望。孙博士的某些追随者，在绝望中把革命事业看作失败的事业而放弃了。”① 但宋耀如支持孙中山的革命事业却是义无反顾、一如既往，直到生命的最后一刻。因为用民主、自由思想建设一个强大祖国的理想，是他前行的精神支柱。

宋耀如的成功不仅体现在他个人的成就方面，更表现为他培养了杰出的、影响着中国近代历史进程的子女们。宋家大女儿霭龄被称为“未加冕的女皇”；二女儿庆龄贵为“国母”，被誉为“国之瑰宝”和“二十世纪最伟大的女性”；三女儿美龄则是名扬四海的国民政府“第一夫人”、“中国航空之母”；大儿子子文也是一个声势显赫、权倾一时的人物，历任国民政府行政院院长、财政部部长、外交部部长等要职，被称为“享有世界上最大的富翁的名声”。

宋家有如此杰出的子女，与宋耀如从小对他们的良好教育和培养分不开。宋氏夫妇是虔诚的基督徒，基督教的“博爱”思想使他们十分反感中国“女子无才便是德”的传统观念，认为“为女人不应妨碍自己成为祖国有成就、有作为的公民”，因此，三姐妹早早便开始在家中和学校与兄弟们一起接受系统的教育。宋家是一个标准的慈父严母型家庭，父亲比较宽松，母亲十分严格。在母亲的宗教戒律下，孩子们待人接物要有礼貌懂规矩，绝不允许在家中饮酒、赌博和跳舞。但父母对孩子们的教育上却有着相同的理念。父亲会经常给孩子们讲故事，讲他在美国的经历，与孩子们一起唱歌，陪孩子们成长。父亲精心营造的家是孩子们成长的摇篮，在父亲的慈祥、宽厚、幽默、热诚中，孩子度过了最美好的童年和少年时光。在享受天伦之乐的同时，父亲潜移默化地把独立、自强、成为对祖国有贡献的人的思想观念灌输给了孩子们。

宋耀如的革命经历，让宋家的孩子们在童年时代就知道有革命运动，知道孙中山和他的志向，也知道革命活动的危险性。父母的言行，给了孩子们最早的反对封建专制统治、追求民主共和思想的启蒙。

宋家孩子们在美国读书时，正值中国政治风云变幻之际。作为革命者，宋耀如一直在传教经商之外，襄助孙中山的革命活动。作为父亲，除

① 宋庆龄：《宋庆龄书信集》（下），人民出版社，1999 年，第 24 ~ 25 页。

了生活上给予孩子们关怀外，还推荐给他们应该读的中国历史书籍，谈上海发生的事情，给他们寄剪报，使他们了解国内的局势……因此，宋家孩子们虽然人在美国，心却与祖国紧紧相连。父亲的教导、留学的经历，使他们既以中华民族拥有悠久的灿烂文化而感到自豪，也为西方世界对其的漠视而感到遗憾。想到遭受屈辱、灾难深重的祖国，他们感到了自己身上的责任。他们希望从西方现代的教育中获得更广博的知识，以便回国后可以“解决中国当前存在的各种重大问题”，报效祖国，使中国强盛起来。因此可以说，宋家孩子们后来之所以能有杰出成就，与宋耀如夫妇的精心培养功不可没。

从一无所有的贫家孩子，到虔诚的传教士、富有的商人、坚定的革命者，宋耀如是成功的，但其更伟大的是奠定了深深影响近代中国历史发展进程的宋氏家族的基础。

二、琼商奇才王绍经

下南洋是近代中国社会一大特别的移民现象，东南沿海民众，在人口增加的压力，在战争破坏社会秩序的无奈中，加上19世纪后东南亚发展的拉力，许多人为了生活而背井离乡、远渡重洋到当时还是地广人稀的南洋地区谋生。在下南洋的各族群中，逐步形成了福建、广府、潮州、海南、客家五帮。在这五帮中，海南属于移民时间较晚的族群，因此，当大批海南人到南洋时，南洋地区容易赚钱的行业基本上已被别的族群所经营，海南人只能从事边缘性的、一般人不愿意从事的行业。即便如此，也有海南人脱颖而出，王绍经就是其中的杰出代表。王绍经曾被认为是新加坡12名富商之一，与陈嘉庚相提并论。在新加坡，有“福建有个陈嘉庚，海南有个王绍经”之说。

1860年，王绍经出生在乐会县（今琼海市）温泉镇石角边沟村一个贫穷农民家里。虽然家里贫困潦倒，但父母还是咬紧牙关省吃俭用，将他送到私塾读书。尽管王绍经聪颖好学，十分珍惜来之不易的学习机会，但仅一年多，就因父母交不起学费而不得不离开心爱的学堂，回家帮父母养家糊口。

在艰难的生活中，王绍经慢慢地长大了。1884年，24岁的他已成家生子，家庭的经济状况因为人口增加而日益窘迫。为了改变每况愈下的家庭困境，王绍经决定到南洋闯一闯，或许还有希望。因为琼海是海南历史上下南洋较早的地方，据《琼海县志》记载，早在唐代，琼海人就沿着海上丝绸之路到南洋做贸易、经商，有些人逾留不归成为早期华侨。到南洋打拼以改变生活状况，成为许多海南岛东北部居民的选择。

这一年，王绍经怀揣着四块光洋，顶着火辣辣的太阳，从家乡步行到琼山的潭口，乘小舢板船到海口，挤上了一艘开往南洋的小帆船。经过十多天的海上颠簸，王绍经终于来到了梦想中的新加坡。

在南洋，海南人由于移民的时间短、人数少，总体来说处于社会的边缘，只能从事边缘性职业。王绍经到南洋的第一份工作是卖蒌叶。蒌叶是马来人吃槟榔时的必备材料之一，社会用量虽然很大，每家每户的用量却不大。由于马来人居住分散，必须走街串巷才能把蒌叶卖完，因此没有一副好身体，没有吃苦耐劳的精神，这一点点辛苦钱是赚不到的。王绍经就是凭着自己的一副好身体和吃苦耐劳的精神，一根扁担，两个箩筐，走遍了新加坡的山头村寨。为了多赚钱，他又兼卖菠萝。在日复一日的奔走中，他终于稍稍有所积蓄。

王绍经不但有一副好身体，还有一个机灵的脑袋。在走街串巷卖蒌叶的过程中，他逐步摸索到了一些商品经济的规律，这为他后来的事业发展奠定了良好的基础。

靠卖蒌叶赚来的200元钱，他与友人投资做布伞生意。这是王绍经人生的第一笔大投资。凭着他对市场摸爬滚打锻炼的洞察力和精明能干，投资很快就获得了良好回报。但他并没就此止步。生意赚钱后，他不断扩大投资规模，以期获得更大的回报。他先后在马来亚的柔佛州和靠近新加坡的印尼山区开设土杂货店，同时又利用这些杂货店收购当地的各种山货、皮货，运回新加坡和海南加工，提高附加值后再出售。经过数年的积累，王绍经的经济实力得到明显增强。

有了一定资本的王绍经，与另三位同样闯南洋的海南人联手经营煤油代理生意。当时煤油在市场上十分走俏，加上他们经营有方，很快为他们带来了可观的利润。在当时，人们合股做生意，只是凭口头承诺，并没有签订什么书面协定，大家做生意彼此间恪守的是良心和信用。随着时间流逝，与王绍经合股的几位股东都先后辞世，但王绍经并没有将他们的财产据为己有，而是千方百计寻找他们的家人或后代，连本带利分文不差地交到他们手中。

第一次世界大战前夕，王绍经凭借着多年在商场上锻炼出来的实力和洞察力，决定向地产业发展。他先后在新加坡和马来亚购置地产与橡胶园，在新加坡的一条街上就拥有20多间店铺，之后，他将这条街命名为“绍经街”。而在另一条“桂兰街”上，除几间店铺由广东人经营外，其他几十间店铺也全部归他所有。随着生意越做越大，他又把商业触角伸向金融、保险业，逐步发展成为百万富翁，跻身当时新加坡12位名商之列，成为琼籍人士在南洋商业界的佼佼者。

致富后，王绍经十分热心公益事业。早年无钱读书的痛苦他念念不忘，于是决定捐钱办学校，让穷人家的孩子也有求学的机会。在新加坡，他参与创办琼人早期学校——育英学校，捐资在育英学校建起王绍经礼堂。1926年，他发起创办新加坡琼崖王氏祠，并捐赠一幢三层楼房作为初时祠所。同时，他还多次担任新加坡琼州会馆主席和新加坡中华总商会董事等社团职务。抗战期间，他带头购置大量抗日公债，以实际行动支持抗日救亡运动。

致富后的王绍经还非常关心家乡的社会发展，想方设法为家乡的社会进步作出自己的努力。早在清末，他就在家乡嘉积创办“批局”，专门为下南洋的同乡赡家办理汇兑服务，深受琼侨和侨眷的信赖和欢迎。为此，当时清政府曾封他为资政大夫。20世纪30年代，他委托儿子王先树在海口创建大亚旅店和裕大百货公司，给创建中的海南医院捐款，在乐会县师范学校捐建“王绍经图书馆”，在家乡修建“王绍经水泥桥”。

岁月流逝，王绍经早已离我们远去，但他一生所表现出的驰骋商海的智慧、扶贫济世的风范、严于律己的品格，始终是后来者学习的榜样。

三、风云星马侨坛的郭氏兄弟

历史的长河奔流不息，多少人间往事随风而去。但正如诗人臧克家所言：有人死了，但他还活着。20世纪前半叶在星马侨坛独领风骚的著名爱国琼商郭巨川、郭镜川兄弟俩就属于这样的人。他们以其艰苦创业、精诚爱国爱乡的人生轨迹，被后人所钦佩、敬仰和纪念。

1867 年，郭巨川出生在文昌南阳美丹村一个穷苦人家。由于生活所迫，在郭巨川很小的时候，他的父亲郭云龙就像当时很多年轻文昌人一样，辞别一家老少，独自踏上闯荡南洋的艰辛之路。

郭巨川是在祖母郭李太夫人和母亲郭吴氏的精心照料下度过他的童年时光的。在耕作手段近乎原始的农耕年代，家里没有男劳力，生活的艰辛是难以想象的。但生活的重担并没有压垮郭家，贫困的日子，使郭巨川从小养成了吃苦耐劳、勤俭持家的品格。日子过得虽然清贫，但祖母的慈爱、母亲的体贴，让他幼小的心灵充满了温暖。天有不测风云，就在郭巨川九岁那年，含辛茹苦的母亲，由于过于操劳，终于没能抵挡住病魔的侵袭，撇下年幼的他和刚刚出生三个月的弟弟镜川，撒手西归。

就在郭家老少度日如年时，伯母王氏向两个嗷嗷待哺的侄儿伸出了援助之手。王氏是父亲郭云龙之兄郭诗兴的妻子。由于生活所迫，郭诗兴与郭云龙一样，撇下妻儿老小，闯南洋去了。

祖母和伯母，两位一辈子也没有走出红土地的农妇，用她们孱弱的肩膀毅然决然地挑起了生活的重担。她们披星戴月，辛勤耕耘，风里来雨里去，用伟大的爱给兄弟俩以温暖的关怀，让他们在失去母亲的情况下却能在充满慈爱的家庭中长大成人。虽然胼手胝足的耕作只能勉强度日，但她们善良的心灵和不向苦难屈服的品质，深深影响了兄弟俩幼小的心灵。1935 年，功成名就的兄弟俩在故土文昌公园内建造了"郭母李氏太夫人王夫人纪念亭"，以纪念母亲、祖母、伯母的养育之恩，并弘扬体现在她们身上的中华民族劳动妇女善良、勤劳、刚毅、纯朴的传统美德。1936 年，兄弟俩又在家乡南阳墟建造了外观酷似明清时代牌坊的"郭母李太夫人暨王夫人纪念坊"，以寄托对已故亲人的深深怀念。

在充斥着凄风苦雨的岁月里，郭巨川终于长大了。为了改变窘迫的生活环境，20 出头的他也踏上了父辈的闯南洋之路。

背着简单的行囊，告别贫困的家乡，经过漫长的海上颠簸，郭巨川终于来到了父亲挥洒汗水的马六甲。当时刚刚开发的马六甲也并非遍地黄金，生活同样充满艰辛。郭巨川在马六甲的第一份工作是在一个福建人经营的木薯园里干活，这是一份需要付出汗水的繁重体力活。日出日落，郭巨川凭借年轻力壮的身体和吃苦耐劳的精神，辛勤地在木薯园耕耘着。在长年的劳作中，他逐渐了解了土地与种植的关系，学到了热带作物如橡胶、油棕、椰子、木薯等的种植和管理知识，这为他日后的成功奠定了坚实的基础。

地处东南亚的马六甲，不但是一个天然良港，而且气候宜人、土地肥沃、地势平缓，是种植的理想场所。但是在当时，由于第一次世界大战带来的战争创伤，整个世界经济处于四面楚歌的低谷中，橡胶和橡胶制品的价格一落千丈，恐慌的经济氛围使马来亚大批种植橡胶的商人竞相低价变卖胶园，另谋出路。

机遇永远是为有心人准备的。就在别人看不到生机的时候，郭巨川却敏锐地嗅到了商机的气味。他决定抓住这个千载难逢的商机，大量收购胶园和荒地。但是当时他却囊中羞涩，手里的积蓄并不能够帮其实现愿望。商机可是稍纵即逝的，就在这个关键时刻，郭巨川作出了一个看似有违传统的大胆决定：把老家文昌南阳的祖田卖掉，在马来亚购置胶园和荒地。之所以说这是个有违传统的决定，是因为当时许许多多的文昌人抛妻别子、背井离乡下南洋闯天下，最主要的目的就是挣几个血汗钱，好在家乡购置田产，改善生活，光宗耀祖。可郭巨川却反其道而行之，把家乡的祖田卖了，到南洋买地，这是当时很多人难以理解的。因此，他的这一举动，甚至成了某些人茶余饭后谈论的笑料。但郭巨川却不为所动，坚持认为自己这么做是值得的。

现实很快就验证了郭巨川决定的正确性。第一次世界大战结束后，在各国医治战争创伤的过程中，世界经济走上复兴之路，马来亚的经济也在快速发展着。随着经济的好转，马来亚盛产的橡胶、油棕、椰子等热带作物及其制品，成为市场的抢手货。而此前郭巨川购置的大片胶园和地产，此时为他带来了滚滚财源。但他并未就此满足，而是再次抓住商机，相继在马来亚柔佛州北面的昔加湾市，开辟了6 000多亩的橡胶园，在拉比斯巴露、彼谷、居惠等地先后开辟了数千英亩的橡胶园，后又改为棕榈园，成为马来亚华人中最早开辟棕榈园的种植家。在土地上获得巨额利润后，郭巨川又将业务向加工业延伸，实现种植、加工、销售一条龙的系列经营。郭巨川在马来亚获得巨大成功后，并不满足现状，又在新加坡开辟了一个上千英亩大小的椰子园。

就在郭巨川纵情驰骋商场之时，他的胞弟郭镜川完成了在广州的学业，南下来到了他的身边。

郭镜川，又名郭新，与哥哥相比，他受到了良好的教育。他的到来，使郭巨川如虎添翼，郭氏事业蒸蒸日上。在20世纪20年代中期，郭巨川和郭镜川在马来亚、新加坡一带被人们亲切称为“郭氏兄弟”，其种植木薯、橡胶、油棕、椰子等热带作物的园地已逾2万英亩，成为风云星马的大种植家。为进一步扩展业务，1934年，郭镜川在新加坡创建了郭新父子有限公司，管理各大胶园及各大工厂产品的进出口业务，并兼任新加坡四大银行之一的华联银行董事及其实际产业有限公司主席。

郭氏兄弟成功了，从一贫如洗变成了腰缠万贯，但他们一如既往地过着十分简朴的生活。他们不但自己身体力行，还经常教育后代生活要艰苦朴素。

郭氏兄弟成功了，但他们始终不忘乡情，始终惦记着故乡。1924年，家乡遭遇多年不遇的旱灾，乡亲们生活在水深火热之中。郭氏兄弟得知后，特地从南洋寄回数千光洋，分给美丹村的父老乡亲，帮助他们渡过荒年。想到家乡父老居住困难，兄弟俩出资在美丹村建造正屋10间、横廊30间及围墙、院门和钢筋水泥结构炮楼1座，并将其中的大部分房屋分送给村里贫困户居住。虽然这些建筑后来被日本侵略者所焚毁，但如今尚存的地基、断垣残壁，既镌刻着郭氏兄弟的爱心，也控诉着侵略者的罪恶。为方便乡亲们出行，兄弟俩又出资在村子前面的美丹溪上修建了一座桥。与南洋隔着千山万水的故乡父老，分享着郭氏兄弟成功的喜悦。

郭氏兄弟成功了，祖国的强盛始终是他们的牵挂。当伟大的革命先行者孙中山先生在南洋发动华侨支持辛亥革命时，得到了郭氏兄弟的热烈响应。兄弟俩不但在经济上大力支持孙先生，而且还积极追随其左右。郭镜川化名郭坚秘密参加同盟会，为辛亥革命摇旗呐喊。为唤起故乡民众的革命热情，兄弟俩还资助在海口再版明代名臣、琼州巨擘丘浚的《世史正纲》。近代海南的民主革命形势如火如荼，其中就有郭氏兄弟的功劳。

辛亥革命成功后，中国的社会发展之路并未一马平川。军阀混战，社会动荡，导致民不聊生，人民生活依旧水深火热，郭巨川忧心如焚。1911年，他应乡亲的请求，捐1 000光洋，并派镜川回乡商议购买枪支保卫村庄事宜。这批枪后来成为南阳抗日游击队李良中队的武装基础（日寇侵琼前夕，郭巨川又以个人名义赠送12支二十响驳壳枪与李良中队）。1915年，袁世凯称帝，龙济光祸粤，郭氏兄弟潜回香港，与朱执信等人共谋驱龙、维护党国事宜。孙中山先生领导国民党与中国共产党一起共同努力，掀起了国民革命高潮，在巩固广东革命根据地后，挥师北上，发动了矛头直指封建军阀的北伐战争。为支持国民革命军北伐，郭镜川从繁忙的商务中抽出时间，走遍马来亚的城市乡村，发动广大华侨捐款捐物，支持国民革命军扫荡封建势力。

1937 年，日本军国主义发动了侵略中国的罪恶战争，积贫积弱的祖国再一次遭到外敌蹂躏。祖国的安危时刻牵动着海外游子的心。抗日战争爆发后，郭镜川与南洋侨领陈嘉庚、符致逢等人一起，率先发起成立新加坡华侨赈济祖国难民委员会，团结、指导广大南洋华侨有组织、有计划地支援祖国人民的抗日战争。散居在南洋各地的琼籍华侨，也纷纷组织“琼崖华侨救乡会”、“琼州青年剧社”和“援八委员会”（支援八路军）、“援冯委员会”（支援冯白驹）等秘密团体，从物质上、精神上支援祖国，支援家乡的抗日斗争。1938 年 11 月，在郭氏兄弟的积极倡议和组织下，旅居各地的琼侨代表在香港召开了琼崖华侨团结抗日会议。会议决定成立琼崖华侨联合总会，下设财政、救济、宣传、组织等部门，与会代表一致同意推荐并选举郭镜川为该会财政部主任。这次会议还决定成立琼崖华侨回国抗日服务团，组织琼侨直接回到家乡，参加反对日本帝国主义的正义战争。

近代中国历史，特别是近代海南的历史，见证了郭氏兄弟的拳拳爱国心、殷殷故乡情。兄弟俩的爱国爱乡义举，在南洋和故乡人民中广为传颂。为表彰兄弟俩的深明大义和无私奉献，国民政府大总统特授其五等嘉禾章，广东省省长也褒奖其二等嘉祥章，并被选为国民革命军粤军参议。1925 年，郭巨川被选为北京善后会议的华侨代表，出席了会议。1938 年，郭镜川被国民政府选为南洋地区的“国大代表”，出席国民代表大会，并在会上被聘为国民政府侨务委员会顾问。兄弟俩还因为捐巨款支援祖国抗战而被国民政府隆重授予“抗日救国捐资 10 万元以上”的奖状。据载，当年获此项殊荣的只有南洋巨商胡文虎及当时国内的 16 位知名人士，足见郭氏兄弟的贡献与影响。

郭氏兄弟成功了，故乡的贫困落后是他们心中的牵挂，他们总想着用自己的方式回报家乡的养育之恩。1936 年，郭氏兄弟与 200 多名在南洋的海南乡亲联合发起倡议，并在当年举行的第二届新（马）琼州会馆执委联席会议上通过了一项决定：为尽快开发建设海南，组织成立琼崖实业公司。会议一致通过推选郭氏兄弟等 11 位侨领和大企业家为该公司负责人。不久，公司派黄守仁、王漠仁回海南，向当时的琼崖政府相关部门办理了注册手续。同时，公司在万宁购买了 8 000 亩的土地，用于大规模开发热带作物种植业。此外，郭先生还自己在故乡办了一个橡胶园，以郭氏父子有限公司的名义在三亚办了一个有 200 多亩规模的盐田，希望以此带动和促进海南的经济发展。但后来由于罪恶的日本帝国主义发动了侵略中国的战争，琼崖实业公司的开发计划被迫中断。郭氏兄弟在故乡文昌南阳里吉岭购置的近千亩准备用于种植橡胶的荒地，也因为兵荒马乱而不得不忍痛放弃。

日本人走了，郭氏兄弟开发建设海南的希望再次被点燃。1947 年，兄弟俩通过南洋好友、著名侨商胡文虎先生，专程到广州向当时的广东当局提出开发建设海南的建议。郭氏兄弟为此决定成立一个规模一流、资金一流、人才一流的海南开发公司，作为开发建设海南的载体。郭氏兄弟与热心海南开发建设的胡文虎一起，通过各种方式想争取同为海南人的宋子文和南京政府的支持，使开发建设海南的宏图得以实现。无奈，当时的国民政府忙于内战，无暇顾及国家的建设，终于导致郭氏兄弟建设家乡的理想落空。

虽然郭氏兄弟成功了，但他们深深知道教育是摆脱苦难的一剂良方，人才是社会进步的希望所在。因此，郭氏兄弟虽然自己生活非常节俭，资助教育却异常大方。1907 年，兄弟俩就遵照父亲的嘱托，捐资 500 光洋，在家乡美丹村办起迈众小学，让父老乡亲们的孩子免费就学，并两次以先人郭斯俊、郭邦由的名义，捐赠 1 万光洋在家乡设立奖学基金会，以资助学业优秀但家境贫寒的学子们。

文昌中学是一所历史悠久的著名中学，它的创办、修缮和扩建无一不凝结着广大海外侨胞的无私奉献。1927 年该校决定迁址，就是旅外侨胞捐款 10 万光洋完成的。其中郭氏兄弟就捐了 1.7 万光洋，在新校园兴建了富有现代气息的教学楼。此楼后遭日本侵略者的飞机轰炸而毁，但郭氏兄弟热心家乡教育事业，衷心可表。1925 年，郭氏兄弟在回国观光途中，又出资 4 000 余光洋，购买一套《四库全书》（据说当时全国只有四套），送给文昌图书馆。1936 年，时任琼海中学（今海南中学）校长的钟衍林，为扩建该校，到南洋各地募捐。在郭氏兄弟的带动下，王兆松、韩钊准等数百名琼侨纷纷慷慨解囊，共捐得大洋 10 万元。日寇占领文昌后，文昌中学被迫迁到南阳老墟办学，郭巨川与另一同乡王兆松一起合建一座教学楼，以解决迁址后教学用房不足的难题。

1926 年海口筹办海南医院，郭巨川先生悉之也慷慨解囊。

郭氏兄弟不但热心家乡的教育事业，对南洋华侨子弟的教育也十分关心。为了提高华侨受教育的水平，兄弟俩先后在马来西亚马六甲创办了玛琳学校、培丰中学、中国公学、培德女校，在新加坡参与创办了育英中学、南洋女校、华侨中学等教育机构，并担任这些学校的总理或理事。兄弟俩担任领导的马来西亚琼州联合会，每年都要筹集近百万的助学金，用于资助生活困难的琼侨子弟读书。

郭氏兄弟的行动，深深影响着他们的子女们。在父辈的熏陶下，郭家后代也都十分热爱家乡，热爱家乡的教育事业和社会公益事业。文昌中学最早使用的发电机，就是郭巨川的长子郭开基捐赠的。郭开基秉承父业，一边发展扩大父亲留下的产业，一边积极参加社团服务，成为当地华人中的佼佼者。郭开基的长子郭全强，在马来西亚更是有口皆碑。他早年毕业于北京大学，20 世纪 50 年代末移居马来西亚。他连任两届马来西亚海南联合会总会馆的总会长，在任 6 年中，先后多次组织海外华侨和海南乡亲回海南探亲、访祖、考察、交流，为海南的开发建设穿针引线。步入花甲之年的郭全强，担任马来西亚华校董事会总会主席的职务。为弘扬中华传统文化，为马来西亚的华文教育，他像一只不知疲倦的蜜蜂，在马来西亚的各城市间奔走着，无私奉献着自己的光和热。

尽管郭氏兄弟成功了，但他们不忘为同在异国他乡奋斗的海外游子排忧解难。近代以来，由于文化和现实等原因，闯南洋的海南人只有男性，以致许多家庭饱受骨肉分离的相思之苦。郭氏兄弟思想开明，鼓励海南的年轻女性勇敢冲破封建思想的束缚，赴南洋与丈夫团聚，并为之提供条件，许多家庭因此得以在他乡的土地上团圆。

此外，为了更好地服务侨胞，兄弟俩先后多次担任过新加坡琼州会馆、马来西亚琼州会馆总理、新加坡中华总商会董事、星华筹赈会委员、世界红十字会星洲分会会长、广东同学联合会主席等社团职务。郭镜川还被册封为马来西亚柔佛州太平局绅士 S. M. J 等荣誉衔。

岁月流逝，郭氏兄弟虽然离我们而去，但他们驰骋商场的气魄和胆略，俭朴生活的优良传统，报效祖国的赤子之心，热爱家乡的故里情怀，热心公益事业的奉献精神，将永远为后人所崇敬、所纪念……

四、民主革命先驱林文英

近代中国历史既是一部中国人民血泪斑斑的苦难史，更是一部不屈不挠的奋斗史。为了使中华民族早日摆脱外国列强的蹂躏，为了使国家早日走上民主富强的康庄大道，无数中华优秀儿女、仁人志士，为此抛头颅、洒热血，奉献着自己的青春乃至生命。辛亥革命时期中国同盟会会员、国会众议员、海南华侨的杰出代表林文英就是这样的一位革命先驱。

林文英，原名天泽，又名如春，号格兰，原籍海南岛文昌县清澜镇世坑村，1873 年出生在暹罗（今泰国）一个华侨家庭。兄弟六人，他排行老二，父亲林开伦是一位久居泰国的爱国华侨，母亲是泰国人。林开伦经历了清政府统治下的祖国积贫积弱、华侨在异国他乡受尽欺凌的悲惨遭遇，经常教育幼年的林文英要热爱祖国，牢记自己是个中国人。为此，他不但教孩子们学习中文，说海南话，还多次带他们回老家探亲寻根，培养他们热爱家乡、爱国的情怀。林文英在暹罗中华中学毕业后，奉父亲“勿忘唐山”之命，回海南祭祖省亲。其间，他结识了邻村姑娘陈吓大，并与之喜结连理。

1903 年春，醉心于经世致用之学的林文英，深知没有学识难成大事，故偕其弟负笈日本，攻读日本东京法政大学政治科。留日期间，适逢孙中山在海外奔走宣传革命，在一次东京华侨和留日学生于富士见楼举行的欢迎孙中山赴日的集会上，孙中山在会上发表的题为《中国民主革命之重要》的演讲，深深打动了林文英。在与革命党人的接触中，林文英深为革命党人的民主思想所激励，感到这些反封建的革命理论、纲领、主张、组织和方法正是自己所追求的，于是决心投身其中，拯救祖国。1904 年，林文英在日本横滨结识了孙中山，并为孙中山所器重。1905 年 8 月 20 日，中国同盟会在东京赤板区灵南坂本金弥邸召开了成立大会，入盟者达数百人。林文英经廖仲恺介绍加入同盟会，成为同盟会的早期会员。同年秋，清政府驻日公使杨枢勾结日本政府，迫使孙中山离境。孙中山与黎仲实、林文英等人一起，由日本到越南，在旅越华侨中发展革命组织，先后建立了河内和西贡等地同盟会分会。这一时期，林文英追随孙中山任文书工作。不论在暹罗还是在新加坡，他经常跟随孙中山出入华侨组织的社团、娱乐场所、酒楼茶馆、戏院，甚至花会场所，向华侨宣传革命道理，谴责清政府丧权辱国，控诉外国列强企图瓜分中国的罪恶阴谋，鼓动华侨起来救国，拯救国家于水火。为了发动更多的华侨参加推翻清政府的斗争，林文英还创办刊物、报纸，宣传革命主张，组织华侨义演团以粤剧、琼剧的演出形式，激发华侨的爱国热情，并以此筹款募捐，购置枪械，支持国内的反清斗争。

同盟会成立初期，由于戊戌变法中在国内外有很大影响的康有为、梁启超等改良派，在国外宣扬君主立宪思想，成立保皇组织，在侨民中影响很大，以致拥护革命者寥寥无几。为批判立宪保皇思想，扩大革命影响，林文英与汪精卫、胡汉民、田桐等人负责主持《中兴日报》，同保皇党的《南洋总汇新报》展开针锋相对的论战，批驳保皇派“革命在中国不能成功”和“立宪论”的谬论，戳穿他们以保护华侨为名，行“窃取荣禄”之实的无耻伎俩，极大地提高了华侨的觉悟。在街上听孙中山演说者“夜以继日，如听如来说法，说者谆谆，而听者津津”，南洋各地受保皇党欺骗蒙蔽的华侨民众纷纷转向支持革命。

同盟会力量在南洋群岛的迅速发展，引起了反革命势力的恐惧，他们相互勾结，企图扼杀革命运动。1908 年，同盟会机关报——《民报》被日本政府以鼓吹无政府主义的罪名关闭，孙中山连续接到驱逐令。在革命形势风云突变之时，林文英追随孙中山，再次到缅甸、越南、暹罗等地发展革命组织，筹募经费，坚持革命斗争。在暹罗期间，林文英的父亲利用妻子是泰国人，不容易引起当局怀疑的有利条件，把孙中山藏在自己家中，掩护孙中山在泰国的活动。白天，林文英与孙中山一起，到民众中宣传革命道理，如今泰国曼谷有一条被称为演说街的街道，就是因为当年孙中山常在此发表革命演说而得名；与保皇党进行坚决的斗争，令其在南洋名声扫地，一蹶不振；晚上同睡一张床（此床现存于曼谷博物馆）。两人形影不离，亲如手足。一天夜里，警方接到密报，包围林文英家，企图逮捕孙中山，幸得林母机智应付，使孙中山得以从后门逃脱。由于孙中山和林文英等人的宣传发动，爱国华侨云茂修、冯裕源等人慷慨解囊，捐助革命。

林文英“恒以救国为职志”，始终不渝追随孙中山奔走于南洋各国，筹划革命，先后偕同越南、菲律宾、暹罗、日本等大批革命党人以及爱国华侨回国，在粤、桂、滇等地，发动武装起义。这些武装起义虽然或因粮械短缺，或因后援不继而失败，但林文英并不气馁，仍一如既往地倾注满腔革命热情。在“孙中山先生领导革命历次起义中唯一亲临战地一役”的广西镇南关起义中，林文英表现得极为活跃。起义前，林文英协助孙中山做好交通联络工作，购买军火准备起义。1907 年 10 月 26 日凌晨，林文英将孙中山在河内制订的镇南关起义计划转交给王和顺、黄明堂等人，黄明堂率起义军袭击镇南关，大获成功。第二天，孙中山、林文英偕同黄兴、胡汉民等人赶赴前线，指挥作战。在反击清军的反攻中，孙中山、林文英亲自开炮轰击清兵，并在战场上为伤员疗伤。他们的行动深深感染了当地群众，使“附近游勇来投军者不绝于道”，起义军很快就占领了镇北、镇中、镇南三个重要国防要塞炮台。

镇南关起义后因起义军的轻信和清兵的背信弃义而失败，但对清王朝的打击是沉重的，引起了清政府的惶恐不安。在清政府的强烈要求下，越南法国总督将孙中山逐出越南，孙中山和林文英等人被迫离越到了新加坡。这一时间，同盟会组织的多次反清武装起义由于多方面的原因，均以失败告终，但孙中山等革命党人并不气馁，反而屡挫屡奋。1910 年 11 月，在马来西亚槟榔屿召开的会议上，革命党人决定在广州再次发动武装起义。会议决定在华侨中筹集巨款，从东南亚华侨及日本留学生中挑选 800 人，组成敢死队回国发动起义，并决定派赵声联络广州新军，派胡汉民、林文英等人到南洋各地筹款。林文英不仅慷慨解囊、积极募捐，而且奔波于日本、越南、暹罗等国购买枪支弹药，经香港秘密运回广州。孙中山、林文英等吸取以往起义失败的教训，经过充分的准备，在香港成立了起义的领导机关——统筹部，由黄兴任部长，赵声任副部长。胡汉民和林文英等人将孙中山在南洋各地与美洲华侨筹集的约 20 万元的起义经费转到香港统筹部。1911 年 2 月 8 日，统筹部开会，拟定了三路进攻广州的计划。由黄兴和林文英抽调革命党人组成的“先锋队”（即敢死队）在香港集中，又在广州设立 38 处秘密据点，定于 3 月 13 日正式起义。后来由于内奸告密，准备参加起义的革命党人遭到清政府的逮捕，加上美洲的款项和日本、暹罗等地购买的军械又不能按时送到，原定的起义计划未能如期进行。林文英急忙从香港赶到广州，同黄兴、朱执信等磋商起义的相关事宜。3 月 29 日下午五时半，广州起义终于爆发。林文英随起义军进攻督署。战场上，林文英英勇奋战。鉴于预定的三路起义军只有一路起事，显得势单力薄，最后林文英只得在盟友的协助下遗憾离穗，转返香港。

反清武装斗争的失败，并没有消磨林文英推翻清王朝腐朽统治的革命斗志，而是令其反思斗争失败的教训，思考革命的正确道路。遵照孙中山“联成海南同志，扩充团体”以发展革命力量、壮大革命组织的指示，1909 年后，林文英、陈子臣先后回到海南，秘密联络一批进步学生和励志社部分成员，在海口成立了琼崖同盟会总部，为辛亥革命在海南的胜利打下坚实的基础。

1913 年初，为反对袁世凯的专制独裁，林文英“复经孙中山先生委他组琼州国民党支部以善其后”而再次返琼，和陈子臣等海口支部成员，在海口市西门外街（今新民西路 139 号）创办了海南第一张革命报纸——《琼岛日报》。《琼岛日报》创办初期，设备相当简陋，仅有六度印刷机一架，二号、四号两种铅字，且残缺不全。每天印 500 份，四开小报，半售半赠。林文英不辞劳苦，任总编辑兼记者，撰写文章，宣传共和与革命思想。他还在海口创办工商夜校，通过教学宣传民主共和与反帝反封建思想。

由于林文英对民主革命的卓越贡献，经孙中山推荐，他被选为国会众议院议员。林文英赴京上任后，《琼岛日报》宣布停刊。

在京期间，面对袁世凯的倒行逆施，林文英理直气壮地与之进行坚决的斗争。在众议院会议上，他驳斥了袁政府“尽速成立和解，停止现行冲突”的谬论，揭穿袁世凯表面上似乎“不偏不倚”，其矛头却指向南方革命势力的阴谋。他据理向国会提出了三条倡议：一不许大借日本债，反对与日本签订二十一条款；二不许割地求和；三请袁世凯退位，恢复共和。为此，袁世凯及其爪牙对他恨之入骨，欲除之而后快。林文英得到从上海寄来的孙中山手谕，潜出北京，绕道上海，与孙中山共同制订倒袁计划。

按孙中山的旨意，林文英从上海经广州回到海南，在海南坚持反袁斗争。林文英回琼后，马上宣布《琼岛日报》复刊并改名为《琼华日报》，将报址迁至南门街（今博爱南路）。在办报过程中，为解决经费困难问题，林文英结识了当时海口市商会会长陈家富先生。在陈先生和海外琼籍华侨的支持下，报社购买了全套的香港新字粒和印刷机，版面也扩大为对开一大张。当时，海南的反袁运动如火如荼，文昌、定安、嘉积、三亚等地的革命党力量日益壮大。在此形势下，林文英向农工、市民宣传孙中山的民主革命思想，揭露袁世凯投靠日本帝国主义出卖国家利益的罪行，有力地推动了琼崖民主革命运动的发展。报纸因此得到了广大民众的欢迎，每日发行量达两千多份。

林文英大张旗鼓地宣传民主革命、抨击封建专制的行为，被反动当局当成"眼中钉"、"肉中刺"，受到通缉的"礼遇"。为避开敌人的锋芒，林文英被迫携大批文稿回到自己家乡——文昌县清澜乡世坑村"避难"。在家乡的日子里，他常常白天外出游历和采写新闻稿，晚上再进行编辑，每逢集市日则步行到清澜市投寄。因此，他人虽不在海口、府城，但他主持的报纸仍在继续出版。

1914 年初，刚过完春节，林文英便辞别家人，冒着风险重回海口、府城工作。他一如既往，把报纸办得有声有色，依然是那样受老百姓欢迎，依然是那样被当局忌恨。

此时的袁世凯，因得到封建势力的拥戴和包藏祸心的列强的支持纵容，加快了其复辟帝制的步伐，也加紧了对革命党人的镇压。远在天涯的林文英没有被袁世凯"遗忘"，他授意其在广东的龙济光部将和时任琼崖绥靖公署督办的陈世华，立即逮捕林文英并封闭报馆。1914 年 3 月 29 日下午，在府城完成了采访任务的林文英，由于坏人告密，遭到逮捕，最初被关在琼山县衙监房，后改押于琼州道台署监狱。林文英在狱中曾赋诗一首："七月议员半死生，维持国事讲和平，而后及今皆已矣，只因党祸不平鸣。兄弟阋墙皆如此，强邻虎视不心惊，黑暗之中难达白，叮咛寄语吾南溟。"表达了他对专制的愤怒和自己遭受冤狱的不平心情。本来，经当时的执法长潘玉荣审理，判林文英无罪释放。但陈世华奉袁世凯的旨意，强加林文英以死罪。在法庭上，林文英大义凛然，严词驳斥陈世华一伙的诬陷，痛斥国贼的倒行逆施、卖国求荣。陈世华等瞠目结舌，草草过堂，并做贼心虚，仅隔两日，于 4 月 2 日就迫不及待地将林文英杀害。临行前，林文英毫无惧色，告诉役员说："吾死于国，嘱家人勿以为痛。"然后朗读遗诗一首："溘然长逝去悠悠，竞把头颅换自由；我不负人人负我，愿将铁血洗神州。"英勇就义，时年 42 岁。

林文英虽然含冤死去，但“袁世凯能死烈士之躯壳，不能死烈士之灵魂”，琼崖的反袁斗争烈火在烈士精神的鼓舞下，越烧越旺，成为焚毁封建王朝的熊熊烈焰。

袁世凯倒台后，经众议员王钦宇提议，国民政府为林文英平反昭雪，恢复名誉，追认为烈士。1919 年，经孙中山批准，改葬林文英遗骨于家乡，孙中山亲题“烈士林文英之墓”七个大字。参议院议长林森、众议院议员吴景濂和李宗仁等21 位人士撰文、赠词、写挽诗。政府又接受华侨建议和捐款，在林文英烈士殉难处建立纪念碑和纪念亭。纪念碑高达 7 米，基座立于五级台阶的方形平台上。碑的正面敷设白色瓷片，印有林文英烈士的遗像和生平传略，其他三面均铺设白色大理石。碑体上方四周镌刻着由孙中山和林森题写的“林文英烈士殉难处”、“浩气长存”的题字。建碑时，为纪念烈士，还特地从暹罗运回烈士喜爱的松树一棵，植于一旁。“林文英烈士纪念亭”建在纪念碑的左侧，寄托着后人对烈士的哀思和敬仰。

在清澜港畔的世坑村南烈士墓，用水泥及青石砌成长方形的墓棺终露出地面，有内外二轮墓围，建造甚为奇特。墓的周围树木茂密葱翠，宁静肃穆。墓前竖立着两尊碑记，棺墓前后都有碑记，详细铭刻着烈士的生平事迹，墓围石匾上刻着“格兰烈士千古”、“疾风劲草”、“琼岛霜痕”等题词。1984 年国庆节前夕，文昌县人民政府拨款对烈士墓进行了修葺。经修葺后的林文英烈士墓，被列为海南省重点保护文物。家乡人民为了纪念林文英，曾把世坑村改为“格兰村”。

五、南洋奇人韩槐准

在新加坡，韩槐准先生被誉为富有传奇色彩的人物。他的传奇，在于他只有小学文化程度，却刻苦自学成为学问渊博、享有国际声誉的考古学家；他的传奇，在于从植物学、考古学、历史学、药剂学到化学，无一不通；他的传奇，在于他晚年将自己毕生的珍贵收藏，全部捐给国家……

1891 年，韩槐准出生在海南文昌县昌洒镇凤鸣村一个穷苦家庭。文昌县的东北部因土地瘠薄，人民生活向来困苦。或许是由于穷则思变的缘故，文昌人历来重视教育，父母勒紧裤腰带也要让孩子读书，接受教育，以求儿孙不再受贫穷之苦。韩槐准因家庭贫困，一直到14岁那年才上了宝敦学堂，17岁升入蔚文学堂，21岁读完小学。读完小学后，因家里再也交不起学费，韩槐准被迫中断学业。

离校后，韩槐准与乡人合资开了一间染坊，由于最初未掌握足够的化学知识与染布技术，染坊经营惨淡。后来改用传统的蓝靛作染料，才逐渐略有起色。但由于他是长子，要负担家庭开支，以致入不敷出，债台高筑。为了摆脱困境、谋求出路，与父母商量后，他决定将染坊交给胞弟植准经营，自己则与族亲韩衍元相伴，与当时许许多多文昌人一样，背井离乡，下南洋到新加坡谋生。

到了新加坡后，经堂兄韩琚准介绍，韩槐准到离新加坡不远的印尼属井里汶岛上的武叻胶园当书记员。书记员当时每月工资只有新加坡币8元，且老板只供饭不供菜，而那里的割胶工人，每月的收入却有60~70元。韩槐准为了多赚些钱，兼做割胶工人。他不怕苦不怕累，白天记账，清晨割胶。由于身兼两任，加上平时节衣俭食，大约两年的时间，他便积累了数百元。他用这笔钱还清了在家乡开染坊时欠下的债务后，看准新加坡药房有发展前景，便与同乡符气浩、韩琚准等人一起，买下了有名的新加坡神农药房，成为该药房的股东之一。符气浩是当时为数不多的华籍药剂师，神农药房在符气浩的主持下，业务蒸蒸日上，是当时数一数二的大药房，也是华人向西药业进军的第一个成功范例。神农药房不仅代理与销售从欧美进口的西药，而且还自制多种西药，其产品远销东南亚各地。在神农药房，韩槐准的主要工作是书记员兼配药员，是符气浩的得力助手。

药房经营的成功，并没有停止韩槐准的人生追求。为了实现更高的人生价值，韩槐准以顽强的意志，刻苦学习文化。他在家乡只读完小学，中文的底子薄，而作为英国殖民地的新加坡，日常用语和出版物多为英文，对他来说，更是像天书一般。但韩槐准知难而上，锲而不舍。不管是在胶园从事繁重的体力劳动，还是在药房从事繁杂的管理和配药工作，他都注重学习文化。每晚深夜2点至4点，他总要起床看书学习，对其中不解的，就划上符号，第二天向别人请教。学英文，则是一方面强记单词，另一方面找机会锻炼会话，尽管讲得不好，也不怕人家笑话。功夫不负有心人，经过长期的努力，韩槐准的英文和中文水平都有了很大的提高。

韩槐准在学习文化的同时，还把学文化与学科学很好地结合起来，在学文化中提高科学知识，在学科学知识中提高文化水平，并行不悖，相得益彰。他学习兴致浓厚，涉猎广泛，涉及化学、医药学、考古学、历史学、植物学、园艺学、文学艺术等领域。韩槐准治学态度严谨，他所看过的大部分书籍的扉页上，往往密密麻麻写满批注，加以引证。韩槐准学科学的信条是“学以致用，兼收并蓄”，这为他日后事业的成功奠定了很好的基础。比如他在药房工作时，为了当上药剂师，刻苦学习了很多药物学和化学方面的知识。在掌握了这些知识后，他就不仅用这些知识于制配药工作中，还将其用于摄影与胶片的冲洗和印放技术上。他曾用一架20世纪初通用的盒式相机，拍下新加坡河、莱佛士坊、勿拉士、沙路以及市郊的景物，并在其自设的暗房中冲洗和印放。这些摄于半个多世纪前的照片，如今依然清晰可见，足以说明他相片冲印技术的成熟。

韩槐准运用他所掌握的化学知识贡献最大的要数历史领域。1934年左右，他在路过一个地摊时，看到一只瓷盘图案相当精美，于是花3元钱买了下来。看着精美绝伦的瓷盘，他很想知道它的来源，于是先查阅了大量的古籍，无果后，就运用他所熟知的化学知识，研究了中国陶瓷所用的无机性陶瓷彩料，再从彩料加热的化学反应和风化程度，以及外国陶瓷彩料传入中国的时间，从而确定它的制作年代。这样，过去光凭经验和观察的方法，就被纯科学的方法所突破。他的论文发表后，东南亚乃至世界收藏界和考古学界都感到震惊。此后，韩槐准对中国古代陶瓷器尤其是外销到东南亚的明清时代的陶瓷器，广征博采，从完整的陶瓷器到有研究价值的碎片，他都搜集、整理、鉴别和收藏。他在考古中坚持把理论与实践相结合，为了进行陶瓷器的研究，他的足迹踏遍了旧柔佛、哥踏丁宜、彭亨、马六甲等古代遗址。他把野外考古和理论研究相结合，发表了许多研究中国古代陶瓷器之历史与技术关系的论文。他所著的《南洋遗留的中国古代外销陶瓷》一书，集中反映了他的研究成果，显示了他精湛的考古造诣，奠定了他在考古界的权威地位。在此基础上，韩槐准以中国外销陶瓷为线索，进一步研究中国与南洋的历史关系，先后在报刊上发表了一批有影响的论文，如《天后宫与华侨南进》、《琼州南洋交通考》等，展现了古中国特别是海南与南洋商贸、文化往来的历史画卷。因为韩槐准在考古界取得的杰出成就，1952年，经莱佛士博物院院长极力推荐，他被学术地位很高的伦敦东方陶瓷学会吸收为会员。入会后，他为该会的名誉秘书凯基·布朗中校所赏识，凡有西方考古学家或收藏家到东方来，凯基·布朗中校都会建议他们到新加坡拜访之。

韩槐准在学术上的成就不仅被新马及欧洲学界所重视，也引起了祖国学界的关注。在故宫博物院的真诚邀请下，1962 年 3 月 17 日，71 岁高龄的韩槐准偕夫人及儿女，辞别了旅居 47 年的新加坡，回北京受聘出任故宫博物院顾问，重点负责明清陶瓷的研究。回国前，他把自己经营了 26 年的愚趣园和其他产业割爱出售，却留下其长期考古成果——10 多箱 400 多件中国古代南销陶瓷及其收藏多年的珍贵书画（20 世纪 50 年代他已赠 20 多件陶瓷古董与祖国）带回国捐给故宫博物院。他以炎黄子孙的一片赤诚之心，将凝聚其大半生心血之收藏，奉献给祖国。文化部为了表彰其为祖国捐赠古董的爱国行为，不但给他颁发了奖状，而后还奖励其人民币 1 万元。

回国后，韩槐准不顾自己年事已高，不辞远足之艰辛，多次到江西、浙江、福建等地进行实地考察。1964 年他回到海南，便到临高县考察，发现和考证了宋徽宗的御书碑。在韩槐准回国的八年中，尽管受到文化大革命的干扰，但他所致力的中国陶瓷和中国与南洋关系的研究，仍取得了新的文章，在权威考古杂志《文物》上发表了一系列文章，为祖国的考古事业作出了新的贡献。

在韩槐准的一生中，还有一件不能不提的成就，那就是他对愚趣园的经营。1936 年，韩槐准在当时还是荆棘丛生的三巴旺路九英里处买了两亩半的荒地，带着全家老少，每天抡锄挥刀，披荆斩棘，艰苦拓荒，把这片山坡开辟成一个大果园。韩槐准把这里当成既是过田园生活的基地，又是收藏古董和考古的研究场所，并将其命名为愚趣园。建成后的愚趣园错落有致，别具一格。园中，正屋奠中，前置客厅和廊亭，次设书蓖，旁辅小庙亭，底下尽头建有浴池；在建筑物之间，幽径曲绕，果树其间，好一派田园风光。

在建设愚趣园过程中，韩槐准亲自挑选种子和树苗，在园中种了好多种热带果树，种植最多的要数红毛丹。出于对红毛丹的偏爱，韩槐准花了心血对其种植技术进行改良，取得了骄人的成果。传统的红毛丹种植，果木的生长周期和结果周期都很长。他决心改变这一现状。于是，他认真研究了有关驳枝接种的书籍，从又苏门答腊引来良种，经过反复试验，终于获得成功。韩槐准在愚趣园嫁接种植的八个红毛丹品种，样样有特色，其中以肉质丰厚、味道甜美的米兰种为最佳。他还以不同的品种嫁接在同一株红毛丹树上，使其先后结出味道不同的果实来。经过他多年的栽培和管理，不但愚趣园果实累累，还培育出大批果苗，出售给客人，并给他们讲授嫁接的原理、操作方法以及管理知识，使红毛丹良种和嫁接技术广为传播。

因为韩槐准是闻名遐迩的考古学家，又为人忠厚好客，加上红毛丹新品广为人知，从20世纪30年代到60年代，除去三年半日据时期外，几十年来，愚趣园成为新马各方风云人物会聚的场所，尤其是文人墨客、专家学者、艺苑名士，都爱到那里雅集。每当红毛丹挂果成熟的时候，韩槐准总要约上各方友好，聚首愚趣园，款以名茶好酒，品尝他精心培育的红毛丹，欣赏他收藏的古董陶瓷。战前，曾多次参加愚趣园雅集的名人有郁达夫、徐悲鸿、刘海粟、张礼千、姚楠、关楚、张匡人、许云樵、陈育崧等。韩槐准尤与郁达夫、徐悲鸿颇有交情。郁达夫早在韩槐准于神农大药房工作时就与之有交往，其后更成为莫逆之交。郁达夫组织南洋学会，韩槐准积极响应，当了理事，并经常撰文在其《南洋学报》上发表。郁达夫曾多次赠诗与韩槐准，其中有一首为“卖药庐中始识韩，旋从市隐忆长安；不辞客路三千里，来啖红毛五月丹”，表达了两人的深厚情谊。韩槐准与徐悲鸿在20世纪30年代相识，韩对徐的绘画技艺推崇备至，徐被韩的刻苦成才的毅力所折服，两人相逢，把臂交谈，推心置腹。愚趣园一建成，徐悲鸿捷足先登，亲笔题写门额“愚趣园”三字，韩槐准则亲题门联“愚到穷时方悟鲁；趣从幽处有真情”。1941年，徐悲鸿前往英国举行现代中国画展览，因太平洋战争爆发，滞留在新加坡，其时带有绘画作品1 000多件，包括任伯年、齐白石的200多幅作品。徐悲鸿情急之下，只好将其交给韩槐准代为保管。韩槐准为了不使这些艺术珍品落入日寇之手，与儿子花了很大力气，在愚趣园深挖了两个洞，用缸藏匿其中，直到1948年才挖出，运抵北京，如数归还徐。徐悲鸿深为敬佩，常云韩槐准劳苦功高。徐悲鸿每到新加坡，必去愚趣园与韩促膝交谈，绘画赠之。1951年4月，病榻上的徐悲鸿惦记着韩槐准，托人从北京寄去一首诗及附言，诗云：“十年长忆海南韩，愚趣园中嘉会难。篱落参差存古意，宾朋细品红毛丹”，流露着对韩槐准的浓情厚谊。

韩槐准交往之人，不讲派别，不计长幼，亦不论尊卑，皆以礼相待，广为结交。徐悲鸿和刘海粟同是中国的两大画家，只因流派相左，感情作梗颇深。但韩与徐友之，与刘亦友之。胡适与郭沫若因政见分歧而势不两立，但都写书幅赠与韩槐准。前来愚趣园者，不论是雅士名家，还是庶民百姓，韩槐准都热情待之。对于普通百姓，想学种植红毛丹者，他不厌其烦地传授嫁接技术；想讨教古董知识者，他耐心讲解鉴别陶瓷的技艺……因此，在阳春白雪中，他的成就、毅力为人们所欣赏；在下里巴人里，他的成就、谦恭为人们所折服。

1970年10月2日，因患胃癌医治无效，韩槐准在北京逝世，享年79岁。斯人虽逝，但精神长存。

六、香江侠商邢李㷧

香江两岸，文昌故里，祖籍文教三加村的邢李㷧先生被故乡的人们所津津乐道。人们在感叹他的创业传奇之余，还乐道他对家乡的“侠义”豪情。

邢先生在香港长大，1967年中学毕业后，便走出校门闯天下，先后在国泰航空公司事务部供职，在毛衣厂打工。1971年，他开始进入成衣业，在一家织造厂打工。就在这里，他结识了ESPRIT创始人Douglas和Susie Tompkins夫妇，邢先生流利的英语表达、为人诚信的处事风格和精明能干的工作魄力为美籍夫妇所欣赏。不久，邢先生被委以美籍夫妇创办的思捷贸易公司经理之职，成为ESPRIT在香港的代理人。

与一般代理商不同，邢先生敏锐感觉到，要成功，必须走品牌的路子。1981年，他在香港铜锣湾开设了第一家ESPRIT零售店，这是ESPRIT全球第一家零售店。之后，又在新加坡、台湾、上海相继开设ESPRIT零售店。品牌，是邢先生的梦。为了完全拥有ESPRIT品牌，在1996年ESPRIT创办人夫妇离婚之后，他就买下美国ESPRIT 63%的股权；到2002年，他再次花巨资购得剩下37%的股权，从此，他完全拥有ESPRIT商标权。

邢先生知人善任，爱岗敬业，在香港商界威望很高。他管理企业多年，为ESPRIT培养了一支业务娴熟、素质优良的管理团队。

经过多年的努力，邢先生终于获得了回报。如今，ESPRIT零售店遍布香港和世界各地。据 2005—2006 年财政年度报告显示，香港上市公司思捷环球控股有限公司直接经营的零售店达 668 家，可控制批发面积的销售点超过 11 450 个，业务遍及欧洲、亚洲、澳大利亚和北美，营业额及赢利实现双位百分比的增长，总营业额高达 233 亿多港元。2006 年，邢先生以 28 亿美元的身价，在港澳台地区超级富豪排行榜上位列第十四，入选当年《福布斯》全球富豪榜。2006 年年底，作为公司主要股东的邢先生卸任公司主席职务，只任非执行董事。

邢先生香港发财，造福海南。2005 年，邢先生捐资人民币 4 000 多万元，为家乡联东中学新建了教学综合楼、学生公寓、图书馆等，同时按照城市一级学校标准捐资为该校配置教学设施。同时，为了继续扩大捐资助学力度，从 2005 年起，邢先生每年向联东中学捐资 100 万元人民币，作为该校教育教学改革的支持经费。此外，还捐赠文昌中学 300 万元。

2005 年，邢先生捐资 1 000 万元，资助海南大学博士点学科建设，帮助海南大学实现了博士点零的突破，以推进海南大学早日迈进“211”全国重点大学的行列。

2008 年，为了帮助海南顺利推进教育扶贫移民，邢先生通过香港言爱基金会捐资 1.6 亿元，在海南 10 个贫困县建立思源学校。

2005 年 9 月 26 日，海南 32 年来最强的台风“达维”重创文昌。台风过后，房屋倒塌，农作物被毁，电力、交通、水利、通信等基础设施受损严重，全市受灾人口达 48 万，房屋倒塌 5 471 间，直接经济损失高达 18 亿元。灾情发生后，邢先生急家乡之所急，捐赠救灾款 1 000 万元，其中 100 万元捐给省政府统一使用，900 万元捐给文昌市使用，帮助家乡渡过难关。

2008 年，邢先生出资帮助海南人民消除白内障。

据统计，邢先生资助海南建设各类学校 28 所，投入建设资金达 4.67 亿元；捐助医疗卫生等事业达 1.05 亿元；救灾资金 1 000 万元，其捐款规模在海南历史上是空前的。

第二节 杰出群体

一、琼崖华侨联合总会回乡服务团

琼侨历来有强烈的爱国主义传统。在近一百多年反对帝国主义及其走狗的斗争中，琼侨对祖国人民的革命事业作出了巨大贡献。在抗日战争时期，琼侨掀起了新的爱国热潮。他们除筹集财物支援祖国外，还组织琼崖华侨联合总会回乡服务团，回琼参加抗日战争，同家乡父老一起共赴国难，用鲜血与生命在抗日战争史上谱写下可歌可泣的壮丽篇章。

1. 琼侨抗战总动员

日本与中国是一衣带水的邻邦，历史上中国一直是日本学习的榜样，但明治维新后，随着国力的增强，日本对中国的态度也发生了根本的变化，从虚心学习转变为肆无忌惮的侵略。面对日本帝国主义的强盗行径，中国人民奋起反抗。抗日战争爆发后，许多海外赤子立即行动起来，纷纷成立各种抗日救国团体，在华侨中掀起宣传抗日的热潮。1938 年春，华侨抗敌动员总会琼崖分会成立，并发表《宣言》，指出“我黄裔华胄”，“驱逐倭寇，还我河山，洗雪国耻”，“再无容忍余地”，表示“吾济同侨”，“救国职责，不敢后人”，要“抗日到底，复兴中华”。

随着抗日战争形势的发展，华侨抗日团体积极开展各种形式的活动，配合、支持和参加祖国的抗日战争。1938 年夏，琼侨李辉南等 50 余人，响应宋庆龄领导的“保卫中国同盟”关于组织医疗队参加战时救护工作的号召，组成救护团分三批携带许多药品和 9 辆救护车回国服务。此外，琼侨还组织机工队等回国参加抗战。与此同时，香港琼崖同乡会和香港琼崖商会也组织在香港的琼籍青年成立琼崖抗日救护队，准备回琼参加抗战。不久，新加坡、马来亚、暹罗、越南等地琼侨纷纷来港参加抗日团体回乡抗日，由于人员增加和任务扩大，救护队改名为琼崖华侨回乡服务团，由范世儒任团长，符思之任副团长。这个团因在香港成立，故又简称“香港团”。

同年10月，琼崖国共两党达成团结抗战的协议。海外琼侨和港澳琼胞闻讯鼓舞，决心进一步组织起来支持家乡的抗日斗争。12月15日，在八路军香港办事处和南洋各属华侨筹赈祖国难民总会的推动下，由海外琼侨、港澳琼胞和知名人士周文治、周成梅、王漠仁、宋子文、陈策、王毅、杨永仁等发起召集海外琼侨代表大会，成立琼崖华侨联合总会，统一领导琼侨救国救乡工作。1939年1月20日，来自新加坡、马来亚、暹罗、越南等地40个琼侨团体的代表66人云集香港，举行琼侨代表大会的预备会。会议由周文治主持，推举周文治、郭巨川、王漠仁、杨永仁、符致逢、庄松、岑会朝为大会主席团成员，指定周载伯、郑心融、林熙富、许登文、吴乾厚等为大会秘书，周国泰、符滋美、林春农、云焕清、何敦锦、谭运佩、王兆松等为大会代表资格审查委员，张星垣、王坚白、符和谦、杨光华、范世儒、韩约准、周成泰、符气安、龙学振、云照照、冯关甫等为大会提案审查委员。1月23—28日，琼侨代表大会在香港举行。会议讨论通过《琼崖华侨联合总会组织章程》，宣布琼崖华侨联合总会成立，选举宋庆龄为名誉会长，宋子文、陈策为名誉副会长，符致逢、郭巨川等41人为执行委员，周文治（香港）、王漠仁、何敦锦（槟城）、符致逢（星洲）、朱儒林（雪兰莪）、林照英（柔城）、张星垣（马六甲）、黄有鸾、冯尔和、王坚白（暹罗）、陶对庭（安南）等11人为常委，郭巨川为经济部主任，王兆松为救济部主任，郑心融为文化部主任。会议决定将香港琼崖商会回乡服务团扩大为琼崖华侨联合总会回乡服务团，在南洋各埠迅速扩大组织，捐助八路军医药、物资等。

1939年2月10日，日本侵略者的铁蹄踏上海南。海南岛的沦陷，在华侨中引起强烈反应。他们纷纷呼吁团结起来，拯救“被日人践踏的同胞，保卫我们国家的领土，维护祖先们留给我们的田园，实是每一个琼崖同乡的责任，尤其是我们侨居国外的海外同乡，所负的责任更是重大”。12日，海外琼侨联合总会和香港琼崖商会、琼崖同乡会在香港德辅道西琼崖旅港商会发起成立琼崖难民救济会。在成立会上，确定发起单位的香港琼胞、英属南洋琼侨和越南琼侨三个团体的执行委员、监察委员及各琼崖轮船之工头为当然委员，另聘琼崖名流为大会委员，即席选举大会常务委员35人，其中香港琼胞有周文治等11人、英属南洋琼侨有王兆松等14

人、越南琼侨10人。接着，会议“以紧急会议及琼侨总会名义联函拍电海外琼崖会馆急即筹募款项，办理救济”等。

此后，海外琼侨积极响应琼崖难民救济会的号召，各属琼侨纷纷成立琼崖难民救济分会。2月15日，麻坡琼崖会馆在该馆议事厅召开1939年度第一次会员大会，决议成立麻坡救济琼崖难民委员会，推举陈时试、林照英负责办理救济事宜。2月21日，新加坡琼侨在琼州会馆召开大会，成立新加坡琼侨救济琼崖难民会，推选韩钊准、陈开国、林衍桥、黄才源、符致逢等162人为委员，郭新、韩勉斋、符致逢、陈开国、周汉光等21人为常务委员，郭新为常务主席，韩钊准为副主席。会后，拟定“新加坡琼侨救济琼崖难民会组织大纲”。大纲指出，“本会宗旨以联络新加坡琼侨筹赈救济琼崖难民及发动救亡工作”。3月14日，越南堤岸琼侨在陶对庭、莫履舜的组织下，在琼府会馆召开大会，成立越南琼侨救乡总会，讨论并通过了会章及重要提案20余件，选举了执行委员和监察委员。2月16日，吉隆坡琼侨大会筹谋救济琼崖难民办法。2月22日，森美兰琼侨在芙蓉琼州会馆召开紧急大会，成立森美兰琼崖难民救济委员会，推选黄机轩、唐瑞争、符树汉、林英明、郑兰芳、翁诗兴等155人为委员。2月27日，槟城琼侨在琼州会馆召开大会，成立槟城琼州会馆救济琼崖难民会，选举王家纪、陈继崇为副主席，林篆丹为财政主任，何敦锦、庄松为总会正副主任，陈开俊、莫伺藻为募捐主任等。

海外各地琼侨成立救济琼崖难民会及其募捐款项，为琼侨回乡服务团的成立、支援琼崖抗战和救济琼崖难民作出了杰出贡献。在琼崖各属侨领的组织领导下，海外广大琼侨不论男女老少都投入了募捐救国救乡的洪流中。1939年2月28日、29日两晚，新加坡南星剧团在新世界戏院演戏筹赈。在演出前，南洋英属琼州会馆常委符致逢等琼侨领袖亲临主持募捐动员，他说：“钱是很难赚得来的”，但是“钱花在建设社会事业，干救国工作，是花得最有意义。我们如无钱也须出力，这次‘南星剧团’是‘出力’救国救乡的最好模范”。同时，在南洋各埠举行的琼侨国民精神动员宣誓典礼上，各侨领都亲自登台演讲，号召琼侨回乡服务，并以身作则带头募捐。在爱国侨领的带动下，南洋各地琼侨救国救乡募捐运动如火如荼，除了富商巨贾大额捐献外，广大贫苦琼侨也个个节衣缩食，甚至变卖自己仅有的家财来捐献。有些家庭主妇把珍藏的金首饰、嫁妆珍品都拿出拍卖捐献；中小学生走上街头劝购纸花和发动一元救国捐，甚至将自己的糖果钱也放进筹赈箱，开展节约捐献活动；咖啡店的老板员工举行杯茶筹赈；在广大琼侨中还广泛开展月捐等一些经常性的募捐活动。据不完全统计，仅1939年4月至10月间，南洋各属琼州会馆联合会救济琼崖难民会收到马来亚各埠分会救乡捐款有港币46 381.75元、叻币41 020.18元、国币15 000元，其他埠琼侨救乡捐款数额也相当可观。不仅如此，许多琼侨爱国青年放弃海外的优裕生活、职业、学业，踊跃报名回国为抗战服务。可以说，“我琼侨胞，没有一位不投进救亡运动的巨大熔炉参加工作的。上至富商，下至劳工阶级，在文化界互相敦促和激劝之下，男的、女的、老的、幼的，无不站在他们的岗位、干着救亡的工作——有钱出钱，有力出力”。

2. 琼侨回乡服务团的建立及发展

琼侨回乡服务团是在香港回乡服务团的基础上发展起来的。1939年1月初，日本军舰频繁对琼崖进行骚扰，日本飞机也时常到海口等地侦察和轰炸，形势日趋紧张。为了救国救乡，琼崖旅港商会和琼崖旅港同乡会举行联席会议，决定以琼崖抗日救护队为基础，吸收十余名海外回港的琼侨青年，组织琼崖商会回乡服务团，范世儒为团长，符思之为副团长，有团员32人，内设“宣传、救护、歌咏、戏剧四组”，其任务是：战地救护，宣传、发动、组织民众参加抗日。为使团员肩负起民族抗战的艰巨任务，服务团举办了为期一个月的短期训练班，特聘韩托夫、文竞平讲授毛泽东的《论持久战》、《论新阶段》等著作，以提高团员的政治素质。根据琼崖代表大会决议通过“扩大香港琼崖商会回乡服务团，成立琼侨联合总会回乡服务团案”。1月26日，琼崖旅港商会将其回乡服务团移交琼侨代表大会。会上立即宣布正式成立琼侨联合总会回乡服务团（以下简称琼侨回乡服务团），范世儒先生为团长，符思之为副团长。服务团内设“救伤、宣传、歌咏、戏剧、电影五组办事：一、救伤组担任民众及军队一切救护工作；二、宣传组担任唤起民众，宣传抗战，发动各种民运工作。其他三组则担任慰劳及宣传救国工作，服务团经费由总会负责”。从此，琼侨回乡服务团得到了各地琼侨的大力支持和帮助。

琼侨代表大会结束后，各属代表回到南洋各地发动琼侨青年组建服务团。5月17日，南洋英属琼州联合会救济琼崖难民会委托星洲分会，组织南洋英属琼州会馆联合会救济琼崖难民救护队，拨给“筹办经费叻币一百元。训练期间费用各人自备，至于返琼路费及在琼服务，每人每月生活费国币十元”。琼侨青年立即响应星洲分会号召，踊跃报名参加救护队，到5月23日早晨止，报名者有165人。当天晚上，成立了以陈时文为首的审查和考试委员会，开始对报考者进行口试、笔试及体格检查，共择优录取队员60名。救护队宣告成立，陈琴为队长，梁文墀为副队长。此后，救护队开始进行医疗常识、战地救护等方面的学习和训练，对队员进行政治形势、任务等教育，以增强全体队员的战斗力。

在越南，越南琼侨救乡总会成立后，便积极号召琼侨青年报名参加回乡服务团。当越南琼侨青年听闻日本侵占领海南，到处烧、杀、抢、奸……都很愤怒，于是都争先恐后报名参加服务团。救乡总会指派符克对报名的青年进行口试，录取团员40余人。6月间，全体团员在符克领导下集中在堤岸三民小学进行学习和训练。通过训练，大大地提高了团员的思想觉悟和工作能力。

在暹罗，虽然“暹罗政权，对我华侨学校、团体及一切救国活动，都横加取缔。惟我侨胞之救亡进行，并不因而畏缩”。泰国琼侨回乡服务团在杨文宛等人的组织领导下，进行半秘密的筹建和训练，共招收团员17名，经过刻苦学习和训练，团员们的抗日意志特别坚强。

在广州湾，许多琼崖难民纷纷逃离家园到广州湾避难。基于这种情况，琼侨联合总会在这里建立了琼侨联合总会西营（现湛江市霞山）分会。为扩大回乡服务团，西营分会便在逃难青年中积极开展工作，组建琼侨联合总会回乡服务团广州湾队训练班，发动青年报名参加。结果，报名应试者300余人，经过语文、历史、地理等笔试和政治常识、时事科目口试，择优录取队员60名。但由于形势紧张，仅有40余人参加训练班。与此同时，琼侨联合总会又在香港举办第二期服务团训练班，招收团员40余人。

经过半年的组织发动，参加琼侨联合总会回乡服务团的团员人数从开始时的23人发展到200余人，并且经过严格训练，成为救国救乡的坚强战斗集体。

琼侨回乡服务团200余人返回琼崖服务抗战，都必须途经琼州海峡，但是当时海峡已被日军封锁。1939年春，中共琼崖特委在广州湾设立联络站，指定中共党员曾鲁负责指导服务团分五批偷渡海峡事宜。

第一批，香港团偷渡海峡。1939 年 3 月 25 日，香港团 32 名团员在副团长符思之率领下，从香港出发抵达广州湾西营、硇洲岛。4 月 15 日下午四时至五时，团员们在激洲公庙后海岸分散上船，扬帆起航，经一夜与海上风浪搏斗，偷渡成功。16 日早八时顺利抵达文昌县冯家坡海岸，全体团员安全踏上故乡土地。香港团首航成功，基本上摸索到返琼偷渡海峡的基本规律和航路，为后批团员偷渡提供了宝贵的经验。

第二批，南洋英属琼州会馆联合会救济琼崖难民救护队偷渡返琼。1939 年 6 月间，南洋琼州会馆救护队携带海外琼侨募捐的大批医药和医疗器械，乘英国客轮抵达广州湾西营，然后分四次偷渡琼州海峡。第一次 20 名队员由陈琴队长率领，乘专船混杂于难民船只中偷渡海峡，胜利抵达琼崖。第二次 15 名队员乘专船偷渡，队员们在与惊涛骇浪搏斗中，遇上迎面开来的日军 21 号巡逻艇。在危急之际，队员们勇敢机智地将船朝礁石林立的“山仔咀”冲去，日军巡逻艇虽然追赶不舍，但终被汹涌的波涛和礁石挡住，只好气呼呼地开走了。“山仔咀”并非是偷渡约定的联络点，大家只好登陆，隐匿在礁石和杂草丛中，忍受了三个昼夜饥渴，后来在群众帮助下才与陈琴队长率领的队伍会合。第三次，杨剑秋等队员携带款项偷渡返琼，以接济返琼同志的生活。他们化装成难民，混杂在难民中偷渡，不幸该船驶至文昌县铺前港附近时被日军截获，所带款项流失在船中，被敌人连船烧毁。他们流落敌占区，经过一个多月行乞、流浪，才与同志们联络上。第四次，23 名队员由梁文墀副队长率领，携带从南洋带回的所剩物资，雇用几只帆船偷渡，在海上历尽惊险，终于在文昌县昌洒海岸登陆成功，并顺利同前三次返琼的同志会合。

第三批，暹罗琼侨回乡服务团偷渡海峡。1939 年上半年，杨文宛率领暹罗服务团到广州湾。杨因故返回暹罗，便指定团员符建平、符雷鸣率团返琼。因备船待风，在硇洲岛足足待了两个多月。8 月间，他们在越南团的协助下，分三次偷渡海峡。第一、第三次偷渡成功，第二次由符雷鸣率领 7 名团员全部在海上遇难。这样，暹罗团仅有 10 名团员抵达琼崖。

第四批，越南琼侨回乡服务团顺利偷渡海峡。1939 年 7 月间，越南琼侨回乡服务团在符克团长的率领下，从西贡乘船抵达香港，符克因公务暂留港工作，改由张奋率队到硇洲岛。因找船待风，在此等待一个多月，然后分乘三只帆船偷渡，顺利地越过敌人的海上封锁线，在文昌县北部七星岭至抱虎岭一带登陆成功。

第五批，香港团第二期团员和广州湾队偷渡成功。1939 年 8 月底，香港团第二期团员训练期满，由符思之副团长率领到硇洲岛，乘帆船偷渡成功；广州湾队分别在韩立人、云大东率领下也偷渡成功。

根据琼侨联合总会统计，返乡工作的琼侨回乡服务团团员共有“二百二十人”。他们“在返琼途中，复远涉重洋，躬冒万险，其一片为国为乡之热诚，益可由实际证明”。

为了加强对琼侨回乡服务团工作的领导，1940 年 1 月，琼侨联合总会在琼设立办事处，直接指导服务团的工作。与此同时，琼侨联合总会整编了服务团的组织机构，团名统称为琼侨联合总会回乡服务团（简称琼侨回乡服务团），符克为团长，陈琴、梁文墀为副团长。服务团设立委员会，内设组织部、宣传部、总务部，下辖“香港队、星洲队、安南队（原来的广州湾队与香港队合并，暹罗团与安南队合并）”，一切费用统由琼侨联合总会支付。同年下半年，符克团长和陈琴副团长相继牺牲，琼侨联合总会于 1941 年初任命符思之为团长，梁文墀继任副团长，其余各部负责人照原不变。

3. 琼侨回乡服务团的抗日活动和贡献

琼侨回乡服务团是在琼侨联合总会领导下，海外琼侨青年救国救乡共同抗日的工作团体。它以琼侨总会提出的“救国救乡”为目标，以“抗日高于一切”，“对于一切抗日党派，皆以‘不偏不倚’，‘一视同仁’”，“与其推诚合作”为原则。因此，团章规定：“凡参加本团者，不管其隶属于何党派，皆须绝对遵守本团规章，听从本团指挥分配，完全为本团工作。”在内地工作“须服从当地政府之指导，惟在组织上，却仍可保持其独立性，绝不能成为任何党派之附属小组或部分”。它的任务是：战地救护，开展民运，宣传抗日，建设琼崖。琼侨回乡服务团是国共合作抗日民族统一战线的一个组成部分。

琼侨回乡服务团按照琼侨联合总会所规定的上述原则和工作任务，积极开展各项抗日活动。

第一，慰劳前方抗日将士。1939 年 5 月 25，香港队代表符思之、林明汉、王禄春到琼崖守备司令部、琼崖独立总队进行慰劳，将该队第二期团员带回来的慰劳品和港币一万元，均分作六份给“司令部、专员公署、独立队、文昌县游击指挥部、王逸轩游击队部，以及本团各一份”。星洲队全体团员也“携带药品到司令部、专员公署，向司令官与行政专员长官慰劳，其慰劳品分配共计有十二份，如司令部、独立队、保安队第十一团第三营，琼山、文昌、琼东、定安、乐会、万宁等县游击指挥部，壮常第三大队，及其他游击队等”。安南队“由符克团长及几位团员亲自携带各种慰劳品十分之三赠与司令部，十分之三赠与专员公署，十分之三赠与独立总队，十分之一留为本团诸团员之用”。此外，符克团长还代表越南琼侨救乡总会会长献给王毅司令“捍卫乡土”锦旗一面，献给吴道南专员“威镇琼崖”锦旗一面，献给独立队冯白驹队长“大众救星”锦旗一面，并致慰问之意。琼侨回乡服务团代表海外广大琼侨对家乡抗日军民的慰劳和帮助，大大促进了抗战军民的团结，极大地增强了琼崖的抗战力量。

第二，组织群众，宣传抗日。海口沦陷后，国民党当局弃城逃命，广大人民群众对国民党的腐败无能万分愤慨，对国民党丧失信心，许多人对琼崖抗战前途彷徨、忧虑。在此关键时刻，琼侨回乡服务团团员刚放下背包，就奔赴城镇、椰林村寨向群众开展抗日救亡的宣传工作，宣传内容主要是“唤醒民众”，“启发民众民族的自尊心，坚定群众抗战必胜的信念，提高群众政治认识”。为使抗日救亡做到家喻户晓，他们在宣传内容和方式方面作了灵活调整：文字宣传主要是办“团刊、壁报、新闻摘要、标语、传单等”；口头宣传以“演讲和个别谈话”为主；戏剧宣传以上演“土剧、话剧，其土剧本多由本团按照当地实际情形和要求而创作”；漫画宣传“着重暴露敌人的残酷与野蛮性为题材”；还有与各群众团体举行联欢会等。通过这些喜闻乐见的宣传方式，使服务团与群众进一步打成一片。

当抗日宣传活动在文昌、琼山、琼东、定安、儋县、澄迈、万宁等地热火朝天地开展起来，群众抗日情绪激昂之时，琼侨回乡服务团便迅速着手组织抗日团体的工作。他们曾在这些地区组织了乡保动委员会、青年抗战同志会、青年抗战工作队、教师同志会和儿童放哨队等，还在文昌的抱罗、锦山等地组织特务工作队，在宝芳等乡组织民众救护队等。这样，在琼侨回乡服务团的“推动与帮助下，已有数万群众组织起来参加到抗战的洪流中来了”。

第三，开展战地救护和救济难民。由于日军对琼崖野蛮的屠杀和掠夺，使成千上万同胞流落在广州湾，饿殍遍地，惨不忍睹。为了拯救灾难深重的同胞，琼侨联合总会在广州湾的硇洲、西营各设难民招待所一座，在硇洲老市设难童教养院一所，并拨出一批救济款救济难民。还不断发动琼侨捐款、献物，由琼侨回乡服务团带回琼崖，支援琼崖抗日军民。据1939年8月至1940年初的不完全统计，琼侨救济琼崖军民的物资有：第一次“购办药品港币壹万贰仟元，由本会返乡服务团携带返琼”；第二次“购办寒衣壹万伍千件”，“军毡伍千件”，“镇心、毛巾各壹万件”，“夹衣服壹千套”，“鼠疫预防针共值港币壹千八百余元”，“医疗用具多件，共值港币贰千元”，“另国币二万元携带返琼”；第三次，“购办桂宁九十粒”，“另国币贰万贰千元携带返琼，救济受伤将士及穷苦无靠之难民”。此后，琼侨联合总会还设法购办粮食和其他物资赈济军民。

琼侨回乡服务团积极做好战地救护工作。琼侨回乡服务团的救护队员返琼后，携带医药和医疗器械，深入伤兵医院及难民中进行慰问，“除赠送物品外，还给伤员看病吃药”。林明汉等医疗队长还亲自带领医疗队冒着枪林弹雨，开展战地救护伤员工作，给被日军打伤的老百姓提供免费治疗和免费伙食。在他们的精心治疗下，伤员们迅速痊愈，都赞他们为“神医”。服务团的救护队还专门为独立总队培训医务人员，这些被培训出来的医务人员，后来都成为独立总队乃至琼崖纵队的医疗救护骨干。

4. 琼侨回乡服务团反限制、反迫害斗争

琼侨回乡服务团的抗日活动，有力地推动了琼崖人民的抗日斗争，受到了全琼广大爱国官兵和人民群众的赞扬。但是，它却遭到国民党顽固派的诽谤，甚至限制和迫害。服务团香港队刚回到琼崖时，守备司令王毅曾经表示欢迎和支持。吴道南1939年6月到琼崖任督察专员后，情况却发生了根本的变化，多次发生限制、迫害服务团的事件。8月间，陈琴、梁文墀率领星洲队全体队员到专员公署和守备司令部慰劳时，吴道南竟将他们软禁起来，一方面利用官禄引诱、收买他们；另一方面又不准他们返回文昌一带参加敌后抗战，强迫他们把驻地迁至保亭、白沙、乐东等国统区，企图使他们离开中共领导的琼文抗日根据地，割断他们与海外琼侨及侨眷的联系，从而达到控制服务团的目的。对此，陈琴、梁文墀等全体星洲队员表示坚决拒绝，并据理斗争，使国民党顽固派的阴谋不能得逞。11月后，国民党顽固派便对服务团“严加监视，限制他们的行动，要分散他们的力量，要他们发誓不参加任何党派活动。不准他们做组织民众工作”。1940 年 1 月 9 日和 20 日，守备司令王毅和琼崖督察专员吴道南接连致电琼侨联合总会，制造谎言，污蔑服务团“分子复杂，不服从政府指导”，“终日专事诱惑妇女，诋毁政府，挑拨民众，组织派别，破坏抗战等多项活动”，并要求琼侨总会对服务团“予以撤销名义停止接济等处分”。此外，国民党顽固派还到处制造事端，无理逮捕、拷打和迫害无辜的服务团员。尽管服务团在中共琼崖特委强有力的支持下坚持斗争，“还未被解散，但全琼民运在当局如此摧残下，已经凋零不堪了”。

为了明辨是非、团结抗战，琼侨回乡服务团于 1940 年 2 月 1 日发表《电致总会暨全琼侨书》（下简称《琼侨书》），对琼崖国民党当局予以义正词严的驳斥，指出“查本团返琼工作，已逾半载，在此期中，曾先后谒见王司令、吴专员多次，向未闻王、吴诸长官对本团有任何不良评语，更不见其面加警告或斥责。乃当此抗战方入相持阶段之际，敌寇在琼正加紧施行其政治进攻，肆意挑拨离间，到处扶植傀儡，积极诱惑乡民，冀以拆散我抗战力量，以达到其征服琼崖之目的。值此之际，王、吴长官却纵容部下对以拥护抗战到底，以及救国救乡为职志之本团，遂亦被等视为眼中钉”，“不时遭其阻挠破坏，以至于企图暗害，或阻难压迫，或造谣中伤，甚至任意逮捕本团工作人员加毒打拘禁。这还不够，王、吴长官还要总会解散本团，随意加本团同人以破坏抗战之罪名，其用意何在?”此外，《致琼侨书》还列举大量事实，对王、吴诬蔑服务团“分子复杂”、“组织派别”、“终日专事诱惑妇女”、“挑拨民众，诋毁政府”、“破坏抗战”等谎言，进行一一驳斥。对此，谁是谁非，海外广大侨胞一目了然。于是，琼侨联合总会对“吴道南等人要琼侨联合总会取消返乡服务团一事，非常不满，并表示要和吴打官司至中央政府”。

国民党顽固派的丑恶行径被揭露，吴道南等人的阴谋破产，便恼羞成怒，更加明目张胆地迫害服务团。他们在乐会县阳江乡杀害了四名服务团员，在文昌县迈号乡和琼山县中瑞乡先后杀害了从事抗日宣传的服务团员范清、符兰平。服务团医疗队长陈永炎在为被日军枪伤的群众郭泽江治疗后返回驻地途中，也被国民党游击队邓美山迫害致死。

在此严峻的时刻，服务团符克团长坚决贯彻执行琼侨联合总会的指示，为维护抗日民族统一战线，坚持国共团结抗战的立场，于1940年8月间，同韦义光同志前去定安县翰林墟，向守备司令王毅、第九区督察专员吴道南汇报琼侨联合总会服务团关于救济难民、支援琼崖抗日救国方案，共商团结抗战大计，竟遭王、吴一伙秘密杀害，制造了骇人听闻的“符韦惨案”。

符克团长的牺牲，使得琼侨回乡服务团全体同志悲愤交集，于9月中旬在琼山县树德乡文林湖村召开追悼符克团长大会。追悼会除服务团团员参加外，驻扎该地的独立总队、当地民主开明人士都参加了大会。会上，发言者揭露了王、吴之流反共反人民、破坏团结抗战的罪行。鉴于符克团长遇害，服务团决定派陈琴副团长前往香港，向琼侨联合总会汇报工作情况和符克团长被害经过。但陈琴在偷渡海峡时，也不幸遇难。

5. 琼侨回乡服务团被迫停止活动及其历史作用

1941年12月7日，日军偷袭珍珠港，太平洋战争爆发，日军陆续占领了马来亚、新加坡、印尼等东南亚国家和太平洋上的许多岛国。12月25日，香港也沦陷了。从此，琼侨回乡服务团失去了海外琼侨的一切供给和联系，加上国民党顽固派的破坏和迫害，服务团被迫停止活动。1942年春节前夕，服务团全体团员集中在文昌县大昌乡统平村共度春节。春节后，在中共琼崖特委的亲切关怀和帮助下，服务团部分团员加入了中国共产党领导的独立总队，部分团员参加各县抗日民主政权的工作。他们参加抗战的方式不同了，但始终是中国共产党领导的抗日民族统一战线的重要组成部分。

琼侨回乡服务团从1939年1月成立到1942年初被迫停止活动，时间虽仅三年，但它在琼崖人民争取民族独立和解放的伟大斗争历史中却起过重要作用。

第一，给琼崖军民在精神上、物质上以极大的支持和鼓舞，增强了琼崖人民抗战必胜的信心。抗战初期，琼崖国民党在日军的疯狂进攻面前，节节溃退。当琼侨回乡服务团220名团员回琼参加抗战后，琼崖同胞感到无限的振奋。在服务团的宣传发动下，他们的抗战情绪渐渐提高起来，积极地投身于抗日救亡运动之中。同时，琼侨回乡服务团还携带回大批药品、医疗器械和赈济物资，以及派回医术高超的医疗队，解决了琼崖军民缺医少药的困难。此后，琼侨联合总会还源源不断地募捐各种抗战物资和款项，有力地支援了琼崖军民，打击了日本侵略者。

第二，琼侨回乡服务团是琼崖人民与海外琼侨团结抗战的纽带。琼侨回乡服务团是“海外琼侨救琼建琼的实际工作团体”，他们与琼崖军民同甘共苦，深入抗战第一线，对琼崖人民抗日斗争有深刻的了解。为使琼崖孤岛人民艰苦卓绝的抗日斗争得到国际社会和广大海外琼侨的了解和支持，该团曾先后五次派员赴香港向琼侨联合总会汇报工作，接受指示。同时，服务团副团长梁文墀也受联合总会派遣，曾三次重返南洋向琼侨报告琼崖抗战情况。中共领导的独立总队血战沙场、英勇杀敌、为国捐躯的大无畏精神，给广大琼侨以极大的鼓舞，使海外琼侨的抗日救国运动热情更加高昂，更有力地支持家乡人民的抗战。

第三，服务团的救国救乡行动，激励着广大归侨、侨眷的爱国热情，使其积极参加抗日斗争。文昌是归侨、侨眷较集中的地区，在服务团的宣传发动及其抗战实际行动的感召下，归侨和侨眷的爱国热情迅速提高。如新村云四婆，经常冒着生命危险偷越敌人封锁线，给独立队送情报、送粮食等。在日军对根据地、游击区“蚕食”、“扫荡”时期，她在宋宅山建立起临时医务所，救治抗战伤病员。在她的精心护理下，许多伤病员都得以康复，重返前线。有一次，日伪汉奸进村搜捕抗日同志，云四婆献出自己的儿子，掩护正在她家里养伤的伤员，在人民群众中广为传颂。此外，归侨、侨眷在支前、掩护革命同志的活动中表现也很突出。据文昌县龙马乡第六保的不完全统计，仅 1940 年，该保捐款支持独立总队就有 4 000 元，其中侨眷捐款占百分之四十；掩护革命同志的老屋主有 100 多户，而侨眷占 40 多户。广大归侨、侨眷还积极支持子女参军，捐献布料、衣服、蚊帐、药品等。这一切，都有力地支持了子弟兵，为打击日本侵略者作出了贡献。

第四，琼侨回乡服务团对国民党顽固派的“反共”、“投降”活动，进行了坚决的斗争，维护了团结抗日民族统一战线。1939 年 6 月以后，国民党顽固派头子吴道南在琼崖推行“反共”、“灭独”（指消灭独立总队）、“投降”的反动政策。对此，服务团进行了不调和斗争。一方面，努力宣传中共琼崖特委关于坚持抗战，反对妥协投降，克服悲观失望情绪；巩固抗日民族统一战线，巩固国共合作，反对一切分裂阴谋；开展游击战争，建立巩固的抗日根据地等决议。另一方面，服务团揭露国民党顽固派“反共”、“投降”的狰狞面目，使国民党不敢公开投降日军。1940 年 2 月 1 日，琼侨回乡服务团《电致总会暨全琼侨书》指出：“抗战阵营中，至今依然暗藏不少准备降敌顽固分子，彼等勾结汉奸，狼狈为奸，彼唱此和；欲达到其降敌目的，不惜采取一切卑鄙恶毒手段，以摧毁与分散力量。如阻止抗战宣传，解散抗战组织，散布分裂降敌言论，公然包庇烟赌，经营走私，制造摩擦纠纷，肆行挑拨离间，甚至叛国投敌（如琼山某游击队大队长林芳吾等）。”所有这些，都促使琼崖抗日军民和海外侨胞更紧密地团结在中共琼崖特委的周围，坚持抗日民族统一战线，团结抗战。

第五，为祖国献身，热血洒疆场。琼侨回乡服务团用自己的工作为家乡人民服务，把鲜血和生命奉献给伟大的抗日事业。服务团被日寇和国民党顽固派杀害的有符克、陈琴、方才、何敦轩、周德吾、翁公羽、范青、范少伯、范少明、陈永炎、韩俊、符洛、林少明、符兰平，以及在乐会县阳江乡被顽固派杀害的四名服务团员等。

总之，琼侨回乡服务团在其存在的三年间，为中国人民的抗战事业建立了功绩。他们的伟大功勋，将与日月同辉，永远彪炳史册。

二、把热血洒在祖国西南边陲的海南南侨机工

1937 年卢沟桥事变后，日本帝国主义把战争的魔爪全面伸向中国。随着日军铁蹄的步步践踏，以及国民党正面战场的一溃千里，中国的大片国土惨遭蹂躏。首都南京沦陷，国民政府被迫迁都重庆。日本军国主义的侵略暴行激起了中国人民的愤怒，并与之进行着不屈不挠的抗争。中国人民反对法西斯侵略暴行的正义战争得到了国际反法西斯力量的同情和支持，他们从道义、物质、人力等层面对中国人民的抗战给予了有力的帮助，大量的援华军需物质就在这样背景下源源不断地流向中国。1937 年 10 月，为了加快国外援华物资的运输，国民政府军事委员会在广州成立了军事委员会西南进出口物资运输总经理处。这一机构可称得上是当时中国乃至世界上最大的国际运输机构。国民政府对其十分重视，这可从其历任领导均为蒋介石亲信中略见一斑。首任主任为曾养甫，继任为宋子良（宋美龄之胞弟），最后一任为蒋介石表弟俞飞鹏。由于最初外国援华物资主要是走香港通道，因此西南运输总处早期设在广州。后来因战况急转直下，1938

年9月总处迁移昆明。由于同样的原因，中国沿海港口相继沦陷或被日军封锁，香港至广州通道被切断，香港经海防转越桂线进入广西的通道也面临被切断的危险。就在这一危急时刻，从1937年冬到1938年8月，云南省动员了10个民族的20万筑路民工，用铁锹、锄头、簸箕等原始工具，在山高林密、沟壑纵横的西南边陲，仅用9个月的时间就修通959.4公里的滇缅公路中国境内路段，简直是人间奇迹。公路开通了，海外华侨和外国援助的汽车也陆续抵达国内，但此时中国却大量缺乏司机和修车的技工（南洋华侨统称之为“机工”）。1938年7月，西南运输总处主任宋子良，通过该处驻新加坡分处主任陈质平致函南洋华侨筹赈祖国难民总会主席陈嘉庚先生，请求他在南洋华侨中代为招募各种熟练技术工人，尤其是后方运输线上急需的驾驶人员。

陈嘉庚急祖国之所急，即于1939年2月7日由南侨总会发出《征募汽车修机驶机人员回国》通告，强调“事关祖国复兴大业，望各地侨领侨胞，深切办理是要”，同时函促马来西亚各埠筹赈会立即开展动员、培训和选拔华侨“修机”、“驶机”人员的工作。陈嘉庚是华侨们尊敬和信任的领袖，他一号召，一呼百应。机工们也将之视为报效祖国的良机，纷纷报名应征，于是出现了一幕幕感人至深的场面：有的富家子弟放弃了优越的生活环境，毅然决然地应征回国；有的身怀绝技却放弃高薪，毫不留恋地应征回国；有的瞒着亲人，带着对亲人深深的眷恋踏上征程；有的安顿好父母妻儿，匆匆而去；有的是铁心救国而别离刚入门的新娘，或别离已有身孕的爱妻，或别离山盟海誓的恋人；年纪小的就多报几岁，超龄的则设法减掉岁数；甚至还有女扮男装的当代“花木兰”……在海南华侨中，有从小丧父、靠母亲和叔叔养育的吴东彪，为了瞒住不舍其离开的家人，改名吴惠民应征回国；有作为家中三代单传独子的谢锦善，为了瞒住父母，改名谢章农应征回国；有曾任新加坡英国皇家消防队消防车司机的王亚文，在即将成婚之际，毅然报名应征回国；有陈嘉庚在《南侨回忆录》中讲到的“有一修机工在洋十余年，月收入坡币二百余元，自甘牺牲，并招十余，带其全副机器前往”的王文松；还有谢川周、谢森周兄弟俩，李大林、李大勋兄弟俩，罗开瑚、罗豫江、罗豫川（又名罗杰）叔侄三人，王绥和、陈邦兴连襟一起应征回国……

从1938年秋开始，应征的南侨机工分期分批从南洋各地返回祖国。共计有多少南洋机工应征回国？在1941年6月郑琦所拟《华侨机工状况》中曾谈道："本处（指西南运输处——引者注）之有华侨机工，起于民国二十七年。当抗战开始，南洋侨胞激于爱国热情，多有自愿回国服务。当时槟城机器行会曾遣送两批返粤，其中一批三十二人，即服务本处，同时本处既感于侨胞之热诚，且正需用驾驶、修车及电工等技术人才，特请托南洋华侨筹赈祖国难民总会主席陈嘉庚先生代在南洋招募此种侨胞回国服务，于是马来亚各地华侨，闻风而起，分九批至新加坡请求参加，为国效力。遂于二十七年十月遣送第一批，以后继续办理，至二十八年冬，计共遣送十批，约二千九百名——第一批80名，第二批206名，第三批596名，第四批155名，第五批534名，第六批394名，第七批117名，第八批320名，第九批509名。时该殖民政府禁止南侨筹赈总会继续办理，第十批遣送时发生阻碍，而热心者仍暗自活动，潜回祖国，故是批只得十二名，十批合计为二千八百九十名。又有暹罗华侨多人原于抗战以前自动回国服务，及抗战后自费回国，由海外各地帮会专函介绍来处，予考核收容者，约计百名。总计此三千华侨，均先后在本处司机训练所及运输人员训练所分组训练，毕业后皆分派在本处各运输队及厂站等担任驾驶或技工等工作。"①

据《再会吧，南洋》一书作者陈达娅的考证，由南侨筹赈总会组织回国服务的机工共有3 193名。②

陆续回国的机工，经在昆明进行相关的军事培训后，便被分配到各运输大队正式投入抗战运输工作。他们主要分布在后方物资运输线上，包括滇缅公路、川滇公路、滇黔公路（当时称京滇公路）。在滇缅公路上，机工们担负着汽车驾驶、装配、维修等工作，为保证"中国抗战生命线"的畅通，作出了巨大贡献。

用九个月抢修建成的滇缅公路，山高谷深、九曲回肠，仅从滇西下关到畹町总计547公里的距离中，就要翻越六座大山，穿过八处悬崖峭壁，跨过五条较大的江河。有的机工就在险象环生的滇缅公路上，壮烈殉国。

---

① 《云南档案史料》第16期，转引自陈达娅、陈勇编著：《再会吧，南洋》，中国华侨出版社，2007年，第232~233页。

② 陈达娅、陈勇编著：《再会吧，南洋》，中国华侨出版社，2007年，第54页。

曾在国立暨南大学读书，毕业后到新加坡任中学教员的海南籍机工符气簪，回国后，被编入13大队任分队长。1939年11月的一天，他从畹町运送军用物资到下关。驶入永平县境后，汽车在山顶上转了几道弯，沿沣崎岖公路下坡。在急转弯处，汽车冲出公路滚下山崖，不幸车毁人亡。

滇缅公路山高林密，是有名的"烟瘴之区"。瘴气透过阳光、细雨、雾气、热浪，弥漫着公路，有的机工就倒在瘴疟魔爪下。出生于新加坡一个富足家庭的海南籍机工蔡世隆，怀着报效祖国的信念，1939年5月23日踏上回国的征途，走上滇缅公路，却不幸被瘴毒夺去年轻的生命，牺牲时年仅26岁。

滇缅公路位于热带、亚热带地区，雨季中天气常常突变，时而阳光灿烂、晴空万里，顷刻间却乌云密布、雷电交加、暴雨骤至，导致事故频发。有的机工便是在如此天灾中不幸罹难。海南籍机工罗开定，为了赶运军火到前线，一天深夜单车翻越芒市境内的三台山。当汽车行驶到半山腰时，突然狂风骤至，暴雨如注，一棵大树被连根拔起，正面砸在驾驶室上，罗开定当即受重伤，扑在方向盘上动弹不得。当附近的景颇族乡民赶到时，他已英勇殉职。

滇缅公路被誉为"中国抗战生命线"，足见其对中国抗战的重要性。日本侵略者也看到了这一点，想尽办法要置之于死地而后快。因此，1940年7月18日，日本用各种手段与英国签署了关闭滇缅公路的协定。后来由于战局的变化，英国在远东的殖民地受到日本人的威胁，10月18日，在关闭了三个月之后，英国政府重新开放了滇缅公路。日本人一计不成，另生一计，对滇缅公路进行军事打击，企图从空中绞杀中国的生命线。因此，机工们不但要面对险恶的自然环境，还要冒着日本人的枪林弹雨。但是机工们从不害怕，从不畏缩，表现了中国人的铮铮傲骨。

还有部分机工被分配到缅甸仰光等地的汽车修配厂去装配汽车。在那里，他们凭借优良的技术和忘我的工作作风，高质量、高效率地完成了汽车装配任务。美国工程师原计划每六人一组一周装配一辆新车，但机工们以娴熟的技术，顶着酷暑或冒着大雨，每天连续工作十个小时以上，由第一天的每组装配两辆到后来的一天装配四辆，其工作效率令美国人直竖大拇指称赞。西南运输处仰光办事处负责人陈质平得知机工们惊人的工作进度，及时向西南运输处主任宋子良作了汇报。周会上，宋子良对受奖的机工说：“我是海南文昌人，你们南侨的海南机工为海南人争了光。”

1942 年初，中国军队入缅作战。南侨机工不仅要抢运抗战物资，还要担负起运送中国远征军入缅作战的任务，滇缅公路承载了更重的使命。

由于中国远征军入缅作战失利，日军沿着滇缅公路紧紧向中国方面推进。1942 年 5 月 5 日，眼看日军的先遣队已到达滇缅公路的咽喉——惠通桥，中国军队果断引爆炸药，惠通桥被炸。日军被怒江牢牢地锁在了西岸，中日两军处于隔江对峙状态，但滇缅公路也因此中断。

滇缅公路运输中断后，南侨机工遭到当局遣散。1942 年秋，美空军十四航空队开辟了在当时航空史上被视为禁区的喜马拉雅山脉和缅甸茂密丛林上空的一条空中航线，即著名的“驼峰”航线。这是滇缅公路运输中断后开辟的空中运输线，驾机飞越“驼峰”的是美国陈纳德将军所率领的神勇飞虎队。

刚从滇缅公路上退下来的南侨机工，先后两批（每批 50 人左右）被盟军征募到印度的汀江机场，承担飞虎队的地面运输工作。这当中，有海南籍的机工罗杰、林明月等。因此，飞虎队所运载的援华抗战物资也包含了南侨机工的一份血汗。

另有一部分南侨机工赴印度姆伽加入中国远征队新一军孙立人部队的炮兵旅运送弹药，这其中，有海南籍机工陈邦兴、王云峰、庄镜波、谢川周等。

还有的南侨机工加入第十一集团军宋希濂的部队，如文昌籍机工何启风。他在日军占领芒市、龙陵后，奉命到敌后侦察，被日军发现后，只身与敌人搏斗，因寡不敌众，用最后一颗子弹开枪自尽，壮烈殉国。

文昌籍机工吴开进，1940 年考入黄埔军校 17 期合川分校特训班。1942 年被派到缅甸军机处当副官，负责交通联络等工作。从此，他就在越南、泰国、缅甸一带的深山密林活动，搜集日军情报，并想法将其传回国内。

1942 年，为了会同盟军反攻缅甸，中国扩充了驻印度之军事力量。文昌籍机工黄迎风所在的八连被调入汽车六团添驻印度，因经常要与英美军联系，早年英语娴熟又懂广州话和厦门话的黄迎风，此时派上了用场，很快被部队提拔重用——上级将他晋升为三级英语翻译员，领校官在印度服务的津贴待遇。由此，他在短时间内从一名普通士兵擢升为少校军官。

但就滇缅公路运输中断后总的情况而言，大部分的南侨机工处于无以为业的状态，他们谋生无方，流离失所，急待救济。在这种情况下，一些热心侨胞事业的南侨机工和侨胞，于 1944 年 1 月成立了华侨互助会，使机工们在昆明终于有了一个“家”。后来，在海外华侨的呼吁和联合国远东国际难民组织的帮助下，经华侨互助会造册登记、核实，国民政府开始安排南侨机工分批复员。

1946 年对尚在的机工复员总登记，经核查并领到回国服务证书的机工只有 1 144 名，其中，有机工 467 名，眷属 416 名，于 1946 年 10 月 26 日至 11 月 29 日，分三批从昆明启程返回侨居国。

为了核实南侨机工牺牲或失踪的准确数字，《再会吧，南洋》作者之一陈达娅经对云南省档案馆现存档案查证发现，从 1946 年 4 月到 1946 年 12 月，由“华侨互助会侨工复员请领护照名册”分八批登记报呈外交部驻昆特派员公署核发南洋华侨机工回国服务团出国护照的人员仅有 1 345 人，也就是说，3 193 名南侨机工，在滇缅公路抗战中，牺牲或失踪达 1 800 多人！滇缅公路，平均每一公里路就牺牲或失踪近两名南侨机工！[①] 还有 600 多名机工因各种原因滞留国内。

据相关资料显示，在三千多人的南侨机工中，属海南籍的超过 800 人。据陈达娅在云南省档案馆核查到的 1946 年 4 月起华侨互助会登记的复员机工名册，其中有 328 名海南籍机工。这些数字说明海南籍机工在战争期间牺牲或失踪者占了将近三分之二，海南籍机工伤亡比例与整个南侨机工伤亡比例大致相当。

海南机工与其他机工一起，为保证滇缅公路的畅通，为祖国的抗战事业，作出了不可磨灭的贡献，甚至献出了宝贵的生命。为了祖国的抗战事业，机工们经受了地狱般的磨难，承受了难以想象的艰难困苦，但机工们无怨无悔，因为祖国的利益高于一切，祖国是海外赤子心中永远的牵挂。就像文昌籍机工罗开瑚所言：“在国难当头的危急时刻，我们民族的那种觉醒和凝聚力，让再强大的敌人也不敢小看我们。”[②]

---

① 陈达娅、陈勇编著：《再会吧，南洋》，中国华侨出版社，2007 年，第 54 ~ 55 页。

② 陈达娅、陈勇编著：《再会吧，南洋》，中国华侨出版社，2007 年，第 90 页。

第六章

侨乡风情

由于长期以来下南洋之海南人以单身为主，这使得下南洋之海南人与故乡之间保持着密切的关系。随着下南洋海南人的日益增多，这种密切关系致使海南社会深深打上南洋的痕迹，形成别具一格的侨乡风情。

第一节　民风乡俗

一、具有南洋风格的民居建筑

海南传统的农村住房，一般为庭院式布局，由正屋（主屋）、横屋山、围墙、门楼组成。正屋是最高建筑物，正屋一般是四房一厅，水泥砖木结构，双屋瓦顶，水泥地板。有些地方，正屋的屋顶四角筑有“蛟”，寓意辟邪和对神灵的崇拜。同时，“蛟”的大小、规模，还是主人社会地位的象征，有权势地位的人家做正屋所筑的“蛟”高大威严，富丽堂皇。有些村庄，小姓人家做正屋是不能筑“蛟”的。为了采光，一般在正屋卧房的南边或北边都开一扇窗户，每个卧房屋顶的中央还专门装上一两片玻璃制成的瓦片，以增加房间的采光度。正屋的两侧（或一侧）建有稍比正屋低一点的侧屋（也叫横屋），经济条件许可者，横屋一般连盖数间（做厨房和放杂物或家庭其他成员卧屋之用），并带有走廊（俗称为“飘”），这种结构可以起到遮风挡雨的作用。海南处于亚热带地区，雨水较多，这种建筑结构非常实用。在正屋的前面，都有一个可宽可窄的“庭”。文昌农村正屋建筑的特点是正屋连着正屋，客厅对着客厅，大门对着大门，几间正屋可以从头望到尾，数间横屋相连相接，形成相对独立的庭院，蔚为壮观。正屋的面积大小，不是以平方米论处，而是以多少“路”（桷与桷之间的隔离）来表达。

传统正屋的客厅还分前厅后堂。一般在大厅三分之二处，用木板隔成屏风状，屏风顶端设置神堂，供祖先灵位（香炉）及香火福龛。在男尊女卑的年代，当客厅中有男客来访时，男客只能正襟危坐于客厅，家中媳妇或闺中待嫁女子只能从后门出入自己的房间。

正屋客厅中摆设的家具，靠近屏风正中处放一张八仙桌，用于祭祀，平时放茶具或饰物。客厅两旁沿墙壁放置板凳椅子，在正厅的杵条和前后墙的屋檐下，彩绘一幅幅题材丰富、图案精美、寓意吉祥美满的壁画。

“正屋正厅”是父权宗法制的象征，是供奉祖先灵位、祭拜祖先、接待客人、老人仙逝的地方。按习俗，在正厅里逝世，魂魄才能参祖归宗，所谓“寿终正寝”。许多耄耋之年的华侨回乡安度晚年，为的就是能寿终正寝。

海南人历尽艰辛下南洋谋生，其目的无非有二：一是挣钱养家糊口，二是发财光宗耀祖。因此，相对于没有人下南洋的家庭而言，侨眷们的日子总要好过些。这种好过，表现在日常生活中，其一为侨眷们每当逢年过节，都会收到数目不等的汇款，而这些汇款对于日出而作、日落而息的农耕收入来说，是一笔可观的财富，因此侨眷们的生活水平一般都居普通民众之上；其二为家中如有修房子、置业等大开销，一般也由侨汇完成。所以在侨乡，侨眷家的房屋往往总是村子里头最好的，不但盖房子的建筑材料好（经济条件好的华侨都从泰国或越南运回柚木、从新加坡马来亚运回钢筋水泥等作为建筑材料），而且要比一般房子高大，显得富丽堂皇、鹤立鸡群。有的建筑在继承传统建筑风格的基础上，还吸收了南洋或西洋风格，形成别具一格的侨乡建筑。如文昌市坐落于文城镇清澜办事处冠南乡王兆松祖居，该建筑建于1935年，建筑所需材料如地砖、门窗、水泥等都是从马来亚运回的。整个建筑建有三进正屋，周围有围墙，有走廊，占地有2 000平方米，富丽堂皇，是典型的西洋风格与传统风格相结合的建筑。该建筑历尽沧桑，至今仍保持完好。

坐落于东阁镇天伦村的韩家宅院，由旅泰华侨韩钦准始建于1936年，历经两年建成。韩家宅院坐北朝南，规模宏大，占地1 300多平方米，建设面积990平方米。韩家宅建筑基本上沿用海南传统的单纵轴线多进式布局，四周设有高大院墙围护，南面左侧开一硬山顶门楼，进门处设有一影壁墙。院内左侧依纵轴线布列有四进硬山顶一明两暗的正室，四进房屋相隔的是间为三个天井。二、三进正室的天井东侧建有砖混结构西式两层纳凉楼，造型别致小巧，颇具清新自然风格。四进正室的西侧为一座贯通南北的带有长廊的横室，设有八间廊室，硬山顶屋顶，砖木瓦结构。韩家宅院的建筑，主要体现出海南地方建筑的特色和风格，同时也把西洋的建筑元素融会贯通，结合于一体，尤其是在建筑装饰艺术和手法上的丰富表现，达到相当高的水平。韩家宅院在建筑风格上体现了传统文化和西洋文化的完美结合，是一座颇具海南地方特色的侨乡民居，现属海南省级重点文物保护单位。

即使是盖传统民居，侨资所建的房子也会比一般的房子来得高大、宽敞。位于会文镇十八行村的建筑即为如此。清末民初年间，该村有人远渡重洋，去番谋生。到了20世纪二三十年代，出洋谋生的人更多了，家家户户都有人出洋。他们出洋赚钱，回乡建造房子。建房子所需的木料均为从泰国或越南运回的柚木（俗称“黑盐”，此木材质坚硬，经久耐用，是侨乡民众建房子或做家具首选之木料——笔者注）、石脂、干青等好木料，所建的房子都是多进式的传统老宅，其总体布局独具匠心，以村头北面为建筑发端，向村内南面呈扇形延伸扩展，因为总共有十八行，村名就叫十八行村。这个村子里的房子都是平房，且结构高度基本一致，村里若有房子老旧需要翻新时，房屋主人也会遵照这个不成文的规定，按原样复建，因此整个村子的建筑显得格外整齐划一。

位于文城镇迈号办事处下山陈村，乡侨陈行佩在南洋经营侨批局赚钱后，回乡为村中兄弟建成16进高大亮堂的传统民居，并配有庑廊、门楼和围墙，形成一个大建筑群，蔚为壮观。

在琼海市，坐落于琼海市博鳌镇留客村的蔡家大宅，建于1934年，是侨居印尼的富商蔡家森兄弟四人共同建造的一个建筑群落。全宅院为砖、瓦、木、水泥钢筋混合结构，是一座庞大而完整的二层三厅四合楼房建筑。外观酷似城堡，院墙和柱子均采用固若金汤但耗砖量巨大的青砖“双墟”砌法。宅院厅堂三进，高达八米的大厅堂为典型罕见的跃层厅堂，需爬两层楼梯上二楼才能烧香祭祖。厅堂地板皆铺设地毯式彩色花纹地砖，堂中多摆设雕工精美用料昂贵的中式太师椅、八仙桌和南洋古灯饰等古典家具。堂两侧有横廊楼阁多间（楼梯间和横廊角落里都留有防御盗匪用的枪眼），四周有厨房、柴房、卫生间、浴室、猪舍等，布列有序、层次分明。楼上楼下共有50间房、5座楼梯、80多扇门和104个大小窗户，院墙、门窗以及廊道栏杆上绘有红黄绿三色彩绘。这座大院的一大特色，是用钢筋水泥浇筑的走廊把整幢屋宇联成一个环形结构，从而使宅院四通八达、上下连通，堂屋、横屋以及前后井庭相互环抱，即使遇上雨天，宅中人也可以足不湿鞋地走遍宅院内的每一个角落。如此紧密衔接的环廊具有挡风遮光避雨的多重功能，因此一年四季，大宅内都清爽宜人。宅院的大屋、走廊用钢筋水泥浇筑，而廊柱则用青砖垒筑，屋顶全用青瓦铺叠；大屋的前檐既有中国古钱币图案和古宫灯雕塑装饰，又有西方的立体花盘和古罗马人头像雕塑；屋脊末端，既保留海南民居屋宇象征吉祥的“蛟头鸱尾”，又大胆使用西方与伊斯兰教的方、圆、弧线变化图案并糅合花筒其间，使整个屋顶别具一格，美观大方。整个建筑既保留了传统的建筑特点，又吸收了外来的建筑元素，是典型的中西合璧宅院。这座大宅被誉为“海南侨乡第一宅”，不仅是海南省和琼海市两级文物保护单位，也是全国重点文物保护单位。

坐落在博鳌镇古调村的覃家宅院，也是一处有名的华侨建筑，是20世纪20年代由旅居马来亚的琼侨覃世琼、覃世炎两兄弟所建。覃家宅院总平面呈正方形，从外面看，规模宏大，气宇昂扬；进院里看，布局周正，结构严谨。大院的四间“堂”按“口”形排成正方形，这是琼海民居中的一种崭新布局形式，其优点在于以两列纵进，能有更大的空间安排建筑物，且便于生活，视觉上也美观大方。在堂的右边，排列着九间横屋。“九”为阳数之最，以“四堂九座横屋”张扬覃家的富足尊贵。为了防御匪盗，覃家建成封闭式大院，头门两侧各有一个枪眼，屋顶还建楼房，用于非常时期观察院外动静。覃家大院以中国传统砖木建筑为主，正厅中的神龛、太师椅等全用优质木料制成，工艺精良，别具一格。四周走廊的天花板则用钢筋水泥结构而成，呈现出东南亚建筑风格。

坐落于中原镇仙寨村的王家宅院也是有名的华侨建筑。王家宅院建于1927年，为马来亚琼侨王业珍所建。整个建筑占地面积980平方米，头门是个小楼阁，构造玲珑精致。头门对着厅堂大门，楼阁下设置了一道屏风，头门一开，外边的视线不能直接观察到院内的活动，保护了居家的私密性。大院的主体是一列三堂纵进结构，称为前堂、中堂、后堂。前堂是接待客人和宴请朋友的礼仪场所，王家把它建得高贵雅致，可称得上“大雅之堂”。中堂与前后相通，光线明亮，通风透气，给大院增添了和谐、轻松、愉快的氛围。王家的中堂与前堂、后堂均衡，这为民俗学上中庸和谐、不偏不倚的表现。后堂是大院最主要的部分，这里不仅是祭祀祖宗神灵的场所，也是长辈或主人居住的地方。神龛前面摆放八仙桌，左右两侧摆设太师椅和罗汉床，这些桌椅和床上都雕刻着象征吉祥如意内容的图案。堂厅的东侧是砖木建筑的横屋和钢筋水泥结构的具有南洋风格的平顶横廊。横屋与堂厅之间留着窄小胡同，是仆人和女人的通道，体现了家族森严的戒律。该建筑之木料和钢筋水泥都是从南洋运回来的，当时由于海上交通运输不便，为建造大院备料就用了整整三年时间。

坐落于万泉河畔石角边沟村的“资政第”，也是有名的华侨建筑。这座宅院是20世纪初已在南洋致富的琼侨王绍经安排长子王先树携款回乡所建，总占地面积五亩，由三间青砖大瓦房和两行横廊及四面围墙环抱而成，围墙上筑有枪眼，大门前设有牌楼，楼门上挂有清朝御赐牌匾“资政第”（王绍经被清政府赐封为资政大夫）。按海南老辈的说法，王宅的整体布局应该归结为海南民居中的“同字吊球”类的建筑风格。进入王宅，首先要跨过门楼。高高竖起的阁楼，就是所谓的“吊球”，寓意该宅主人吉星高照、事业高升。而其主屋、横屋的格局，则类似于“同”字字形的核心和外围部分。三进主屋为三开间，居中的一间是堂厅，为主人一家主要的公共活动场所。屋中的壁橱、门檐、窗棂等均用上好木料精雕细刻而成，雕刻的内容丰富多彩，有山水人物、花鸟草虫、碧海祥云等，古色古香。岁月的流逝，仍挡不住王家宅院曾经的辉煌。

坐落于海口市美兰区三江镇三江村委会罗梧村的林鸿高围楼，是海口市有名的华侨建筑。该建筑是旅泰华侨林鸿高为纪念乡情、教育子女不忘祖宗于1922年修建的，为回廊式钢筋水泥结构，长61.5米，宽30米，建筑占地面积1 845平方米。大楼坐北朝南，共有两层，原设计有72个房间，后经陆续改造，现存有34个房间，东西房间对称，南北有院子，气势恢弘。

除民居外，海南侨乡的乡镇建设中，也处处体现着南洋建筑的风格。如20世纪20年代文昌县城（今文昌市文城）改造时，建有便民街（今文南路）、三角街、竹行街、树东街（今称沿江街）和两个小码头。房屋680间，其中楼房108幢，最高楼房为三层13幢，房屋多为两层楼，砖木结构，混凝土结构仅占11%，这些街道和铺宇多是华侨集资兴建的。这些具有南洋风格的骑楼，吸纳南洋热带地区遮阳避雨的骑楼建筑形态，其柱廊敞廊、尖顶、雕花门窗和百叶窗，在南洋风格中融进欧洲装饰元素，成为文昌侨乡城建街区的一大建筑特色。文南街是当时最繁华的商贸之地，至今仍然是一条热闹非凡的商业街，在这条街上的小店，楼下卖货，楼上住人。小店的主人是祖辈下南洋赚钱回来盖的南洋风格的骑楼，给文南街增添了秀色。

文昌市铺前镇老街现在叫胜利街，始建于1895年，1903年重新规划，1927年初具规模，那正是下南洋之文昌商人事业成功，纷纷回乡建屋立业的时期。胜利街长约400米，呈S形，两旁建筑是清一色的南洋骑楼，充满异国风情，其造型秀丽，风格优雅，线条纤细柔和，呈现出洛可可风格的繁复和精美。骑楼是我国海南、广东、广西、福建等沿海侨乡特有的南洋风情建筑，都是当年华侨从南洋返乡所建，一栋饱尝岁月沧桑的骑楼浓缩了那个年代的历史烙印。此外，在文昌白延、会文、清澜、文教等乡镇建设中，也有相当建筑带有明显的南洋风格。

1924年海口拆城扩建后的中山路、博爱路、得胜沙路、新民路等老街，其建筑都是带有南洋风格的骑楼。街道和建筑平面布局承袭中国古代城市格式，即前店后宅和下店上宅形式。临街建筑底层为宽2~4米的骑楼，不仅作为人行通道，还可遮阳避雨；上层为敞廊式住房，楼面多为藻红砖或林板铺设，楼顶以木梁、桁条、青瓦铺筑。临街立面为连续梁柱子式或卷柱式柱廊，女儿墙以西方文艺复兴、巴洛克及阿拉伯、印度装饰风格为主，表面装饰纹样有植物花卉及螺旋形图案，用砖雕及彩瓷装饰，也有传统如意纹及宝瓶式瓷栏杆。这些大部分是琼侨投资兴建的经商楼房。

在海口，具有明显西式风格的建筑有海口钟楼、海口大厦、海口海关（其中琼海关税务司官邸原为德商森宝洋行于1898年建造的三层砖木结构小洋楼，后琼海关税务司以511两洋银购得）、海口教堂等。

二、深受南洋影响的餐饮方式

在海南侨乡，人们的日常生活习惯，受南洋影响的痕迹非常明显。自从琼侨何麟书从马来亚引进咖啡种子试种成功后，喝咖啡成为侨乡许多人生活中不可缺少的组成部分。田曙岚在其所著的《海南岛旅行记》中说到，海南岛“东北一带住民，喜饮咖啡、红茶，有欧、美之风”。他在骑自行车旅行时，途中口渴，常饮咖啡止渴。其在潭口，路途口渴，“乃偕入咖啡馆，各尽一盅；计其值，不过铜元14枚而已。回忆在北平、上海等处，以吃咖啡为较有资产阶级之色彩；而在此间却极平常之至，语云：'物以少为贵'，信然”。在仙沟镇，也有饮咖啡的记载。①

1936年，学者王兴瑞在《海南岛民俗志》中也说到“南洋一带之华侨，尤有饮咖啡之风，习俗所染，内地亦交相竞效，于是茶馆应运而生，市镇之所，茶肆少者三数间，多则十余间。当墟日，茶楼常座上客满，地无空隙，肩摩背接，熙熙攘攘。茶有时茶、龙井、菊花……有西茶，如咖啡、牛乳、红茶、咯咕……之类。食物有大包、小包、鸡蛋粒……之类。顾客目的皆在饱食，就座片刻，饱后遂散，毫无'饮茶艺术'可言”②。

因此，在侨乡，茶和咖啡是具有特色的饮品。在20世纪的很长时间里，侨乡人所称之“茶”其实包括甜茶（阿华田、美禄、麦乳精、炼乳等）和清茶（以茶叶制成之茶）两种。在物质匮乏的年代，只有在待客或春节时才有甜茶饮用，而甜茶一般都是从南洋或港澳地区捎回的。

侨乡人们除一般的喝咖啡习惯外，部分人还有喝“咖啡黑”（不添加牛奶或炼乳或咖啡伴侣，甚至不放糖，即为没有添加剂的纯咖啡）和“咖啡二”（即冲第两遍以上的咖啡）的习惯。与喝咖啡相关的食品如炼乳、糕点也甚为流行。一杯伴着炼乳的咖啡，配以各式各样的糕点（也称西点、西饼），与几个朋友谈天说地，那是非常惬意的事情。侨乡的咖啡店、茶店（亦售咖啡）遍布城乡，从装潢高雅的星级酒店到设备简陋的夫妻店、父子店、兄妹店，都有咖啡的影子。到咖啡店喝咖啡、饮茶，男女老少皆有，是侨乡人们休闲歇息、交友联谊、互通信息的一种方式。

侨乡人们不但喝咖啡，也种咖啡、加工咖啡。在侨乡，房前屋后，都能看到数量不等的咖啡树坐落其间。普通的老百姓也懂得炒制咖啡粉的方法，因此，侨乡许多人喝的咖啡一部分是自产自销的。

如今，作为产业化的海南咖啡，最负盛名的，一是兴隆华侨农场出产的兴隆咖啡，二是澄迈县福山地区出产的福山咖啡。经过兴隆人的努力，兴隆咖啡浓香醇和，沁人心脾。如今兴隆农场不但拥有中国一流的咖啡科研、种植、管理和炒制技术，而且开发了大量咖啡系列食品：咖啡糖、咖

---

① 田曙岚：《海南岛旅行记》，海南出版社，2011年，第161、13、15页。

② 海南省文化历史研究会主编：《岑家梧学术论文选》，长征出版社，2006年，第210页。

啡软糕、咖啡薄饼……咖啡食品，已经成为兴隆农场的一大产业。

在菜肴方面，东南亚流行的咖喱也是侨乡人们的喜爱之一。咖喱鸡、咖喱排骨、咖喱芋头……众多咖喱食谱，为侨乡人们所熟悉。在兴隆，咖喱系列菜肴更为闻名遐迩。

在糕点、小吃方面，具有南洋风格的九层糕、木薯糕、千孔糕、椰甜酥饼、咖喱粽、糯米香条……为侨乡人们所熟悉。在兴隆，更有上百种东南亚风味的小吃，以其新鲜、天然、奇特、清香吸引八方来客。坐在兴隆充满热带风情的茶店，喝着香浓醇和的兴隆咖啡，就着新鲜清香的九层糕，会让人产生此时为何处的疑惑，此处还是海南吗？莫不到了东南亚?!

海南侨乡小吃众多，有些小吃与下南洋的活动有密切联系。在侨乡，有一种小吃叫苙。苙一般是用椰子叶或野菠萝叶（去刺后）编织成长方形或各种动物形状，放入大米蒸煮而成。因其容易携带且不易变质，当年闯南洋的海南人出门时，都会带上数量不等的苙和几枚咸鸭蛋或几块咸鱼，聊以充饥。如今在琼海，每当南洋客回乡，亲戚都会做苙前往祝贺。在琼海方言中，苙与叻币（新加坡币）之“叻”谐音，而下南洋之琼海人又以侨居新加坡居多，因此，送苙寓意着富有。琼海人吃苙也有一番讲究，即不能用刀将苙切成块，而是把椰子叶一条一条地抽开，就像给绑紧的大米松绑一样。琼海人把剥苙壳叫做“拷宽”，表示手头钱财宽裕之意。人们千辛万苦下南洋，无非是为了圆发财的梦想，苙给南洋客“拷宽”，意为祝愿闯南洋之人无论以前过的是多么窘迫的日子，经过“拷宽”后，手头的钱财就会变得宽裕而富有起来。

在文昌，锦山牛肉干备受欢迎，这也与下南洋活动密切相关。锦山是文昌人出洋较多的乡镇之一，当年乘船到南洋要十天半个月以上，带上牛肉干，既轻便又能保证能量供给，故广受欢迎。

三、传统与西化兼备的衣着特色

海南侨乡人们的衣着，按各人的经济状况、社会地位和时代不同而有所区别。民国初年以前，男人多穿粗布对襟唐装，妇女多着斜襟唐衣；富人穿“黑嫘板灵”或绸布料制的唐装；公教人员多穿灰色或蓝灰色中山装；绅士父老穿长袍马褂。民国以后，随着海南与南洋关系的日益密切，侨乡人们的穿着打扮，受南洋的影响逐渐明显起来，华侨、归侨、侨眷引领着社会衣着的潮流。一般富有人家，男人不仅穿唐装，也有着西装、猎装的，还有戴毡帽、系领带、穿皮鞋、戴手表的。即使是家境窘迫人家之男主人，也会努力置办一套西装，以备在重要场合穿用。富有人家的女性，特别是年轻女子，着旗袍、彩裙，戴金项链、金戒指；即使上了年纪的妇人，也喜欢着花套装（制作这些花套装的布是从南洋带回乡的）。所以田曙岚在侨乡看到“服饰多趋时髦，而琼东、乐会、万宁一带，甚至有头戴礼帽，身著西服，足登皮鞋，从事耕樵者（当然是少数）。万宁妇女，喜著贴身之衣，曲线之美，隐约可见”①。《海南岛新志》也说：“本岛气候温和，暑久寒暂，故居民周年仅御短衣薄衫蔽体而已。男女服式亦无大异，惟在文化发达之琼山、文昌等县，西服男子，时装女子，则亦随处可见矣。”②

解放后，由于海南社会与南洋关系有所疏远，侨乡人们的衣着打扮受南洋的影响逐渐式微。“文革”期间，侨乡的服饰基本由蓝、绿、灰三色所统治，男人多数穿灰色或深蓝色的中山装，夏天穿衬衣、西式裤；女人穿西裤、印花衬衣，衣服式样变化不大。改革开放后，海外亲人大批回乡探亲，曾大批带回半旧或新式服装作为礼物送给家乡亲人。一时间，色彩斑斓、款式多样的服饰又成为时尚，南洋之风重新影响人们的衣着。进入20世纪90年代后，随着海南经济社会的发展，侨乡人们穿着打扮观念发生了根本变化，逐渐从过去的盲目跟风改变为追求个性张扬，人们的穿衣打扮越来越注重个性的表现。侨乡的海外亲人不但减少了从海外往家乡寄衣服，甚至有的在回乡探亲时还选购衣服带回侨居国。

四、率先发展的交通运输业

总体而言，海南的社会发展在广东省来说（1988年建省前，海南一直属广东省管辖），是相对滞后的。但是由于华侨的缘故，海南的交通运输业在整个社会发展中呈现率先发展的态势。海南最早的琼海汽车公司，是

① 田曙岚：《海南岛旅行记》，海南出版社，2011年，第161页。
② 陈植：《海南岛新志》，商务印书馆，1949年，第105页。

由新加坡、马来西亚琼侨陈华农等人投资于1918年成立的。此后，出现了以海口为中心，辐射文昌、琼山等地的十余条公路及相应的行车公司，多数为琼侨投资兴建。1921年，文昌县成立民办车路有限公司，以华侨投资、商人认股和摊派社会各界集股形式筹集资金。是年10月，筹股金35 000银圆（侨资为主），兴建文城至大致坡第一条简易公路（全长24公里），开创了民办公路的新纪元。文昌到海口的最早公路是华侨捐建的，是文昌第一条近代公路。1932年冬，田曙岚在其周游海南的旅行记中写到，文昌“县属交通，水路，沿海清澜、铺前二港，有大帆船来往海口、广州湾及南洋群岛一带。陆路，各区、乡均有公路，密如蛛网，计有名可数者40余；长达千余华里。其他僻小乡村亦多有车路可通，不特为广东全省之冠，国中各县，恐亦无出其右者”①。

田曙岚看到的路况，应与华侨资本参与建设有密切关系。文昌最早出现的几辆汽车，也是琼侨在民国初年从南洋引进的。

在琼海，1924年，琼侨王大彦从美国引进4辆罗利车，经营运输业。而后，华侨经营的琼益公司从美国引进24辆福特汽车、2辆小汽车，在嘉积投入运营，改变了琼东、乐会客运业之落后状况。到20世纪30年代初，琼东“陆路，全县可分为6区，均有公路，可通汽车。计长共约三百余里；有车50余辆”；乐会“陆路有乐嘉、乐城、乐博、中阳、龙阳、嘉椰、椰龙等公路，俱可通行汽车”②。

但就总体而言，海南的交通状况还是非常落后的。汽车虽然有，但数量不多；公路通车里程少，人们外出以步行为主；个别人有自行车，那是非常光彩的事情，自行车也是从南洋捎回来的，如三支枪、拉利仔等。在解放后的很长时间内，自行车还是稀罕物。改革开放后，侨乡的交通条件得到根本的改善，人们赶集或外出，除坐汽车、摩托车外，一般都是骑单车。随着经济的发展，除了道路条件好转外，人们出行基本上以车代步，汽车、摩托车、风采车、电动自行车随处可见，自行车逐步退出交通领域，转而变成锻炼身体的工具之一。路多了、好了，车多了，人们出行的选择也就多了、便捷了。

---

① 田曙岚：《海南岛旅行记》，海南出版社，2011年，第33页。
② 田曙岚：《海南岛旅行记》，海南出版社，2011年，第38、43页。

解放后，党和政府非常重视公路建设，极大地改变了侨乡的交通状况。改革开放以来，在海南的交通基础设施建设中，乡侨们表现出了极大的热情。文昌县（今文昌市）从1979年到1995年，乡侨共捐资858万元，建造大小桥梁101座，修建乡村道路388条，总里程708公里。在支持家乡道路建设中，旅新乡侨林瑶廷、史立谐、云昌芳、林明义、吴和风、赵玉山诸先生，旅马乡侨王茀诚先生，旅泰乡侨陈文秋先生，港澳台同胞张学修、欧国樑、何和燕诸先生，捐资都在100万元以上。

在琼海，改革开放以来至2001年，乡侨们共捐资兴建28座桥梁，总造价近475万元。其中九曲江乡华侨捐资建桥10座，是华侨捐资建桥最多的乡镇。从1979年至2006年，全市华侨共捐资880万元，修建乡村道路728.2公里。[①]

第二节　侨乡文化

一、地方色彩的饮食习惯

早年，侨乡农村一般吃番薯粥、番薯干饭、大米稀饭或干饭，以自种、自采或购买的酸菜、“黑横”（腌制之芋头茎）、竹笋、油炒椰子肉丝（片）和鱼、虾、蟹酱为佐餐，逢年过节才购买鱼肉，平时只买一些肥肉煎油煮菜用。解渴一般以米汤为主，也有喝开水或冷水的。喝茶的属少数，除富有人家外，老百姓只有在春节期间饮用或客人来访时待客用。请客设宴，婚嫁喜事，菜式比较丰富多样，其中白斩文昌鸡是必备菜谱，有“无鸡不成宴”之说。

后来，侨乡人们饮食仍以大米为主，配一些杂粮。改革开放后，随着经济社会的发展，侨乡人们的生活水平有了极大的提高，一日三餐都能有鱼或肉，一般宴席都有鸡、鸭、牛、羊肉和鱼虾之类的佳肴，逢年过节或

---

① 王桢华主编：《琼海市华侨志》，中国文联出版社，2007年，第153～154页。

宴请宾客的菜式更加丰富多样。随着生活水平的提高，人们吃多了大鱼大肉后，返璞归真又成为新的追求，于是番薯粥、“黑横”（腌制之芋头茎）、酸菜、竹笋、野菜不再是贫困生活的代名词，而成为人们日常餐桌菜肴之一（甚至还美其名曰“健康食品”）。文昌侨乡是海南著名的椰子之乡，全市椰子树占全省总数的一半，因此，各式各样的椰子吃法，也成为侨乡饮食特色之一。如口渴的时候，特别是在夏天的炎炎烈日之下，椰子水或以椰子水配以嫩椰肉，是解渴除乏、款待宾客的上佳饮料；生活困难的时候，用椰子肉加工成碎末状炒盐或小鱼仔，是不少家庭的主要菜肴之一；将糯米放进开一个小口的椰子中，密封后放置于刚出炉的石灰之下，借石灰的热气将其焖熟，是风味独特的小吃“椰子炖”；把鲜鸡肉置于椰子内，密封后放进锅里蒸炖，开锅后，椰子的清香和鸡肉的芳香扑面而来，是老少皆宜的营养佳品；用开水冲碎末椰肉而兑成的椰奶，是制作小吃的上佳配料；添加椰奶做成的粄点，芳香四溢；添加椰奶做成的粄仔汤，令人难忘；添加椰奶做成的文昌鸡汤，不但美味营养，更是妇女坐月子时补身体的必备菜肴……

在具有海南特色的饮食文化中，排在第一位的当属海南四大名菜之首的文昌鸡。文昌鸡，顾名思义，因产于文昌而得名，是中国最佳食用型鸡种之一。相传，文昌鸡最早出自潭牛镇天赐村，此村遍植榕树，树籽富含营养，家鸡啄食，体质极佳。文昌鸡的特点是个体不大，重1.5千克左右，毛色鲜艳，头小颈小，翅短脚矮，身圆股平，皮薄滑爽，骨酥且鲜，肉质肥美。文昌鸡的传统吃法是白斩（即开水清煮，再配以酱油、蒜泥、生姜、橘子汁、香菜、鸡油等伴成的佐料），这样吃最能品尝到文昌鸡鲜美嫩滑的原汁原味，令人大快朵颐。以鸡油用蒜头煸香炒米，再配鸡汤煮成的米饭，俗称“鸡饭”，香味扑鼻。文昌鸡、文昌鸡饭（即海南鸡饭）在香港、东南亚一带也备受推崇，名气颇盛，这都是海南华侨的功劳。早年到香港、东南亚谋生的海南人，把家乡的美食介绍到侨居地，而文昌鸡、文昌鸡饭以它鲜美的口感和简单的制作方法征服了当地食众，使之广为流传。

其次为嘉积鸭。据《琼海县志》记载，清光绪年间，嘉积的一位华侨从马来亚引进一种原产于英国的鸭种进行繁殖。因此，此鸭也被称为“番鸭”。后来，番鸭在嘉积及其周边饲养多起来后，逐渐地，人们就把“番鸭”改称“嘉积鸭”。嘉积鸭在放养到一斤半左右时，即离地笼养，笼子要小，只让鸭卧而不让其站立和转身，每天以精饲料填喂，养到三四斤重时，最适合宰杀。嘉积鸭以皮脆、肉厚、骨软、脂肪少而著称。传统食法以白切为主，即用清水煮熟后，配以姜泥、橘子汁、芝麻油、盐等为蘸料。

二、华侨文化

海南人民在长期的生产生活实践中，既继承中原传统文化，又深受南洋因素的影响，形成了别具侨乡风格的华侨文化。

1. 民间歌谣

歌谣从来就是人民心声的自然流露，也是一个民族、一个地方的社会历史、时代生活和风土人情的表现。在海南侨乡，民间流传的歌谣，就是侨乡人民在长期的社会生产生活实践中的智慧总结。其中与下南洋活动相关的歌谣有：

（1）夫妻相思类。

送郎去番

①妻：送郎送到码头分，郎你去番侬心闷，（去番即去南洋）
眼汁滴到土落窟，日味看路夜看船。（味为语气助词）
夫：爹姩相送码头分，回去看仔心勿闷；（爹姩即为夫妻；看仔即看孩子）
三年五载我欲回，年节也欲寄分文。

②送夫送到万泉河，河水倒映影双双；
夫妻都如鱼和水，鱼水分离几凄凉。

③送郎送到码头分，眼看船去心更闷；
郎你去番坎忆侬，常回书信问冷暖。

④送郎送到后排山，夫妻离别泪洒洒，
欲问侬泪流多少，眼汁滴路滑难行。

⑤送郎送到青草坡，手捻草尾记心上；
草如无心草也死，人欲反良命不长。

我去番不忘故乡

妻：含泪送夫去南洋，送过椰林送过坡，
从今南北海相隔，乐日味短闷日长。
夫：我去南洋苦奔波，定不忘记俆家乡，（俆即为咱）
等我发财带银回，共享天伦叙短长。

思　妻

离妻别子去南洋，频频回头望故乡，
睡到夜半又醒起，梦里团圆割肚肠。

思　夫

夫郎离家去南洋，一去十年无回书。
坐在石上望夫回，泪流成河浸石浮。

送夫去番到亭边

妻：今旦送夫到亭边，含泪分别夫和妻，
夫你去番坎顾体，勿做风流后怨迟。（坎即为要）
夫：妻你送我到亭边，把话嘱一又嘱二，
话忆胸头不忘记，望妻放心勿多疑。

你去南洋请放心

夫：我种丛花根不深，此去南洋不放心，
就怕花枝鸟来栖，就怕花果鸟来寻。
妻：你种丛花根已深，你去南洋请放心，
花枝单等你回弄，花果单等你回寻。
齐：去番发财回家乡，金银衣布几十箱，
闩起门来慢慢数，夫妻团圆乐心肠。

盼郎归

八月十五月光光，（光光意为明亮）
抬头看月侏心乱，
当初郎君去番日，
十八相送泪垂垂，
临行种椰相订约，
椰树结子郎才回，（结子即为结果）
只是咧——
月缺月圆今又光，
树大树高果累累；
天天携子依树望，
不见郎君回家门。
去年椰熟娶媳妇，（椰熟即为椰子结果成熟）
今年孙儿吃椰水，
年年盼郎心切切，
盼到何时郎才回？

寄封书信星洲坡

书寄星洲太平港，姓陈秀金你糟糠；
自小槟榔定良缘，良辰吉日成对双。
夫你自小家清贫，欠人钱债走去番；
安说要回家清还，谁料一去不复返。
忆起那夜在洞房，枕上嘱话鸡啼当；
嘱女在家守鸾房，勤劳耕作莫生端。
侬照你话句句办，起早摸黑把家当；
双亲想你倚门望，牵肠挂肚知多惨。
捧起饭碗心头塞，眼汁滴滴出眼眶；（心头塞意为心头堵）
更深夜静睡不甜，只听城楼更鼓响。（睡不甜意为睡不着）
安说花开随蜂恋，又怕臭名千里传；
亏你七尺男子汉，狠心让侬守空房。
稻熟不割要过冬，日后香炉谁来捧；

三纲五常古传下，还做乜人在世间。（乜意为什么）

红颜薄命难度日，迟回只怕床空空；

泪珠成行细思量，盼夫赶快把家还。

（2）报答母恩类。

不忘母恩

母：母亲辛苦饲侬大，借钱送侬去海外，（饲即为养育；侬即为你，为长辈对晚辈的爱称）

侬你去番欠勤俭，日后勿忘母恩情。

儿：侬父不幸早去世，弃侬年幼母携饲，

母的嘱示侬紧记，报答母恩养老年。

修封书信寄南洋

儿你看信见母影，快些修书寄回乡，

生你三岁父味无，几多苦楚坎忆着，（味为语气助词；坎意为要，忆着意为记住）

借钱送你去南洋，希望发财顾家乡，

知母乳香坎快回，切切勿忘老母娘。

修封书信寄回乡

侬来南洋十年长，很少书信寄回乡，

只怨命运生不好，生意败了个钱无，

现今吃闲无工作，四处找业苦奔波，（吃闲意为无所事事）

等到运来发财日，回到家乡孝母娘。

（3）人在南洋类。

漂洋过海

海不平啊浪头高，天不平啊起风暴，

叫一声我的妈呀，儿尸要在海底捞。

人在南洋

①十个去番，九个打工，你去挖矿，他去搬运，我当种胶工，
工不相同苦相同。
②树怕寄生，人怕寓居，丧身外地，做鬼也被欺。

只求落叶能归根

十岁离开爹和娘，随人谋生去南洋。
金山银山难讨到，白发苍苍回文昌，
只求落叶能归根，只求尸骨葬故乡。

（4）其他。

姐妹自叹

姐：同胞姐妹嫁一村，个味吃粥个吃糒（糒即干饭）；
人家命好享番福，侏屋都无个出门。
妹：自从嫁到此个村，过去吃粥今吃糒；
不用咬忌侬享福，夫因家穷才出门（咬忌意为妒忌）。

2. 民间体育

排球运动是侨乡喜闻乐见的民间体育运动。排球运动传入海南要追溯到清朝末年，相传是由华侨从南洋带回的。光绪三十一年（1905），文昌出现了首批新型学校，学校设立体育课，推行近代体育，这为传播排球运动创造了有利条件。民国初期，许多从广州、香港、南洋学成回乡的侨乡学子，被新型学校聘为教师，他们给学生传授了排球技术。排球运动首先在学校传开，并使学校成为排球运动的基地。排球运动通过学生，很快就传到广大乡村民众中去，深受广大民众的喜爱，逐渐变成广大民众休闲取乐、强身健体的体育活动。20 世纪 20 年代，文昌举办第五届运动会，参加排球比赛的就有来自全县各区的 20 个男子队。到 30 年代，文昌举办第七、八届运动会，就设女子排球赛，有三支女子排球队参赛。

20 世纪二三十年代是侨乡，特别是文昌排球的鼎盛时期，群众性的排球运动蓬勃兴起，每逢节假日、喜庆、庙会时都有举行排球比赛助兴的习俗，且一直沿袭至今。

解放后，文昌的排球运动进入了新的发展时期。1954 年，普遍推广六人排球制，与原有的九人排球制并存，群众各取所需。

1969 年、1980 年和 1981 年，文昌举行六人农民青年排球赛，有 23 个单位参赛，共有运动员 730 人，群众性的排球运动如火如荼地在文昌大地兴起。1955 年至 1958 年，广东省在文昌举行 4 次省排球分区赛，文昌男队夺得了 3 次第一名，1 次第二名；女队 3 次获第一名。1956 年，文昌青年队首次参加全国十一单位排球赛，获得第五名。1958 年，文昌少年排球队参加在秦皇岛举行的全国少年排球锦标赛，一举夺冠，女队也获第三名。1964 年，文昌少年队参加在沈阳举行的全国十一单位少年排球赛，男队再度夺冠。海南区从 1959 年至 1986 年共举行了七届区运会，文昌排球队夺得了区运动会六届冠军和一届亚军。1979 年，文昌少年排球队参加广东省少年排球锦标赛，获得男女冠军。1981 年，文昌中学女排参加在桂林举行的全国中学生排球分区赛，获得第一名。文昌县排球队参加广东省第六届和第七届运动会，男队分别获得第二名和第三名。文昌中学队参加全国中学生"振兴中华杯"排球赛，从 1986 年第二届到 1992 年的第七届，连续获得三届冠军，并获得"振兴中华杯"流动杯的永久保留权。海南建省后，在 1992 年举行的省杯排球赛和 1993 年举行的省赞助杯排球赛中，文昌队均获冠军。辉煌的成绩，更有力地促进了文昌排球运动的发展，群众性的民间排球活动经久不衰，也有力地证明了文昌不愧于"排球之乡"的美称。

总体而言，侨乡的体育活动丰富多彩，除排球外，还有篮球、羽毛球、足球、乒乓球等。群众性的体育运动在 20 世纪 50 年代飞跃发展，60 年代因客观原因而消沉，70 年代复兴，80 年代又是一个高潮，到了 90 年代有了更大的发展。侨乡各市县都有数量不等的体育设施，如文昌市，除了县城有数十个灯光球场外，不少墟镇、农村也设灯光球场。东郊镇群众性的体育运动热情较高，镇上有灯光球场，农村也建设了六个灯光球场。东路镇葫芦村旅泰华侨邢益深先生就出资建了一个灯光球场。

3. *谚语溯源*

谚语是民间常见的文化载体，历史悠久，是劳动人民智慧的结晶。谚语中既充满生活气息，通俗易懂，又蕴涵着高深的认识哲理，含意深邃，寓意无穷。其中与下南洋活动相关的谚语有：

（1）番客，番客，不一千也有八百。

番客指出洋谋生者。番客在异国他乡艰苦创业，心系家园，赚不到钱无脸面回家，略有积蓄，便衣锦还乡。故回乡之番客一般都出手大方，以示赚到钱，能荣耀故里。即使花光积蓄，回到南洋必须从头再来，也在所不惜。故番客成为有钱人的代名词。

（2）出外撸撸，强过在屋。

这句话是鼓励人们要外出，谋求生计。因为外出谋生、发财的机会比在家多，这也是支撑大量海南人勇敢闯南洋谋求出路的重要观念。

（3）人在外洋如丛草，风吹霜打都会倒。

旧中国，由于中国国力衰弱，华侨在异族面前社会地位低下，受人鄙视，像草一样，风吹霜打都会倒掉。如今，随着中国国际地位的提高，中国人在海外如此这般的日子一去不复返了。

（4）走南闯北，增长见识。

这是说一个人只要勤于动腿走出家门，见多识广，周游的地方多了，眼界开阔了，结识的朋友多了，自然能在交往中取长补短，增长才干和知识。

（5）公爹看出路，姼脯看蹲古。

公爹即男人，姼脯即女人。这句话是说，男人要谋求出路（即出社会，出家门），才能发挥其聪明才智，施展才华，生财有道。而姼脯人只有看路蹲古（坐月子）。生孩子是人生大事，坐月子尤其关键，因此不但受家里人精神上的关注，也会有好东西吃，以滋补母亲身体进而给孩子良好的哺育。因此，女人坐月子是一生中难得的享受日子。

（6）鸡吃鸡脚爪，人吃人才调（才能）。

鸡靠它的脚爪来找虫吃，它要吃虫，必须用自己的爪来找，别的鸡不会帮它的忙；而人要生存、要发展，靠的是自己的本事，不能把自己发展的希望寄托在别人身上。

（7）有心打石石能开，无心打石石圆垒。

耐心、决心、恒心是事业成功的金钥匙，就拿石匠来说，具有“三心”者打石就能开，没“三心”者打石，石头只能表面残缺。这是在告诫人们有心、用心、有志者事竟成的道理。

4. 外来方言

侨乡“出洋”的人较多，各地移民所带来的各种地域文化、海洋文化及外来文化，在这块美丽而富饶的侨乡土地上互相碰撞、交融，经过数百年的嬗变，培植了别具一格的侨乡文化。语言是文化的载体，海南方言与其他方言一样具有深厚的文化底蕴。随着华侨与故乡关系的日益密切，他们把侨居国的风俗习惯和语言引入了侨乡社会，久而久之，演变成侨乡特有的有趣的外来方言。

一般来说，在侨乡，特别是文昌，其北部由于出洋人多集中于泰国一带，故外来语中带泰语的谐音多些；南部出洋人多集中于马来西亚、新加坡等海峡殖民地一带，外来语中英语或马来语的影响多些。

在侨乡的乡间村落，田间地头常常听见乡亲们的�牛声：“咧”——要牛向左转；“呗”——要牛向右转；“嗦”——要牛向前走。这跟泰语一样：“了寨”即向左转，“了挂”即向右转，“中摆”即向前走。“咧”就是英语“left”（向左）的谐音，“呗”就是英语“right”（向右）的谐音，“嗦”就是英语“go”（向前走）的谐音。

在球场上，会不时听见“奥赛”的叫声，“奥赛”就是球出界的意思，是英语“outside”的谐音。英语“ball”是球的意思，海南话谐音为“波”，故在海南侨乡，人们把打球也称为“打波”。球场上，有时也发出欢快的“骨波”的声音，意思是球打得好，英语“good ball”的谐音。

在侨乡，人们把菜市场称为“什哒”，这是泰语的谐音；也有人把菜市场称为“麻雀”，这是英语“market”的谐音。肥皂在文昌北部被称为“石脯”，这是泰语的谐音；在文昌南部称“沙本”，是英语“soap”的谐音。咖啡称“哥比”，是英语“coffee”的谐音；拐杖称“松葛”，是英语“crutch”的谐音；铁桶称“铁善”，是英语“drum”的谐音；小提琴称“巴恋”，是英语“violin”的谐音；长衬衫称“剪麻雅”，应是马来语的谐音；短袖衬衫称“夏威夷装”；螺丝刀称“丝故度”，是英语“screwdriver”的谐音；床垫称“丝舰”；出租车称“的士”，是英语“taxi”的谐音；警察称“麻炸”，应是马来语的谐音；皮鞋称“物鞋”，是英语“foot”的谐音；骑楼叫“剪计”。

另外，海南话称地瓜叫“番薯”，花生为“番豆”，水泥为“红毛花”（因为水泥最早是洋人生产的，而洋人一般被海南人称为“红毛”），还有

"番饼"、"番布"……类似的现象举不胜举。

三、华侨纪念性、文化建筑

1. 敦笃亭

该亭位于在海口市灵山镇的同福村公路旁，乃祖籍同福村的旅越华侨钟锦泉为纪念其父，于1911年所建。亭门正中和门额分别刻有康有为撰写的"敦笃亭"和百字撰文，两侧石柱上刻有康有为亲撰的对联："布德行慈福田有种仁者必寿，博施济众明月出胎才子克家。"亭内石碑上刻有清末广东探花商衍鎏的千字赞文。

2. 郭母纪念亭

今天，在文昌市文城公园内，一座古色古香的建筑，颇能吸引人们的眼球，那就是郭母纪念亭。此亭是祖籍文昌市文城镇南阳办事处美丹村的郭巨川、郭镜川兄弟在南洋经商成功后，为纪念哺育他们成长的祖母李太夫人和伯母王夫人，弘扬她们善良、勤劳、刚毅、纯朴的传统美德，于1936年所建。亭坐北朝南，是一座中西结合风格的钢筋水泥和玻璃瓦建筑。亭呈八角状，戗脊起翘驼，顶层八面开拱开窗，给人以亭上有亭的感觉。亭顶置有宝珠，通高11米。亭基高0.6米，以青石块砌成，开四门。亭内分内圈和外圈，外圈直径1.5米，檐廊设栏杆，高0.7米。内圈直径4.5米。全亭用16根钢筋水泥柱荷顶，其中外圈8根，呈方形，内圈8根，为圆形，柱头作犍罗式，柱头以上做成头号八藻井式，第一层和第二层以天花板隔成。亭内正中置有水泥桌、圆凳，供游人瞻仰休息之用。整个亭的设计，既表现出文昌亭式建筑的特点，也融进了西洋的建筑风格。

在亭的正门栏额下阴处刻着"郭母李太夫人王夫人纪念亭"，外圈八根方形柱子的侧面都镶满了题赠的石刻匾额，共24幅，其中：

国民政府题颁郭李氏："懿德堪型"。

国民政府题颁郭王氏："行式中闱"。

林森题："贤明继美"。

李宗仁题："欧孟称女宗，仁善世所传。郭家姑与媳，懿德媲前贤。佐夫万里行，致富开陌阡。创业艰苦辛，积善种福田。后嗣能报国，寿登耄耋年。食报邀天眷，褒扬史待编"。

冯玉祥题："后先辉映"。

张学良题："任姒风徽"。

陈立夫题："获画垂型"、"彤芬永式"。

邵力子题："全国耀华采，灵毓启昌期。丸丸新甫柏，烨烨南山芝。懿懿邦之媛，风教国有维。缅彼名门女，庄妹方在兹。子孙允繁口，妇姑昭容仪。嘉祥日已致，门阑霭而慈。褒扬及厚泽，辉光有隆施。彤章播其芬，胜事传声诗"。

孙科题："慈母缝衣为治装，弟兄万里拓炎荒。家留冢妇勤南亩，代哺诸孤慰北堂。两世徽音能济美，百年褒典自荣光。显扬潜德清芳远，积厚由来世泽长"。

张人杰题："女宗共仰"。

蒋作宾题："远道旌门亦大难，云章奕奕丽飞翰。殊荣一例辉彤史，好作甘泉图尽看。扳舆茉绥总导常，闾里争看绰楔光。古昔由来重名节，丝纶应不共沧桑"。

石瑛题："彤史双辉"。

陈季良题："重闱累德"。

刘维炽题："闺誉长昭"。

马叙伦题："姜任济美，奕世承风"。

曾镕浦、王锋声题："徽音孔昭"、"德比孟母"。

黄慕松题："丹凤衔书下九霄，宣扬潜德比琼瑶。荣褒足使乡闾氏，博爱争传姓氏昭。三代雍和垂懿范，一门孝义树芳标。诚知厚泽承天佑，世世簪缨看珥貂"。

梁寒操题："炜管千秋史，卷葹两代心。母能并父职，如更嗣姑音。积善家余庆，垂型世所钦。褒扬阐潜德，奎藻篆球琳"。

彭学沛题："母仪足式"、"坤德典型"。

高惜冰题："扶舆间气萃文昌，妇后姑前德孔长。两语绰纶酬苦志，百年兰蕙有余芳。天南远播陶欧范，日下争裁燕许章。良报孙曾方未艾，口星终古吐光芒"。

钮永建题："懿德遐龄，功在党国"、"徽音嗣庆"。

余井塘、蒋廷黻题："芬惠翔声"、"徽音嗣美"。

许崇清题："砥砺叔世"、"克绍母仪"。

覃振题：“任姒徽音开年七百，汾阳家世故异寻常”。

陆桂芳题：“懿范同昭徽音继美，褒崇两代彤焕千秋”。

林森题：“两代仪型堪砺俗，千秋俎豆祀怀清”。

王国宪题：“哲嗣欲报恩勤万古云霄罔极，群公共扬芳烈千秋节义双高”。

孔祥熙题：“崇褒荣两世，懿德并千秋”。

于右任题：“四海昭融温恭且恪，一门雍淑翟茀之光”。

陈树人题：“肯构肯堂拓殖重洋传二惠，太任姒徽音两代共千秋”。

黄强题：“郝法钟仪后先媲美，松筠柏操日月争光”。

这是当今中国保存民国名人字墨最多的建筑之一。

亭的前七米处还修有一个圆形莲池，直径13米，深3米，池边围筑以花瓶式栏杆。

3. 郭母纪念坊

郭母纪念坊亦为郭氏兄弟所建。几乎是与文城郭母纪念亭同时修建的，郭氏兄弟在故乡南阳墟上，仿明清时代牌坊，修建“郭母李太夫人暨王夫人纪念坊”。

4. 中山纪念亭

在文昌市会文镇白延墟，建有中山公园，园内建有中山纪念亭，是1937年由国民党文昌县党部拨款和当地华侨捐款修建而成的。纪念亭坐南朝北，为西式风格的钢筋水泥建筑，呈八角形，亭高8米，基高40厘米，直径5.5米，由8根水泥柱荷顶，亭顶像一个倒过来的锅，“锅底”内还设有一圈内栅栏。亭内有钢筋水泥碑一块，高1.8米、宽1.5米，脚架高0.8米，刻有孙中山政治遗嘱，“遗嘱”的上方，刻有国民党的“十二角星”，在十二角星围成的圆形中间，刻有孙中山的头像。亭的四周修有一圈栏杆。

纪念亭的北面，是中山公园的大门。大门的顶部为圆弧形，也是西式风格，门下端由六根柱子组成。

目前，中山公园和中山纪念亭都遭到了严重的损坏。

5. 冯母谢氏夫人纪念亭

在文昌市抱罗镇往公坡镇一公里处，建有“冯母谢氏夫人亭”。这是侨居泰国的华侨冯尔和为报答其母的养育之恩，于20世纪30年代修建的，故当地人也习惯称之为“冯尔和亭”。

在亭的门额上，刻着“冯母谢氏夫人纪念亭”九个大字。亭呈八角形，坐北朝南，钢筋水泥结构。亭面为琉璃瓦，共两层，亭上立亭，顶作覆钵状，通高 9 米，亭基高 40 厘米，直径为 7.5 米。檐廊设栏杆，栏杆高 70 厘米，内圈直径 4.5 米。全亭共有 16 支柱，外圈 8 支圆柱，内圈 8 支方柱。在方柱内及左右三侧嵌有石条匾和楹联，共 24 块。在内圈亭内侧也镶有石匾额共 16 块。

这些石匾和楹联，都是民国时期社会名流所题赠，其中：

于右任题“怀清筑台甘泉起像；中垒纪范绰楔扬芬”。

白崇禧题：“巾帼完人”。

胡汉民题：“贤节有报”。

陈果夫题：“冯母谢氏墓坊”。

蔡廷锴题：“淑誉长存”。

陈立夫题：“节励松筠”。

何应钦题：“炜管流芳”。

此外，广东省政府、文昌县政府也有题赠，这些石刻至今大部分完好。

亭的前 7 米处还修有一个圆形莲池，直径 13 米，深 3 米，池边围筑以花瓶式栏杆。

6. 琼海华侨图书馆

1989 年，时任新加坡琼州会馆主席琼海籍王先德先生等 30 多位海外乡亲联名倡议，在家乡兴建琼海华侨图书馆，得到了广大华侨的热烈响应。建设筹委会收到旅居新加坡、马来西亚等国家的乡亲和港澳同胞近 400 人的捐款、捐物，捐资总额达 219 万元人民币。图书馆从 1990 年 7 月 9 日动工到 1992 年 4 月 2 日竣工，许多华侨作出了大量的无私奉献。图书馆主楼高 5 层，建筑面积 2 995 平方米，总造价 183 万元人民币，可藏书 30 万册，内设书库、各类阅览室、影视厅、展览馆等近 20 个室库，是目前海南省规模最大、功能最齐全的县级图书馆。

附录

文昌海外乡亲、港澳同胞捐建校舍情况表

乡镇名称	学校名称	建筑物名称	规模				设置		建设时间	建设资金		捐资人数及主要捐助人姓名	备注
			长（米）	宽（米）	高（层）	建筑面积（平方米）	大室（间）	小室（间）		总额	侨资		
文城镇	文昌中学	邢谷宝堂	15	9.8		147.2	5		20世纪30年代	8万多银圆		邢谷宝	
		东一斋舍	24.5	9.8		240.1	6					王永源、林英佐、何墩锦、符宏昌、符和茂	
		东二斋舍	46.4	9.8		455.7	10					黄机书、何墩德、林鸿兴、林庭谢、吕先传、何墩瑚、林勉斋、林照英、符气华	
		东三斋舍	46.5	9.8		455.7	10					陈时谔、侯俊元、陈兴任、符大炳、福禄荣、陈治炳、符致辉、周国泰、陈世坤	
		东四斋舍	46.5	9.8		455.7	10					欧世强、王昌蔚、曾及象、罗子栋、王谟仁、陈昌河、林汉波、符福星、林鸿昌、郭治佳	
		王兆松图书馆	22	12	2	450	3	8	20世纪30年代	1万银圆	1万银圆	王兆松	
		陈晓山体育馆	21.3	9.5	6米	196.8	5开间					陈策	
		文焕章图书馆	21.3	9.5	9.5米	202.3			1934—1935	3 592银圆	3 592银圆	文鸿恩	
		郭云龙斋	19.6	6.5	6.5米		5开间		1935			郭巨川、郭镜川	两间
		郭云龙礼堂	16	12	8米	384			1935	170 00银圆	17 000银圆	郭巨川、郭镜川	已被日本飞机炸毁
		凌开忠堂	20	10	6.5米		6开间					凌开忠	

（续上表）

乡镇名称	学校名称	建筑物名称	规模				设置		建设时间	建设资金		捐资人数及主要捐助人姓名	备注
			长（米）	宽（米）	高（层）	建筑面积（平方米）	大室（间）	小室（间）		总额	侨资		
文城镇	文昌中学	江门堂	20	10	6.5 米					2018 万元		由校董变卖江门会馆房产所得	
		西一斋	25.4	9.8		248.9	6		20 世纪 30 年代			登加楼、何墩富、翁德盛	
		西二斋	25.4	9.8		248.9	6		20 世纪 30 年代			三盛、纶章、永吉昌、陈继间、林曜英、谭文瞟	
		西三斋	25.4	9.8		248.9	6		20 世纪 30 年代			翁英兰、张振清、第星坦、罗文衔、陈宝甫、吴日琨	
		西四斋	25.4	9.8		248.9	6		20 世纪 30 年代			芬兰、何海光、韩恒光、游登玉、符延祥、彭士炳	
		西五斋	25.4	9.8		248.9	6		20 世纪 30 年代			史章福、符辉廷、詹开伊、符弼臣、林明擢、芳安	
		西六斋	25.4	9.8		248.9	6		20 世纪 30 年代			唐敬轩、伍振偲、陶对庭、张从霖、范拔豪、陈金声	
		陈文民楼	19.45	10.15	2	396		12	1985	10 万元	10 万元	陈文民	
		图书馆大楼			4	2 400	24		1989—1990	100 万元	100 万元	周成泰、李兴存、陈文民、陈世英、王振高、吴多泰、黄宏萱、潘先芍、符致瑶、赵玉山、黄守正、潘正洲等 118 人	
		陈世英楼	58.3	6.8	4	1 650		40	1992	80 万元	80 万元	陈世英	
		张光嶷科学馆	106.9	10.2	5	6 150	厅、房间 60 间		1994—1996	330 万元	330 万元	张光嶷	

（续上表）

乡镇名称	学校名称	建筑物名称	规模				设置		建设时间	建设资金		捐资人数及主要捐助人姓名	备注
			长（米）	宽（米）	高（层）	建筑面积（平方米）	大室（间）	小室（间）		总额	侨资		
文城镇	文昌中学	潘正洲教学楼			7		39 间教室、13 间教师休息室		1999	320 万元	320 万元	潘正洲	
文城镇	文昌中学	西一新宿舍楼	19.4	10.15	2	396		14	1984	6 万元	6 万元	詹所楷、韩文丰、符福君、王振高、符国革、符名民、符致森、赵玉山、黄守英、史立谐、范基让、林明保	
文城镇	文昌中学	西二新宿舍楼	22.65	10.15	2	460		14	1984	7 万元	7 万元	云大钦、周德芬、邢诒耀、黄守正、符国波、吴淑仁、叶世椿、陈嘉琛、谭文瞟、陈其生、林雪霞、钟祥光、陈世英、周美芳	
文城镇	文昌中学	西三新宿舍楼	22.65	10.15	2	460		14	1984	7 万元	7 万元	符绍登、符福书、许诗福、林猷仁、吴多祯、吴多福、周德涛、符致兴、陈时泰、陈庆椿、符开源、韦德儒、王禄益	
文城镇	文昌中学	套间楼房	46.5	9.8		240.1	4 套住宅		1984	7 万元	7 万元	黄坚、周成泰、李有仁、林曙光	
文城镇	文昌中学	教学楼							2000	320 万元	320 万元	潘正洲	
文城镇	文昌中学	兆松楼							2003	75 万元	75 万元	王兆松亲属	重建
文城镇	文昌中学	校友楼							2003	50 万元	50 万元	邢诒川	
文城镇	文昌中学											欧国樑捐 10 万元购教学设备	
文城镇	文昌中学											韩阳光捐 5 万元购教学设备	
文城镇	文昌中学											詹行銮捐 5 万元购教学设备	
文城镇	文昌中学	学生宿舍							2003		10 万元	詹行銮	

（续上表）

乡镇名称	学校名称	建筑物名称	规模				设置		建设时间	建设资金		捐资人数及主要捐助人姓名	备注
			长（米）	宽（米）	高（层）	建筑面积（平方米）	大室（间）	小室（间）		总额	侨资		
文城镇	文昌中学	学生宿舍							2003		2万元	符金梅	
		青少年活动中心							2004		25万元	李兴福	
		新科学馆							2005		300万元	邢李㷧	
		新科学馆							2005		200万元	韩子敬	
		捐建塑胶运动场							2007		200万元	王润华	
		捐建校友楼							2008		2万元	陈泽平	
	文昌华侨中学	瓦房校舍	37.2	9.3		346	2	2	1957	9万元	9万元	陈明熙、谢宗骥、王玉英、阮玉兰、符致逢、林达三、赵禹馨、符麟书等	
		瓦房校舍	37.2	9.28		345.8	3	2	1957			王金英、严福春、张从积、黄河清等	
		瓦房校舍	29.1	8.5		274.4	2	2	1957			众乡侨	已拆建大楼
		大食堂				387	1		1957			众乡侨	1971年台风刮倒
		瓦房校舍				527		21	1957			众乡侨	1984年修葺

（续上表）

乡镇名称	学校名称	建筑物名称	规模				设置		建设时间	建设资金		捐资人数及主要捐助人姓名	备注
			长（米）	宽（米）	高（层）	建筑面积（平方米）	大室（间）	小室（间）		总额	侨资		
文城镇	文昌华侨中学	瓦房校舍	38.8	8.5		329.8	3	1	1959			澳大利亚乡侨捐建	
文城镇	文昌华侨中学	陈运宦斋	26.6	8.72		223	2	1	1959			陈运宦	
文城镇	文昌华侨中学	香江楼	39	8.2		282	6套教师住宅		1983	4.2万元	4.2万元	黄坚与黄守正发动香港海南商会20人	
文城镇	文昌华侨中学	教师宿舍	39.1	8		314.4		11	20世纪80年代		众乡侨		
文城镇	文昌华侨中学	教师宿舍	33	6.65		220		11	20世纪80年代		众乡侨		
文城镇	文昌华侨中学	北一教师宿舍楼	28	8.21	2	460		16	1982	5万元	5万元	陈运宛、符绍吾、吴坤凤、符诗凤、何和冠、邢谷鸿、邢诒正、邓仁武、李有仁、李兴存、邱敦永、澳洲海南同乡会、培群校友	
文城镇	文昌华侨中学	北二教师宿舍楼	29.2	8.42	2	360	4套住宅		1989	8.9万元	8.9万元	众乡侨	
文城镇	文昌华侨中学	北三教师楼	29.2	8.42	2	360	4套住宅		1989	7.5万元	7.5万元	罗章美、詹尊霖、符气学等	
文城镇	文昌华侨中学	教师住宅楼	38	9.6	2	730	8套住宅		1989	18.5万元	18.5万元	文华谦、刘衍珮、许诗诚、张光利、云大钦、齐必光、彭开益、邢福昆	
文城镇	文昌华侨中学	教工宿舍楼	29.5	8.3	2	490		16	1989	11.6万元	11.6万元	朱兴任、邢谷鸿、陈成鑫、苏庆位、云逢凉等	
文城镇		西一套间楼	36	5	2	520	6套住宅		1985	9万元	9万元	陈泽平、黎国廷、郭开华、许声标、罗雪英、罗豫环、陈文就、高方富、郭远泉、黄有胜、史立谐、邓文珑、韩玉光、林师访、林道群、林日义、黄守瑗	

（续上表）

乡镇名称	学校名称	建筑物名称	规模				设置		建设时间	建设资金		捐资人数及主要捐助人姓名	备注
			长（米）	宽（米）	高（层）	建筑面积（平方米）	大室（间）	小室（间）		总额	侨资		
文城镇	文昌华侨中学	西二套间楼	36	5	2	520	6 套住宅		1985	9 万元	9 万元	符大应、黄循澳、黄绍仁、符大光、符敦雄、黄闻彬、林猷模、林书权、范基让、黄宏萱、詹行銮、符德胜、吴多福、吴坤成、符绍登、朱儒华、黄守瑗	
		华侨教学楼	34	8.8	2	600	6		1984	7 万元	7 万元	张新梧、张新樑、詹道桓、詹道钧、王安盛、潘正庄等 13 人和泰国吴氏宗亲会	
		陈文民、郭新教学楼	36.4	8.8	2	639	6		1985	10 万元	10 万元	陈文民、郭开定	
		教学中心大楼	76	11.2	5	3 081	24	12	1992—1993	220 万元	190 万元	李兴存、陈泽荣、陈泽华、邢益栋、陈文民、赵玉山、李有仁、王振高、詹行銮、梁定华、吴和凤、陈亚洲、郑庭藩、李之训、华开瀛、史立谐、邓文珑、陈泽平、潘正连、朱儒华、陈文海、云昌本、刘炎南、吴乾烈、陈行南太太、王其彬及其父亲、林明哲、林明浓、詹尊岛、林鸿任、詹道光、林明京、詹忠正、詹孝光、云德盛、黎日暹、符永平、符绍吾、符德胜、张新樑夫妇、张蔚传、张蔚强、李兴福、林廷澈等 120 多人	

（续上表）

乡镇名称	学校名称	建筑物名称	规模				设置		建设时间	建设资金		捐资人数及主要捐助人姓名	备注
			长（米）	宽（米）	高（层）	建筑面积（平方米）	大室（间）	小室（间）		总额	侨资		
文城镇	文昌华侨中学	赵玉山图书馆	21	7	2	490	3	5	1984	6万元	6万元	赵玉山	
		凉亭				39.6			1987	4.1万元	4.1万元	吴多彬	
		校门（两座）							1986—1993	56万元	56万元	钟炎洲、邢益栋、陈泽华	
		张从积纪念馆	21.3	10	2	420.6			1986—1993	25万元	25万元	张从积、张新檪、张新梧、张新栋、张新桓、张新椿	
		陈文民科学馆				6 080			2001.11	760万元	268万元	陈文民	
		符传军教学楼				1 384			2003.2	117万元	55万元	符传军	
		张学修教学楼				1 384			2003.7	117万元	60万元	张学修	
		陈明谦教学楼				1 656			2005.9	198万元	50万元	陈明谦	
		和谐教学楼				1 384			2007.5	141万元	60万元	郭远奇、曾纪明、吴荣堃、陈赞荣、张业勇、符杰6人	
		云海青教学楼				1 361			2008.5	196万元	100万元	云海青	

（续上表）

乡镇名称	学校名称	建筑物名称	规模				设置		建设时间	建设资金		捐资人数及主要捐助人姓名	备注
			长（米）	宽（米）	高（层）	建筑面积（平方米）	大室（间）	小室（间）		总额	侨资		
文城镇	田家炳中学	教学楼				3 519			2006.1	468万元	250万元	田家炳先生	
	市第三中学	邵逸夫教学楼				3 200			2004.8	350万元	85万元	邵逸夫教育基金会	
	市第三小学	容大教学楼等				1 000			2005	88万元		海南容大房地产开发有限公司	
	树芳学校	树芳教学楼	32	8	2	512	6	1	1983	13.5万元	13.5万元	黄坚偕夫人	
		教师宿舍	32	7		224		11	1983			黄坚偕夫人	
		平顶教室	24	7.5		180	3		1987	5.5万元	5.5万元	黄守正	
		教师宿舍套间楼	30	7	2	420	8套住宅		1991	14万元	14万元	黄守正	
		黄坚纪念馆	22	10	3	660	6		1993	25万元	25万元	黄守正（同时购置设备）	

（续上表）

乡镇名称	学校名称	建筑物名称	规模				设置		建设时间	建设资金		捐资人数及主要捐助人姓名	备注
			长（米）	宽（米）	高（层）	建筑面积（平方米）	大室（间）	小室（间）		总额	侨资		
方城镇	霞洞小学	教学楼				800			2000	45万元	0.2万美元，6.82万港币	汤邦木、梁先生、陈在福、吴雪影等33人	
方城镇	乐群小学	教学楼壁				470			1997	20万元	0.1万元	张人娇	
方城镇	乐群小学	围墙				600			1997	3.1万元	0.5万元	张文晋	
方城镇	乐群小学	水井							2003	0.2万元	0.2万元	陈义宏	
铺前镇	文北中学	齐必光教学楼	45	9.5	3	1 282	12	2	1983	25万元	25万元	齐必光偕夫人云香兰（同时建校门）	
铺前镇	河西小学	邓文珑教学楼	40	7	2	560	8	2	1985	26万元	26万元	邓文珑及夫人陈永禧（还捐6万元购置设备）	
铺前镇	地泰小学	教学楼	22	11.8	3	803	6		1985	13.5万元	12.5万元	韩渎元、韩淮元、韩坤元、韩汪元、韩慧元、韩兹壮、韩琼英等22人	
铺前镇	中台小学	教学楼	45	8	2	600	6		1987	12.3万元	12.3万元	吴坤杏、吴多泰、吴坤能、吴乾栋、吴多鑫、吴乾齐	
铺前镇	中台小学	平顶宿舍				160		8	1987				
铺前镇	中台小学	吴坤元会堂				237	1		1991	12万元	12万元	吴多泰及夫人朱莲芬	

（续上表）

乡镇名称	学校名称	建筑物名称	规模				设置		建设时间	建设资金		捐资人数及主要捐助人姓名	备注
			长（米）	宽（米）	高（层）	建筑面积（平方米）	大室（间）	小室（间）		总额	侨资		
铺前镇	叶茂小学	教学楼	48	9	2	563	5	2	1987	25万元	20.5万元	叶世忠、叶世椿、叶辉、叶保宏、叶能甲、叶泰等牵头	
		宿舍				200		10	1987				
	东兴小学	教学楼	48	8	2	563	8	16	1983	10.5万元	10.5万元	黄兹全发动旅泰乡亲捐资兴建	
		教学楼	56	8.5	2	702	8	10	1993	25万元	18.2万元	潘先钾、黄兹全、齐必光、黄闻维、李成利、张光顺等30多人	
	养正小学	教学楼	45	8	2	703	9		1987	20万元	20万元	林鸿嵩、邓文珑、林明兰、林明琴、张业晖、韩汇元、史克晃、史昌蕃等	
		教工宿舍				200		10	1987				
	同德小学	教学楼	50	8	2	758	9		1990			韩财元、韩序元、韩杞元等捐资修善	
		教师宿舍				200		10	1985				
	培中小学	教学楼	33.5	8	3	618	8		1988	17.9万元	17.9万元	邓文佳带头捐资，带动16名主要捐款人	
	林语管区	录园幼儿园				264	3	3	1989	15.6万元	15.6万元	韩琚光发起，韩泰畴、韩侨珍、韩工荣畴、韩金凤等响应（同时建校门）	

（续上表）

乡镇名称	学校名称	建筑物名称	规模				设置		建设时间	建设资金		捐资人数及主要捐助人姓名	备注
			长（米）	宽（米）	高（层）	建筑面积（平方米）	大室（间）	小室（间）		总额	侨资		
铺前镇	宝纶小学	教学楼	22	11.8	2	519			1990	18万元	18万元	齐必光、齐祥卿等14人	
铺前镇	东坡小学	教学楼	40	10	2	800	9		1992	23.5万元	23.5万元	潘正华牵头发动50人	
铺前镇	第三小学	教学楼	30	10	2	600	8		1990	21万元	20万元	吴多泰、韩泰畴、韩桐光、韩畔畴、潘正赞、吴坤能、韩柏光、韩梗光等	
铺前镇	美广小学	郑有华教学楼	35	10	2	700	8		1991	21万元	21万元	郑有华	
铺前镇	美东小学	教学楼	42	7	2	598	7		1991	19.5万元	19.5万元	吴乾煌、韩吴淑英、吴坤椿、吴坤桥、吴乾隆等42人（1995年建校门）	
铺前镇	泉峰小学	教学楼	31.5	8	2	516	6	5	1991	22万元	22万元	旅美潘先和、潘先雄、潘先益、潘先章、潘爱兰等发动海外乡亲捐资（同时建校门）	
铺前镇	中心小学教育活动中心	教育活动中心				102			1999	3万元	0.22万元	黄守桂2 000元、符秋琼200元	
铺前镇	第三小学	校门				60			2000	85万元	85万元	林尤美、王钻利	
铺前镇	河西小学	图书室							2003	6万元	6万元	韩泰畴	

（续上表）

乡镇名称	学校名称	建筑物名称	规模				设置		建设时间	建设资金		捐资人数及主要捐助人姓名	备注
			长（米）	宽（米）	高（层）	建筑面积（平方米）	大室（间）	小室（间）		总额	侨资		
罗豆	罗豆中学	科学馆	34	16	3	1 100	15		1983—1982	25万元	25万元	冯邓琼梅、王禄益、云大钦、林鸿景	
罗豆	田心小学	冯尔芳、邓琼梅教学楼	32.2	11.2	3	550	10		1993	53万元	53万元	冯尔芳夫人邓琼梅	
罗豆	田心小学	套间宿舍楼	22.5	10.4	2	464	10套教师宿舍		1994	30万元	30万元	冯尔芳夫人邓琼梅	
罗豆	田心小学	教室（2）	10	8		160	2		1981	3万元	3万元	符致兴、谢成兰、符树璨	
罗豆	西坡小学	校舍（两座）				150	2		1981	1.3万元	1.3万元	众乡侨	
罗豆	西坡小学	林猷权书院	36.4	9.8	3	773.4	8		1984	16万元	16万元	林猷权	
罗豆	珠谭小学	教学楼	22	9.5	2	420	4		1987	15万元	15万元	云大珍为首，发动33位乡侨	
罗豆	珠谭小学	平顶教室				308	4			17.5万元	17.5万元		
罗豆	昭文小学	周德良教学楼	38	9.2	2	700	6		1987	9.5万元	9.5万元	周德良	
罗豆	昭文小学	平顶教室				150	2		20世纪80年代	1.3万元	1.3万元	众乡侨	

（续上表）

乡镇名称	学校名称	建筑物名称	规模				设置		建设时间	建设资金		捐资人数及主要捐助人姓名	备注
			长（米）	宽（米）	高（层）	建筑面积（平方米）	大室（间）	小室（间）		总额	侨资		
罗豆	万秋祖小学	教学楼	22	7.4	2	326	4	2	1989	9万元	9万元	潘先浚	
	恢中小学	教学楼	28.3	10	2	564	9		1986	7.5万元	7.5万元	谢自治、谢晋纲、谢晋统等人牵头捐建（同时建校门）	
	罗豆一小	教学楼	22.5	9.5	2	362	4	2	1991	11万元	11万元	云大珍等15人	
	会英小学	教学楼	33.1	8	3	794.4	6	4	1986	12万元	12万元	吴秉侠	
锦山	锦山中学	黄宏萱教学楼	75	8.5	3	1 700	16	6	1983—1986	31万元	31万元	黄宏萱（1981年捐建校门）	
		许镜泉图书馆	26	8.5	2	453	4	2	1985	8.5万元	8.5万元	许镜泉	
		韩洪畴科学馆	28	8.5	2	503	5	2	1985	8.6万元	8.6万元	韩洪畴	
		女生宿舍	38	8	2	615	18		1990	15.7万元	15.7万元	王录益、潘于娸、洪德合、吴世浓、吴世良、韩玉兰、吴乾钊、韩进光、冯所兰、邓琼梅、陈川熙等19人	
		吕承春纪念馆	18.6	12	2	405	4		1992	18.8万元	18.8万元	吕先芙夫妇	
		男生宿舍	48	8.4	2	740	22		1992	19万元	19万元	王录益、潘于娸、范南平、韩春元、韩经元、韩文丰、张光利、韩美光、韩兰光、韩岱光、周德桐、陈玉兰、林鸿富、吴坤逵、林鸿庆等24人	

（续上表）

乡镇名称	学校名称	建筑物名称	规模				设置		建设时间	建设资金		捐资人数及主要捐助人姓名	备注
			长（米）	宽（米）	高（层）	建筑面积（平方米）	大室（间）	小室（间）		总额	侨资		
锦山	锦山中学	冯尔芳、邓琼梅教学楼	27	12	3	800	9		1994	46万元	46万元	冯所兰、冯所桂	
锦山	锦山中学	王茀孝公纪念馆	45	8.5	2	508	四房一厅6套住宅		1995	33万元	33万元	王禄益	
锦山	锦山中学	平顶铺宇（一排）				690		23	1991—1993	23.6万元	22万元	韩经元等19人	
锦山	锦山一小	教学楼	51	8.5	3	1 120	10		1982	12.6万元	12.6万元	张光利、黄宏萱（同时建校门）	
锦山	锦山一小	小校舍				30		1	1994	1万元	1万元	郑心勇	
锦山	育新小学	教学楼	25	8	2	427	6	5	1985—1989	12万元	12万元	叶世栋、潘于蜞、叶能杰等发动乡侨捐建（同时建校门）	
锦山	育新小学	平项教室	20.6	8		161	3		1994	9.3万元	9.3万元	叶世栋、叶能杰、欧宗清、潘于蜞、叶世忠、黄宏萱等	
锦山	光中小学	平房两座	19.6	7.5		294	4	4	1987	7万元	7万元	吴乾英、云昌曦、林绍英等26人（同时建校门）	
锦山	光中小学	教学楼	40	8.7	2	542	6	6	1990—1992	12.5万元	12.5万元	吴乾英、云昌曦、洪铺杰、云昌诜等47人（分两期建成，另建围墙、校道、铁门）	

（续上表）

乡镇名称	学校名称	建筑物名称	规模 长（米）	规模 宽（米）	规模 高（层）	规模 建筑面积（平方米）	设置 大室（间）	设置 小室（间）	建设时间	建设资金 总额	建设资金 侨资	捐资人数及主要捐助人姓名	备注
锦山	龙子山小学	教学楼	40	8.7	2	720	5	8	1986	8.4 万元	8.4 万元	吕先芙夫妇为主，带动吕承昌、陈玉昌、吕诗清、吕诗炳、吕承喜、吕承雄、韩珑准、韩珍光等 83 人	
		平房 2 座				660	7	4	1991—1992	15.2 万元	15.2 万元		
		图书馆				90	1		1989				
	里仁小学	教学楼	20	8	2	300	3	2	1989	10 万元	10 万元	泰京华南酒店（黄宏萱）（同时建围墙）	
		教学楼	28	7.5	2	400	4	6	1990	8.2 万元	8.2 万元	陈伟策、陈勋庆、陈勋杰、陈勋德、陈玉芹、陈玉昭、邱敦永等 46 人	
		平顶校舍	20	7		142	2	1	1995	7.2 万元	7.2 万元	陈胜、陈爱玉为主要捐助者	
	建中小学	教学楼	52	8.5	2	1 100	10		1979	53.5 万元	53.5 万元	吴世浓、吴坤成、吴世良兴、吴乾钊等 90 多人	
		校舍 3 座				680	15		1989—1990				
		教学楼	19	10	2	310	4		1988	7.1 万元	7.1 万元	韩经元（另打一口井）	
	图南小学	教学楼	13	7.5	2	220	4		1981	12 万港币	12 万港币	韩文丰、云逢凉、韩庆元、陈勋岱、陈秋财、吴乾仁等 83 人	
		校舍 3 座				270	3	5	1982—1984	6.6 万港币	6.6 万港币	吴乾元、云昌昭等 13 人（包括围墙）	
	桥头小学	教学楼	42	7.5	2	600	4	4	1988	12 万元	12 万元	黄良伸、黄宏升牵头发动乡侨黄运达、黄琼循等 22 人	

（续上表）

乡镇名称	学校名称	建筑物名称	规模				设置		建设时间	建设资金		捐资人数及主要捐助人姓名	备注
			长（米）	宽（米）	高（层）	建筑面积（平方米）	大室（间）	小室（间）		总额	侨资		
锦山	三溪小学	教学楼	50	7.5	2	720	12		1995	40万元	40万元	张业芸牵头发动张琪（王番）、欧宗清、韩财玉、黄闻兰、张德通、张光兴、黄闻彬、林鸿鹏、张光利、张光顺、黄良群、黄运达、吕先江、黄宏芙、黄宏芳等14人	
	育民小学	教学楼	39.2	8.3	2	535	8	2	1986	14万元	14万元	韩洪畴、韩鸿元、韩庆元、黄宏萱、云昌运、韩柏光、韩明光等46人（包括围墙、校门及屋内设备）	
		平顶校舍				90	1	2	1986	3.7万元	3.7万元		
	古湖小学	蔡泰孝图书馆				130	1	2	1989	6.8万元	6.8万元	蔡泰孝（包括购买书架、图书等）	
		平顶校舍				280	4	2	1992—1995	11.1万元	11.1万元	陈玉理	
	南英小学	教学楼	15	8.2	2	250	4		1987	8万元	8万元	潘正琼牵头，发动乡侨韩春元、潘于蜞、陈玉昌等45人（同时建校门）	
		教师宿舍	10	7.5	2	150		6	1995	7.8万元	7.8万元	潘正琼、潘正心、潘正儒（同时打一口井）	
	多杰小学	教学楼	24	8.5	2	278	4	2	1984	5.2万元	5.2万元	曾传赀牵头，带动曾毓荃、潘于蜞、韩进光、曾传赏等多人（同时建校围墙、铁门）	
		平项教室				176	4		1993	7万元	6万元	曾传赀牵头，发动曾传缙、曾传结、曾传雄、陈玉英子孙、曾毓荃、曾兴柏、韩辅光等	

（续上表）

乡镇名称	学校名称	建筑物名称	规模				设置		建设时间	建设资金		捐资人数及主要捐助人姓名	备注
			长（米）	宽（米）	高（层）	建筑面积（平方米）	大室（间）	小室（间）		总额	侨资		
锦山	双溪小学	平顶教室2座	23	7		160	4		1993	5.8万元	5.8万元	钟前钵、钟衍杏、苏文荣等6人	
	产恒小学	教室				110	2		1990	6.5万元	6.5万元	颜香惠、颜为道、颜书学等人（修复颜氏祖祠作教室用）	
	文锦小学	平顶教室				148	2		1988	2.8万元	2.8万元	韩经元、韩玲元牵头发动18名乡侨	
		办公室				56	1		1990	2.4万元	2.4万元	韩经元	
	文山小学	平项教室				77	1	1	1987	1.1万元	1.1万元	韩三元	
	抗坡小学	平顶教室				120	2	1	1995	2.5万元	2.5万元	张业坤、黄奕英、张德焦、张德秀、张业瑚	
	锦山中学	电教楼				600			2001.9	33万元	33万元	韩连元、陈爱玉	
	锦山中学	黄宏茂教学楼				600			2005.8	33万元	33万元	黄宏茂	
	锦山中学								2007		12万元	黄宏萱暨夫人捐助多媒体教室设备1套	
	中心小学	多媒体教室				120			2009	10万元	10万元	黄宏萱	

（续上表）

乡镇名称	学校名称	建筑物名称	规模 长（米）	规模 宽（米）	规模 高（层）	规模 建筑面积（平方米）	设置 大室（间）	设置 小室（间）	建设时间	建设资金 总额	建设资金 侨资	捐资人数及主要捐助人姓名	备注
锦山	建中小学	学生宿舍				320			1998. 2	40万元	40万元	吴乾亿、吴乾钊、吴坤雄、吴乾任、吴石民、吴世亦、关世浓、吴坤信共9人	
锦山	建中小学	吴世良图书馆				240			2005. 5	15万元	15万元	吴世浓、吴世良	
锦山	文山小学	学校大门、围墙				120			2000	6. 5万元		韩大光、韩敨光	
锦山	里仁小学	教师宿舍				150			2003	9万元	1. 5万元	陈泽胜、陈彩玉、梁定吉、陈贻英	
湖山	湖山中学	教学楼	59. 8	10. 6	3	1 205	12		1985—1986	27. 18万元	27. 18万元	周德良、陈川海、冯所瑛、连魁宏、卢炳业、韩程丰、韩杰丰、韩禄元、韩深元、韩祐丰、陈经丰、符福铨、韩春丰、符福铣、周德芳、吴坤凤、陈明昺、吴乾勇、符大鹏、卢琦焕等70多人（同时建校大门、围墙、打井等）	
湖山	湖山中学	学生宿舍楼	19. 6	7. 3	2	332	5		1990	13. 6万元	8. 5万元		
湖山	湖山中学	平项宿舍2座				260	8		1995	13. 1万元	13. 1万元	吴多福、吴多禄、吴多祯、韩爱兰、谢自存、谢渊萱（捐造铁门、路灯）	
湖山	湖山中学	科学馆			3	600			1998		36万元	周成泰（同时捐12万元建水塔，安装自来水设备）	
湖山	湖山中学	小校舍				30		1	1994	1万元	1万元		

（续上表）

乡镇名称	学校名称	建筑物名称	规模				设置		建设时间	建设资金		捐资人数及主要捐助人姓名	备注
			长（米）	宽（米）	高（层）	建筑面积（平方米）	大室（间）	小室（间）		总额	侨资		
湖山	罗吴小学	教学楼	39.5	8	3	804.54	10		1994	190万元	190万元	冯所瑛（另捐70万元建校门、围墙、校道、水塔、室内设备等，还美化绿化校园）	另捐70万元建
		教师套间住宅楼	26.3	9	2	381.44	12套		1994				
		多功能活动室	24.3	10		238.7	1		1994				
	志阳华侨学校	平顶校舍3座				560	7	8	1980	12.5万元	12.5万元	陈成鑫、陈秋文、陈家宁发动乡侨捐建	
	育英小学	平顶校舍3座				480	6	8		15万元	15万元	连魁宏、符福铨、符气泰、周德芬、傅启祯、周德鸿等38人	
	湖心小学	平顶校舍2座				330	3	5	1981	8.1万元	8.1万元	云大礽、牵头发动云逢玖、云逢济、云昌福等百多人	
	乐安华侨小学	平顶校舍3座				564	7	2	1985	12.6万元	11万元	吕烈源、冯裕诚、林鸿达、林鸿超、吕烈裕、林鸿云、吕先炎等40人（同时建校门）	
	溪尾小学	教学楼	38	8.5	2	729	9		1991	17.4万元	17.4万元	韩载丰捐资14多万元，并发动韩道准、韩蓬元、韩按丰、韩俊光、陈冠甫、韩林元等人	
	鉴山小学	校舍				162			1980	3万元	3万元	吴乃胜、吴坤凤等（1986年停止使用）	

（续上表）

乡镇名称	学校名称	建筑物名称	规模 长（米）	宽（米）	高（层）	建筑面积（平方米）	设置 大室（间）	小室（间）	建设时间	建设资金 总额	侨资	捐资人数及主要捐助人姓名	备注
湖山	茶园小学	办公室				85	1		20 世纪 90 年代初	15 万元	15 万元	谢自存发动众多乡侨新建和修缮	
		活动室				85	1						
		校舍				875	8	7					
	中心小学	华侨教学楼	44.5	8.7	2	700	11		1990	26 万元	20 万元	韩程丰、卢琦焕、韩杰丰、韩经丰、韩丰、陈明湖、陈成鑫、陈明等 60 多人	
	良家庄小学	华侨教学楼	44.5	8.7	2	700	11	8	1990	26 万元	26 万元	韩程丰、卢琦焕、韩杰丰、韩经丰、韩丰、陈明湖、陈成鑫、陈明等 60 多人	
		教学楼	36	6.4	3	757	8	2	1994	84 万元	74 万元	陈川梅、吕雪梅为主	
		教师宿舍 2 座				210		10	1994				
	湖山中学	周成泰科学馆				600			1997	36 万元	36 万元	周成泰	
		校门							1997	3 万元	3 万元	韩浩丰	
		水塔水管							1997	15 万元	15 万元	周成泰	
		围墙							1996	5 万元	5 万元	韩程丰、卢琦焕等	
	中心小学	老师宿舍				361			2000.9	15.3 万元	3.4 万元	韩逵元、韩杰丰、韩程丰、陈明、陈文奋、陈玉宾等 18 人	
		教学楼				940.38			2006	63.8 万元	40 万元	王永庆	

（续上表）

乡镇名称	学校名称	建筑物名称	规模				设置		建设时间	建设资金		捐资人数及主要捐助人姓名	备注
			长（米）	宽（米）	高（层）	建筑面积（平方米）	大室（间）	小室（间）		总额	侨资		
湖山	立德小学	教学楼及老师宿舍				692 432			2001	65万元	50万元	李扬德	
湖山	监山小学	教学楼				702			1997	28万元	18万元	吴坤凤、林英凤、马家仁、吴霞娟、吴乾佑、韩金花	
抱罗	罗峰中学	北楼	41.5	9	2	747	10		1932	8.25万光洋	8.25万光洋	共498人。北楼刻着的芳名：韩克准、陈成安、冯宜甫、韩汉翼、韩坤翼、林达三、林猷道、林壁川、许书凤、韩朝准、冯节母谢氏、冯裕泰、冯镜蓉、王昌禄、符和须、符峻亭、昌锦村、周竹轩、周绪乾、周成梅、周绪绅	
		南楼	37.1	8.2	2	608.4	8		1932			二楼刻着云瀛桥、周雨亭、符泰兴的芳名	
		东楼	40	10.4	2	832	10		1932			二楼刻有谢济川、冯齐平、林树平的芳名	
		外东楼	37.1	8.2	2	608.4	8		1932			众乡侨	
		西楼	41.5	9.2	2	763.6	10		1932			西楼刻着的芳名：潘珩祖、周绪珍、周宧祖、周昆章、谢承恩、冯于寿、陈贵廷、韩汉英、韩鹇山、黄有鸾、陈如标、潘先兴、韩勉齐、曾毓富、陈成琨、符树兴、林鸿昌、林集善、杨钟俊	
		校门大楼			2	115.8	2	1	1932	1.35万元	1.35万元	周雨亭、周文治父子	

（续上表）

乡镇名称	学校名称	建筑物名称	规模				设置		建设时间	建设资金		捐资人数及主要捐助人姓名	备注
			长（米）	宽（米）	高（层）	建筑面积（平方米）	大室（间）	小室（间）		总额	侨资		
抱罗	罗峰中学	东教学楼	49.8	9	3	1 344.6	12	6	1985	27万元	27万元	郭凤英、陈文隆、黄有鸾、黄符金莺、谢蔚生、吕先儒、陈成鑫、林鸿鹏、吴家富、符气益、周成泰、张光利、符颂芳、高士礼、黄宏萱、周成震、张琪璠、冯尔训、冯尔宛、潘正起、蒋侯什、蒋侯佰、蒋应参、蒋应寿、蒋侯仟、蒋侯万、符戴波、符德祖、谢自焯、许环全	
		西教学楼	49.8	9	3	1 344.6	12	6	1985	27万元	27万元	吴坤应、陈习甫、陈济川、周德廉、黄闻成、黄有镜、黄云驮南、林猷俊、谢酌川、谢源瀛、符和琼、陈玉绣、陈芳芳、陈成桐、黄良湖、黄兹炎、林猷仁、蔡泰馀、时昭堂、潘于蜞、符陈秀卿、符气石、齐必光、何启谦、林鸿佩、黄兹全、曾传贵、陈经超、黄奕礼、许声道、林鸿贵、黎日礼、黎日升、符气铨、陈文和、符致炳、潘先奋、潘荣波、周成福、冯所喜、冯学道	
		综合大楼	53	9.5	4	2 014.4			1987	33万元	33万元	林道绩、林道育、林明桐、周爱莲、林道哲、林道耀、黄宏景、谢月英、林鸿照、黄宏迪、周成然、周德江、符气良、符气环、黎宛亭、黎何爱芬	改扩大建原南楼而成
		教师宿舍医务				690	20	3	1987	26万元	26万元	包括上述建筑物共有380人捐款	

(续上表)

乡镇名称	学校名称	建筑物名称	规模				设置		建设时间	建设资金		捐资人数及主要捐助人姓名	备注
			长（米）	宽（米）	高（层）	建筑面积（平方米）	大室（间）	小室（间）		总额	侨资		
抱罗	实践小学	教学楼	43	8.8	2	765	8		1990		12.5万元	周成震、周成浩、周成厚、周德齐等90多人	
		教师宿舍楼	10.6	8.8	2	185		6	1990				
	育文小学	教学楼（一）	23.5	75	2	360	6		1986	25.5万元	25.5万元	共100多人，海外校友周成元、周德濂、周德进、周成益、周德修等为发起人	
		教学楼（二）	26	9	3	518	8		1989				
	昌江小学	郭诗裕大礼堂	30	15		450	6		1983	31.4万元	31.4万元	郭氏家族	
		教学楼（一）	25	8	2	400	6		1984	28万元	28万元	郭书达、书能、书淑、书锦、书浓、书芳、林明钓、明均、陈嘉定、陈廷介等60人	
		教学楼（二）	25	8	2	400	6		1984				
		教师宿舍	25	8		200	8		1984				
	崇文小学	教学楼	35	9	2	650	7	5	1994	66万元	66万元	林明桐、林鸿若、林鸿假、林鸿照、林明文等96人	
		平顶教师宿舍	12.5	8		100		4	1994				
	中心小学	教学楼（底层）	48	8.25		396	5	2	1992	10.2万元	10.2万元	许声驹、许振奇、周经荣、林明桐、周德义、潘正伦等50多人	

（续上表）

乡镇名称	学校名称	建筑物名称	规模				设置		建设时间	建设资金		捐资人数及主要捐助人姓名	备注
			长（米）	宽（米）	高（层）	建筑面积（平方米）	大室（间）	小室（间）		总额	侨资		
抱罗	明德小学	教学楼	30	9	2	550	6			17万元	17万元	许寰全、蒋侯千、蒋侯万、陈文捷带头发起，带动20多人	
		教学宿舍楼	12.5	8	2	200		6					
	高山小学	教学楼	23.5	6.8	2	320	6		1991	8万元	8万元	黄奕礼、吴坤应、黄闻森等30多人	
	抱民小学	教学楼	40	8	2	640	12		1983	10.2万元	10.2万元	黄闻荣、黄闻成、黄有镜、符气石、符气环、何启濂、何和连、符气铨等46人	
	爱群小学	平顶校舍2座				240	4	2	1993	9.6万元	9.6万元	陈经超、郭济民、韩明苏、韩明若、陈贻训等62人	
	高峰小学	教学楼（底层）				131	2	1	20世纪90年代初	1.8万元	1.8万元	王绥玉、庄玉英等38人	
	抱锦小学	教学楼			2	546			1997	27.8万元	12万多元	海外乡亲80多人捐助，林鸿鹏捐3.5万元	
	毓文小学	平项校舍7座				482.2	7	7	1981	6.7万元	6.7万元	陈家丰、陈封致、陈加仍、陈颖贵等人发动230人	
	罗峰中学	教学大楼北座				1 708			2003.1	168万元	48万元	符致炳、林鸿鹏等203人	
		办公大楼钟楼				110			2004.1	21万元	21万元	周德仁、周德灏	

（续上表）

乡镇名称	学校名称	建筑物名称	规模				设置		建设时间	建设资金		捐资人数及主要捐助人姓名	备注
			长（米）	宽（米）	高（层）	建筑面积（平方米）	大室（间）	小室（间）		总额	侨资		
抱罗	罗峰中学	学生宿舍B座				1 080			2002.11	65万元	65万元	陈爱玲、云天礼等校友	
抱罗	罗峰中学	教工宿舍楼A				1 538			2002.11	108万元	10万元	符致炳、林鸿鹏、陈颖杜、谢自卓、吕雪梅、蒋侯万、王琼南	
抱罗	抱锦小学	教室				628			1996.8	26.2万元	26.2万元	林鸿鹏	
抱罗	立德小学	教室				600			2000	23万元	23万元	李扬德	
抱罗	中心小学	明德教学楼				818			2006	56万元	20万元	王永庆	
抱罗	高山小学	教师宿舍				211			2001.3	12.5万元	4万元	许凤淑、许书则	
抱罗	高山小学	校门							2003.6	2.2万元	2.2万元	吴坤明、吴多孝	
抱罗	抱民小学	教师宿舍				340			1996.1	18万元	18万元	云昌悦、云大儒等9位	
冯坡	冯坡中学	华侨教学楼	54	9.5	3	1 120	12		1983	20.3万元	20.3万元	吴乘福发起，带动林曙光、陈玉馥、吴淑娇、黄闻楼、黄闻桐、吴乘福等42人	同时建校门
冯坡	冯坡中学	科学馆				1 130			1996		98.6万元	张学秀（同时建冯坡一小教室、校门，文堆村文化室和镇政府大门）	

（续上表）

乡镇名称	学校名称	建筑物名称	规模				设置		建设时间	建设资金		捐资人数及主要捐助人姓名	备注
			长（米）	宽（米）	高（层）	建筑面积（平方米）	大室（间）	小室（间）		总额	侨资		
冯坡	群英小学	教学楼	43	7	3	799	8	6	1991	31万元	31万元	陈玉馥	
	图存小学	教学楼	23	7	2	322		4	1992	8.8万元	8.8万元	吴乘福发起，带动刘衍悦、韩申光、韩玉华、韩昆等16人	
	昌里小学	教学楼	57	9.6	3	1 362		11	1990	24万元	24万元	云大城带动逢敬、大侨、大雄、惟南、天岳、天智、惟纯、大后、惟壮、大学、惟桂、瑜娟、大机、惟光、惟万、天森等59人	云逢敬另捐2.5万港币建运动场
	养真小学	教学楼	22	7.7	3	350	4	2	1986	6万元	6万元	林树楦、韩伟元、陈玉祥、韩星元、陈嘉藻、陈文彤、陈川福、吴多福等40多人	同时另用16万泰铢建一大门

（续上表）

乡镇名称	学校名称	建筑物名称	规模				设置		建设时间	建设资金		捐资人数及主要捐助人姓名	备注
			长（米）	宽（米）	高（层）	建筑面积（平方米）	大室（间）	小室（间）		总额	侨资		
冯坡	郭本小学	教学楼	24.5	7.8	2	378	4	2	1990	14万元	14万元	云惟清、惟芹、大驹三人	同时建围墙校门打井
冯坡	香山小学	教学楼	23	8.8	2	400	6		1990	7.8万元	7.8万元	韩顺光、韩宏元、韩能元、陈秀英、韩琼光、韩松畴等10多人	
冯坡	联新小学	教学楼	39	9	3	634					42万元	林鸿文、林鸿鹏各捐10万元，带动32名乡侨捐助	
冯坡	冯坡中学	科学馆				1 180			1998.8	56万元	56万元	张学秀	
冯坡	冯坡中学	学生公寓楼				1 526			2000.3	92万元	92万元	张学秀	
冯坡	冯坡中学											1999年10月张学秀捐资15万元（教育基金）	
冯坡	冯坡中学											1999年10月张学秀捐资价值6万元图书	
冯坡	中心小学	教师宿舍				1 080			2006.1	70万元	8万元	云天礼、云海青	

（续上表）

乡镇名称	学校名称	建筑物名称	规模				设置		建设时间	建设资金		捐资人数及主要捐助人姓名	备注
			长（米）	宽（米）	高（层）	建筑面积（平方米）	大室（间）	小室（间）		总额	侨资		
冯坡	昌里小学	学生宿舍				170			2006.1	11.2万元	8万元	云天礼、云惟彬、云永珠	
	昌里小学	教师宿舍				500			2005.12	39万元	10万元	云天礼、云惟彬、云永珠	
	昌里中学	学校大门							2006.3	4万元	3万元	云惟琦	
	凤栖希望小学	教学楼				780			1999.3	42万元	8万元	韩璟光、云逢权、韩胜光、韩冠畴、韩明畴、云大光、云昌胜、云大桐、云梧光	
翁田	翁田中学	教学楼	60	9.3	4	1 720.4	18	8	1986	52万元	52万元	共105人，其中符气民、潘正洲、郭贻福、陈玉兰、云昌杰、林克龙、张秀英、张学东、林天凤、符和信、信韩春畴等是主要赞助人	9名乡侨另捐资打深井
		办公楼	23	9		207	3		1984	3万元	3万元	郭贻福、黄闻彬、张春兰、林天凤等40人	
		云逢俄杨太夫纪念馆				168	2		1983	1.6万元	1.6万元	云昌杰	
		张光嶷科学馆	31.2	9.5	2	540	5		1993	47万元	47万元	张光嶷	

（续上表）

乡镇名称	学校名称	建筑物名称	规模				设置		建设时间	建设资金		捐资人数及主要捐助人姓名	备注
			长（米）	宽（米）	高（层）	建筑面积（平方米）	大室（间）	小室（间）		总额	侨资		
翁田	玉竹小学	平顶教室2座				140	3		1984—1994	3.2万元	3.2万元	曾传炳	同时捐发动机、拉电
翁田	翁田一小	姚奇义何声鸾教学楼				700			1997		50万元	姚奇义	
翁田	博文小学	教学楼	37	7	2	512	6	6	1983	9万元	9万元	张秀英	
翁田	博文小学	聚德堂				48						张光嶷	
翁田	博文小学	平顶教室	18.3	8.2		150		6	1994	10万元	10万元	张光嶷	
翁田	博文小学	修缮校舍、建校门							1983	2.3万元	2.3万元	黄闻彬、张业淳等10人	
翁田	文苑小学	楼房3座	16.8	7	2	705	9	11	1986	23.4万元	23.4万元	潘正洲（同时建围墙、校门）	
翁田	邦古小学	校舍3座				281	6		1985—1994	20.2万元	20.2万元	黄闻彬及夫人张春兰捐19万元，其余为郭贻福等7人捐助（包括建围墙、校门、拉电、修葺危房费用）	

（续上表）

乡镇名称	学校名称	建筑物名称	规模				设置		建设时间	建设资金		捐资人数及主要捐助人姓名	备注
			长（米）	宽（米）	高（层）	建筑面积（平方米）	大室（间）	小室（间）		总额	侨资		
龙马	务明小学	教学楼				118			2006	57 万元	35 万元	符和谦、潘家熠、范衍光等 35 人	
		图书馆				118			2006	8 万元	8 万元	谢门钦、何启校等 5 人	
		功德堂				22			2007	8 万元	5 万元	姚蕃珍、符明锐 2 人	
		厕所				90			2007	2 万元	2 万元	陈华波等	
	新村小学	教师办公室				120			1996	3 万元	3 万元	云大存	
		教师宿舍				240			1996	4 万元	4 万元	云茂炳、云昌昭、云昌智、云昌晋、云大伟	
		平顶教室				378			1980	4 万元	4 万元	云逢钵、云崇对、云泉清等	
		教学大楼				28			1998	15 万元	15 万元	云大棉等	
		学校大门				266			1997	3 万元	3 万元	云淑英	
	龙马中学	云逢凉教学楼	35	9	3	945	11	1	1987	19.7 万元	19.7 万元	云逢凉及夫人符淑英（包括购置设备）	
		陈嘉深伉俪教学楼	16	9	2	288	3		1987	8 万元	8 万元	陈嘉深及夫人符秀容（包括购置图书及设备）	
		符、伍、王教学楼	17.8	9	2	240	3		1987	4.2 万元	4.2 万元	符鸿和、伍显权、王卓如	

（续上表）

乡镇名称	学校名称	建筑物名称	规模				设置		建设时间	建设资金		捐资人数及主要捐助人姓名	备注
			长（米）	宽（米）	高（层）	建筑面积（平方米）	大室（间）	小室（间）		总额	侨资		
龙马	龙马小学	云逢凉教学楼	16	9	2	260	4	2	1983	4.3万元	4.3万元	云逢凉	同时建校门
龙马	龙马小学	瓦房宿舍				60		2	1983	1万元	1万元	符鸿昌、韩玉美	
龙马	新村小学	平顶教室3座	32	8		312	4	2	1981	5万元	5万元	云茂炳、逢钵、逢松、逢凉、昌罴牵头发动乡侨77人（同时建围墙、大门）	
龙马	南昌小学	教学楼	23	7	2	322	4	4	1985	8.4万元	8.4万元	伍显权、郭贻江、符致桥、施行经、符气昌等41人	
龙马	南昌小学	平顶教室2座				172	4		1985	3万元	3万元	郭贻江伉俪、伍显权（同时建校门）	
龙马	东村小学	教学楼	36	6.7	2	356			1980	3.8万元	3.8万元	郭泽明、郭丽娟牵头发动8人（打一口井）	
头苑	头苑中学	办公楼	24	9	3	700	5		1987	13万元	13万元	詹尊运、符气学等30多人	
头苑	头苑中学	詹尊霖图书馆	20	9	3	540	8		1989	18万元	18万元	詹尊霖及夫人吴爱梅	
头苑	头苑中学	科学馆	29.1	9	3	843	6		1993	40万元	40万元	詹行銮（捐11万元）、张新檏、王其彬、林鸿任等32人	
头苑	玉成小学	教学楼	30	6	2	480	6		1984	7.8万元	7.8万元	林鸿们、林道枢、林猷仑、林猷保、罗中榕、林猷军、林鸿宝、林猷甫等10人	
头苑	登文小学	校舍				140	2	1	1982	5.6万元	5.6万元	符气学及夫人陈金花（建校门、围墙）	

（续上表）

乡镇名称	学校名称	建筑物名称	规模				设置		建设时间	建设资金		捐资人数及主要捐助人姓名	备注
			长（米）	宽（米）	高（层）	建筑面积（平方米）	大室（间）	小室（间）		总额	侨资		
龙马	培基小学	校舍4座				540	7	5	1985	20万元	20万元	詹行銮（捐7万元）带动20多名乡侨	
	长发小学	校舍3座				580	7	4	1985—1993	20万元	20万元	张从鹏、新樑、新梧、新椿发动30多名乡侨（同时建校门、购置教室设备）	
	新培文小学	教学楼	33	76	2	500	6		1985	9万元	9万元	彭开益带动乡侨陈成善、黄守焕、彭陈氏等乡侨（另建新校门一座，新造全部课桌）	
		校舍2座				370	2	11	1985				
	明新小学	校舍				190	3		1985	5万元	5万元	吴多彬等多人	
		教学楼	32.2	9	2	580	7	8	1994	28万元	28万元	云甲雷、张新给、林鸿任为主要捐助人	
	头苑小学	校舍				480	6	6	1993—1994	10万元	10万元	云大龙捐4万元，李碧霞一家捐5.7万元，带动30多人	
	育夏小学	平顶校舍				410	4	3	1984	6万元	6万元	潘正庄带头捐3万元，带动30多人	
	光明小学	平顶校舍2座				380	6		1989	5万元	5万元	王其彬、王其琳牵头发动乡侨	
	崇志小学	教学楼	25	8	2	400	4	1	1984	13万元	13万元	詹所楷、詹所荣	
		瓦房校舍				60		3	1984				
	培基小学	教学楼				690			2004.1	66万元	66万元	詹行銮	

（续上表）

乡镇名称	学校名称	建筑物名称	规模				设置		建设时间	建设资金		捐资人数及主要捐助人姓名	备注
			长（米）	宽（米）	高（层）	建筑面积（平方米）	大室（间）	小室（间）		总额	侨资		
头苑	培基小学	多功能教室				84			2007.11	13万元	13万元	詹行清	
头苑	长发小学	教师宿舍				144			2001.4	7.3万元	2.21万元	张新椿、张新樑与乡亲捐助	
东阁	侠夫中学	华侨教学楼	45	9	3	1 040	10		1986	13.1万元	131万元	符敦雄、邢诒正、邢诒秉、林明禄、林明宛、曾纪蕃、陈如河、刘衍等56人	
东阁	侠夫中学	学校大门							1993	10万元	10万元	林金兰、李文忠、符致森、符敦雄、邢诒正、邢益清、林明宛、黄世琳夫人、林明义、林猷仑等74人	
东阁	中心小学	许书合纪念学堂	40	8	2	660	5	2	1983	8.2万元	8.2万元	许声照	
东阁	中心小学	邢诒海图书馆	50	8	2	780	6	4	1984	8.8万元	8.8万元	邢福鑫	
东阁	中心小学	邢福钵、邢甘氏教学楼	12	8	2	200	2		1994	11.8万元	11.8万元	开益清	
东阁	西园学校	教学楼	30	7	3	500	6	2	1984	10万元	10万元	共76人	
东阁	侨光小学	平顶校舍3座				510	7	7	1984	9万元	9万元	符敦雄发起并亲自发动32人	
东阁	成美小学	校舍				950	8	12	1993	20万元	20万元	陈运琪、陈颖、曾纪蕃、陈运宛、林猷英、曾纪宛等33人	

（续上表）

乡镇名称	学校名称	建筑物名称	规模				设置		建设时间	建设资金		捐资人数及主要捐助人姓名	备注
			长（米）	宽（米）	高（层）	建筑面积（平方米）	大室（间）	小室（间）		总额	侨资		
东阁	侠夫中学	教学大楼				1 040			1985.5	14万元	11.5万元	符致森、符墩雄等47位华侨	
	侠夫中学	校门							1991	10.5万元	10.5万元	林金兰、邢诒正等24位华侨	
	中心小学	邢刘氏教学楼				417			1996.8	22万元	20万元	邢福鑫	
	作新小学	教室4				118			2005.9	8.8万元	1.8万元	刘庆庭	
	群建小学	教室2				192			1999.3	8万元	5万元	符致森	
	群建小学	教室及办公室				96			2000.3	4万元	0.4万元	邢益春、苏余曼、苏余强、符气正	
	群建小学	功能室				96			2000.6	4万元	0.3万元	伍名泰、孙秋霞、邢益成	
	西园小学	学校大门				116			1996.9	5.8万元	3万元	邢益清、林道统、邢诒正、邢福炳、林明苑、刘衍榜等29人	
	良丰小学	教学楼				280			2002.4	11.2万元	3万元	黄金兰	
宝芳	宝芳中学	教学楼	46	10	2	780	8		1989	31.2万元	31.2万元	共31人，符儒仙、符儒梁、符大应、符大瑜、王安泰、王安福、符大桐、符福书为带头人	
	宝芳中学	符大安图书馆	24	7	2	336	4		1991	7.5万元	7.5万元	符大安	

（续上表）

乡镇名称	学校名称	建筑物名称	规模				设置		建设时间	建设资金		捐资人数及主要捐助人姓名	备注
			长（米）	宽（米）	高（层）	建筑面积（平方米）	大室（间）	小室（间）		总额	侨资		
宝芳	宝芳中学	刘必贵教学楼	30	8.5	2	500		16	1995	23万元	23万元	刘必贵接受符国雄建议，独自捐建	
		修葺与扩建校舍				1 340			20世纪90年代初	18万元	18万元	王安福捐6万元，王安泰、符大桐、邢大瑜各捐万元以上	
	成达小学	平顶校舍3座				700	7	8	1980	7万元	7万元	邢福实、邢诒驹、邢福勋、符大应等	
	钥智小学	教学楼	18	10	2	360	4	6	1983	8万元	8万元	詹尊桐（另捐1万元建校门）	
	宝贤小学	学生宿舍				210			2006	13万元	13万元	郑心德、符绩熙、郑心焕、符绩侠4人	
	成达小学	教学楼				820			2001	35万元	28万元	邢福璋等6人	
	新龙门小学	教学楼	40	12	2	700	5	5	1983	10万元	10万元	共20多人，邢谷鸿为牵头人，捐5万元，邢福钦、定汉、谷卓等为主要捐助人	
	东壁小学	平顶校舍3座				400	5	5	1985	8万元	8万元	陈川木	
	启迪小学	平顶教室				250	5		1980	18.2万元	18.2万元	符儒春、符儒仙、许书标、符儒传、韩卓章、符仲甫等76人	
		瓦房校舍4座				600	12		1980				
		教学楼	30	9	3	820	7	3	1995	47万元	47万元	泰国许书标、符福书、符儒仙为带头人，共29人，新加坡12人（另用4.6万元建校门）	

（续上表）

乡镇名称	学校名称	建筑物名称	规模				设置		建设时间	建设资金		捐资人数及主要捐助人姓名	备注
			长（米）	宽（米）	高（层）	建筑面积（平方米）	大室（间）	小室（间）		总额	侨资		
宝芳	宝贤小学	平顶校舍	24	10		240	2	2	1986	4.8万元	4.8万元	符建轼、郑庭波等多位乡侨	
	成德小学	教学楼	20	9	2	360	6		1987	10万元	10万元	共247人捐资33万元，杨应友、林猷焕为召集人，林猷焕捐建图书室，陈文佰捐建会议室。（包括建校门、围墙）	
		会议室				100	1		1987				
		教师宿舍				60		2	1987				
		图书馆				100	1		1991	13万元	13万元		
		教师宿舍等3座				270		12	1991				
	宝芳一小	教学楼	40	7.8	2	610	8		1989	10万元	7万元	陈颖炜为主要捐助者	
		教室				60	1		1985	1万元	1万元	陈颖炜、陈颖伦、陈昌光、王光泰（陈颖炜、陈永康捐建校门）	
	碧石山小学	校舍3间				92	1	3	1980—1992	8.3万元	8.3万元	符大应、符大安、符大桐、符大瑜	建校门
文教	中心小学	教学楼	53	8	3	1 000	6		1987	32万元	32万元	欧宗清	
		厕所				30		1	1990	5万元	5万元	欧宗清	
		欧宗清金兰教学楼	16.7	8	3	400	5		1994	23万元	23万元	欧宗清	

（续上表）

乡镇名称	学校名称	建筑物名称	规模				设置		建设时间	建设资金		捐资人数及主要捐助人姓名	备注
			长（米）	宽（米）	高（层）	建筑面积（平方米）	大室（间）	小室（间）		总额	侨资		
文教	昌明小学	教学楼	33	10	3	728	8	2	1991	32万元	32万元	符开源（另捐15万元修葺校舍）	
	宝典小学	教学楼	30	9	2	540	6		1984	12万元	12万元	林猷甲	
	加美小学	教学楼	23	9	2	414	9		1990	13万元	13万元	林鸿鄂、林明京等52人	
	宗儒小学	教学楼	28.5	7	2	399	5	6	1986	12.5万元	12.5万元	林猷安、林猷澄、林道寰等发动乡侨63人	
		教学楼	28.5	7	2	399	5	6	1985	12.5万元	12.5万元		
	培龙小学	教学楼	52	8	2	850	8	8	1985	16.6万元	16.6万元	林鸿校到7个国家和地区去发动乡侨	
	进康小学	教学楼				430			1997		53万元	范高福、范平尹父子（同时建校门、校道、凉亭、添置教室、体育场地等的全套设备，美化校园）	
	联东中学	学生公寓楼、图书馆				27 000			2001.1—2003.9	15 020万元	15 020万元	陈世英	
		教学楼、图书馆、教工宿舍、学生宿舍、食堂				420			2005.10	3 208万元	3 208万元	邢李㷧	

（续上表）

乡镇名称	学校名称	建筑物名称	规模				设置		建设时间	建设资金		捐资人数及主要捐助人姓名	备注
			长（米）	宽（米）	高（层）	建筑面积（平方米）	大室（间）	小室（间）		总额	侨资		
文教	文田小学	教学楼				4 015			2002.9	35万元	2.8万元	邢李塬	
	中心小学	教师及学生宿舍				1 200			2005.9	319.75万元	319.75万元	邢李塬	
		教学楼及教师宿舍				790			1996.9	78万元	25万元	欧宗清	
东郊	中山小学	平顶校舍2座	15	8		480	4	4	1984	19.2万元	19.2万元	陈修炳、陈庆椿、符树华等75人	建校门、围墙
		陈在成图书馆	13.5	8	2	210	3		1989	9万元	9万元	陈在成	
	公群小学	石钟桂教学楼	38	8.5	3	1 150	8	10	1989	40万元	40万元	石毓锦	建校门、围墙、厨房、水井等
		瓦房校舍	22	8		176	2	1	1981			石毓锦、符敦旭、石贤瑞、符气俊等人	

（续上表）

乡镇名称	学校名称	建筑物名称	规模				设置		建设时间	建设资金		捐资人数及主要捐助人姓名	备注
			长（米）	宽（米）	高（层）	建筑面积（平方米）	大室（间）	小室（间）		总额	侨资		
东郊	公群小学	平顶校舍2座	14	8		224	2	2	1989			石毓锦	
	务时小学	教学楼	28	8	2	436	6		1985—1990	50万元	50万元	陈川信、陈颖鸿带动陈怡鸣、陈封书、陈爱华、陈封弟、陈川应、王浩、王安禧等73人	建大门、围墙、公厕、校道等
		教师宿舍楼	28	8	2	420		16					
		电教楼	24	8	3	479	3	6					
	锦城华侨小学	陈金莲教学楼	30	8	3	520	7		1990	72.6万元	72.6万元	陈金莲捐60万元，带动陈书宝等10人（同时建学校其他设施）	
		校舍2座				240	2	6	1990				
	耀文小学	陈群川教学楼	14	7.5	2	215	2	4	1992	7万元	7万元	陈群川	
		公厕				22.5		1	1994	3万元	3万元		
		图书馆	13.5	7.5	2	202.5	2	2	1996	13.2万元	13.2万元		

（续上表）

乡镇名称	学校名称	建筑物名称	规模				设置		建设时间	建设资金		捐资人数及主要捐助人姓名	备注
			长（米）	宽（米）	高（层）	建筑面积（平方米）	大室（间）	小室（间）		总额	侨资		
东郊	美南小学	教学楼	36	8.4	3	840	10		1993	226万元	226万元	陈修炳共捐251.9万元新建学校	
		教师宿舍2座	20	8.5	2	680	12套		1993				
		公共设施	包括围墙、水泥校道、凉亭、厨房、公厕、打井、自来水设备						1993				
	东郊中学	教学大楼	57.7	10.2	4	2 106	19		1995	161万元	161万元	陈群川捐66万元，陈修炳捐40万元	
		校舍				168	2		1985	2.9万元	2.9万元	陈修应、符祥光等25人	
	公益小学	校舍				700	5	3	1985—1990	16万元	16万元	邢谷龙等67人	
	南港分校	教学楼	27	5	2	270	4	2	1990	6.7万元	6.7万元	黄宏荫、符和爱等20人	建校门、围墙
	联文小学	校舍				150	2	1	20世纪80年代	3万元	3万元	陈颖深、宋星辉、伍秀澄等23人	
	良田小学	教室				130	2		1991	3.8万元	3.8万元	宋星英、黄守益等5人	

（续上表）

乡镇名称	学校名称	建筑物名称	规模				设置		建设时间	建设资金		捐资人数及主要捐助人姓名	备注
			长（米）	宽（米）	高（层）	建筑面积（平方米）	大室（间）	小室（间）		总额	侨资		
东郊	灯塔小学	教室				120	2		20世纪80年代	3万元	3万元	符致麟、伍书存等14人	
	群合小学	平顶校舍				110	1	2	1983	1万元	1万元	邢诒威	
	东郊小学	运动场				215			2001.3	40万元	4万元	陈在成	
	公益小学	南面教室				215			1996	8万元	3.5万元	陈川信、陈颖鸿、陈怡鸣、陈封第、陈爱华等16人	
		北面教室				540			2005	10万元	4.3万元	陈川信、陈颖鸿、陈海雅、陈春雁等8人	
		教学大楼				560			2007	68万元	4.3万元	邢谷严、邢娟月、邢月苗等21人	
	务时小学	教师宿舍楼				2 080			2006	40万元	40万元	陈川信、陈颖鸿	
龙楼	中心小学	教学楼	35.5	10	2	625	8		1986	12万元	12万元	林明保夫妇发动乡侨65人	
		林树杰楼	22	10	2	324	4		1988	8万元	8万元	林文蔚	
		林明保、黄玉香纪念楼	12.5	10	2	250	2	2	1988—1997	8万元	8万元	林明保、林道川	

（续上表）

乡镇名称	学校名称	建筑物名称	规模 长（米）	规模 宽（米）	规模 高（层）	规模 建筑面积（平方米）	设置 大室（间）	设置 小室（间）	建设时间	建设资金 总额	建设资金 侨资	捐资人数及主要捐助人姓名	备注
龙楼	吉水小学	符树华教学楼	38.2	8.6	3	754	7	4	1994	38万元	38万元	陈修炳	
		符鸿金楼	15.6	6.4	2	199.7	4套（每套一房一厅）		1993	11万元	11万元	符鸿金（另捐7万元建围墙、球场）	
		符鸿芳宿舍楼	15.6	6.4	2	199.7	4套（每套一房一厅）		1993	11万元	11万元	符鸿芳	
	地源小学	教学楼	20	8.5	2	348	4	2	1992	9.7万元	9.7万元	郑有恒、薛贵正、黄守英、林文蔚等68人（包括两次修葺校舍）	
	文龙小学	校舍				130	2	1	1994	15万元	15万元	符树梧、符国三、符国钦等人，其中符树梧捐13万元	
	嘉德小学	教学楼	32	10.8	2	650	7	2	1990	12万元	6.2万元	30名乡侨	
	全美小学	教学楼	30	14	2	600	5	8	1985	9.8万元	9.8万元	符鸿拔与夫人陈若珠带动8人，符明策捐2万元修校舍	
	中心小学	林高祖纪念堂	15	8	2	240	2		1994	7.2万元	7.2万元	林文蔚发动28名乡侨宗亲（作图书馆用）	
	龙楼中学	修葺校舍							20世纪80年代以来	9.5万元	9.5万元	38名乡侨	
	昌美小学	修葺校舍							20世纪80年代以来			林道鐏、林道攀5人等	
	育才小学	办班							1993	6.1万元	6.1万元	14人	

（续上表）

乡镇名称	学校名称	建筑物名称	规模				设置		建设时间	建设资金		捐资人数及主要捐助人姓名	备注
			长（米）	宽（米）	高（层）	建筑面积（平方米）	大室（间）	小室（间）		总额	侨资		
龙楼	龙楼中学	教学大楼、学生宿舍、塑像				3 650			1996.8	10.34万元	10.34万元	邵逸夫、符德、符鸿拔、黄守英、黄明保、符树沫等	
	吉水小学	教学楼				12			1997	0.52万元	0.52万元	符安超	
	嘉德小学	崇德楼				84			2004	4.2万元	4.2万元	符树安、符鸿拔、符国富、符鸿美、符树烈	
	地太小学	教学楼				300			2000	15万元	10万元	陈文民、林文蔚、黄守芹、黄柄有、郑庆龙等16人	
	金星小学	教学楼				148			2002	7万元	7万元	符树绩、符树伟、符树波	
	全美小学	厨房				20			1997	1万元	1万元	符树安、符树顺2人（符树安2004年捐1万元购买电脑）	
昌洒	文东中学	韩氏华侨教学楼	37	8.8	3	840	9		1988	18万元	18万元	韩勉元发动6个国家与地区韩氏宗亲17人	
		教学楼（低层）	38	8.8	1	334.4	4		1994		5.8万元	24人，其中郑心春、卢涛、符永英等为主	
	文湖小学	教学楼	17	8	2	220	4		1980	3万元	3万元	韩勉元、韩琼元、韩寿三	
		教学楼	17	8	2	220	4		1989	17万元	17万元	韩勉元、韩琼元、韩玻元等15人	

（续上表）

乡镇名称	学校名称	建筑物名称	规模				设置		建设时间	建设资金		捐资人数及主要捐助人姓名	备注
			长（米）	宽（米）	高（层）	建筑面积（平方米）	大室（间）	小室（间）		总额	侨资		
昌洒	文湖小学	平顶宿舍				146	5		1989	10万元	10万元	韩琼元、玻元、技元、棒丰、益元等（包括建水塔、拉电、添设备）	
		图书馆等				36	1		1986				
	彰善小学	教学楼	20	8.8	2	350	6		1985	30万元	30万元	符家蒋、符家议、符明文、符致瑶、符开展各捐1.5万元新加坡币带动94人	同时建校门
		平顶教室				175	2		1985				
		瓦房校舍3座				374		10	1985				
	宝墩小学	校舍				290	4	4	1980—1984	12万元	12万元	郑心春、吴钟春、林鸿壮、林猷珍、林猷日、林鸿庄、林明丰等	建校门
	明德小学	校舍2座				300	3	5	1982	7万元	7万元	韩兰丰、挺准、英准、钦元等发动21人	购设备
	中心小学	教学楼	38.2	8.9	2	700	10		1984	7万元	7万元	卢涛、韩勉元、王录植等分头发动21人	
	益群小学	校舍3座				360	6	5	1984	7.2万元	7.2万元	郑心春捐港币7万元，吴钟春捐港币5万元	添62套课桌
	革进小学	教学楼	20	7	2	280	4	2	1991	6.6万元	6.6万元	符国龙等39人	
		体育室	15	14		210			1993	11万元	11万元	53人（添60套课桌）	

（续上表）

乡镇名称	学校名称	建筑物名称	规模				设置		建设时间	建设资金		捐资人数及主要捐助人姓名	备注
			长（米）	宽（米）	高（层）	建筑面积（平方米）	大室（间）	小室（间）		总额	侨资		
昌洒	淡小小学	校舍				110	2	1	1992	10万元	10万元	邢策（包括建围墙、校门、购置设备）	
	福群小学	平顶教室2座				300	4	4	1984	9.5万元	9.5万元	王录纯牵头发动21人（同时建校门、厨房等）	
	联成小学	教学楼				700			1997		40万元	叶保山（同时购置大楼设备）	
	文东中学											1996年韩均元、符永平、韩阑丰捐资购买发电机	
	文潮小学	宿舍楼							1997	12.8万元	12.8万元	韩琼元、韩勉元、韩波元、韩琨元、韩仅元等11人	
		图书馆、厨房				160			1998	11.2万元	11.2万元	韩琼元、韩勉元、韩波元、韩琨元、韩仅元等11人	
		校门、围墙				140			1999	7万元	7万元	韩琼元、韩勉元、韩波元、韩琨元、韩仅元等11人	
公坡	英敏小学	教学楼	32	9	2	623	7	2	1988	42万元	42万元	陈文民联络92人	
		瓦房校舍4座				295			1988				
		瓦房校舍3座				210	3		1989	14万元	14万元	陈文民发动海外乡亲	
		怀乡堂	22	12.7	2	404	2个大厅		1995	44万元	44万元	陈文民发动乡侨98人	
		平顶教师宿舍				140		5	1995	8万元	8万元		
		厨房等				120		7	1995	6.5万元	6.5万元		

（续上表）

乡镇名称	学校名称	建筑物名称	规模				设置		建设时间	建设资金		捐资人数及主要捐助人姓名	备注
			长（米）	宽（米）	高（层）	建筑面积（平方米）	大室（间）	小室（间）		总额	侨资		
公坡	公坡中学	图书馆	18	4.5		81		6	1982	2.5万元	2.5万元	陈文民、符德胜	
		文华鸣堂	35	10		350	大厅		1983—1990	8万元	8万元	文国杰（1983年兴建、1990年装修）	
		教学楼	47	11	3	1 440	12		1987	23万元	23万元	陈文民、符德胜、方是忠、潘先芍等84人	
		教学楼	25	8.5	3	560			1998		36万元	陈文民	
	水北小学	华侨教学楼	42	11	2	924	8		1986	11万元	11万元	韩炬准发起，同韩宇元、信元、平准分头发动113人	黄汉文捐建校门
		潘爱莲教学楼	20.2	10	2	404	2	4	1992	11.8万元	11.8万元	潘爱莲	
	三联小学	平房宿舍2座				244	3	1	1981	5.4万元	5.4万元	方是忠、符致存	
		教学楼	31.5	8	2	482			1987	8.7万元	8.7万元	海外乡亲90多人	
		平顶校舍				172	2	1	1992	2.8万元	2.8万元	冯凤琳等	
		校门							1993	3.5万元	3.5万元	符传军、符传发	
		图书馆				72	大厅		1994	4.8万元	4.8万元	方是忠	

（续上表）

乡镇名称	学校名称	建筑物名称	规模				设置		建设时间	建设资金		捐资人数及主要捐助人姓名	备注
			长（米）	宽（米）	高（层）	建筑面积（平方米）	大室（间）	小室（间）		总额	侨资		
公坡	富文小学	潘正江教学楼				608			1998		53万元	潘家东、家就、家琼、家顺（同时建校门、购置大楼设备、美化校园）	
		图书馆				68	1		1998		15.2万元	潘正言	
		平顶宿舍				200	8		1998			潘正本、家海、正言、家思、陈嘉兴等44人	
	锦东小学	教学楼	35	7	2	430	6	2	1987	7.8万元	7.5万元	符金莺、韩俊元、韩海元等19人和南湖村乡侨集体捐助，符敦绣捐建大门	
	焕文小学	平房校舍3座				603	6	3	1984	11万元	11万元	韩宦丰、韩财丰、韩云光、韩福畴、韩河准、韩钦元、齐必光等88人	
		图工书馆				92			1998		10万元	韩一虹以父亲韩民的名义捐助，并购置书架、桌椅、图书5 000册	
	明善小学	教学楼	35	7	2	380	6		1980			韩炜丰、韩愈丰、何和利、潘正海等带头，带动70人	
		瓦房校舍2座				520			1980	10万元	10万元		
		平顶校舍				170		6	1995				
	红日小学	平顶校舍				70		3	1981	0.7万元	0.7万元	潘先芍	

（续上表）

乡镇名称	学校名称	建筑物名称	规模				设置		建设时间	建设资金		捐资人数及主要捐助人姓名	备注
			长（米）	宽（米）	高（层）	建筑面积（平方米）	大室（间）	小室（间）		总额	侨资		
公坡	崇海小学	平顶校舍				220	1	6	20世纪80年代	9万元	9万元		
		教学楼	38	8	2	570	6	3	1993	26万元	26万元	共110人，符荣开及夫人邓丽云捐22.5万元	1995年建校门
	公坡中学	科学馆				720			1999.6	35万元	15万元	陈文民	
		学校大门							1997.6	1万元	1万元	符德胜	
		文化长廊				160			2002.2	7.5万元	7.5万元	韩曙光	
		雕像							2001.11	0.5万元	0.5万元	韩阳光	
		文化广场				750			2009.8	11.5万	11.5万元	公坡镇昼锦福利会	
	明善小学	校门、教室							1997.5		8万元	韩健元	
		教室							2001		5万元	韩曙光	
		教室							2005		2万元	何和利	
		宿舍							1996		1.5万元	韩杏华	

（续上表）

乡镇名称	学校名称	建筑物名称	规模				设置		建设时间	建设资金		捐资人数及主要捐助人姓名	备注
			长（米）	宽（米）	高（层）	建筑面积（平方米）	大室（间）	小室（间）		总额	侨资		
公坡	明善小学	小围墙							2003		0.3万元	韩谦丰	
		教室							2007		1.2万元	周德义、周德权、韩琬元、周经清	
									2008		14万元	新加坡人民协会（用于购买教学设备）	
									2008		3.5万元	新加坡海南教育基金会（用于购买教学设备）	
	中心小学	校道							1996		1.2万元	方是忠	
		校礼堂							2001		7.8万元	方是忠	
		教学楼							2003		22万元	方是忠	
		教学楼							2004		27万元	方是忠	
		教师宿舍							2007		10万元	方是忠	
	水北小学	校园建设							2007		12.6万元	韩炬准	
		综合楼							1999		12万元	潘爱莲	

（续上表）

乡镇名称	学校名称	建筑物名称	规模				设置		建设时间	建设资金		捐资人数及主要捐助人姓名	备注
			长（米）	宽（米）	高（层）	建筑面积（平方米）	大室（间）	小室（间）		总额	侨资		
公坡	水北小学								2006		1 万元	韩阳光	图书
		校园建设							1999		1 万元	娜娜集团	
									2000		1 万元	娜娜集团	购电脑
		铺校道							2001		1 万元	娜娜集团	
		宿舍							2002		1 万元	娜娜集团	
		围墙							2003		3 万元	娜娜集团	
		维修校舍							2004		2 万元	娜娜集团	
		教室							2005		2 万元	娜娜集团	
									2006		2 万元	娜娜集团	造铁床
									2007		1 万元	娜娜集团（购仪仗队器材）	
		厕所							1992	1.8 万元	1.8 万元	同乡会	

（续上表）

乡镇名称	学校名称	建筑物名称	规模				设置		建设时间	建设资金		捐资人数及主要捐助人姓名	备注
			长（米）	宽（米）	高（层）	建筑面积（平方米）	大室（间）	小室（间）		总额	侨资		
公坡	英敏小学	建校舍校园购置设备等							1996.8		870万元	陈文民	
									1996.8		15万元	陈明谦	
									1996.8		12万元	陈明诚	
									1996.8		4万元	陈慧仪	
									1996.8		3万元	陈慧明	
									1996.8		9万元	陈玉钟	
									1996.8		8.6万元	陈玉琬	
	锦东小学	校园建设							1998		0.63万元	符丽校、符福吉、符和成、陈颖杜、邢文村、邢文业、邢文才、邢文清、陈在成	
重兴	文南中学	教学楼	40	9	3	1 100	14		1994	40万元	24万元	龙程逵、徐清经、符永良、符传贤各捐造一间教室	
		科学馆	27.6	9.6	3	616	6		1988	18.3万元	18.3万元	龙程逵牵头，发动龙源盛等124人	建水塔
	养成小学	教学楼	38	7.5	2	448	6	2	1984				
		校舍（左）				248		5	1984	40万元	40万元	林熙书、林廷灏、廷澈等多人，其中廷灏、廷澈捐20万元	
		校舍（右）				335	2	6	1984				

（续上表）

乡镇名称	学校名称	建筑物名称	规模 长（米）	规模 宽（米）	规模 高（层）	规模 建筑面积（平方米）	设置 大室（间）	设置 小室（间）	建设时间	建设资金 总额	建设资金 侨资	捐资人数及主要捐助人姓名	备注
重兴	甘村小学	华侨教学楼	45	8	2	720	10		1985	10万元	10万元	杨庆荫、吴家荫等100多人	
		教师宿舍楼	27	8	2	432	1	12	1995	20.5万元	20万元	符琴	
		校门、围墙	500	8	6米、1.7米				1996	12万元	12万元	符惠玲及胞弟	
	光大小学	教学楼	24	7.5	2	360	4	2	1987	8万元	6.5万元	龙程逵、陈炯牵头发动乡侨多人	
	蔚起小学	教学楼	24	7	2	330	4	2	1986	4.1万元	2.7万元	陈孟利、龙木兰等多人	
	育英幼儿园	校舍				150	1	2	1993	12万元	12万元	陆志侨、陆建岩发动42人	
	群先小学	校舍2座				360	4	2	1985	4.5万元	4.5万元	符永强、符国体、龙进兴等百余人	
	凤鸣小学	教室、校门亭				200			20世纪80年代	3万元	3万元	欧传诗等	
	仙林中学	办公厅				190	1	2	1985	3.7万元	3.7万元	新加坡仙林同乡会	
	鲤海小学	校舍				450	4	2	1980	4.5万地铺	4.5万元	曾传文、陈志卓等多人	
	培英小学	教学楼	24.2	7	2	340.2	4	2	1993	15.64万元	8.68万元	符开民、华明绅发动众乡侨	
	光大小学	套间宿舍				228			1999		12.6万元	黄守锐	
	鲤海小学	教学楼			2				1997	29万元	14万元	曾传予等多名乡侨（同时建校门）	

（续上表）

乡镇名称	学校名称	建筑物名称	规模				设置		建设时间	建设资金		捐资人数及主要捐助人姓名	备注
			长（米）	宽（米）	高（层）	建筑面积（平方米）	大室（间）	小室（间）		总额	侨资		
重兴	文南中学	综合楼				54			2001	60万元	3万元	陆宇成、陆宇平、陆宇川、陆宇伦	
		新校门							2000	16万元	1.5万元	符基章、梁振华等36人	
	光大小学	教学楼				351			1997.6	12万元	12万元	黄守锐、龙程逵、李文轩、李文炎、符和美、姚道贯、姚天佑、姚天甫、黄落霞、黄良谋、黄宏雄	
		教师宿舍楼				200			1997.6	11万元	11万元	黄守锐	
	甘村小学	教师楼				480			2004.6	27万元	20万元	符惠玲	
会文	琼文中学	教学楼	56.2	10.7	4	2 404	24		1983	47.2万元	21.4万元	吴和风、詹忠正、史立谐等56人	
		科学馆				1 100			1999		86万元	海外乡亲256人	
	冠南华侨中学	教学楼	30	8.6	2	564	7	3	1990	14.5万元	14.5万元	王大师、林猷昌（校门校道由林猷昌捐建）	
		平顶校舍2座				197.2		8	1990	4万元	4万元	王大师、王振高、林壁光、林猷书、山宝张氏	
		图书馆	9.5	8		76			1990	1.5万元	1.5万元	林明达	
		科学馆	9.5	8		76			1990	1.5万元	1.5万元	张家声	

（续上表）

乡镇名称	学校名称	建筑物名称	规模 长（米）	规模 宽（米）	规模 高（层）	规模 建筑面积（平方米）	设置 大室（间）	设置 小室（间）	建设时间	建设资金 总额	建设资金 侨资	捐资人数及主要捐助人姓名	备注
会文	文林小学	教学楼2座	32.2	8.1	2	1 043.28	8	4	1986	50万元	41万元	林日义、日雄牵头发动121人	同时建校门、购置设备
		宿舍	48	7		336		12	1986				
		卫生间				32		1	1986				
	边海小学	侨光楼	43	9	2	663	8	2	1985	40万元	39万元	符气崑、符策良、符致云、王声佩带动117人（符气崑、气、史烽捐建校门）	
		宿舍一排	36	7		252		11	1985				
		教室	12	8		96	1		1991	2.6万元	2.6万元	符策良、符致云合捐建	
		图书室	9	7.5		68	1		1993	1万元	1万元	陈月忱（符策良购置课桌100套）	
	官公铺小学	教学楼	31.5	8.5	2	535	5	2	1993	21万元	21万元	伍思俊捐建教学楼和宿舍，43人捐6.5万元修葺校舍	
		平顶教室				164		5	1993	8.7万元	8.7万元		
	湖丰小学	教学楼	30	8	2	480	6		1990	32万元	32万元	林瑶廷、林方茂、林益川、林方琼等223人	
		宿舍楼	15	5	2	150		8	1990				
		平顶教室	28.8	10		288	3	2	1990				

（续上表）

乡镇名称	学校名称	建筑物名称	规模				设置		建设时间	建设资金		捐资人数及主要捐助人姓名	备注
			长（米）	宽（米）	高（层）	建筑面积（平方米）	大室（间）	小室（间）		总额	侨资		
会文	联侨小学	平顶校舍一	44.8	9.68		433.7	3	4	1991	22万元	22万元	吴和风（同时建校门、围墙、花坛、校道、购置设备）	
		平顶校舍二	44.8	6.6		295.7	4	2	1991				
		瓦房校舍	26	6.5		169		5	1991	4万元	4万元	共73人（还有自来水配套设备）	
	沙港小学	教学楼	36.5	8.5	2	617	10		1984	21.4万元	18.4万元	史立谐、黄循春、白昌池等为主228人	
		宿舍楼	24.5	7	2	343		12	1984				
	冠南小学	教学楼	36.9	10.3	2	701.6	6		1983	20万元	19.1万元	林猷昌、王士海、龙学品、王录强、邢福鑫、王曼丽、王曼娟等	同时制课桌等
		平顶校舍2座	24.7	9.3		459.4	4	4	1993				
	龙文小学	教学楼	23.2	9	3	531	5	2	1987	17.4万元	17.4万元	共194人，龙学品、学汉、学佩、鹏鹄等为主要捐助人	同时制课桌、校门
	阳光小学	华阳楼	34.6	8.1	2	560.5	6	4	1993	22万元	17.6万元	曾伟雄、庄运光、福祥、吴月兰、庄之天等226人	
		校舍	32	7		224	2	9	1993				
		雨棚	16	8		110			1993				

（续上表）

乡镇名称	学校名称	建筑物名称	规模				设置		建设时间	建设资金		捐资人数及主要捐助人姓名	备注
			长（米）	宽（米）	高（层）	建筑面积（平方米）	大室（间）	小室（间）		总额	侨资		
会文	朝奎小学	校舍	15.7	7		110	2		1992	4.8万元	4.8万元	46人	
会文	朝奎小学	教学楼	43	9	2	820	10		1995	35.6万元	25.3万元	云逢豪、昌本、仲雄、大美、德盛、林建安等64人	
会文	文山小学	平顶教室				120	2	1	1983	2.5万元	2.3万元	34人	
会文	毓英小学	平顶教室				164.7	2	3	1986	3.6万元	3.6万元	28人	
会文	联育小学	平顶教室2座				304	4	6	1987	5万元	2.8万元	52人	
会文	公养小学	修葺校舍				460	7	7	1984	3.2万元	2.6万元	29人	
会文	冠联小学	瓦房校舍2座				213	4	2	1985	1.7万元	1.6万元	29人	
会文	育和小学	教学楼	44.2	9	2	607	6	3	1985	12.3万元	11.4万元	林文江、林廷万、林玉珠等126人	同时建校门
会文	育和小学	瓦房校舍2座				425.4	3	11	1985				
会文	育和小学	礼堂	12.2	10.2		124.4	1		1985				
会文	会文小学	瓦房校舍2座				322	4	6	1981	10万元	10万元	100人	

（续上表）

乡镇名称	学校名称	建筑物名称	规模				设置		建设时间	建设资金		捐资人数及主要捐助人姓名	备注
			长（米）	宽（米）	高（层）	建筑面积（平方米）	大室（间）	小室（间）		总额	侨资		
会文	会文小学	教学楼、接待厅、教师宿舍				651			1997		42万元	会文村海外乡亲	
	烟墩小学	教学楼	48.9	8.2	2	769	8	4	1985	9.2万元	9万元	詹忠正夫妇、詹行銮夫妇等81人	同时建校门
	琼文中学	教学楼（二）				2 400			1996.12	70万元	26万元	史立谐、詹忠正、罗庆妹、王仕昭、梁其镇等60人	
		学生食堂				1 274			2001.8	63.7万元	36万元		
		科学馆				1 035			1998.3	53.3万元	38万元	吴和风、林瑶廷、林日义、云逢豪、欧国良、符气崑、符气崙等50人	
		图书馆				1 087			2002.2	79.5万元	56万元	赵玉山、林瑶廷、林日平、林明廷、欧美琴等35人	
		教学楼（一）				3 012			2004.8	327.5万元	39万元	欧国樑、符之庆、云逢豪、李玉英、黄兰苹、丁才荣、张裕民等38人	
	中心小学	教学楼、教师宿舍				650			2003—2008	260万元	74万元	林秋雅	
		教学楼							2004		0.35万元	云惟平、何和书、林光廷	

（续上表）

乡镇名称	学校名称	建筑物名称	规模				设置		建设时间	建设资金		捐资人数及主要捐助人姓名	备注
			长（米）	宽（米）	高（层）	建筑面积（平方米）	大室（间）	小室（间）		总额	侨资		
会文	公养小学	装修教学楼				400			2001	6 万元	6 万元	林秋雅	
	冠南小学	电脑室				120			2005.5	4 万元	4 万元	陈冠逵等 2 人	
		教师宿舍				240			2002.4	10 万元	10 万元	王兆松等 3 人	
	沙港小学	教学楼				276			2005	21 万元	12 万元	黄良天、黄良琼、符树祯、陈光辉、史召傅等	
		学校大校门、围墙、操场							2006	16 万元	16 万元	黄良天、黄良琼、马宝山	
	滨海小学	教师工作间				160			2005.9	18 万元	9 万元	张兴国、符联庄夫妇、符气仑夫妇、符气昆夫妇等 12 人	
	官公铺小学	教师宿舍				170			1996.6	8 万元	3.5 万元	伍世波、伍荫光、符树丰、王振铤、潘家金等 35 人	
	阳光小学	校舍				31			2006	8 万元	1.4 万元	庄迪壹、庄秋水等 31 人	
	育和小学	教室				288			2005	20 万元	15 万元	林少廷、林燕廷、林廷万 3 人	
									2006.6			林燕廷、黄惠贞购买课桌；2 万元	

（续上表）

乡镇名称	学校名称	建筑物名称	规模				设置		建设时间	建设资金		捐资人数及主要捐助人姓名	备注
			长（米）	宽（米）	高（层）	建筑面积（平方米）	大室（间）	小室（间）		总额	侨资		
会文	文林小学								2008.10			黎月波后裔、安装避雷针、1万元；朱玉美，维修图书馆，2万元	
会文	龙文小学	教室				100			2005	6.5万元	叻币0.124万元，人民币0.1万元	龙学祝、陈维英、龙甫兴等17人	
迈号	迈进华侨小学	教学楼	19.2	7.5	2	440	4	3	1994	20.8万元	20.8万元	汤邦瀛捐9万多元，汤邦辉捐7.2万元，带动汤氏乡亲捐款	
迈号	迈进华侨小学	平顶教室				300	3	10	1995	18万元	18万元	王振梁	
迈号	象德小学	教学楼	50	8.5	2	871	10		1993	51万元	51万元	陈传序捐20万元，带动众乡亲，陈大健、陈序桥、韩金元、陈序铭、陈序森等为主要捐助人	同时建设仿古牌楼校门
迈号	坡口小学	教学楼	50	10	2	500	7	3	1985	12万元	12万元	共240人，周怀照、周怀所、周怀仪、周怀腾、周家华、郑庭藩、周昌业等为主要捐助者	同时建围墙、购置课桌
迈号	坡口小学	校舍				380	3	10	1985				

（续上表）

乡镇名称	学校名称	建筑物名称	规模				设置		建设时间	建设资金		捐资人数及主要捐助人姓名	备注
			长（米）	宽（米）	高（层）	建筑面积（平方米）	大室（间）	小室（间）		总额	侨资		
迈号	同汉小学	教学楼	23.68	6	2	284	6		1985	5万元	5万元	李光中、李建雄牵头，分头发动众乡侨	陈学才制课桌
	陶坡小学	校舍3座				680	8	5	1983	17万元	17万元	陈治炳、陈兴任两大家族为主带动众乡侨	同时添置课桌、睡床
	龙山小学	教学楼	44	7.5	2	570	6		1986	30多万元	30多万元	詹尊汉、詹道銮、詹道龄等几十人	添课桌、睡床
		平顶校舍3座				700	3	23	1988				
		图书馆				107	1		1994	10万元	10万元	廖淑香用先父廖鹏举之名捐献（同时购置图书设备）	
	迈群小学	教学楼	10	7	2	140	1	3	1985	3万元	3万元	伍振信捐2万元，伍世宽、伍振鹄、伍世平、伍世和等响应	
	慕琦小学	校舍3座				140	3	2	1991	5.9万元	5万元	107人	

（续上表）

乡镇名称	学校名称	建筑物名称	规模				设置		建设时间	建设资金		捐资人数及主要捐助人姓名	备注
			长（米）	宽（米）	高（层）	建筑面积（平方米）	大室（间）	小室（间）		总额	侨资		
迈号	龙山小学	体育组合架				180			2006	0.7 万元	0.7 万元	韩美花	
清澜	新村小学	平顶校舍2座				320	4	2	20 世纪 80 年代	3 万元	3 万元	王振森、王大师、王振高等多人	
		王振高教学楼	25	8	2	416	4	4	1993	25 万元	25 万元	王振高捐建，包括建校门	
	智新小学	教学楼	29	9.5	2	560	5	4	1985	24 万元	24 万元	严安琬、福柱、崇新、崇发、崇淦、严裕、崇安、世群、世全、世育、和陈爱娟等发动 220 人	同时滔天大添置晗仪器、打进口量等
		校舍 2 座				420	2	6	1985				
	广文小学	祝朝泳教学楼	25.5	7.4	2	356	3	6	1985—1987	8.5 万元	8.5 万元	共 41 人，祝朝泳发起并带头捐 5.1 万元	
		平顶校舍2座											
	龙朝小学	教学楼	19.5	9.2	3	540	7	2	1990	45 万元	45 万元	陈闻珊、陈德裕、陈闻权带动陈日照、陈升柱、陈闻通、陈日光等 89 人	置课桌 65 套
		图书楼阁			2	60		2	1990				
		宿舍				150		5	1990				

（续上表）

乡镇名称	学校名称	建筑物名称	规模				设置		建设时间	建设资金		捐资人数及主要捐助人姓名	备注
			长（米）	宽（米）	高（层）	建筑面积（平方米）	大室（间）	小室（间）		总额	侨资		
清澜	清澜中学	办公楼	23	9	2	420	6		1988	11.5万元	11.5万元	祝朝泳、李有仁、黄循顺、王振高、曾毓芳、陈如禄等62人	包括建校门
	同新小学	校舍3座				810	8	11	1985—1992	22万元	22万元	翁德炎、翁绍蔚等牵头，发动翁玉蓉、德鋆、绍欧、德贝、绍强、绍宗等	
	南岛小学	平顶校舍2座				820	7	12	1982	15万元	15万元	陈鸾英、周经武、黄循重等发动115人	
	振育小学	平顶3座				610	7	11	1986—1993	18万元	12万元	陈嘉天、玉就、玉才和祝朝泳等带头并发动66人	
	瑶峰小学	校舍				170	3	1	20世纪90年代	7万元	7万元	陈其焕、道森、斯安、序琼等67人	
	第二小学	学校大门、校道、球场、校园硬化美化等				3 400			2003—2004	28.5万元	28.5万元	韩艺光、韩巨光2人（同时捐书柜、电脑，助学基金175 000元）	
	同新小学	危房改造				60			2004	45万元	7.15万元	翁德炎、翁书前、翁诗诚、翁德源、翁玉荣、陈升喜、翁月琴、陈文壹8人	
	智新小学											购买设备、维修门窗、避雷针、助学基金等，共105 000元，捐资人：陈文善、陈英蒲、陈文凡。	

（续上表）

乡镇名称	学校名称	建筑物名称	规模				设置		建设时间	建设资金		捐资人数及主要捐助人姓名	备注
			长（米）	宽（米）	高（层）	建筑面积（平方米）	大室（间）	小室（间）		总额	侨资		
清澜	南岛小学	危房改造				150			2004	25万元	18万元	王国泮	
文城	乐育小学	校舍3座	28	6.5	2	350	4	1	1986		4.8万元	吴淑仁、朱儒东、尤国精、吴锺武等59人	
文城	堂福小学	校舍				180	3		1990	3.9万元	3.5万元	符致珊、陈泽平、林树庄、张超源、朱儒冠、张德轩等30多人	
文城	觉先小学	校舍				158	2	3	1994	4.5万元	4.5万元	吴坤奉（同时建校门）	
文城	松德小学	校舍				200	2	4	1981	2万元	2万元	何荣冠、张德云等11人	
文城	坑龙小学	教学楼	24.7	8.4	2	417	6	2	1986	16.7万元	16.7万元	钟福光、翁敦球、陈修玉、陈吉芳等96人	
文城	坑龙小学	校舍										翁敦球	
潭牛	文西中学	邱敦永图书馆	20	10.1	2	404	2	4	1986	4.5万元	4.5万元	邱敦永捐建，1984年另建校门	
潭牛	文西中学	陈应尤纪念馆	22	11	3	740	6	4	1988	25万元	25万元	陈应垣（另捐5.5万元建凉亭）	
潭牛	文西中学	综合大楼	47.8	9.8	3	1 523	9	6	1995	119万元	30万元	陈应垣（20万元）、邱敦永、林尤俊等	

（续上表）

乡镇名称	学校名称	建筑物名称	规模				设置		建设时间	建设资金		捐资人数及主要捐助人姓名	备注
			长（米）	宽（米）	高（层）	建筑面积（平方米）	大室（间）	小室（间）		总额	侨资		
潭牛	潭牛一小	校舍2座				200	3	2	1983—1984	5万元	5万元	邱敦永、罗正烈等	
	树德小学	教学楼	30	8	2	480	6	4	1992	16万元	10.6万元	许书新捐7.5万元，其余为潘正襟、符大球等人捐助	
	天赐小学	教学楼	20	7.5	2	300	4	1	1990	8万元	8万元	韩暹光（同时建围墙）	
	时中小学	平顶校舍2座				320	4	2	1990—1992	12.3万元	12.3万元	符致汉、陈廷乐各捐建一座，共8人捐款	
	立新小学	校舍2座				128	1	4	1986	3.3万元	3.3万元	黎科光、黄世贵	
	田尾小学	教室				41	1		1990	3.6万元	3.6万元	叶能联、林献俊等10人	
	林田小学	教室				70	2		1992	2.7万元	2.7万元	张业文等32人	
	德贤小学	教室				30	1		1985	1.1万元	1.1万元	邱敦永	
	文西中学	综合楼							1996	33.85万元		陈应恒、邱敦永等12人	
	文西中学	科学馆校南门							1998	6万元	6万元	林尤俊1人	
	文西中学	文西中学										2005年捐1万元建舞台；2006年捐0.8万元购音响。	

（续上表）

乡镇名称	学校名称	建筑物名称	规模				设置		建设时间	建设资金		捐资人数及主要捐助人姓名	备注
			长（米）	宽（米）	高（层）	建筑面积（平方米）	大室（间）	小室（间）		总额	侨资		
潭牛	德贤小学	教学楼				440			1999.10	31万元	5万元	杨应材等7人	
潭牛	德贤小学	图书馆				212			2004.3	12万元	9万元	陈昭良1人	
潭牛	中心小学	教学楼				600			2000	25万元	1.2万元	符荣成等5人	
潭牛	育德小学	教室				120			2001.12	11万元	1.4万元	韩文发等5人	
潭牛	时中小学	教学楼				607			2005.12	33万元	5.5万元	符志卿等5人	
潭牛	林田教学点	教学楼				490			2001	26万元	2.5万元	张业文等16人	
潭牛	广智教学点	教学楼				344			1996	24万元	4万元	邢贻泰等9人	
南阳	玉山小学	教学楼	28	9.5	3	620	7		1984	24万元	24万元	赵玉山	
南阳	玉山小学	大礼堂	40	12		480	1	1	1986	20.4万元	20.4万元	赵玉山（另用1.2万元建体育场）	
南阳	玉山小学	教师宿舍				120		6	1986				
南阳	玉山小学	师生宿舍楼	15	8	2	260		12	1995	15万元	15万元	赵玉山	

（续上表）

乡镇名称	学校名称	建筑物名称	规模				设置		建设时间	建设资金		捐资人数及主要捐助人姓名	备注
			长（米）	宽（米）	高（层）	建筑面积（平方米）	大室（间）	小室（间）		总额	侨资		
南阳	南阳中学	教学楼	41.8	8.2	3	1 028	12	3	1989	30万元	23万元	共85人，主要捐助者：李兴存、肖学光、李兴福、李兴昆等	
		图书馆	23.5	10.2	2	460	3	4	1991	15万元	15万元	赵玉山（另用1.2万元建体育场）	
	高隆小学	教学楼	29	9.5	2	610	6	2	1987	12.9万元	12.9万元	陈玉欣、李兴存、钟开奉等74人	
		宿舍											
	三育小学	教学楼	30	10	2	600	6	4	1986	26万元	26万元	共45人，陈玉欣、符祥介、钟开奉为主要赞助人（同时建围墙、校门、购置设备、开辟运动场）	
		平顶校舍2座				400	1	17	1986				
	桥头小学	教学楼	15	6.8	2	198	3	4	1986	8.5万元	8.5万元	李兴存、李兴福（另购置课桌、打井）	
	汉文小学	教学楼	29	8.2	2	475	6	2	1992	14.4万元	14.4万元	谭显扬发起，共47人响应，谭显文一家、郑心德、王茀豹、陈修存、陈杰川、林猷万为主要捐款人	
	觉群小学	教学楼	40	8	2	640	8	2	1995	35万元	16万元	陈玉贺、陈玉群、陈川荫、陈俊尧、陈仕锋等	
		行政楼				360			1998	24万元	17万元	赵玉山等7人（同时建校门、打井、购置设备）	
	毓文小学	校舍2文座				300	4	4	20世纪80年代	3.4万元	3.4万元	陈玉书、许声标等27人	

（续上表）

乡镇名称	学校名称	建筑物名称	规模				设置		建设时间	建设资金		捐资人数及主要捐助人姓名	备注
			长（米）	宽（米）	高（层）	建筑面积（平方米）	大室（间）	小室（间）		总额	侨资		
南阳	中心小学	教学楼及校门				1 024			1996—2005	73万元	46万元	陈玉贺、陈贻伦、赵玉山等25人	
南阳	汉文小学	校门及围墙				200			2004	2万元	2万元	谭显扬、林尤安	
蓬莱	松田小学	平顶校舍				160	2	1	1972	5万元	5万元	吴乾南	
蓬莱	干塘小学	教学楼			2				1990		6.8万元	华开瀛、张业权、符月英、陈昌奕等25人	
蓬莱	典昌小学	校园设施				320					0.95万元	邢增敏、吴振坤、刘亚南、刘秀珍、刘秀莲、刘秀莉、刘家俊、唐世武、刘春兰、刘家儒	
蓬莱	石壁小学	教室				6 000			1996	17.5万元	17.5万元	彭正国、吴乾南、吴乾连、张业权、蒙玉莲、黄玲霜、华开赢、吴柏辉等33人	
蓬莱	美德小学	围墙							1996.10	3.6万元	2.8万元	华开赢、符日花等142人	
蓬莱	美德小学	校门				196			1996	3.2万元	3.2万元	华开赢、符日花	
蓬莱	美德小学	教师宿舍				20			1998	10.8万元	9.6万元	华开赢、符日花、符月英、黄良谟、陈昌億、华景佩、黄万强、陆月娟、陈学诚、华景对	
蓬莱	美德小学	卫生间							1997.8	1.15万元	1.15万元	华开赢、符日花	
蓬莱	美德小学	水塔				1座6m^2			1997.8	1万元	1万元	华开赢、符日花	
蓬莱	美德小学	雕塑水池				110			1998.9	1.3万元	1.3万元	华开赢、符日花	

（续上表）

乡镇名称	学校名称	建筑物名称	规模				设置		建设时间	建设资金		捐资人数及主要捐助人姓名	备注
			长（米）	宽（米）	高（层）	建筑面积（平方米）	大室（间）	小室（间）		总额	侨资		
新桥	新桥小学	教学楼	88	12	2	1 074	14		1992	33 万元	33 万元	陈升海、升雄、黄循营、吴泮云、李美萍、傅佑盈、谢晋豪、陈泽玉、黄居正、林鸿榜、韩荣光、韩首元、符兴雄、陈修爱、詹行光、陈维孟等	陈维孟建校门
新桥	新桥中学	教学楼	64	12	3	888	8	3	1995	80 万元	80 万元	黄循营发动，共 82 人响应，其中黄循营、谢亚豪、陈维孟、陈泽玉、吴泮云为主要赞助人	陈维孟建校门、校道
新桥	新桥中学	校舍 3 座				720	15 套		1996				
新桥	益民小学	教学楼	45	9	2	682	6	2	1992	22 万元	22 万元	谢晋豪带头捐 17 万多元，推动昌头村乡侨捐 5 万元	
新桥	新桥中学	教师宿舍				172.1			1996	10 万元	10 万元	黄循营、陈维孟、谢晋豪、陈泽玉等 119 人	
新桥	新桥中学	教学大楼				1 000			1997	64 万元	64 万元	黄循营、陈维孟、谢晋豪、陈泽玉等 119 人	
新桥	新桥中学	学生宿舍				483.26			1998	29 万元	29 万元	黄循营、陈维孟、谢晋豪、陈泽玉等 119 人	
新桥	中心小学	校门							2003.8	4.683 万元	2.816 万元	徐光鼐、陈修应	

（续上表）

乡镇名称	学校名称	建筑物名称	规模				设置		建设时间	建设资金		捐资人数及主要捐助人姓名	备注
			长（米）	宽（米）	高（层）	建筑面积（平方米）	大室（间）	小室（间）		总额	侨资		
东路	新民小学	图书馆	8.3	6	2	100	2		1982	12.5万元	12.5万元	符绍吾、符绍登、符德盖、符绍岛等37人（1994年建校门、校道）	
		平顶校舍				195	4		1982				
	大同小学	教学楼	50	6	2	620	8		1993	20万元	20万元	许宇环、林猷栋、陈加炳、陈世孝、周经川、陈金梅等50人	
	冯平小学	校舍				400	6		1988	4.6万元	4.6万元	冯凤达等18人（修缮校舍）	
	大宝小学	平顶校舍				210	3	1	1988	2.3万元	2.3万元	许声秦等6人	
	宝珊小学	教学楼				743			2001	37万元	15万元	邢诒喜、许德颜等16人	
	大宝小学	教师宿舍				196			2005	6万元	1万元	曾纪队等2人	
	蛟塘小学	教室				630			2002	29万元	5万元	邢诒前、韩翰元等3人	
	民合小学	教室				358			2001	13万元	2万元	邢诒前、邢定海等	
	东路一小	教室				194			2005	14万元	2万元	林尤俊、林尤英等8人	

参考文献

一、典籍、史料

1.（清）陈伦炯：《海国见闻录》，《中国南海诸岛文献汇编之三》，台北：台湾学生书局，1984 年。

2.《舆地纪胜》。

3.（宋）赵汝适：《诸蕃志》。

4.（宋）范成大：《桂海虞衡志》。

5.《清圣祖实录》。

6. 明清史料（庚编第八本），台北：台北故宫博物院，1975 年。

7. 乾隆《皇朝文献通考》。

8.［日］《华夷变态》（上、中、下册），东京：东洋文库，1958 年。

9.《马克思恩格斯论中国》，北京：中国人民大学出版社，1950 年。

10. 陈翰笙主编：《华工出国史料汇编》，北京：中华书局，1985 年。

11. 王铁崖：《中外旧约章汇编》，北京：生活·读书·新知三联书店，1957 年。

12.（清）张荫桓：《三洲日记》。

13.［日］小叶田淳：《海南岛史》，台北：东都书籍株式会社，1943 年。

14. 海南档案馆资料。

15. 中共海南省委党史研究室编：《琼崖大革命史料选编》（内部资料），1994 年。

16. 中共海口市委党史研究室、中共琼崖一大旧址管理处编：《中共琼崖一大研究资料选编》，2009 年。

二、地方志

17.《琼州府志》。

18.《厦门志》。

19. 王桢华主编：《琼海市华侨志》，北京：中国文联出版社，2007 年。

20. 海南百科全书编纂委员会编：《海南百科全书》，北京：中国大百科全书出版社，1999 年。

21. 文昌市地方志编纂委员会编：《文昌县志》，北京：方志出版社，2000 年。

22. 琼海县地方志编纂委员会编：《琼海县志》，北京：方志出版社，1995 年。

23. 琼山市地方志编纂委员会编：《琼山县志》，北京：中华书局，1999 年。

24. 陈铭枢总纂：《海南岛志》，海口：海南出版社，2004 年。

25. 《咸丰文昌县志》，海口：海南出版社，2004 年。

26. 《康熙文昌县志》，海口：海南出版社，2004 年。

27. 《正德琼台志》，海口：海南出版社，2004 年。

28. 《民国文昌县志》，海口：海南出版社，2004 年。

29. 《嘉定城通志》。

30. 海口市地方史志编纂委员会编：《海口市志》，北京：方志出版社，2004 年。

三、文集

31. 苏云峰：《海南历史论文集》，海口：海南出版社，2002 年。

32. 新加坡琼州会馆：《新加坡琼州会馆庆祝成立一百三十五周年纪念特刊》，新加坡：新加坡琼州会馆，1989 年。

33. 暨南大学华侨研究所编：《华侨史论文集》，广州：暨南大学华侨研究所，1981 年。

34. 《泰国海南会馆四十二周年纪念特刊》。

35. 黎良端：《情缘——我的侨务工作随笔》，海口：南海出版公司，2005 年。

36. 《文昌中学百年校史》，2008 年。

四、论著

37. 詹长智：《中国人口》（海南分册），北京：中国财政经济出版社，1993 年。

38. 冯子平编著:《走向世界的海南人》，北京：中国华侨出版社，1992 年。

39. 冯子平：《华侨华人史话》，香港：香港天马图书有限公司，2004 年。

40. 夏诚华：《近代广东省侨汇研究（1862—1949）——以广、潮、梅、琼地区为例》，新加坡：新加坡南洋学会，1992 年。

41. 安焕然、吴华:《远观沧海阔——海南历史综述（海南岛·马来西亚·柔佛)》，柔佛：南方学院出版社，2009 年。

42. 潘翎主编:《海外华人百科全书》，香港：三联书店（香港）有限公司，1998 年。

43. 吴华编著:《世界海南组织资料汇编》，吉隆坡：马来西亚海南会馆联合会，2009 年。

44. 吴华编著:《新加坡海南族群组织》，新加坡：武吉知马琼崖联谊会海南作家作品研究室，2009 年。

45. 吴景超著，宋建林译:《共生与同化——唐人街》，天津：天津人民出版社，1991 年。

46. 王辛莉:《琼属海外知名人士》，海口：南方出版社、海南出版社，2008 年。

47. 解力夫:《宋氏王朝》，北京：社会科学文献出版社，1996 年。

48. 宋庆龄：《宋庆龄书信集》（上、下册），北京：人民出版社，1999 年。

49. ［美］斯特林·西格雷夫:《宋家王朝》，澳门：星光书店，1985 年。

50. 陈达娅、陈勇编著：《再会吧，南洋》，北京：中国华侨出版社，2007 年。

51. 国务院侨办侨务干部学校编著:《华侨华人概述》，北京：九州出版社，2005 年。

52. 朱杰勤:《东南亚华侨史》，北京：中华书局，2008 年。

53. 刘权:《广东华侨华人史》，广州：广东人民出版社，2002 年。

54. 吴华主编:《近看乡情浓——柔佛：柔佛州海南族群资料专辑》，柔佛：柔佛州 16 间海南会馆出版，2009 年。

55. 上海市孙中山宋庆龄文物管理委员会编著:《宋庆龄》,上海:上海教育出版社,2009 年。

56. 巫乐华:《海外华侨·南洋篇》,北京:中国国际广播出版社,2010 年。

57. 陆国俊:《海外华侨·美洲》,北京:中国国际广播出版社,2010 年。

58. 王俞春:《海南移民史志》,北京:中国文联出版社,2003 年。

59. 韩纫丰主编:《琼侨先驱十杰》,海口:南海出版公司,1996 年。

60. 海南省政协文史资料委员会编:《琼侨抗日英杰——符克烈士专辑》,海口:南海出版公司,1996 年。

61. 程昭星、王新芒:《琼籍华侨与海南革命》,海口:海南出版社、南方出版社,2008 年。

62. 任贵祥主编:《海外华侨华人与中国改革开放》,北京:中共党史出版社,2009 年。

63. 任贵祥、赵红英:《华侨华人与国共关系》,武汉:武汉出版社,1999 年。

五、论文

64. 詹长智、张逆人:《中国古代海南人口迁移路径与地区开发》,《华中科技大学学报》2007 年第 2 期。

65. 王翔:《海南人移民东南亚的历史过程》,《海南师范学院学报》2001 年第 6 期。

66. 潘干:《琼山县最早出洋帆船的兴衰史》,《琼山文史资料》1980 年第 5 期。

67. 韩槐准:《琼州南洋交通考》,《琼州会馆联合会报》第 1 卷第 1 期。

68. 朱荣基:《光绪末期海口贩运华工出洋若干史实》,《历史档案》1984 年第 4 期。

69. 林日举、李琼兴:《外国资本主义侵琼及岛内人民的抗争》,《琼州大学学报》1998 年第 4 期。

70. 潘干:《海南乡侨社会的形成、特点及其发展》,《海外琼人》(专辑之一),海口:南海出版公司,1999 年。

71. 范运晰：《琼崖讨袁军总司令陈侠农》，《海南文史资料》（第4辑），海口：三环出版社，1991年。

72. 李洁之：《琼崖地区“清党”的经过》，《广东文史资料》（第40辑）。

73. 郭威白：《马来亚中国人在发展当地经济中的地位》，《中山大学学报》1959年第4期。

74. 王翔：《近代南洋琼侨的职业类型与经济机能》，《海南大学学报》2002年第1期。

75. 邢和平：《政治理念与家庭生活——柬埔寨首相洪森访谈录》，《东南亚研究》2000年第2期。

76. 庄国土：《论清末华侨认同的变化和民族主义形成的原因》，《中山大学学报》1997年第2期。

77. 廖嗣兰：《辛亥革命前后荷属东印度华侨情况的回忆》，《广东辛亥革命史料》，广州：广东人民出版社，1981年。

78. 朱杰勤：《十九世纪中期在印度尼西亚的契约华工》，《华侨史论文集》（第1辑），广州：暨南大学华侨研究所，1981年。

后　记

在海南省社科联的资助下，在海南省南海区域文化研究基地和琼属华人华侨人才研究中心的支持下，拙作《东南亚琼属华侨华人》终于成书出版了。对我来说，这是一件非常开心的事情。我出生在侨乡，从小耳濡目染侨乡社会的人文风土和发展变迁。参加工作后，总想着能对侨乡社会现象作一个回顾、探索。在海南省南海区域文化研究基地的支持下，我的愿望终于实现了。后来，本项目又作为基地课题得到了省社科联的资助，实在让我喜出望外，但我也深深知道要完成这一课题的难度。因此，我一方面认真梳理此前掌握的资料，并尽可能广泛收集相关资料信息；另一方面，深入侨乡作尽可能深入细致的田野调查。经过两年的努力，在众多热心人士的帮助下，才有了今天的成果。

本书为海省南海区域文化研究基地和海南省社科联资助课题“海南人下南洋的历史考察”的最终成果。成书后，考虑到书的内容不仅讲到海南人下南洋的原因、过程和在侨居国的贡献，还讲到出洋海南人与家乡、祖籍地的关系，故认为改为现名更为恰当些。

此书的撰写得到了海南省南海区域文化研究基地张一平教授、琼属华人华侨人才研究中心严春宝博士和林敏博士的大力支持与帮助，得到了海南师范大学图书馆、海南大学图书馆和海南档案馆的大力支持与帮助，受益于诸多同行前辈的研究成果，在此一并表示衷心感谢。

本书是利用课余时间写作的，占用了我大量的时间。正是家庭对我工作的支持，写作才能顺利进行。在此，衷心感谢先生和儿子对我工作的理解和支持。

虽说本人出生于侨乡，生长在侨眷家庭，但毕竟没有到过南洋社会，只是从资料上、别人口中进行了解，有“隔山买牛”之嫌，加上本人能力所限，书中论述难免有不妥或错误之处，祈望方家批评指正。

唐若玲

2011 年 9 月 1 日